Uwe Hartmann / Claus von Rosen / Christian Walther (†) (Hrsg.)

Jahrbuch Innere Führung 2012

Der Soldatenberuf im Spagat zwischen gesellschaftlicher Integration und sui generis-Ansprüchen.
Gedanken zur Weiterentwicklung der Inneren Führung.

Jahrbuch Innere Führung 2012

Der Soldatenberuf im Spagat zwischen gesellschaftlicher Integration und sui generis-Ansprüchen.

Gedanken zur Weiterentwicklung der Inneren Führung.

Uwe Hartmann / Claus von Rosen / Christian Walther (Hrsg.)

2012

Carola Hartmann Miles – Verlag

CIP-Kurztitelaufnahme der Deutschen Nationalbibliothek

Uwe Hartmann, Claus von Rosen, Christian Walther (Hrsg.):
Jahrbuch Innere Führung 2012 – Der Soldatenberuf im Spagat zwischen gesellschaftlicher Integration und sui generis-Ansprüchen.
Gedanken zur Weiterentwicklung der Inneren Führung.

Carola Hartmann Miles – Verlag, 2012
ISBN 978-3-937885-55-1

Titelbild: www.Bundeswehr.de (Jan Rippl, Soldaten im Gefechtsübungszentrum des Heeres)
Herstellung: Books on Demand, Norderstedt

© Carola Hartmann Miles – Verlag,
George-Caylay-Str. 38, 14089 Berlin
(email: UHWHartmann@aol.com; www.miles-verlag.jimdo.com)

Alle Rechte, insbesondere das Recht der Vervielfältigung und Verbreitung sowie der Übersetzung, vorbehalten. Kein Teil des Werkes darf in irgendeiner Form (durch Fotokopie, Mikrofilm oder ein anderes Verfahren) ohne schriftliche Genehmigung des Verlages reproduziert oder unter Verwendung elektronischer Systeme gespeichert, verarbeitet, vervielfältigt oder verbreitet werden.

Printed in Germany

ISBN 978- 3-937885-55-1

Inhaltsverzeichnis

	Seite
In memoriam Prof. Dr. Christian Walther	8

I Einleitung

Uwe Hartmann / Claus von Rosen — 11

II Zwischen Integration und sui generis

Hans-Christian Beck / Christian Singer
Innere Führung als wesentliche Aufgabe der militärischen Führung und des Primates der Politik — 22

Kai-Uwe Hellmann
Moderne Gesellschaft, Militär/Organisation und Innere Führung. Soziologische Einsprüche wider den Anti-„sui generis"-Affekt — 40

Heiko Biehl
Aus den Augen, aus dem Sinn? Überlegungen zur gesellschaftlichen Integration der Bundeswehr nach der Aussetzung der Wehrpflicht — 53

Rolf von Uslar / Marc-André Walther
Kampfmoral: Voraussetzung für das Bestehen im Einsatz — 73

Christian Walther
Soldatsein im Spannungsfeld der Freiheit — 90

Angelika Dörfler-Dierken
Bildung in der Bundeswehr: politisch, historisch, ethisch   102

Peter Buchner
Tailored to the Vision — Ausbildung der Vorgesetzten in Innerer Führung   118

Jörg Felfe / Martin Scherm
Die Attraktivität einer Karriere als Berufssoldat aus Sicht studierender Offiziere   134

Joachim Hoppe
Personalführung und Innere Führung – Einige Anmerkungen und Fragen   153

Reiner Pommerin
Innere Führung und Ausrüstung   162

Catri Tegtmeier / Michael A. Tegtmeier
Posttraumatische Belastungsstörung (PTBS) – Die andere Herausforderung für den militärischen Führer   173

Claus von Rosen
Veränderungsmanagement und Innere Führung aus Sicht von Baudissin   184

Klaus Beck / Uwe Hartmann
Die Köpfe und Herzen gewinnen – Vernetzung an der „Heimatfront"   210

III Zur Diskussion gestellt

Jochen Bohn
„Kernbestand unveränderbar? Die Ewigkeitsklausel der Inneren   222
Führung im Spiegel der jüngeren politischen Philosophie"

IV Rezensionen

Einsatzerfahrungen 2009 bis 2011 - Aus der Sicht von Frauen   240
Adenauers vergessener Retter – Major Schliebusch von Dieter E.   256
Kilian
Sterben für Kabul? von Marco Seliger   258

Autorenverzeichnis   260
Personenregister   262
Sachregister   263

In memoriam Prof. Dr. Christian Walther

Christian Walther gehörte zu den akademischen Lehrern, die den Lebensweg vieler Menschen nachhaltig beeinflusst haben. Ich zähle mich zu diesem Personenkreis. Von 1984 bis 1986 studierte ich bei ihm Evangelische Theologie im Nebenfach meines Pädagogikstudiums. Noch heute ertappe ich mich gelegentlich dabei, Gesprächspartner mit dem Hinweis auf mein Theologiestudium bei Prof. Walther zu verdutzen. Denn dass ein Offizier Theologie studierte, ja dass ein solches Fach überhaupt an einer Universität der Bundeswehr angeboten wurde, das überrascht noch heute so manchen.

Eigentlich wollte ich ja Latein im Nebenfach studieren; dafür hatte ich mit meinem Kommilitonen Joachim Hoppe bereits Kontakte zur Universität Hamburg hergestellt und einen ersten Entwurf für eine Studienordnung vorgelegt. Wir entschlossen uns allerdings, Theologie bei Prof. Walther zu studieren. Er galt nicht nur als ein kluger Kopf mit einer großen rhetorischen Gabe, sondern als ein Mensch, der Offiziere mochte und sich von ganzem Herzen ihrer Erziehung und Bildung widmete. Das Studium der Theologie ist – auch aus der Rückschau nach fast 30 Jahren – ein integraler Teil meines Bildungsganges. Luthers Zwei-Reiche-Lehre, Bonhoeffers Freiheitsverständnis, der Verantwortungsbegriff, das sind Themen, die mir und vielen studierenden Kameraden dabei geholfen haben, unseren Beruf als Offizier besser zu verstehen.

Hilfreich zur Seite stand mir Christian Walther, als ich 2005 bis 2007 Referent im Planungsstab des Bundesministeriums der Verteidigung war und Reden für den Minister schrieb. Im Februar und März 2006 wollte der Minister mehrere Reden zu ethischen Themen halten. Die ethische Bildung des Offiziers war damals ein aktuelles Thema, über das bis zu diesem Zeitpunkt nicht allzu viel „auf ministerieller Ebene" gesagt worden war. In gewisser Weise musste ich also Neuland betreten. Als Redenschreiber hatte man jedoch nicht nur wenig Zeit für die Erstellung einer Rede; die nächsten Aufträge warteten schon. Also rief ich Professor Walther an und bat ihn, meine Entwürfe zu lesen und wo immer möglich und nötig zu verbessern. Er tat dies innerhalb von 24 Stunden, wofür ich ihm sehr, sehr dankbar war. Als ich kurze Zeit später erneut seine Hilfe benötigte, fragte ich ihn, ob er nicht ein Buch über Ethik für Soldaten schreiben könnte, so wie er sich schon in den 80er Jahren in seinem Buch „Verantwortung zur Freiheit" mit der soldatischen Existenz auseinander gesetzt hatte. Ich höre seine Stimme noch so, als wäre das Gespräch gerade jetzt: „Mein Junge", sagte er zu mir, „ich bin nun schon 80 Jahre alt und habe im letzten Jahr meine Bibliothek der Bundeswehruniversität in Hamburg vermacht. Ich glaube, ich schaffe das nicht mehr. Aber ich denke noch mal darüber nach". Drei Tage später erhielt ich ein Mail: „Herr Hartmann, ich mache es", schrieb er mir kurz und bündig. Und drei Monate später war das Manuskript fertig. Es ist unter dem Titel „Im Auftrag für Freiheit und Frieden. Versuch einer Ethik für Soldaten der Bundeswehr" 2006 erschienen.

Wenn ich an das damalige Studium der Theologie zurückdenke oder in dem Buch „Im Auftrag für Freiheit und Frieden" lese, dann weiß ich, dass Christian Walther sich sehr intensiv in die Welt des Soldaten hineinversetzen konnte. Es bereitete ihm viel Freude, mit jungen Offizieren über ihren Beruf zu diskutieren und dazu eine Vielzahl von Vergleichen, Parallelen, Anekdoten und Geschichten aus seinem reichen Bildungsuniversum heranzuziehen. Jedes Gespräch mit ihm war eine Bildungsstunde, die – trotz des Ernstes der besprochenen Themen – immer auch von Heiterkeit und Optimismus, manchmal auch von bissiger Ironie durchzogen war.

Christian Walthers Beurteilung der Inneren Führung war bisweilen recht kritisch. Er sah in ihr eine Führungsphilosophie, die unter den besonderen historischen Bedingungen der Nachkriegszeit zustande kam, die so heute nicht mehr gültig sind. Er selbst hat sich mehrfach kritisch vor allem mit der Gesellschaft und ihrem Selbstverständnis als Zivilgesellschaft auseinandergesetzt.

Christian Walther war Mitherausgeber des 2009 erstmalig erschienenen Jahrbuchs Innere Führung. Drei Generationen waren vertreten: Christian Walther, geboren am 21.02.1927; Claus von Rosen, Jahrgang 1943 und Uwe Hartmann, Jahrgang 1962. Der intergenerationelle Dialog führte mitunter zu heftigen Debatten und Kontroversen unter den Herausgebern, vor allem bei der Formulierung der Untertitel für das jeweilige Jahrbuch. Dabei zeigte sich, dass Großvater und Enkel sich besser verstanden als Väter und Söhne, wie es ja häufig auch in Familien der Fall ist. Diese Debatten haben einmal mehr bestätigt, dass Innere Führung vor allem ein Gespräch ist – über Generationen hinweg, mit allen Bürgern unseres Landes.

Am 24. Januar 2012 hat Gott Christian Walther zu sich geholt. Wir vermissen seine klugen Einlassungen und Denkanstöße.

Uwe Hartmann

I Einleitung

Uwe Hartmann / Claus von Rosen

Die Innere Führung steht offensichtlich am Scheideweg. Politik und militärische Führung müssen entscheiden, wie sie das Verhältnis der Soldaten und Soldatinnen sowie der Bundeswehr allgemein zum demokratischen Staat und zur freiheitlichen Gesellschaft künftig ausgestalten wollen. Sollen die Bemühungen um die Integration der Bundeswehr und des Soldaten in die Gesellschaft verstärkt werden, obwohl deren Wirksamkeit aufgrund der Aussetzung der Wehrpflicht, der Verkleinerung der Streitkräfte mit dem damit verbundenen Rückzug aus der Fläche sowie der immer stärker zutage tretenden Unterschiede der Erlebniswelten von Staatsbürgern mit und ohne Uniform eher geringer werden dürfte? Oder führen die bereits erfolgten Akzentuierungen des Soldatischen in der öffentlichen Debatte ebenso wie in der Binnenkultur der Streitkräfte zu einem neuen Selbstverständnis, das den legitimen Bedarf der Soldaten und Soldatinnen nach Legitimation ihres Einsatzes und Anerkennung ihres Tuns besser befriedigt als das, was Politik und Gesellschaft in den Augen vieler Staatsbürger in Uniform nur suboptimal leisten und vielleicht auch nicht in dem gewünschten Maße leisten können?

Diese Debatte trifft die Innere Führung ins Mark. Gesellschaftliche Integration und militärischer Eigenweg sind historisch gewachsene Gegensatzpaare. Diese Konfrontation hängt eng mit der Geschichte der Inneren Führung zusammen, mit ihrem jahrzehntelangen Kampf gegen Traditionalisten, die die Innere Führung aufs Schärfste bekämpften und ihre Umsetzung im Truppenalltag behinderten. Heute stellen sich die Konfrontationslinien nicht viel anders dar: Die einen sehen die Zukunft der Bundeswehr in einer noch stärker fokussierten Orientierung des Bildes vom Soldaten an gesellschaftlichen Standards und Trends; sie begründen die aus Sicht vieler Soldaten und Soldatinnen unzureichende Anerkennung ihres Tuns mit einer alle Berufe erfassenden Egalisierung, was als gesamtgesellschaftlicher Trend einfach hingenommen werden sollte. Die anderen bemühen sich um Rationalität kriegerischen Handelns und betonen daher einen Sonderstatus für Soldaten („sui generis"), der in gewisser Weise unabhängig ist von gesellschaftlichen Entwicklungen und eigene Wertvorstellungen und soldatische Handlungsweisen verlangt. Die Protagonisten beider Linien fragen gleichermaßen nach dem funktional Notwendigen und sehen jeweils in ihrem Ansatz den besten Weg zu effizienten Streitkräften, die sich den Herausforderungen moderner Sicherheitspolitik unter den Erschwernissen finanzieller Restriktionen und enger demographischer Grenzen stellen müssen.

Die Beiträge des Jahrbuchs 2012 gehen bei der Bearbeitung ihres jeweiligen Themas implizit oder explizit auch auf diese Spannung von gesellschaftlicher Integration und sui generis-Ansprüchen ein.

An den Anfang haben die Herausgeber zwei Beiträge gestellt, die sich grundlegend mit der Konzeption der Inneren Führung in Theorie und Praxis auseinander setzen. *Hans-Christian Beck* und *Christian Singer* greifen in ihrem Beitrag „Innere Führung als wesentliche Aufgabe der militärischen Führung und des Primates der Politik" auf die tradierten Prinzipien und Normen der Inneren Führung zurück und unterstreichen, wie wichtig es für den Erfolg der Führungsphilosophie der Bundeswehr sei, dass diese auch tatsächlich angewandt und vor allem von den Vorgesetzten vorgelebt, gefördert und weiterentwickelt würden. Sie greifen auf die in der Geschichte der Inneren Führung wichtigen Begriffe der Legitimation, Integration sowie Motivation zurück und leiten daraus Erwartungen und Anforderungen nicht nur an die militärische Führung, sondern vor allem auch an Politik und Gesellschaft ab. Zwischen den Zeilen ist deutlich herauszulesen, wie wichtig es für die Weiterentwicklung der Inneren Führung ist, dass die Soldaten und Soldatinnen mutig genug sind, klare Erwartungen auch in Richtung Politik und Gesellschaft zu formulieren. Beck und Singer akzeptieren weder die Hinnahme der Egalisierung des Soldatenberufs noch reden sie, hier ganz in der Tradition der Reformer, sui generis-Ansprüchen das Wort. Ihr Beitrag ist der Versuch, die Innere Führung zu revitalisieren, die Überzeugungskraft ihrer Grundsätze und Prinzipien zu unterstreichen, neue Anhänger zu finden und insbesondere Politik und Gesellschaft zu mahnen, ihrer Verantwortung für die Soldaten und Soldatinnen umfassend gerecht zu werden.

Der Soziologe *Kai-Uwe Hellmann* ist ein „Neueinsteiger" in die Debatte über Innere Führung. In seinem Beitrag „Moderne Gesellschaft, Militär/Organisation und Innere Führung. Soziologische Einsprüche wider den Anti-'sui generis'-Affekt" macht er sich aus soziologisch-systemtheoretischer Perspektive Gedanken über die Innere Führung. Er wundert sich über die Feindseligkeiten, die einem sui generis-Anspruch gerade auch von Vertretern der Inneren Führung entgegengebracht werden und erkennt darin sogar ein „Traumatisierungssyndrom". Ist in modernen, ausdifferenzierten Gesellschaften – und in einer solchen sollen ja die Streitkräfte verankert sein – sui generis nicht das Normale? „Jedem Funktionssystem", so Hellmann, „...

kommt demnach eine Sonderrolle zu; es darf und soll geradezu ein allgemein akzeptiertes, rechtlich zugesichertes Eigenleben führen, damit es sich intern mit einem bestimmten, hochkomplexen Thema auf so spezifische und kompetente Art und Weise auseinandersetzen kann, daß alle anderen Teilsysteme der Gesellschaft davon entlastet werden, sich darum ebenfalls noch kümmern zu müssen." Stellt der Versuch, der Bundeswehr sui generis-Begründungen abzusprechen, nicht eine Bestätigung dafür dar, dass die Bundeswehr als etwas anderes, besonderes gesehen wird? Entsteht damit nicht die eigenartige Paradoxie, dass die Grundsätze der Inneren Führung einen Sonderstatus der Bundeswehr fundamentieren, der ihr damit eigentlich aberkannt werden soll?

Die enge Auslegung des Primats der Politik gegenüber der Bundeswehr sieht Hellmann nicht nur als Einschränkung von militärischen Eigenmächtigkeiten, sondern als Absprache von Freiheit, was auch dazu führe, dass die Politik die Verantwortung übernehmen müsse – die sie aber nur ungenügend wahrnehme. Hellmann votiert hier für eine entideologisierte Sicht des für moderne Gesellschaften typischen sui generis-Anspruchs formaler Organisationen. Er kritisiert, dass dieser für die Bundeswehr eingeschränkt werde und somit das begrenze, was eigentlich im Zentrum der Inneren Führung stehen sollte: die Freiheit und Verantwortung des Staatsbürgers in Uniform.

Heiko Biehls Beitrag „Aus den Augen, aus dem Sinn? Überlegungen zur gesellschaftlichen Integration" ist eine Speerspitze gegen diejenigen, die argumentieren, die Innere Führung sei gescheitert, weil die Gesellschaft nicht willens und in der Lage ist, die Soldaten und Soldatinnen zu integrieren. Biehl verweist anhand empirischer Daten Klagen über das nur freundliche Desinteresse und die fehlende Unterstützung in das Reich der Legendenbildung. Für ihn ist die Beibehaltung der Integration in die Gesellschaft weiterhin oberster Grundsatz. Er betont allerdings die Bedeutung von funktionierenden Integrationsmechanismen, die andere sein müssten als die für die Bundeswehr als Wehrpflichtarmee. Dafür bietet Biehl zahlreiche Vorschläge an. Dazu gehört zunächst einmal das Erwartungsmanagement: In einer pluralistischen Gesellschaft sollte man nicht die Unterstützung aller Einsätze der Bundeswehr erwarten. Wichtig sei Differenzierung: Die vorhandene Distanz zu den laufenden Auslandseinsätzen sei nicht gleichzusetzen mit einer Kritik an den Soldatinnen und Soldaten. Politik und militärischer Führung gibt Biehl die Empfehlung, keine überzogenen Ansprüche und Privilegien für Soldaten und Soldatinnen zu zulassen. Ideologiekritisch fragt er danach, wer ein Interesse daran haben könnte, der Bevölkerung ein schlechtes Gewissen hinsichtlich ihrer Anerkennung der Soldaten und Soldatinnen einzureden. Zudem schreibt er der Bundeswehr eine neue, transparente Presse- und Öffentlichkeitsarbeit ins Lastenheft. Insgesamt kommt Biehl zu einem gemischten Fazit: „Die Bundeswehr muss etwas dafür tun, wenn sie als Freiwilligenarmee für Auslandseinsätze genauso fest in die Gesellschaft eingebunden sein will, wie sie dies als Wehrpflichtarmee zur Verteidigung war. Aber sie hat es in weiten Teilen auch selbst in der Hand, mit den entsprechenden Entscheidungen und Maßnahmen eine erfolgreiche Integration zu ermöglichen."

Einer tieferen Integration in Staat und Gesellschaft stehen *Rolf von Uslar und Marc-André Walther* eher skeptisch gegenüber. Sie sehen Konfliktpotential beim Thema Kampfmoral. Dabei differenzieren sie Kampfmoral in moralis *ad bellum* und *in bello*, die immer zusammen betrachtet werden müssten. Für von Uslar und Walther stellt die für die Einsätze erforderliche Kampfmoral einen Stolperstein dar auf dem Weg zur umfassenden Integration der Streitkräfte in die Zivilgesellschaft. Ohne die Förderung seiner Kampfmoral würde der Soldat entweder scheitern, weil er nicht bereit ist, sich der Gefahr zu stellen, oder aber militärische Gewalt unkontrolliert zum Einsatz bringen. Kampfmoral sei das Element, welches dem Soldaten im Kampf zugleich Sinn- und Zielrichtung, aber auch Grenzen gäbe. Damit vertreten von Uslar und Walther eher ein *sui generis* Verständnis des Soldatenberufs, eben weil der Soldat seinen Auftrag in einem Umfeld durchzusetzen hat, das in der Zivilgesellschaft nicht mehr zu verorten ist. Dennoch kommen sie zu Vorschlägen für die Weiterentwicklung der Inneren Führung, die sich teilweise mit denen von Heiko Biehl decken.

Christian Walther nimmt sich den auch für die Innere Führung zentralen Begriff der Freiheit vor. Für die Soldaten und Soldatinnen ist er als Legitimationsfaktor ebenso wie als pädagogischer Begriff unerlässlich. Der Freiheitsbegriff wird aber gerade aus der Sicht moderner Naturwissenschaften in Frage gestellt, indem diese den freien Willen des Menschen bestreiten. Walther zeigt auf, wie dennoch begründet von der Freiheit des Menschen gesprochen und damit die Innere Führung mit ihrem Menschen- und Soldatenbild sowie dem Führen mit Auftrag für die Zukunft „gerettet" werden könne. „Frei ist …, wer über die Möglichkeiten in reflektierter Weise verantwortlich bestimmt." Er plädiert für Freiheit als einem wichtigen Bildungsziel, das für jeden Soldaten und für jede Soldatin relevant sei. „Freiheit (ist) nicht etwas …, das als ein selbstverständliches Haben begriffen werden kann, über das man immer schon verfügt, sondern (muss) vielmehr als etwas gesehen werden…, das sich erst aus einem Prozess der Aneignung heraus bildet." Militärische Führer sollten, so Christian Walther, mehr Wert auf diesen Aneignungsprozess legen. Es gehöre zu deren Führungsverantwortung, den Diskurs über Freiheit und Verantwortung zu ermöglichen und zu gestalten. Die Erarbeitung eigener Freiheit als Bildungsziel unterstreicht, wie sich in der Inneren Führung Erziehung und Selbsterziehung ergänzen und so dem modernen, auf Wilhelm von Humboldt zurückgehenden Bildungsbegriff entsprechen. Christian Walthers grundlegender Artikel „Soldatsein im Spannungsfeld der Freiheit" setzt da an, wo die Innere Führung vor über 60 Jahren ihren Ursprung hatte und zeigt auf, dass die weitere Zukunft der Inneren Führung darauf beruht, dass es gelingt, die Führungs- und Erziehungsverantwortung militärischer Vorgesetzter stärker zu betonen.

Angelika Dörfler-Dierken greift in ihrem Beitrag „Bildung in der Bundeswehr: politisch, historisch, ethisch" ebenfalls auf Humboldts Bildungsverständnis zurück, das grundlegend auch für die Konzeption der Inneren Führung ist, wie sie von Wolf Graf von Baudissin erarbeitet wurde. Von diesem Bildungsverständnis her entwickelt sie klare Vorstellungen für die Integration der Soldaten und Soldatinnen in die Gesellschaft. Von der „Vernetzten Sicherheitspolitik" ausgehend fordert sie, „… Gemeinsamkeiten im Leitbild von Friedensfachkräften und Sicherheitsfachkräften herauszustellen". Dies „… dürfte die Probleme minimieren, die mit einer spezifisch militärischen Sozialisation verbunden sein können." Aus dieser Perspektive kommt sie auch zu einer kritischen Bewertung des Erziehungsbegriffs, der in der Bundeswehr neuerdings eine Renaissance zu erfahren scheint. Wie sie überhaupt Sonderregelungen für das Militär in Frage stellt: „Soldatinnen und Soldaten der Bundeswehr sollten sich mental nicht grundsätzlich von denjenigen unterscheiden, die neben ihnen in den Einsatzräumen wirken. Sie alle stehen im Ausland für deutsche Werte ein und halten sich an dieselben grundgesetzlichen Vorgaben. Deshalb sollten postmoderne militärische Heldengestalten, spezielle Ehrcodices oder Bräuche und Rituale ausgedient haben."

Peter Buchner analysiert in seinem Beitrag „Tailored to the Vision - Ausbildung der Vorgesetzten in Innerer Führung" die Anforderungen an die Ausbildung von Offizieren. Um bestehende Defizite zu überwinden, stellt er vielfältige Bezüge zu zivilen Lösungskonzepten her, wie sie in Wissenschaft und Wirtschaft diskutiert und angewandt werden. Dabei stellt er resümierend fest, dass der Weg zu einer neuen, den Einsatzerfordernissen angepassten Ausbildungskultur in der Bundeswehr der Inneren Führung entspricht, wie sie Baudissin vor über 50 Jahren gedacht hat: „Angesichts der vielschichtigen Anforderungen im Einsatz ist es nicht mehr ein traditionsbehafteter Kanon des Wissens oder Könnens, sondern die entwickelte analytische Kompetenz als Vorgesetzter. Ausbildungsinhalte sind methodenorientierte Denkmodelle als Entscheidungsgrundlagen. Fakten ergeben sich aus den Beispielen, an denen die Methoden angewendet werden. Ihre Auswahl erfolgt anhand ihrer Prägnanz und ihrer Exemplarität. Dazu bildet die leitbildartig wirkende Innere Führung das überwölbende Dach."

Jörg Felfe und *Martin Scherm* beschäftigen sich in „Die Attraktivität einer Karriere als Berufssoldat aus Sicht studierender Offiziere" mit der Bindung von Führungskräften an die Bundeswehr. Dazu ziehen sie empirische Daten heran, die mit studierenden Offizieren und Offizieranwärtern an der HSU/UniBwH erhoben wurden. Eine Armee, die stärker vom Einsatz her denkt und in der die Anforderungen und die Bedeutung von Führung zunehmen, müsse sich besonders darum bemühen, Leistungsträger zu halten. Wesentlich für deren Bereitschaft, Berufssoldat zu werden, dürften das Commitment bzw. die Verbundenheit mit der Bundeswehr und die Identifikation mit dem Offizierberuf sein. Felfe und Scherm stellen bei den Befragten insgesamt ein durchschnittlich hohes Commitment fest. Allerdings gäbe es Hinweise, dass sich das Commitment gegenüber der Bundeswehr mit zunehmender Dienstzeit verringere. Für die für die Zukunft der Inneren Führung zentrale Frage nach der Integration in die Gesellschaft kommen die Autoren zu dem überraschenden Ergebnis, dass die „… geringe *gesellschaftliche Anerkennung* … sich offenbar nicht negativ auf das Commitment aus(wirke). Im Gegenteil besteht ein positiver Zusammenhang zwischen mangelndem gesellschaftlichen Rückhalt und Commitment. Möglicherweise bedingen sich Commitment und Rechtfertigungsdruck gegenseitig: Offiziere mit hoher Identifikation erleben eher Kritik und die Rechtfertigung wiederum stärkt das Commitment. Auch das Ausmaß des durch Umzüge und Auslandseinsätze bedingten Trennungsrisikos wirkt sich nicht systematisch auf das Commitment aus."

Felfe und Scherm stellen fest, dass die jungen Führungskräfte der Bundeswehr Rahmenbedingungen ihres Dienstes erwarten, in denen „… sie selbstwirksam die eigenen Potenziale und Fähigkeiten einbringen" können. Die Autoren unterstreichen das, was in der Inneren Führung angelegt ist: Gestaltungsspielraum, Fehlertoleranz, Rollenvorbilder und Führungskräfteentwicklung.

Joachim Hoppe stellt die Praxis der Personalführung in der Bundeswehr dar und reflektiert diese vor dem Hintergrund der Prinzipien der Inneren Führung. Die Vereinbarkeit von Familie und Beruf ist für die Soldaten und Soldatinnen der Bundeswehr überaus wichtig, wie zuvor auch Felfe und Scherm empirisch feststellen konnten. Hoppe kommt zu einer Feststellung, die viele so vermuten, aber kaum jemand auszusprechen wagte: „In einer ausschließlich an der Einsatzbereitschaft ausgerichteten Bundeswehr gibt es – zumindest für die Soldaten – letztlich keine solche Vereinbarkeit." Hier erkennt er eine klare Grenze für die Integration. In seinem Beitrag „Personalführung und Innere Führung – Einige Anmerkungen und Fragen" geht Hoppe auch auf die bundeswehrinterne Integration ein, indem er kritische Fragen zur Zukunft von Innerer Führung und Personalmanagement in der neuausgerichteten Bundeswehr, in der militärische und zivile Kulturen angeglichen werden sollen, stellt. Am Beispiel des Personalmanagements verdichtet sich das Dilemma der Weiterentwicklung der Inneren Führung zwischen Zivil- und Einsatzorientierung wie in einem Brennglas.

Reiner Pommerin, langjähriger Sprecher des Beirats für Fragen der Inneren Führung beim Bundesminister der Verteidigung, bringt die Innere Führung in Verbindung mit einem Thema, das trotz seiner Relevanz für den Soldaten bisher vor allem unter industriepolitischen, technologischen oder logistischen Gesichtspunkten reflektiert wurde: die Rüstung. Rüstung kann und muss man jedoch auch im Hinblick auf die Prinzipien der Inneren Führung betrachten. Grundlegend unterstreicht Pommerin, dass die „… Gestellung der für einen Auftrag notwendigen Ausrüstung … keineswegs lediglich eine Großzügigkeit des Dienstherrn (sei), sondern sie …. sich vielmehr zwingend aus dem wechselseitigen Treueverhältnis" ergebe. Besonderen Wert legt Pommerin auf die Bedeutung der Rüstung für die Auftragstaktik als einem wesentlichen Element der Inneren Führung. Sie bedürfe der realistischen und klaren Beschreibung des zu erreichenden Ziels. Blieben Ziele unklar oder unrealistisch, dann könnten auch nicht die richtigen Mittel bereitgestellt werden für die Auftragsdurchführung. Dann könne auch die Auftragstaktik nicht funktionieren. Pommerin schlägt einen weiten Bogen von der militärpolitischen und strategischen Planung von Einsätzen bis hin zur Beschaffung von einsatzwichtigem Gerät. Dabei unterstreicht er, dass in der Qualität der den Staatsbürgern in Uniform zur Verfügung gestellten Ausrüstung sich nicht zuletzt auch der Wert, der ihnen und den Streitkräften generell von der Gesellschaft zugemessen wird, widerspiegelt.

Catri und Michael A. Tegtmeier haben sich innerhalb der Bundeswehr einen ausgezeichneten Namen als Spezialisten für das Thema der Posttraumatischen Belastungsstörungen (PTBS) erworben. In ihrem Beitrag mit dem Untertitel „Die andere Herausforderung für den militärischen Führer" gehen sie auf die Führungsverantwortung ein. Statistisches Material lege die Vermutung nahe, dass die bisher in der Bundeswehr aufgetretenen PTSB-Fälle eher die Spitze des Eisbergs sein könnten. Sie brechen eine Lanze für ein größeres Engagement der Führungskräfte in der Umsetzung der Inneren Führung, indem sie darauf hinweisen, dass Themen, die mehr in den Bereich der Inneren Führung gehören, eher vor PTBS schützen könnten als die handwerkliche militärische Ausbildung. Beim Dienst im Heimatstandort werde es zunehmend die Regel und damit Normalität werden, dass einsatzversehrte Soldaten in den Einheiten Dienst leisteten. Es komme daher darauf an, den Vorgesetzten eine Hilfe an die Hand zu geben, mit welchen Herausforderungen sie konfrontiert werden könnten und wie man damit umgehen könne.

Claus von Rosens Beitrag „Veränderungsmanagement und Innere Führung aus Sicht von Baudissin" steht scheinbar thematisch sperrig quer zu den anderen Artikeln dieses Jahrbuches, behandelt er doch mehr die Grundgedanken von Veränderungsprozessen im Umfeld der Inneren Führung schlechthin; spezielle Werte, Normen und Gestaltungsfelder von Innerer Führung in der Zeit großer Veränderungen von heute werden dabei (nur) beispielhaft angesprochen. Herausgehoben werden aber zwei Aspekte aus der Konzeption Innere Führung: Prinzipielle Offenheit mit einem vertrauensvollen Blick nach vorne sowie eine Eigen-Dynamik allen Geschehens im Rahmen von Innerer Führung. Darunter erscheinen Themen wie Zivil-Verträglichkeit von Militär und Spezifikum Kampf möglicherweise in einem ganz ungewohnten Blick, wie an der kurzen abschließenden Debatte um Veränderungen hinsichtlich einer Berufsarmee deutlich wird.

Zugleich wird aus „historischer" Perspektive am Beispiel Baudissin deutlich, dass es seit den Gründungstagen der Bundeswehr eine Art Dauer-Spannung zwischen „Integration" und „sui generis" bei den Überlegungen zur Inneren Führung gibt. Für Baudissin gab es jedoch eine „unauflösliche Verflechtung des Militärischen mit den Funktionsgesetzen der modernen Industriegesellschaft" im „Verein mit der freiheitlichen demokratischen Grundordnung". Der in diesem Jahrbuch thematisierte „Spagat" des Soldatenberufs der Bundeswehr hat damit für ihn letztlich nur eine praxisfremde theoretische Bedeutung gehabt.

Klaus Beck und *Uwe Hartmann* plädieren dafür, die Ressourcen der Gesellschaft stärker zu nutzen – beispielsweise in Form politisch-moralischer Unterstützung, als Dienstleistungen für die Betreuung von Soldaten und deren Familien oder für die berufliche Wiedereingliederung. Potentiale für gesellschaftliches Engagement sind da, wie auch Heiko Biehl in seinem Beitrag unterstrichen hat; es geht Hartmann und Beck vor allem um die Frage, wie diese besser genutzt werden könnten.

Beck und Hartmann schlagen dafür den Aufbau von Netzwerken und die Intensivierung bereits bestehender Kooperationen vor. Über die gegenseitige Information hinaus sollte es dabei immer darum gehen, Möglichkeiten für das Engagement und für gemeinsame Projekte aufzuzeigen und diese zu realisieren. Diese Netzwerkbildung sollte auf allen Ebenen erfolgen – von der ressortübergreifenden Zusammenarbeit der Ministerien bis zu den Kooperationsprojekten vor Ort. Vernetzt denken – lokal handeln, so könnte der Slogan für diese Netzwerkbildung lauten. Und sie sollte gerade auch die Institutionen, Organisationen und Personen einschließen, die bisher eher Distanz zu den Streitkräften gewahrt haben.

Für die Umsetzung dieses Konzeptes sehen Beck und Hartmann die Kommandeure in einer entscheidenden Position. In ihrem Beitrag „Die Köpfe und Herzen gewinnen – Vernetzung an der ‚Heimatfront'" entwickeln sie konkrete Vorschläge, wie diese intensive Zusammenarbeit erfolgen könnte. Die Vernetzung an der „Heimatfront" resultiert aus den besonderen Anforderungen des militärischen Dienstes, nimmt dabei die gesellschaftliche Integration ernst und bietet ein praktisches Konzept an, welche das Integrationspostulat mit den Erfordernissen einer einsatzorientierten Armee zusammenführt.

Den Abschluss des Jahrbuchs bildet der Beitrag von *Jochen Bohn*. Sein Artikel „Kernbestand unveränderbar? Die Ewigkeitsklausel der Inneren Führung im Spiegel der jüngeren politischen Philosophie" setzt sich kritisch vor allem mit den Konstanten der Inneren Führung auseinander, die ganz wesentlich auf zentralen Begriffen des Grundgesetzes beruhen. Er zielt damit in Mark und Herz der Inneren Führung. Daher wurde dieser Artikel auch für die Rubrik „Zur Diskussion gestellt" ausgewählt.

Bohn zeigt grundsätzlich die Probleme der politischen Theorie in der modernen Welt auf, die auch die Überzeugungskraft der Inneren Führung und der sie stützenden Begriffe Demokratie, Recht, Freiheit usw. in Frage stellen könnte. Daraus erwachse die Unsicherheit, wofür der Einzelne sich ggf. auch mit Einsatz seines Lebens engagieren solle. „Auch die Bundeswehr", so Bohn, „wird früher oder später kaum umhin können, sich auf einen geeigneten Umgang mit diesem Verlauf der Wirklichkeit einzulassen. Die bislang als unveränderbar geltenden Prinzipien der FdGO, der ideologische Kernbestand der Inneren Führung verliert erkenntnistheoretisch wie lebenspraktisch seinen Anhalt. In dieser Lage wäre es geradezu leichtsinnig, das herkömmliche Selbstverständnis der deutschen Streitkräfte konservieren oder gar überhöhen zu wollen. Wer heute unter dem Begriff der Inneren Führung die Soldaten der Bundeswehr weiterhin auf die modernen Werte und Normen der FdGO einschwören will, der läuft Gefahr, gerade das zu stiften, was durch die Idee der Inneren Führung eigentlich verhindert werden soll: eine ideologische Sonderwelt mit einem Sonderethos, das sich abzukoppeln beginnt von der Wirklichkeit."

Herausgeber und Autoren hoffen, mit dem Jahrbuch Innere Führung 2012 einen wichtigen Denk- und Diskussionsanstoß gegeben zu haben. Gespräche sind das, was Politik, Gesellschaft und Bundeswehr aneinander bindet, was die Streitkräfte zusammen hält und was die Innere Führung zu einer lebendigen Führungsphilosophie macht, in der Freiheit, Verantwortung und Bildung des Soldaten bzw. der Soldatin im Mittelpunkt stehen.

Hamburg, im August 2012

II. Zwischen Integration und sui generis

Innere Führung als wesentliche Aufgabe der militärischen Führung und des Primates der Politik

Hans-Christian Beck / Christian Singer

Das Leitbild des „Staatsbürgers in Uniform" und die Konzeption „Innere Führung", die Führungskultur und -philosophie der Bundeswehr, gehören als geistiges Fundament zu den kreativsten und zukunftsweisenden politischen Neuerungen, die während der fünfziger Jahre in der Bundesrepublik Deutschland geschaffen worden sind.

Innere Führung war von Anfang an als eine moderne, äußerst anspruchsvolle und komplexe Führungskultur konzipiert und ist es bis heute geblieben. Sie setzt eine umfassende Ausbildung und Bildung aller militärischen Vorgesetzten voraus und braucht einen Vergleich mit Führungskulturen anderer Armeen demokratischer Staaten nicht zu scheuen. Sie kann sich ebenso mit Unternehmenskulturen in Wirtschaft und Industrie messen und ist in ihren Gestaltungsfeldern sogar noch umfassender und vielseitiger.

Wenn Innere Führung auch Anregungen und Beispiele für andere Armeen liefern kann, so ist sie dennoch kein Exportschlager, wie es in vielen offiziellen Reden immer wieder anklingt. Sie ist und bleibt eine speziell deutsche Konzeption, die unter den besonderen Bedingungen entwickelt worden ist, als es darum ging, deutsche Streitkräfte in eine bereits zehn Jahre bestehende Demokratie einzufügen.

Innere Führung ist als eine zutiefst politische, gesellschaftliche und militärische Konzeption entstanden und stellt eben gerade an das militärische Führungspersonal wie die politisch Führenden, auch in einer Freiwilligenarmee, erhöhte Ansprüche. Daneben wendet sich die Innere Führung auch und selbstverständlich an die Gesellschaft, was nicht zuletzt im Leitbild des „Staatsbürgers in Uniform" zum Ausdruck kommt.

In diesem Beitrag wollen sich die Autoren aus dem Dreiklang der Inneren Führung, insbesondere mit den Aspekten dieser Führungsphilosophie für die militärische Führung und die Politik beschäftigen. Denn es besteht eine besondere Verbindung im Verhältnis zwischen Militär und Politik, das sich zum einen aus dem Primat der Politik ergibt, zum anderen aber auch im soldatischen Leitbild des „Staatsbürgers in Uniform" zu sehen ist.[1]

Innere Führung – eine wesentliche Aufgabe der militärischen Führung

Truppenführung und Innere Führung wurden und werden oft als Gegensätze betrachtet, dabei bildet angewandte Innere Führung geradezu die Voraussetzung für gute Truppenführung im Frieden wie im Krieg.

Nichts anderes hob immer wieder General de Maiziére hervor, wenn er ausführte: „Wir wollten eine einsatzbereite Armee in einem demokratischen Staat schaffen, militärisch effiziente Streitkräfte, getragen von demokratisch erzogenen Soldaten, die wussten, welche Werte es zu verteidigen gab, denen aber auch die Härte eines modernen Gefechts bewusst und erlebbar gemacht werden mußte."[2]

General Graf Kielmansegg schrieb zum 40-jährigen Bestehen des Zentrums Innere Führung am 01.10.1996 an den damaligen Kommandeur: „Der Erfolg, den Innere Führung für und in der Bundeswehr immer von neuem anzustreben hat, kann nur dann errungen werden, wenn die Begriffe Soldat, Mensch und Führung so zusammenklingen, daß jeder Ton voll schwingt und alle drei noch einen Akkord geben. Das Soldatische darf nicht untergehen, der Mensch muß die Mitte sein, Führung muß wirklich Führung bleiben – dann wird Innere Führung das angestrebte Ziel erreichen."[3]

Dennoch wurden von der militärischen Führung die Chancen nie so richtig genutzt, die Innere Führung mit Herzblut als besondere Führungskultur, ja militärische Lebenskultur einzubringen. Eine aktive Verteidigung der Grundsätze, Inhalte und Werte der Inneren Führung fand von militärischer

---

[1] Vgl. Hartmann, Uwe: Innere Führung – Erfolge und Defizite der Führungsphilosophie für die Bundeswehr, Berlin 2007, S.70 ff.

[2] Maiziére, Ulrich de, General a.D.: „Politische Einordnung und innere Ordnung der Deutschen Streitkräfte", Vortrag auf einer Fachtagung für Angehörige der Bundeswehr am 28.04.1991 im Schloss Eichholz/Wesseling.

[3] Kielmansegg, Johann Adolf Graf: „Brief an den damaligen Kommandeur Zentrum Innere Führung", Brigadegeneral Hans-Christian Beck anlässlich des 40-jährigen Bestehens des Zentrums Innere Führung am 01.10.1996.

Seite aus innerster Überzeugung heraus selten statt, geschweige denn, dass sich Stolz auf unsere Führungskultur entwickelte.

Unsere Führungskultur sollte uns etwas wert sein, denn gute Führung lässt Geführte erleben, dass sie geachtet und geschätzt werden. Soldatische Identität wird auch aus gelebter Führungskultur bezogen.

Umsetzung, Anwendung und Praxis der Inneren Führung

Die Streitkräfte haben nicht so sehr Erkenntnisprobleme mit ihrer Führungskultur, sondern eher Durchsetzungs- und Umsetzungsschwierigkeiten. Nicht Innere Führung ist das Problem, sondern die konkrete Wirklichkeit und der oft fehlende Wille, manchmal sogar das Unvermögen der praktischen Anwendung ihrer Gestaltungsfelder, Grundsätze und Prinzipien.

Hierbei sei auf Goethes Wilhelm Meisters Lehrjahre verwiesen: „Man muß nicht nur wissen, man muß auch anwenden. Man muß nicht nur wollen, man muß auch tun."

Innere Führung wird, trotz vieler Bekenntnis- und Sonntagsreden über ihre Bewährung, immer noch nicht mit entsprechender Konsequenz umgesetzt und ist in manchen Köpfen nicht richtig angekommen, unabhängig von Alter und Dienstgrad.

Es sammeln sich bereits wieder einige Kohorten in den „Verfügungsräumen", die glauben, dass der Finger am Abzug allein ausreiche, um die militärischen Aufträge zu erfüllen. Gleichzeitig sehen sie die Möglichkeit, sich aller anstrengenden und mühevollen Aufgaben der Inneren Führung zu entledigen.

Immer gab und gibt es militärische Vorgesetzte in allen Teilstreitkräften (TSK) – sogar Inspekteure aller TSK – die zwar nicht offen, aber doch hinter vorgehaltener Hand nicht nachließen hervorzuheben, dass sie von Innerer Führung nicht viel hielten. Damit sind nicht die Anfangsjahre der Bundeswehr gemeint, sondern die späten 90-iger Jahre. Es wurde sogar im Juni 1998 ein „Leadership-Papier" herausgegeben, als ob „Leadership" alle Gestaltungsfelder der Inneren Führung abdecke. Selbst die Wirtschaft rückt mehr und mehr von „Leadership" ab, weil man zu der Erkenntnis gekommen ist, dass „Leadership" eben nicht die gesamte Führung abdeckt.

„Innere Führung ist für alle Soldatinnen und Soldaten verbindlich und richtet sich in besonderer Weise an die Vorgesetzten, die Grundsätze anzuwenden, in die Praxis umzusetzen und ihr Handeln danach auszurichten……Innere Führung ist verpflichtende Grundlage des eigenen Handelns im Grundbetrieb wie im Einsatz, in nationalen wie in internationalen Strukturen".[4]

„Innere Führung ist die Grundlage des militärischen Dienstes in der Bundeswehr und bestimmt die Gesamtheit von Führung, Erziehung und Ausbildung. Sie bestimmt das Selbstverständnis des Soldaten, ist keine eigenständige Aufgabe, sie gilt gleichermaßen im Gefecht wie bei der Gestaltung des Innendienstes."[5]

Wie aber wollen militärische Vorgesetzte in Haltung und Pflichterfüllung ein Beispiel geben (vgl. § 10 Soldatengesetz, Abs. 1), wenn die Verbindlichkeit der Führungskultur für sie offensichtlich nicht gilt. Wie steht es dann um Vorbild, Verantwortung, Vertrauen und Verlässlichkeit? Wie kann man von seinen Soldaten etwas verlangen, was man selbst nicht einhält oder sich darüber hinwegsetzt? Auch Vorgesetzte können nicht nach eigenem Gutdünken befinden, ob sie die Grundsätze der Inneren Führung beachten oder nicht.

Der Tagesbefehl des Bundesministers der Verteidigung lautet: „Und ich erwarte von allen Vorgesetzten, insbesondere von Kommandeuren und Kommandanten, Einheitsführern und Kompaniefeldwebeln, dass sie auf Grundlage der neuen Vorschrift die Innere Führung mit ihrem persönlichen Beispiel vorleben."[6]

Politische und militärische Führung tragen die Verantwortung, Innerer Führung Geltung und Gewicht zu verleihen – sie müssen selbst für die Einhaltung der Grundsätze unserer Führungskultur eintreten.

Innere Führung ist heute infolge des erweiterten Aufgabenspektrums und der internationalen Auslandseinsätze aktueller und dringender denn je. Auch denjenigen, die es scheinbar immer noch nicht begriffen haben, werden folgende Themen unserer Führungskultur nicht gleichgültig sein und sie unberührt lassen, zumindest dann, wenn ihre Kameraden oder sie selbst Betroffene sind: Posttraumatische Belastungsstörungen und der Umgang damit, Tod und Verwundung, Umgang mit „jungen Veteranen" und deren Eingliederung in den zivilen beruflichen Alltag, Ausbildung von „Lotsen für Einsatzgeschädig-

---

[4] Bundesministerium der Verteidigung: ZDv 10/1, Zentrale Dienstvorschrift Innere Führung - Selbstverständnis und Führungskultur der Bundeswehr, Bonn 2008, Nr. 102, Nr. 501.
[5] a.a.O., Nr. 503.
[6] a.a.O., Tagesbefehl des Bundesministers der Verteidigung Dr. Franz Josef Jung, Bonn 2008, S. 5.

te", Familie und Dienst, Trauerarbeit um verlorene Kameraden und Betreuung ihrer Familien durch die Einheiten und Verbände. Dies sind nur einige wenige von vielen Themen, die alle die Gestaltungsfelder der Inneren Führung berühren. Wer will sich anmaßen, eines der Felder oder Themen zu streichen?

Es bedarf vor allem von Seiten der militärischen Führung an Willen, Kraft und Konsequenz, Innere Führung selbst zu beleben, vorzuleben und auch durchzusetzen. Die Nichtbeachtung der Grundsätze der Inneren Führung muss Folgen nach sich ziehen.

Die wichtigsten Gestaltungsfelder der Inneren Führung

„Menschenführung, auch im Einsatz und Gefecht, politische Bildung sowie Recht und soldatische Ordnung sind die wichtigsten Bereiche des soldatischen Dienstes, die unmittelbar auf den Menschen bezogen sind."[7]

Menschenführung zeigt sich im „Führen unter Feuer" als Schlüssel für militärische Leistungsfähigkeit. Eine Menschenführung die im täglichen Ausbildungsdienst und in der Einsatzvorbereitung gewachsen, die vor allem durch einen Führungsstil der Vorgesetzten praktiziert wird, der Kopf und Herz gleichermaßen erreicht und ein vertrauensvolles Verhältnis zwischen Führern und Unterstellten bewirkt.

Menschenführung erweist sich im Gefecht besonders erfolgreich – wie viele Soldaten aus den Einsätzen berichten – , wenn militärische Führer durch klare Aufträge und unmissverständliche Befehle, beispielhafte Pflichterfüllung, fachliche Befähigung, mit entschiedenem Durchsetzungsvermögen überzeugen und auch selbst alle Risiken und Gefahren für Leib und Leben tragen. Der Erfolg beruht aber auch auf Gesprächsbereitschaft, regelmäßiger Information, persönlicher Zuwendung und kameradschaftlicher Zusammenarbeit. Menschenführung gelingt überall dort, wo beispielhaft geführt wird und Wort und Tat übereinstimmen.

„Politische Bildung ist eine weitere Kernaufgabe aller Vorgesetzten und gesetzliche Verpflichtung der Disziplinarvorgesetzten. Sie gewinnt vor dem Hintergrund von Auslandseinsätzen zusätzlich an Bedeutung. Über politische Hintergründe, sicherheitspolitische Interessen und die Notwendigkeit von Einsätzen soll rechtzeitig und angemessen informiert werden."[8]

---

[7] a.a.O., Nr. 602.

[8] a.a.O., Nr. 628.

Für die militärische Führung ergibt sich die Chance einer Neubelebung der Politischen Bildung, die es zu nutzen gilt. Es darf nicht der Beliebigkeit der Vorgesetzten anheimgestellt werden, ob Politische Bildung in den Streitkräften stattfindet oder nicht und bei Nichtstattfinden folgenlos bleibt.

Unsere Soldaten haben einen Anspruch auf eindeutige rechtliche Regeln und Bestimmungen, da sie sich im bewaffneten Konflikt durchsetzen müssen, um ihren Auftrag zu erfüllen. Es gilt daher die Auslandseinsätze auf ein solides rechtliches Fundament zu stellen, denn Rechtssicherheit schafft Handlungssicherheit. Einen rechtsfreien Raum gibt es auch im Einsatz nicht.

Soldatische Disziplin und Aufrechterhaltung der Ordnung gelten auch im Einsatz. Gegen Nachlässigkeiten im Umgang mit Waffen und Gerät sowie Disziplinlosigkeiten ist einzuschreiten, ebenso, wenn sich die Anzugsordnung aufzulösen beginnt und sich mehr und mehr „Phantasieuniformen" mit aufgenähten Emblemen entwickeln, die unserer Führungskultur nicht entsprechen. Innere Führung intendiert eine offene Gesprächsführung zwischen Vorgesetzten und Unterstellten, verlangt eine echte Zweibahnstraße der Information und Kommunikation. Auch höhere Dienstgrade müssen zuhören und verstehen lernen, was jüngere Soldaten in Gefechtssituationen erlebt und durchgestanden haben.

Infolge der unterschiedlichen Erfahrungs- und Erlebniswelten oft junger Soldaten gilt es voneinander zu lernen und das über Dienstgradgruppen und Generationen hinweg. Die Hauptlast im Gefecht liegt auf den Schultern der Unteroffiziere und Mannschaften, nicht auf den Schultern der Generale.

Einsatzerfahrung berechtigt aber nicht, sich über Befehl und Gehorsam hinwegzusetzen oder noch nicht erfahrene jüngere Vorgesetzte und Unterstellte oder Soldaten außerhalb der Kampftruppen als „Soldaten zweiter Klasse" anzusehen und dementsprechend zu behandeln. Auch das beinhaltet die Konzeption der „Inneren Führung".

Die Ausrichtung auf Grenzsituationen des Einsatzes, auf kriegerische Handlungen, ja auf die Ausnahmesituation des Krieges und des Chaos erfordert von der militärischen Führung die Durchsetzung klarer ethischer Verhaltensweisen. Wenn Ethik „das gute Sein und das rechte Handeln" ist, dann werden vom militärischen Führer Tapferkeit, Gerechtigkeit, Klugheit und das rechte Maß auch in kriegerischen Handlungen gefordert.

Die Wahrung der Menschenrechte und die Achtung des daraus abgeleiteten Rechtes sowie die aus dem christlichen Wertefundament resultierende

Achtung des Schutzes des Lebens bilden eine klare Richtschnur für das Handeln des Soldaten in der Ausnahmesituation kriegerischer Handlungen.

Viele Beispiele in den jeweiligen Einsätzen zeigen, dass unsere Soldaten versuchen mitzuhelfen, Menschen in Krisen- und Kriegsgebieten ein Leben in Würde zu ermöglichen, der Gewalt, Totschlag und ethnischer Vertreibung Einhalt zu gebieten und mit und durch ihr Handeln etwas sittlich Gutes, ethisch-moralisch Gerechtfertigtes und politisch Notwendiges zu erreichen. Auch im biblischen Sinne steht der Soldat immer für einen, der für das Leben kämpft! Er kämpft nicht gegen jemand, sondern für die Menschen, damit sie in Frieden leben können. Er setzt sich für das Leben ein, auch wenn es das eigene Leben kosten kann. Dabei ist alles soldatische Handeln an die Werte des Grundgesetzes gebunden.

Was erwarten die Soldaten von der militärischen Führung?
„Die militärischen Berater der Regierungen ….. Sie können und müssen den Politikern sagen, was eine Armee kann und was sie nicht kann, und welche Mittel sie für die von der Politik beabsichtigten Aufträge braucht…"[9]

Wie verhält sich aber die militärische Führung, wenn die Politik Einsatzaufträge erteilt, die mit den vorhandenen Kräften und Mitteln nur schwer oder nicht erfüllt werden können? Hier erweist sich die große Verantwortung der die Politik beratenden Soldaten. Militärische Berater dürfen nicht bereits im Vorfeld politischer Entscheidungen darauf schielen, was politisch ankommt und umsetzbar ist. Oft hört man: „Das ist politisch nicht machbar" oder gar „das können wir der Politik nicht zumuten!"

Der Soldat muss sich keine Gedanken darüber machen, was der Politik zumutbar ist oder nicht. Er treibt keine Politik und er politisiert auch nicht. Er hat eine klare Lageanalyse zu erstellen und Lösungsmöglichkeiten vorzutragen und ist verpflichtet, seinen Sachverstand in die politischen Entscheidungsprozesse einzubringen. Hierfür steht er mit in der Verantwortung und kann sich nicht hinter politischen Entscheidungen verstecken nach dem Motto: „Wir führen nur aus!"

Der militärische Rat darf nicht nach politischer Opportunität ausgerichtet sein.

---

[9] Maiziere, Ulrich de, „Ansprache an der Führungsakademie der Bundeswehr, Hamburg, am 26.09. 1997.

Falsches Wohlverhalten, Leisetreterei, Abwarten wie sich die Dinge entwickeln, Tatenlosigkeit als einfacher, erfolgversprechender Weg, der nur vermeintlich der Karriere hilft – all das widerspricht den Grundsätzen der Inneren Führung, schadet ihr letztlich und höhlt sie aus. Mut wird zum Widerspruch im Vorfeld der Entscheidung und in der Sache, verlangt dann aber auch loyales Handeln, wenn politische Entscheidungen gefallen sind. Die Truppe erwartet sich eine selbstbewusste militärische Führung, die sich für ihre Belange einsetzt.

Die militärische Führung sollte sich für die Entwicklung eines streitkräftegemeinsamen Berufsbildes des Soldaten einsetzen

Hierbei gilt es die Frage zu stellen und zu beantworten, wie das Berufsbild des Soldaten unter völlig veränderten sicherheitspolitischen und gesellschaftlichen Rahmenbedingungen in einer Freiwilligenarmee aussehen soll. Wie sieht die Öffentlichkeit den Soldaten? Wie sieht er selbst seinen Beruf und welches Selbstverständnis leitet er daraus ab? Was ist letztlich das Verbindende aller Soldaten, unabhängig von Teilstreitkraft, Verwendung und Spezialisierung? Was macht das Alleinstellungsmerkmal des Soldaten aus, sein Verhältnis zum Dienstherrn, das Recht zu befehlen und die Pflicht zu gehorchen, letztendlich legitimierte Gewalt stellvertretend für die Politik und die Gesellschaft anzuwenden und auszuüben? Wie steht er zu Loyalität, Widerspruch, Zivilcourage, treuer Pflichterfüllung, zu Werten und Tugenden, zu Ethik, Moral, Bildung und schließlich Vorbild, Verantwortung, Vertrauen und Verlässlichkeit?

Ein Berufsbild kann helfen, Soldaten ein Vorstellungsvermögen zu vermitteln, was den Soldatenberuf ausmacht.

Daraus kann sich ein individuelles Selbstverständnis entwickeln, das im günstigsten Falle annähernd dem Berufsbild gleichkommt. Ein Berufsbild kann Berufsidentität, Orientierungssicherheit geben wie auch eine Klammer bilden für die Gemeinsamkeit aller Soldaten.

Ein Berufsbild kann in die Politik, in die Gesellschaft hineinwirken, Berufsstolz, Identifikation und Zusammenhalt herbeiführen. Es kann zu Ansehen, Respekt und auch Attraktivität beitragen. Es kann den ständig erforderlichen Rollenwechsel vom Kämpfer bis zum Schützer, Helfer, Retter und Vermittler beschreiben und somit auch eine Brücke zu zivilen Akteuren und Helfern schaffen.

Es kann endgültig zur Klärung beitragen, um ideologische und einseitige Bilder verschwinden zu lassen, als gäbe es nur die Wahl zwischen „archaischem Kämpfer", dem „polizeiähnlichen Konstabler", dem „demokratischen Krieger" oder dem utopischen „Weltbürger".

Wer kann denn genau vorhersagen, an welchen Einsätzen sich deutsche Soldaten in der Zukunft beteiligen werden, wie diese Einsätze im Einzelnen aussehen werden? Bisher wurde immer nur der militärische Einsatz herausgestellt, der in Afghanistan, wie Experten stets betonen, etwa 20 Prozent ausmacht, der Löwenanteil von 80 Prozent aber von der zivilen Seite zu leisten wäre. Wie verhält es sich, wenn der zivile Auftrag die Kernaufgabe ausmacht und die militärische Aufgabe nur als Ergänzung dient?

Wäre es nicht jetzt an der Zeit, hierzu über eine „Gesamtstrategie" ressortübergreifend nachzudenken mit eindeutigen Verantwortlichkeiten und klarer Aufgabenteilung, um die Armee endlich aus der Rolle des „Allrounders" und der „Verfügbarkeitsfalle" zu befreien. Dies würde natürlich eine ressortübergreifende Koordination und Führung voraussetzen.

Ließe sich hier nicht auch wieder eine engere Klammer zwischen zivilem Bürger und dem Bürger in Uniform finden, da immer mehr zivile Fähigkeiten vom Soldaten erwartet werden, auch wenn der Soldat zum Schutz der Zivilbevölkerung gegen Terror, Banden, Aufständische und Milizen kämpfen, schießen, töten und selbst den Verlust seines Lebens, seiner Gesundheit in Kauf nehmen muss?

Der Soldatenberuf erfordert aber auch selbstlose Inpflichtnahme, Idealismus, Hingabe, treue Dienstausübung, ohne viel an materieller oder immaterieller Gegenleistung durch Politik und Gesellschaft zu erhalten. Er muss sich auch darauf einstellen, dass Zuneigung und Wertschätzung einer zunehmend entpflichteten Bevölkerung dem Soldaten auch in Zukunft nicht gerade entgegenfliegen werden.

Innere Führung zur eigenen Sache machen

„Was der Mensch ist", so hat es einmal Karl Jaspers gesagt, „ist er durch die Sache, die er zur seinen macht." Die militärische Führung, aber auch jeder einzelne Vorgesetzte, sollte Innere Führung zu seiner eigenen Sache machen, sich mit Innerer Führung identifizieren, sie anwenden und vorleben.

Immer noch besitzen viele Soldaten kein Gesamtbild über unsere Führungskultur, ihre Entstehung bei der Neuaufstellung deutscher Streitkräfte, ihre

Geschichte und Wurzeln, ihre Bezüge zu den Preußischen Reformen, zum Widerstand des 20. Juli 1944 und über ihre Abhängigkeit von Politik, Gesellschaft und Militär.

Innere Führung ist keine Beilage zur Truppenführung, sie durchdringt den gesamten militärischen Dienst im Frieden und im Krieg. Sie ist eine zutiefst politische, gesellschaftliche und militärische Konzeption, keine innermilitärische Betriebslehre. Viele Soldaten kennen einzelne Gestaltungsfelder, haben Innere Führung partiell verinnerlicht, aber ein profunder Kenntnisstand über Innere Führung ist oftmals unzureichend ausgeprägt. Wer bildet eigentlich das Lehrpersonal in Innerer Führung aus, das an den Akademien und Schulen die Konzeption vermitteln soll? Sind das alles „Autodidakten", die nach eigenem Gusto Innere Führung lehren? Die Praxis ist wichtig, aber ohne Theorie und umfangreiches Wissen gibt es auch keine Praxis!

Mit ihrer Führungskultur und -philosophie verfügen die deutschen Streitkräfte über ein hohes Gut, das es zu bewahren, aber auch ständig weiterzuentwickeln gilt. In ihrer Weiterentwicklung bedarf die Innere Führung auch des Interesses und der tatkräftigen Unterstützung durch Politik, Gesellschaft und vor allem durch die militärische Führung, um nicht schleichend auf eine innerbetriebliche Führungskultur einer Freiwilligenarmee reduziert zu werden.

Vor allem muss sich die militärische Führung eindeutig zur Inneren Führung bekennen, ihre Verbindlichkeit durchsetzen, ihre Grundsätze vorleben und in Haltung und Pflichterfüllung ein Beispiel geben, und sich stets daran erinnern, was der damalige Verteidigungsminister Helmut Schmidt in das Weißbuch 1970 geschrieben hat:

„Deswegen sind die Grundsätze der Inneren Führung keine ‚Maske', die man ablegen könnte, sondern ein Wesenskern der Bundeswehr. Wer sie ablehnt, taugt nicht zum Vorgesetzten unserer Soldaten."[10]

Innere Führung – eine wesentliche Aufgabe des Primates der Politik

Wie bereits in der Einleitung zum Beitrag erwähnt, ist Innere Führung als eine gesellschaftliche, militärische, aber eben auch zutiefst politische Konzeption

---

[10] Bundesministerium der Verteidigung: "Weißbuch 1970 zur Sicherheit der Bundesrepublik Deutschland und zur Lage der Bundeswehr", Bonn 1970.

entstanden. Von Beginn an wurde das Primat der Politik als wesentlicher Bestandteil der Führungsphilosophie betont. Mit der Kontrolle über das Budget, den besonderen Aufgaben des Verteidigungsausschusses im Deutschen Bundestag, aber auch mit der speziellen Aufgabenstellung des Wehrbeauftragten des Deutschen Bundestages, wird dieses Primat der Politik deutlich gemacht. Gestützt wurde die Rolle des Parlamentes gegenüber der Bundeswehr zudem mit dem Urteil des Bundesverfassungsgerichtes von 1994. Dort wurde die grundsätzliche Zustimmung des Parlamentes für den Einsatz bewaffneter deutscher Streitkräfte im Ausland herausgestellt. Bis heute findet sich in der entsprechenden Vorschrift die wesentliche Bedeutung des Primats der Politik.[11]

Dies begründet aber auch die besondere Verantwortung und Rolle der Politik gegenüber der „Inneren Führung" und damit gegenüber den Soldatinnen und Soldaten der Bundeswehr.

Politik und die Legitimation

Die neuen sicherheitspolitischen Risiken, oft fernab der heimatlichen Erfahrungswelt angesiedelt, haben die früher bestehende „Risikogemeinschaft" zwischen Gesellschaft und Bundeswehr und damit insbesondere zwischen Politik und Bundeswehr nahezu aufgelöst. Als Instrument der Politik gehen die Menschen in den Streitkräften heute, an meist weit entfernten Orten hohe persönliche Risiken zur Auftragserfüllung ein, ohne dass der Gesellschaft oftmals eine breit akzeptierte Legitimation dieser Einsätze vermittelt werden kann.[12] Damit zeigt sich jedoch bereits eine wesentliche Aufgabe der Politik bei der Erreichung der Ziele der Inneren Führung. Als erstes Ziel nennt die Innere Führung - neben der Integration, Motivation und der inneren Ordnung, auf die ebenfalls nachfolgend eingegangen werden soll - die Legitimation. Insbesondere bei Auslandseinsätzen sind „politische" Begründungen für soldatisches Handeln zu vermitteln und der Sinn des politisch gegebenen militärischen Auftrages nachvollziehbar darzulegen.[13]

---

[11] Vgl. ZDv 10/1, Zentrale Dienstvorschrift Innere Führung, Nr. 310.

[12] Vgl. Naumann, Klaus: Erwartungen der Zivilgesellschaft an eine militärische Führungsphilosophie im 21. Jahrhundert; in: Beck, Hans-Christian / Singer, Christian (Hrsg.): Entscheiden, Führen, Verantworten – Soldatsein im 21. Jahrhundert, Berlin 2011, S. 183.

[13] Vgl. ZDv 10/1, Zentrale Dienstvorschrift Innere Führung, Nr. 401.

Legitimation von Einsätzen kann also, das Primat der Politik vorangestellt, nur aus dem Politischen Bereich kommen. Dabei kommt einem tragfähigen Fundament, wie der ressortübergreifenden Formulierung von sicherheits- und verteidigungspolitischen Grundlagen, eine entscheidende Bedeutung zu. Letztmalig hat das die Bundesregierung mit dem Weißbuch 2006 getan. Weitergehend und den aktuellen sicherheitspolitischen Entwicklungen angepasst sind die Verteidigungspolitischen Richtlinien aus dem Jahr 2011. Allerdings handelt es sich hier um ein Ressortpapier des Bundesministeriums der Verteidigung. Im Sinne der Inneren Führung, und damit für die Legitimationsfunktion im Rahmen der Neuausrichtung der Bundeswehr, wäre ein aktuelles, ressortübergreifend abgestimmtes Konzept sehr viel zielführender. Diesem aktualisierten Konzept sollte allerdings eine fundierte politische, aber auch gesellschaftliche Debatte vorangehen, die sich mit den Interessen und der strategischen Ausrichtung deutscher Sicherheits- und Verteidigungspolitik auseinandersetzt. Angestoßen werden muss eine solche Debatte jedoch von der Politik. Sie muss aktiv gestaltet werden und in den Fokus rücken. Darin ist eine weitere wesentliche Aufgabe der Politik im Sinne der Inneren Führung zu sehen.

Im Rahmen der Legitimation von Einsätzen muss zwar auch die militärische Führung ihrer Rolle, gerade gegenüber dem unterstellten Bereich, gerecht werden, entscheidend ist allerdings die politische Begründung von Einsätzen. Über diese politischen Vorgaben kann und muss selbstverständlich in einer Demokratie debattiert werden, allerdings nicht auf dem Rücken der Soldatinnen und Soldaten der Bundeswehr. Gerade wenn es um die Entscheidung „Für" und „Wider" von Einsätzen der Bundeswehr geht, muss in der politischen Diskussion das Argument im Vordergrund stehen und nicht die parteitaktische Profilierung. Denn für die Soldatin und den Soldat der Bundeswehr geht es in der Konsequenz um die Frage: „Für was und wofür soll ich bereit sein, in der letztendlichen Konsequenz, mein Leben einzusetzen?". Dieses „für was und wofür" spielt für die Menschen in der Bundeswehr eine wesentliche Rolle. Im Rahmen des Primates der Politik kann nur aus diesem Bereich eine tragfähige Antwort auf diese Frage kommen.

Politik und die Integration

Zum Selbstverständnis der Bundeswehr gehört das Leitbild vom „Staatsbürger in Uniform". Aus allen Bereichen der Gesellschaft kommend und auch als

Soldat verantwortungsbewusster Staatsbürger bleibend müssen die Menschen in den Streitkräften ihre soldatischen Pflichten erfüllen.[14]

Dafür steht idealtypisch dieses viel beschworene Leitbild, wie es auch der Bundespräsident in seiner Rede an der Führungsakademie der Bundeswehr formuliert hat: „Es muss da debattiert werden, wo unsere Streitkräfte ihren Ort haben: in der Mitte unserer Gesellschaft."[15] Zu dieser Integration der Bundeswehr in die Gesellschaft muss die Politik ebenfalls einen wesentlichen Beitrag leisten, obliegt ihr doch in vielen Bereich die Entscheidungshoheit. Die Einbindung der Bundeswehr in Staat und Gesellschaft wird unter anderem geprägt von der Wahrnehmung der Bundeswehr in der Öffentlichkeit. Dies setzt voraus, dass die Bundeswehr in weiten Teilen der Gesellschaft sichtbar bleibt, was unmittelbare Anforderungen an das politische zu entscheidende Stationierungskonzept stellt. Die Vermittlung sicherheitspolitischer Zusammenhänge durch Soldaten in Schulen hat einen hohen Glaubwürdigkeitsfaktor und trägt zur Wahrnehmung von Streitkräften in der Öffentlichkeit bei. Auch hier sind es politische Entscheidungen, die den Zugang so genannter Jugendoffiziere zu den Schulen regeln und damit die Integration der Bundeswehr in die Gesellschaft befördern oder erschweren. Auch die Einbindung des militärischen Führungspersonals in politische und damit oftmals gesellschaftliche Ereignisse trägt zur Wahrnehmung und Integration mit bei. Eine Uniform der Bundeswehr, als geladener Gast bei der Wahl zum Bundespräsidenten, beim Empfang von Staatsgästen, aber auch bei der Eröffnung sportlicher Großereignisse, sollte nicht fehlen. Die Einladungslisten der Politik müssten dies umfassend berücksichtigen. Genauso selbstverständlich muss es allerdings auch umgekehrt sein. Bei öffentlichkeitswirksamen Veranstaltungen der Bundeswehr, beispielsweise feierlichen Gelöbnissen oder Verabschiedungs- und Rückkehrappellen im Rahmen der Einsätze, sollte, ebenfalls sichtbar, eine wahrnehmbare Zahl politischer Mandatsträger vor Ort sein. Um der gesamtparlamentarischen Verantwortung gegenüber der Bundeswehr gerecht zu werden, sollten dabei nicht nur Fachpolitiker aus dem Bereich der Sicherheits- und Verteidigungspolitik mitwirken, sondern eben aus dem gesamten Parlament Abgeordnete auftreten. Auch diese Symbolik trägt entscheidend zur Integration der Bundeswehr in Staat und Gesellschaft mit bei.

---

[14] Vgl. ZDv 10/1, Zentrale Dienstvorschrift Innere Führung, Nr. 402f.
[15] Gauck, Joachim: Rede beim Antrittsbesuch des Bundespräsidenten bei der Bundeswehr, Hamburg Juni 2012, Seite 3.

Politik und Motivation

Die oben benannte Integrationsfunktion der Politik für die Soldatinnen und Soldaten der Bundeswehr hat unmittelbare Auswirkungen auf ein weiteres Ziel der Inneren Führung, die Motivation. Von den Menschen in den deutschen Streitkräften werden die bereitwillige Übernahme von Verantwortung und ein Höchstmaß an Pflichterfüllung verlangt. Dies setzt allerdings das Vertrauen in die Politik voraus, welches stets auf Neue erarbeitet werden muss. Permanente Richtungswechsel in der Ausrichtung der Bundeswehr und grundlegende Reformen mit einem dreijährigen Abstand stärken dieses notwendige Grundvertrauen in die politischen Verantwortungsträger zunächst nicht. Auch eine über Jahrzehnte unzureichende Finanzierung des Instrumentes deutscher Außen- und Sicherheitspolitik trägt, vor dem Hintergrund politischer Willens- und Pflichterklärungen im Bündnisrahmen, nicht zur Stärkung des Vertrauens in die Politik bei.[16]

Aber auch so genannte „weiche" Faktoren beeinflussen maßgeblich die Motivation der Menschen in der Bundeswehr. Dabei sind immer auch, meist gravierende Einflussfaktoren der Politik zu verzeichnen. Ob es um die zunehmend wichtige Vereinbarkeit von Familie und Dienst oder aber um die Attraktivität des Dienstes als Soldat geht, immer bedarf es, zumindest was die finanzielle Unterfütterung angeht, politischer Entscheidungen. Aber auch wenn die finanziellen Rahmenbedingungen nicht im Vordergrund stehen, kann die Politik zur Motivationsfunktion der Inneren Führung beitragen. Den politischen Entscheidungen zu grundlegenden Veränderungen in der Struktur der Bundeswehr müssen entsprechende politische Vorgaben folgen, die die Entwicklungsmöglichkeiten und Berufschancen, auch nach den Umgestaltungen, noch im ausreichenden Maß ermöglichen.

Bei aller Notwendigkeit von Veränderung, vor dem Hintergrund grundsätzlich veränderter sicherheitspolitischer Rahmenbedingungen, muss es der Politik gelingen, ein Mindestmaß an Verlässlichkeit der Strukturen zu erreichen. Nur so kann Vertrauen bei den Menschen in der Bundeswehr zurück

---

[16] Im Nato Rahmen sollen, von den Staats- und Regierungschefs als Richtschnur vereinbart, mindestens zwei Prozent des BIP für Verteidigung aufgewendet werden. Deutschland wendet allerdings, gemäß Aufstellung des „Stockholm International Peace Research Institute (SIPRI)", seit 1993 weniger als zwei Prozent des BIP für Verteidigung auf. SIPRI weist für die Jahre 2000 bis 2010, für Deutschland, Verteidigungsausgaben in Höhe von durchschnittlich 1,4 Prozent des BIP pro Jahr aus.

gewonnen und die Motivation, ganz im Sinne der Inneren Führung, gestärkt werden.

Politik und Innere Ordnung

Zunächst verlangt das Ziel der Inneren Ordnung, die Streitkräfte an der bestehenden Rechtsordnung, vor allem des Grundgesetzes, auszurichten. Ein weiteres Merkmal dieses Ziels der Inneren Führung ist es aber auch, den politisch gegebenen Auftrag erfüllbar zu machen und im Falle eines Einsatzes einen rechtssicheren Raum für die Soldatinnen und Soldaten zu schaffen.[17]

Gerade im Einsatz werden die Handlungsmöglichkeiten der Soldaten auch politisch eingeschränkt. So genannte „caveats" sind national politische Vorgaben, die die militärischen Wirkungsmöglichkeiten der Soldatinnen und Soldaten begrenzen. Sie entsprechen damit natürlich dem „Primat der Politik", was die Handlungsmöglichkeiten im Einsatz anbelangt und sind Nachweis, dass die Grundsätze der Inneren Führung auch im Einsatz ihre Anwendung finden. Allerdings werden diese „caveats" dann problematisch, wenn sie nicht zur Bedrohungslage im Einsatz passen oder aber zwischen den am Einsatz beteiligten Nationen zu große Unterschiede bestehen, was die nationalen Einschränkungen – oder aber Möglichkeiten – anbelangt. Dann können sich diese Einschränkungen unmittelbar auf das Innere Gefüge auswirken, spätestens dann, wenn aufgrund der rechtlichen Rahmenbedingungen – nichts anderes stellen die „caveats" für die Soldatinnen und Soldaten dar – der politisch vorgegebenen „combined" Ansatz, de facto gar nicht mehr möglich ist.

Auch das Thema Rechtssicherheit bei Auslandseinsätzen berührt die Innere Ordnung der Bundeswehr unmittelbar. Die Diskussionen um die Untersuchung von Vorfällen aus dem Afghanistan Einsatz der Bundeswehr haben dies deutlich gemacht.[18] Die Politik hat drauf reagiert und ihre Unterstützung im Sinne der Inneren Führung deutlich gemacht. Nach einem Kabinettsbeschluss der Bundesregierung vom 28.03.2012 soll zukünftig eine Schwerpunktstaatsanwaltschaft, in Kempten angesiedelt, Ermittlungen bei dem Verdacht auf Straftaten von Soldaten im Auslandseinsatz zentral führen. Dies zeigt, dass

---

[17] Vgl. ZDv 10/1, Zentrale Dienstvorschrift Innere Führung, Nr. 401.

[18] Beispielhaft seien hier die so genannten „Checkpoint" Fälle in Afghanistan vom 28.08.2008 und 24.10.2008 genannt. Nach Ermittlungen der Staatsanwaltschaft Frankfurt/Oder wurde der Fall vom 28.08.2008 schließlich am 18.05.2009 eingestellt. Die Staatsanwaltschaft Zweibrücken stellte die Ermittlungen zum Fall vom 24.10.2008 am 25.01.2009 ein.

Politik wesentliche Schritte zur Gewährleistung von Rechtssicherheit für Soldatinnen und Soldaten im Einsatz unternehmen kann und damit ihren Beitrag zur Gestaltung der Inneren Ordnung zu leisten im Stande ist. Im Rahmen der Anti-Pirateriensätze der Bundeswehr und bei Ermittlungsverfahren in den Einsatzländern muss die Politik diesem Beitrag zur Inneren Ordnung jedoch noch gerecht werden.

Die Ziele der Inneren Führung und das Primat der Politik

Die besonderen Aufgaben des Primates der Politik im Sinne der Inneren Führung sollten anhand der Zielvorgaben der Führungsphilosophie der Bundeswehr beispielhaft dargestellt werden. Es zeigt sich, dass die Politik zur Zielerreichung wesentliche Aufgaben zu übernehmen hat. Dabei kommt der Politik - hier im Sinne der gesamten Bundesregierung - zu allererst die Aufgabe zu die Rolle der deutschen Außen- und Sicherheitspolitik in der internationalen Gemeinschaft zu definieren.

Ein Ressortpapier, wie die Verteidigungspolitischen Richtlinien, kann hier erst der Anfang sein. Vor allem vor dem Hintergrund der aktuellen weltweiten Wirtschafts- und Finanzkrise, die auch die Europäische Union fest im Griff zu haben scheint, müssen sicherheitspolitische Antworten gefunden werden, die über politische Absichtserklärungen hinausgehen.

Die Konzeption der Inneren Führung verlangt von den Soldatinnen und Soldaten der Bundeswehr die Interessen deutscher Sicherheitspolitik zu wahren.[19] Diese Interessen deutscher Sicherheitspolitik werden, mehr oder weniger deutlich, im Weißbuch 2006 benannt, das die Bundeswehr als Instrument deutscher Sicherheitspolitik, eingebettet in einen umfassenden Sicherheitsbegriff, verstanden wissen will.[20] Daraus ergeben sich für die Bundeswehr notwendige Fähigkeiten, die zudem den eingegangenen internationalen Verpflichtungen gerecht werden müssen. Leistungsfähigkeit, Interoperabilität und die Möglichkeit im vernetzten Sicherheitsansatz multinational zu agieren wer-

---

[19] Vgl. ZDv 10/1, Zentrale Dienstvorschrift Innere Führung, Nr. 311.
[20] Vgl. dazu u. a. Bundesministerium der Verteidigung: Weißbuch 2006 – zur Sicherheitspolitik Deutschlands und zur Zukunft der Bundeswehr, Berlin 2006, S. 28 f.

den dabei als wesentliche Voraussetzung für die Erfüllung des politisch gegebenen Auftrages gesehen.[21]

Diese notwendigen Fähigkeiten scheinen nun aber bei der Bundeswehr nicht mehr in der gebotenen Form gegeben zu sein. Man hat politisch zugelassen, dass militärische Fähigkeiten nach dem Ende des „Kalten Krieges" immer weniger durchhaltefähig und damit einsatzfähig wurden. Der Ansatz im Rahmen der Neuausrichtung der Bundeswehr, „Breite vor Tiefe", untermauert diese vielfach unzureichende Durchhaltefähigkeit, ohne sie in einem europäischen Verbund aufzufangen.[22] Dazu kommt, dass sich nicht nur bei der Bundeswehr, sondern auch bei den europäischen Bündnispartnern – wie vor allem der Libyeneinsatz der NATO gezeigt hat – eklatante Fähigkeitslücken auftun. In diesem Zusammenhang wird gar von einem Verlust der europäischen Verteidigungsfähigkeit, die sich in einem desaströsem Zustand befinde, gesprochen.[23] Wie aber soll die Soldatin und der Soldat von der Möglichkeit der umfassenden Auftragserfüllung überzeugt sein, wenn zwar im Rahmen der Neuausrichtung der Bundeswehr ein umfassendes Fähigkeitsspektrum erhalten bleiben soll, aber in der Realität des täglichen Dienstes militärische Durchschlagskraft und Einsatzfähigkeit oftmals nicht mehr gegeben sind. Die Menschen in der Bundeswehr können vom Primat der Politik verlangen, dass er sich eindeutig positioniert.

Wenn der politische Mehrheitswille Einsparungen im Verteidigungsbereich für notwendig erachtet, ist dies selbstverständlich zu akzeptierender politischer Wille. Gleichzeitig aber immer mehr Anforderungen an das Instrument deutscher Sicherheitspolitik zu stellen, sowie zudem keine tragfähigen und umsetzungsfähigen Konzepte im europäischen Verbund anzubieten, steht der Intention der Inneren Führung entgegen.

Der Mensch im Mittelpunkt – Zusammenfassung

Der Dreiklang aus der Konzeption der Inneren Führung zwischen Politik, Militär und Gesellschaft bindet also nicht nur die militärische Führung und formuliert Anforderungen an die Politik, sondern schließt auch die Gesellschaft in

---

[21] Vgl. dazu u. a.: Bundesministerium der Verteidigung: Bundeswehr im Einsatz – Entstehung, Entwicklung, Überblick, Berlin 2010, S. 48 f.
[22] Vgl. Mölling, Christian: Deutsche Verteidigungspolitik, SWP-aktuell 18, Berlin 2012, S. 3.
[23] Vgl. Mölling, Christian: Europa ohne Verteidigung, SWP-aktuell 56, Berlin 2011, S. 2.

die Überlegungen mit ein. Das Bild des Soldaten, insbesondere des Führungspersonals, wird von sehr hohen Anforderungen geprägt, wie sie der Bundespräsident in seiner Rede an der Führungsakademie der Bundeswehr jüngst formuliert hat: „Entscheidungsvermögen und Übersicht in fordernden Gefechtssituationen, aber auch politisches Urteilsvermögen und diplomatisches Fingerspitzengefühl, die Fähigkeit Widerspruch und Gegenrede zu begründen, interkulturelle Kompetenz und der Umgang mit Medien. Alles in allem: die hohe Kunst, Verantwortung zu übernehmen."[24]

Um die Gesellschaft weiterhin – oder aber wieder – für die „Sicherheitspolitik" und damit auch für die Debatte über die Bundeswehr zu gewinnen, müssen Politik und militärische Führung gemeinsam im Sinne der Inneren Führung tätig werden. Denn auch die im Raum stehende Frage, nach dem zukünftigen Soldatenbild, muss beantwortet werden: „Politik und Öffentlichkeit in Deutschland müssen sich entscheiden, welche Soldaten sie wollen. Glühende Bürgerkrieger? Kaltblütige Profis? Pragmatische Gewaltmanager, kühl und beherrscht, die ihren Job tun, ohne groß zu reden? Leute, die man erst dann zur Kenntnis nimmt, wenn sie als blutende Opfer zurückkehren?"[25]

Bei diesen Fragestellungen zeigt sich wieder, der notwendige Dreiklang der Konzeption der Inneren Führung zwischen Politik, Militär und Gesellschaft muss funktionieren. Politik und militärischer Führung kommt hier besondere Bedeutung zu, um die Gesellschaft zu erreichen und einzubeziehen.

---

[24] Gauck, Joachim: Rede beim Antrittsbesuch des Bundespräsidenten bei der Bundeswehr, S. 6.
[25] Stephan, Cora: Mutbürger in Uniform, in: Welt am Sonntag, Nr. 25 vom 17.06.2012, S. 4.

Moderne Gesellschaft, Militär/Organisation und Innere Führung. Soziologische Einsprüche wider den Anti-„sui generis"-Affekt

Kai-Uwe Hellmann

Seit Begründung der Bundeswehr wird immer wieder betont, daß alles getan werden müsse, um der notorischen Tendenz des deutschen Militärs, zu einem „Staat im Staate" zu mutieren, wirkungsvoll und nachhaltig entgegenzutreten. Sinnverwandt wird auch vom „sui generis"-Effekt des Militärs gesprochen, durch welchen es eine Sonderrolle in der Gesellschaft erhalte, die sie existenziell gefährden könnte. Diese fatale Entwicklung gelte es unter allen Umständen zu verhindern.[1]

Um dies zu erreichen, wurde der Primat der Politik eingeführt, und um diese primär makropolitisch[2] verankerte Einhegungs- und Integrationsstrategie

---

[1] Diese Einschätzung findet sich sogar bei einem (ehemaligen) Generalinspekteur der Bundeswehr: „Die Streitkräfte dürfen eben nicht ein Eigenleben entwickeln. Sie dürfen sich nicht einer eigenen, nur soldatischen Normenwelt verpflichten. Die besonderen Leistungen, die wir Soldaten im Dienst für Staat und Gesellschaft erbringen müssen, rechtfertigen keine ‚sui generis'-Ideologie." (Schneiderhan 2004: 181) Siehe ferner Ulrich de Maizière 1985.

[2] Obgleich sich die Rede vom Primat der Politik weitgehend eingebürgert hat, wäre es zutreffender, vom Primat des Rechts zu sprechen. „Das Primat der Politik gilt, aber es wird vom Primat des Rechts überlagert." (Dietz 2011: 33) Denn insbesondere durch das Grundgesetz und das Soldatengesetz ist größtenteils vorgegeben, was in den Grundsätzen der Inneren Führung nochmals aufgenommen und dann militärspezifisch ausformuliert wurde. Selbst Baudissin leitete die Legitimation der Inneren Führung letztlich vom Grundgesetz ab, wie auch sonst. – Interessant wäre vor diesem Hintergrund, die Grundsätze der Inneren Führung mit dem Grundgesetz abzugleichen, also „Innere Führung" und „Innere Freiheit" (Goos 2011) in ein Verhältnis zu setzen. Nicht ohne Grund kann gesagt werden, die Grundsätze der Inneren Führung wären „die innere Verfassung der Bundeswehr", wie es Hauptmann Hunold Freiherr von Nordeck ausgedrückt hat (zit. nach Simon 1980: XVI), quasi eine Widerspiegelung des Grundgesetzes. Wobei zu fragen bleibt, ob die Grundsätze der Innere Führung nicht mehr abfordern, also bloße Gesetzestreue, nämlich „Gesinnung", wie Simon (1980: 33) es formuliert hat. Doch würde sich das wiederum schlecht vertragen mit der Trennung von Organisationszweck und Mitgliedschaftsmotiv, durch die es jedem Mitglied einer formalen Organisation freigestellt ist, für sich zu entscheiden, inwieweit es sich mit der jeweiligen Organisation tatsächlich identifiziert, also eine besondere Leistungsmotivation („Gesinnung") an den Tag legt, solange nur die Teilnahmemotivation als grundsätzlich bekundete Gehorsamsbereitschaft nichts zu wünschen übrig läßt, vgl. Luhmann 1964.

mikropolitisch nochmals zu verstärken, die Innere Führung (Simon 1980; Wakenhut 1984; Bald 2002; Keller 2002; Wiesendahl 2002, 2005, 2010; Schneiderhan 2004; von Rosen 2005; Franke 2012). Schon Wolf Graf von Baudissin hatte diese Intention der Inneren Führung wiederholt zum Ausdruck gebracht.[3]

Offenbar droht von dieser Seite größte Gefahr: Das Militär entwickelt, wenn man es von außen nicht daran hindert, ein von außen kaum mehr kontrollierbares Eigenleben, welches sich soweit verselbständigen kann, daß zwischen Gesellschaft und Militär kaum noch Gemeinsamkeiten bestehen bleiben. Das Militär macht gleichsam, was es will, während die Gesellschaft außerstande ist, hierauf noch steuernd-begrenzend einzugreifen (letztlich um sich selbst zu schützen) – mit der Folge, daß das Militär sich von der Gesellschaft zusehends entkoppelt und schließlich sogar gegen sie wenden könnte.

Betrachtet man daraufhin die Geschichte der Bundeswehr, kann sogleich festgestellt werden: Diese von Anbeginn geplante und institutionalisierte Einhegungs- und Integrationsstrategie hat sich vollauf bewährt. Der Primat der Politik scheint in der Bundeswehr fast ohne Einschränkung Beachtung zu finden, und gerade der Inneren Führung wird hierfür kein geringer Verdienst zuerkannt.[4]

Funktionale Differenzierung und „sui generis"-Effekt

Betrachtet man diese anhaltend präsenten Vorbehalte gegenüber der „sui generis"-Tendenz des Militärs, so sehr diese – angesichts der deutschen Militär- und Gesellschaftsgeschichte („Militarismus") – als wohl begründet erscheinen dürften, freilich aus Sicht einer Gesellschaftstheorie, die die moderne Gesellschaft als primär funktional differenziert begreift, entpuppt sich die Unversöhnlich-

---

[3] Wobei Baudissin (1969: 25) vorwiegend von der „Sonderstellung des Soldaten" sprach, also die Mikroperspektive des militärischen Handelns einnahm, während die Makroperspektive eher selten bei ihm anklang, etwa wenn es heißt: „Der offenbar so bedrohliche Charakter der ‚Eigengesetzlichkeit' ist soweit zu beseitigen, wie nicht unabdingbare Forderungen der militärischen Aufgabe dem entgegenstehen." (Baudissin 1969: 248) Nichtsdestotrotz bildeten Mikro- wie Makroperspektive die beiden Seiten einer Medaille für ihn, die direkt aufeinander bezogen waren.

[4] Zuletzt hat Bundespräsident Joachim Gauck in seiner Rede an der Führungsakademie in Hamburg dies sehr deutlich herausgestellt
(http://www.spiegel.de/politik/deutschland/gaucks-rede-bei-der-bundeswehr-a-838435.html).

keit dieser Vorbehalte als hochgradig normativ, kaum gedeckt durch die Realität, und fast schon als Traumatisierungssyndrom. Denn die moderne Gesellschaft, primär verstanden als funktional differenziert, zeichnet sich gerade dadurch aus, daß die großen Funktionssysteme, wie Erziehung, Kunst, Massenmedien, Medizin, Politik, Recht, Religion, Sport, Wirtschaft, Wissenschaft, autonom darin sind, wie sie intern verfahren sollen (Luhmann 1997). Das Grundgesetz setzt zwar allgemein verbindliche Regeln; überdies verfügt die Politik über die Sonderfunktion, kollektiv bindende Entscheidungen herzustellen (Luhmann 1993, 2000a). Wie sich die einzelnen Funktionssysteme dazu aber verhalten, ist weitgehend ihnen überlassen, bis hin zu rechtswidriger Zuwiderhandlung, was entsprechend geahndet wird, sowie es öffentlich wird.

Genau diese gesellschaftsweit zugestandene Autonomie der Funktionssysteme, die überhaupt erst die Leistungsfähigkeit der modernen Gesellschaft ausmacht (soziale Arbeitsteilung auf der Makroebene), stellt aber nichts anderes als einen genuin wirksamen „sui generis"-Effekt dar.[5] Jedem Funktionssystem kommt demnach eine Sonderrolle zu; es darf und soll geradezu ein allgemein akzeptiertes, rechtlich zugesichertes Eigenleben führen, damit es sich intern mit einem bestimmten, hochkomplexen Thema auf so spezifische und kompetente Art und Weise auseinandersetzen kann, daß alle anderen Teilsysteme der Gesellschaft davon entlastet werden, sich darum ebenfalls noch kümmern zu müssen. Jedes Teilsystem betreut also ein zentrales Problem der modernen Gesellschaft, und dies mit universaler Geltung; dabei jedes ein grundsätzlich anderes, immer in wechselseitiger Abhängigkeit (Interdependenz) von allen anderen. Funktionssysteme sind quasi Problemspezialisten. Das ist der Gesellschaftsvertrag, der sich mit dem Konzept der funktionalen Differenzierung verbindet.

Man könnte dies an Politik diskutieren (Hellmann 2005). Aber auch jedes andere Funktionssystem eignet sich dazu, etwa Wissenschaft. Denn gerade Wissenschaft zeichnet sich ja dadurch aus, daß sie über hohe, grundgesetzlich verbürgte Autonomie verfügt („Freiheit der Forschung" nach Art. 5 Abs. 3 Satz 1 GG), also unbedingt erforschen kann, was sie für relevant erachtet, solange dies auf dem Boden des Grundgesetzes und entsprechender Vorschriften

---

[5] Bekanntermaßen hat schon Durkheim (1988) Gesellschaft als eine „Realität sui generis" beschrieben. Insofern besitzt der Verweis auf „sui generis"-Effekte des Sozialen, auch als Emergenzeffekte bezeichnet, in der Soziologie Tradition.

erfolgt. Insofern weist Wissenschaft ebenfalls eine ausgeprägte, rechtlich zuerkannte „sui generis"-Tendenz auf.[6]

Übrigens bedeutet das Zugeständnis der Autonomie der Funktionssysteme keineswegs, es gäbe deswegen keinerlei Folgeprobleme, mitnichten. Erinnert sei hier nur an die Finanzmarktkrise, die Risiken der Embryonalforschung, Politikverdrossenheit oder die Pisastudie. Doch eine Gesamtsteuerung der Gesellschaft, etwa durch die Politik, die bis ins letzte Detail vorgibt, was systemintern zu geschehen hat, erscheint heutzutage nicht mehr gangbar. Rechtlich fixierte Rahmenbedingungen werden zwar gesetzt, gewiß, mehr aber nicht. Der Rest wird durch die Massenmedien erfaßt und allgemein vermittelt (Luhmann 1996; Hellmann 1997). Hinzu tritt oft noch Moralisierung, die unbenommen und nicht selten unterkomplex bleibt. Also muß man die Funktionssysteme zwangsläufig ihrer Eigendynamik überlassen, in der Hoffnung, daß eventuell auftretende Exzesse nicht überhand nehmen (Luhmann 1991). Jeder mag selbst urteilen, wie weit dies gelingt oder nicht. Alternativen hierzu bieten sich gegenwärtig jedenfalls kaum an, so die Systemtheorie.

Formale Organisation und funktionale Autonomie

Dieses Zugeständnis der Autonomie der Funktionssysteme trifft nun auch auf formale Organisationen zu, soweit sie im Rahmen der Rechtsordnung handeln, das ist selbstredend. Denn solange formale Organisation als soziales System verstanden wird, ist auch Autonomie damit unweigerlich zuzugestehen. Eine Organisation, die nicht autonom darüber entscheiden kann, wie sie Stellen besetzt, ihre Zweck- und Konditionalprogramme ausführt oder Hierarchie gestaltet, ist keine (Luhmann 2000b). Daher kann auch bei formaler Organisation von einem „sui generis"-Effekt gesprochen werden.

Diese Eigenschaft formaler Organisation trifft somit auch auf die Bundeswehr als Organisation zu. Denn bei aller Sorge, die sich durch eine derartige Konzentration organisierter Gewaltmittel, wie sie für militärische Organisationen typisch ist, berechtigterweise aufdrängt, kann nicht bestritten werden, daß

---

[6] Heruntergebrochen auf die Organisationsebene, bedeutet das im Prinzip, der Bundeswehr die „Freiheit der Friedenserhaltung" anzuvertrauen und zuzutrauen, um hier Baudissins Credo aufzunehmen, oder eben auch die „Freiheit der Kriegsführung", wenn man an ISAF denkt, weil es um eine spezielle Expertise geht, die funktionale Autonomie verlangt, jeweils im Rahmen rechtlich und politisch gesetzter Bahnen.

die Umsetzung sämtlicher Vorgaben, die dem Militär durch die Politik gemacht werden, letztlich rein intern und dann autonom erfolgt – mit bisweilen erheblichen Abweichungen von der Norm, „einerlei ob äußeres oder innerliches Tun, Unterlassen oder Dulden" (Weber) zur Anwendung kommen, keine Frage. Dies ist aber unvermeidbar, solange man es mit einer formalen Organisation zu tun hat, der man Autonomie grundsätzlich zugestanden hat.

Im Umkehrschluß kann daher gesagt werden: Eine formale Organisation, der keinerlei Eigenleben zugestanden wird, deren „sui generis"-Tendenz also radikal ausgemerzt werden sollte, verliert die entscheidende Voraussetzung, überhaupt formale Organisation sein zu können. Dementsprechend kann auch die Bundeswehr ihre spezifische Aufgabenstellung überhaupt nur wahrnehmen, wenn auch ihr Autonomie grundsätzlich zugestanden wird, sie ihrer „sui generis"-Tendenz – in rechtlich vorgegebenen Bahnen – also ungehindert nachgeben darf. Was sie seit Bestehen auch längst tut, ist sie ja formale Organisation, somit autonom, mit bisweilen erheblichen Abweichungen von politisch gesetzten Normen (Art. 1 GG) – aber doch niemals in einem solchen Ausmaß, daß sich die Sonderrolle des Militärs je gegen die Gesellschaft gekehrt hätte.

Im Umkehrschluß kann daraus wiederum gefolgert werden: Wenn man gerade der Bundeswehr jede „sui generis"-Tendenz verbieten will, behandelt man sie als exklusiv, apart, radikal andersartig.[7] Sie wird quasi aus dem Standardrepertoire der Organisationstypologie herausgelöst und mit einer Sonderrolle bedacht, wie sie so keiner anderen formalen Organisation zukommt. Wodurch sie kuriorerweise erst eine richtiggehende „sui generis"-Behandlung erhält. Im Prinzip unterstreichen die Grundsätze der Inneren Führung also einen Sonderstatus der Bundeswehr, der ihr damit eigentlich aberkannt werden soll. Denn keine andere formale Organisation wurde seit ihrem Bestehen derart mit Mißtrauen und Sorge bedacht, daß ihr etwas Vergleichbares mitgegeben wurde, wie der Bundeswehr die Innere Führung. Derartige Domestifikationsanstrengungen unterstreichen gewissermaßen die ursprüngliche Ungezähmtheit und bewahren diese vielleicht sogar. Das wäre dann allerdings ein paradoxer, oder mit Gregory Bateson (1985) gesprochen, ein „double bind"-Effekt: Verbal wird bestritten, was man nonverbal bestätigt („Aber ich liebe Dich doch", mit haßerfülltem Blick hervorgestoßen) – das erzeugt schizophrene Züge.

---

[7] Baudissin selbst hat die Bundeswehr bekanntermaßen als einen weitgehend normalen Betrieb gesehen, mit nur geringen Unterschieden zu einem Industriebetrieb oder bürokratischen Apparat, die sich durch hohe funktionale Arbeitsteilung auszeichnen.

An dieser Stelle würde es sich anbieten, wenn die Leitdifferenz militärisch/nicht-militärisch, oder konkreter formuliert: militärisch/politisch oder militärisch/zivil, noch viel schärfer ins Bewußtsein treten würde, auch weil es wichtig ist, die Bundeswehr nicht fortlaufend mit Anforderungen zu überfrachten, die nicht in ihre primäre Zuständigkeit fallen. Immerhin gilt auch hier soziale Arbeitsteilung: Was ist politisch, was ist militärisch zu behandeln? Welche Probleme sollten nicht auf das Militär übertragen werden, sondern bei der Politik verbleiben, selbst wenn sie sich davon überfordert fühlen mag und Verantwortung gerne abwälzt? Und welche Probleme erfordern den Einsatz des Militärs, und mit welchen Mitteln? Oder auf die Ebene der Profession bezogen: Was ist die Kernkompetenz des Soldaten? Und mit wie vielen weiteren Aufgaben darf man ihn noch betrauen, ohne ihn heillos zu überfordern? Darf und kann der Soldat etwa auch politisch und nicht bloß militärisch handeln? Was ist ihm zumutbar? Für jeden anderen Beruf wird eine solch saubere Trennung der Zuständigkeiten von vornherein akzeptiert: Warum nicht auch beim Soldaten? Aber diese Debatte betrifft schon die Profession des Soldaten und nicht mehr nur die Funktion des Militärs.[8]

---

[8] Vgl. Huntington 1986; Janowitz 1986; Collmer/Biehl 2005; Leonhard/Biehl 2005; Royl 2005; Apelt 2006, Klein 2006; von Bredow 2006; Collmer 2007; Wiesendahl 2011. Wobei irritiert, wenn Baudissin (1969: 201) feststellt, Soldat und Nicht-Soldat seien zwei verschiedene Aggregatzustände desselben Staatsbürgers, ohne hinreichend klar zu machen, wie groß die Unterschiede trotz der Einheit sind, die durch den übergeordneten Begriff des Staatsbürgers gesetzt wird. Vgl. hierzu Simon 1980: 41. Dabei hatte u. a. Bernhard Fleckenstein (1971: 82) schon frühzeitig darauf aufmerksam gemacht, daß sehr wohl bedeutsame Unterschiede zwischen Militär und Zivilgesellschaft bestünden, die es ernstzunehmen gelte: „Die in gewissen Abständen sich immer wieder neuentzündende ‚sui generis'-Diskussion geht an dieser Problematik vorbei, weil sie, durch emotionale Aufladung getrübt, die Begriffe verwechselt und ‚Eigenständigkeit' mit ‚Eigengesetzlichkeit' vertauscht. Niemand redet einer ‚Eigengesetzlichkeit' des Soldatseins mit allen daraus entstehenden Folgerungen das Wort. Es ist aber ebenso nachdrücklich darauf hinzuweisen, daß sich die Schwierigkeiten im Verhältnis von Militär und Gesellschaft mit Sicherheit nicht dadurch beheben lassen, daß man die vorhandenen Differenzen und Widersprüche in einem Akt rigoroser Gleichmacherei unterschlägt." Ähnlich auch Lepsius 1997. – Vom Standpunkt der Soziologie aus betrachtet, haben wir es hierbei lediglich mit zwei getrennt organisierten Inklusions- und Rollenverhältnissen zu tun, die in keinerlei hierarchischem oder konsekutivem Verhältnis zueinander stehen, man denke nur an der Verhältnis von Staatsbürger und Jurist, Staatsbürger und Manager, Staatsbürger und Wissenschaftler, Staatsbürger und Kleriker, Staatsbürger und Sportler. Hinzu kommt, daß hier sogar noch eine eigentümliche Asymmetrie vorliegt, weil eine Publikumsrolle (Staatsbürger) mit einer Leistungsrolle (Soldat) verglichen wird, vgl. Burzan et al. 2008.

Angesichts dieser Sachlage stellt sich die Frage, wodurch das anhaltende Mißtrauen gegenüber der Bundeswehr, soweit es ihre Sonderrolle im Konzert der Sozialsysteme angeht, heutzutage noch motiviert ist. Nicht daß andere formale Organisationen nicht ebenso mißtrauisch beäugt werden könnten, gar sollten. Aber wenn überhaupt, geschieht es doch nicht in gleichem Umfang. Die Vorbehalte gegenüber der Bundeswehr sind fast einzigartig. Ist dies allein durch die unvergleichliche Konzentration organisierter Gewaltmittel bedingt, oder wegen der deutschen Militär- und Gesellschaftsgeschichte? Oder spielen hierbei noch ganz andere Motive eine Rolle? Immerhin wurde die Bundeswehr seit Anbeginn fest und unerschütterlich im Boden der bundesrepublikanischen Rechtsordnung verwurzelt.

Primat der Politik: Welche Verantwortung fällt der Politik zu?

Ein letzter Aspekt soll in diesem Zusammenhang noch angesprochen werden, der nicht minder schwer wiegt. Über die jährlich erstellten Berichte des Wehrbeauftragten wird regelmäßig sichtbar, daß die Grundsätze der Inneren Führung innerhalb der Bundeswehr nicht immer uneingeschränkte Beachtung erfahren – ein Umstand, der im Vergleich mit anderen Großorganisationen kaum überraschen dürfte. Überraschend ist demgegenüber eher schon, daß es die Institution des Wehrbeauftragten, der die genaue Beachtung des Grundgesetzes in nur einer einzigen Großorganisation überwacht, überhaupt gibt. Aufgrund der Vorgeschichte und Vorläufer der Bundeswehr erklärt sich dieser Umstand freilich hinlänglich.

Im Zuge des ISAF-Einsatzes in Afghanistan sind nun vermehrt Stimmen laut geworden, die ein neues Soldatenbild einfordern, das mit den Grundsätzen der Inneren Führung kaum mehr vereinbar sein dürfte. Erinnert sei hier nur an den archaischen Kämpfer, den der damalige Inspekteur des Heeres, Hans-Otto Budde, 2008 ins Gespräch brachte, oder den demokratischen Krieger, den Andreas Herberg-Rothe 2010 der Bundeswehr als neues Vorbild empfiehlt.[9] Dabei ist nicht ausgeschlossen, daß diese Vorschläge gerade von Soldaten mit Afghanistanerfahrung dankbar aufgenommen werden, weil diese mehr denn je in bewaffnete Konflikte und Gefechtssituationen verstrickt werden. Insofern könnte die Überwachung der Bundeswehr durch den

---

[9] Und dies sogar in der Zeitschrift für Innere Führung, vgl. Herberg-Rothe 2010.

Wehrbeauftragten bezüglich der Einhaltung der Grundsätze der Inneren Führung auch mehr denn je von Nöten sein.

Aber richtet sich hier die entsprechende Aufmerksamkeit nicht allzu eng nur auf die Bundeswehr und ihre Soldaten? Innere Führung sucht die Integration der Bundeswehr in die Gesellschaft, während der Primat der Politik der Bundeswehr jede Eigenmächtigkeit untersagt. Integration bedeutet aber wechselseitige Einschränkung von Freiheitsgraden, d.h. eine wechselseitige Bindung und Verantwortung füreinander. So verstanden, binden die Grundsätze der Inneren Führung nicht bloß die Bundeswehr, sondern auch Parlament und Regierung (Ehrhart 2009). Einseitig funktioniert das nicht. In Anbetracht des ISAF-Einsatzes, aber auch für andere Auslandseinsätze, stellt sich daher die Frage, ob Parlament und Regierung ihrer Verantwortung für die Bundeswehr gerecht geworden sind. Diesbezüglich sind ernste Zweifel angebracht, angesichts einer Vielzahl von Versäumnissen, die Soldaten gerade im ISAF-Einsatz beklagen. Sollte dieser Befund zutreffen, könnte es sein, daß primär Parlament und Regierung die Grundsätze der Inneren Führung unterlaufen, sich um notwendige Klarstellungen, Entscheidungen, Maßnahmen drücken, was bei den Soldaten im Einsatz, aber auch generell, zu dem Eindruck führt, im Stich gelassen zu werden, und erst sekundär ergibt sich bei diesen dann ein Bedürfnis nach Neuorientierung (Seliger 2010a; Walther 2011).[10] In gewisser Weise erzeugt die Vogel-Strauß-Politik von Parlament und Regierung eine Glaubwürdigkeitslücke, möglicherweise sogar ein Sinnvakuum für die Soldaten im Einsatz, das sie daraufhin mit allem füllen, was sich alternativ anbietet, sei es der archaische Kämpfer, sei es der demokratische Krieger – allesamt Soldatenbilder, die mit den Grundsätzen der Inneren Führung kaum kompatibel sind. Man könnte daher, ohne dies ganz ernst zu meinen, auch überlegen, ob der Wehrbeauftragte seine Zuständigkeit nicht erweitern sollte, indem er nicht bloß die Bundeswehr, sondern auch Parlament und Regierung daraufhin beobachtet und überwacht, inwiefern sie ihrer Verantwortung als Hüter der Inneren Führung gerecht werden. Und im Prinzip haben die Wehrbeauftragten der letzten Jahre dies ja auch getan, wenn sie anhaltende Mißstände beklagen, deren Verursachung nicht der Bundeswehr, sondern Parlament

---

[10] Diese Möglichkeit hatte schon Heinz Karst (1964: 30) gesehen: daß nämlich durch den möglichen Wegfall der soldatischen Ehre „ein Leerraum entsteht, der einer andersartigen Auffüllung bedarf." Und ggf. entscheidet dann das Wechselspiel von Angebot und Nachfrage, bis hin zu subkulturellen Strömungen, die sich ausbilden können, mit erstaunlicher Eigendynamik, vgl. Collmer 2007; Tomforde 2010.

und Regierung anzulasten sind (Robbe 2008; Seliger 2010b). Dennoch: In Anbetracht des Afghanistaneinsatzes bleibt zu fragen, ob die Politik ihrer Verantwortung angemessen nachkommt, die sie sich durch den Primat der Politik gegenüber der Bundeswehr für sich herausnimmt (Haltiner 2003; Fröhling 2009; Meyer 2009; Nachtwei 2010; Wiesendahl 2011; Naumann 2012). Falls nicht, erfahren die Grundsätze der Inneren Führung möglicherweise eine Gefährdung, die mit der Binnenlage der Bundeswehr selbst nur bedingt zu tun hat.[11] Angemerkt wurde dies schon öfters, bislang ohne Folgen.

Literatur

Apelt, Maja 2010: Die Paradoxien des Soldatenberufs im Spiegel des soldatischen Selbstkonzepts, in: Sabine Jaberg/Heiko Biehl/Günter Mohrmann/Maren Tomforde (Hg.): Auslandseinsätze der Bundeswehr. Sozialwissenschaftliche Analysen, Diagnosen und Perspektiven. Baden-Baden, S. 143-162.

Bateson, Gregory 1985: Ökologie des Geistes. Anthropologische, psychologische, biologische und epistemologische Perspektiven. Frankfurt/M.

Baudissin, Wolf Graf von 1969: Soldat für den Frieden. Entwürfe für eine zeitgemäße Bundeswehr. München.

Burzan, Nicole/Lökenhoff, Brigitta/Schimank, Uwe/Schöneck, Nadine M. 2008: Das Publikum der Gesellschaft. Inklusionsverhältnisse und Inklusionsprofile in Deutschland. Wiesbaden.

Collmer, Sabine 2007: Der flexible Soldat. Vom Landesverteidiger zum Soldaten im Einsatz, in: Elmar Wiesendahl (Hg.): Innere Führung für das 21. Jahrhundert. Die Bundeswehr und das Erbe Baudissins. Paderborn/München/Wien/Zürich, S. 139-154.

Collmer, Sabine/Kümmel, Gerhard (Hg.) 2005: Ein Job wie jeder andere? Zum Selbst- und Berufsverständnis von Soldaten. Baden-Baden.

---

[11] Die Studie von Bernd Greiner (2009) über den Vietnamkrieg zeigt unmißverständlich auf, daß ein Versagen der Politik zur Eskalation der damaligen Kriegsführung wesentlich beigetragen hat, sei es durch Unterlassungen, weil zentrale Ziele der Kriegsführung unklar und dringend notwendige strategische Korrekturen unterblieben, die die Soldaten mit den Herausforderungen im Einsatz weitgehend alleine ließen, sei es durch direkte Befehle und Aufforderungen zu unkontrollierten Massentötungen („body count"), ohne jede juristischen Konsequenzen, von der Vielzahl verdeckter Spezialeinsätze ganz zu schweigen.

de Maizière, Ulrich 1999: Die Bundeswehr – Neuschöpfung oder Fortsetzung der Wehrmacht, in: Rolf-Dieter Müller/Hans-Erich Volkmann (Hg.): Die Wehrmacht. Mythos und Realität. München, S. 1171-1183.

Dietz, Andreas 2011: Das Primat der Politik in kaiserlicher Armee, Reichswehr, Wehrmacht und Bundeswehr. Rechtliche Sicherungen der Entscheidungsgewalt über Krieg und Frieden zwischen Politik und Militär. Tübingen.

Durkheim, Emile 1988: Über soziale Arbeitsteilung. Studie über die Organisation höherer Gesellschaften. Frankfurt/M.

Ehrhart, Hans-Georg 2009: Innere Führung und der Wandel des Kriegsbildes, in: Aus Politik und Zeitgeschichte, 48/2009, S. 23-29.

Fleckenstein, Bernhard 1971: Bürger und Soldaten: Die Streitkräfte in Staat und Gesellschaft, in: Bernhard Fleckenstein (Hg.): Bundeswehr und Industriegesellschaft. Boppard am Rhein, S. 69-88.

Franke, Jürgen 2012: Wie integriert ist die Bundeswehr? Eine Untersuchung zur Integrationssituation der Bundeswehr als Verteidigungs- und Einsatzarmee. Baden-Baden.

Fröhling, Hans-Günter 2009: Bundeswehreinsatz in Afghanistan – Auswirkungen auf die Innere Führung, in: Detlef Bald/Hans-Günter Fröhling/Jürgen Groß (Hg.): Bundeswehr im Krieg – wie kann die Innere Führung überleben? Hamburger Beiträge zur Friedensforschung und Sicherheitspolitik, Heft 153. Hamburg, S. 24-30.

Goos, Christoph 2011: „Innere Freiheit". Eine Rekonstruktion des grundgesetzlichen Würdebegriffs. Göttingen.

Greiner, Bernd 2009: Krieg ohne Fronten. Die USA in Vietnam. Hamburg.

Haltiner, Karl 2003: Erfordern neue Militäraufgaben neue Militärstrukturen? Organisationssoziologische Betrachtungen zur Verpolizeilichung des Militärs, in: Sabine Collmer (Hg.): Krieg, Konflikt und Gesellschaft. Aktuelle interdisziplinäre Perspektiven. Hamburg, S. 159-186.

Hellmann, Kai-Uwe 1997: Integration durch Öffentlichkeit. Zur Selbstbeobachtung der modernen Gesellschaft, in: Berliner Journal für Soziologie, Heft 1, S. 37-59.

Hellmann, Kai-Uwe 2005: Spezifik und Autonomie des politischen Systems. Analyse und Kritik der politischen Soziologie Niklas Luhmanns, in: Günter Burkart/Günter Runkel (Hg.): Funktionssysteme der Gesellschaft. Beiträge zur Systemtheorie von Niklas Luhmann. Wiesbaden, S. 13-51.

Herberg-Rothe, Andreas 2010: Demokratische Krieger. Das Leitbild des Soldaten im 21. Jahrhundert, in: IF. Zeitschrift für Innere Führung, Heft 1, S. 26-30.

Huntington, Samuel P. 1986: Officership as a Profession, in: Malham M. Walkin (Hg.): War, Morality, and the Military Profession. Boulder/London, S. 23-34.

Janowitz, Morris 1986: The Future of the Military Profession, in: Malham M. Walkin (Hg.): War, Morality, and the Military Profession. Boulder/London, S. 57-79

Karst, Heinz 1964: Das Bild des Soldaten. Versuch eines Umrisses. Boppard am Rhein.

Keller, Jörg 2002: Die Konzeption der Inneren Führung hat sich bewährt – und abgedankt?, in: Detlef Bald/Andreas Prüfert (Hg.): Innere Führung. Ein Plädoyer für eine zweite Militärreform. Baden-Baden, S. 67-78.

Klein, Paul 2006: Soldat und ziviler Beruf, in: Sven Bernhard Gareis/Paul Klein (Hg.): Handbuch Militär und Sozialwissenschaften. Wiesbaden, S. 182-189.

Leonhard, Nina/Biehl, Heiko 2005: Soldat: Beruf oder Berufung? , in: Nina Leonhard/Ines-Jacqueline Werkner (Hg.): Militärsoziologie – Eine Einführung. Wiesbaden, S. 242-267.

Lepsius, Rainer Maria 1997: Militärwesen und zivile Gesellschaft, in: Ute Frevert (Hg.): Militär und Gesellschaft im 19. und 20. Jahrhundert. Stuttgart, S. 359-370.

Luhmann, Niklas 1964: Funktionen und Folgen formaler Organisationen. Berlin.

Luhmann, Niklas 1991: Soziologie des Risikos. Berlin.

Luhmann, Niklas 1993: Das Recht der Gesellschaft. Frankfurt/M.

Luhmann, Niklas 1996: Die Realität der Massenmedien. Opladen.

Luhmann, Niklas 1997: Die Gesellschaft der Gesellschaft. Frankfurt/M.

Luhmann, Niklas 2000a: Die Politik der Gesellschaft. Frankfurt/M.

Luhmann, Niklas 2000b: Organisation und Entscheidung. Opladen.

Meyer, Berthold 2009: Innere Führung ist keine Schönwetter-Dienstschrift, in: Detlef Bald/Hans-Günter Fröhling/Jürgen Groß (Hg.): Bundeswehr im Krieg – wie kann die Innere Führung überleben? Hamburger Beiträge zur Friedensforschung und Sicherheitspolitik. Heft 153. Hamburg, S. 31-45.

Nachtwei, Winfried 2010: Für eine Kultur des Hinsehens, in: loyal, Heft 3, S. 18-27.

Naumann, Klaus 2012: A Troubled Partnership – Zum Verhältnis von Politik und Militär im ISAF-Einsatz, in: Anja Seiffert/Phil C. Langer/Carsten Pietsch (Hg.): Der Einsatz der Bundeswehr in Afghanistan. Wiesbaden, S. 49-63.

Robbe, Reinhold 2008: Offen diskutieren, in: IF. Zeitschrift für Innere Führung, Heft 3, S. 27-31.

Royl, Wolfgang 2005: Soldat sein mit Leib und Seele. Der Kämpfer als existenzielles Leitbild einer Berufsarmee, in: Sabine Collmer/Gerhard Kümmel (Hg.): Ein Job wie jeder andere? Zum Selbst- und Berufsverständnis von Soldaten. Baden-Baden, S. 9-21.

Schneiderhan, Wolfgang 2004: Innere Führung – hoher Anspruch an die Praxis, in: Martin Kutz (Hg.): Gesellschaft, Militär, Krieg und Frieden im Denken von Wolf Graf von Baudissin. Baden-Baden, S. 177-185.

Seliger, Marco 2010a: Vom Kriege, in: loyal, Heft 10, S. 6-16.

Seliger, Marco 2010b: „Ist es schwierig, eine Armee im Krieg zu kontrollieren?". Ein Interview mit Reinhold Robbe, Wehrbeauftragter des Deutschen Bundestages, in: loyal, Heft 3, S. 32-34.

Simon, Ulrich 1980: Die Integration der Bundeswehr in die Gesellschaft. Das Ringen um die Innere Führung. Heidelberg/Hamburg.

Tomforde, Maren 2010: Neue Militärkultur(en). Wie verändert sich die Bundeswehr durch die Auslandseinsätze?, in: Maja Apelt (Hg.): Forschungsthema: Militär. Militärische Organisationen im Spannungsfeld von Krieg, Gesellschaft und soldatischen Subjekten. Wiesbaden, S. 193-219.

von Bredow, Wilfried 2006: Kämpfer und Sozialarbeiter – Soldatische Selbstbilder im Spannungsfeld herkömmlicher und neuer Einsatzmissionen, in: Sven Bernhard Gareis/Paul Klein (Hg.): Handbuch Militär und Sozialwissenschaften. Wiesbaden, S. 314-321.

von Rosen, Claus 2005: Organisatorische Grundlagen der Inneren Führung nach Graf von Baudissin, in: Elmar Wiesendahl (Hg.): Neue Bundeswehr – neue Innere Führung? Perspektiven und Rahmenbedingungen für die Weiterentwicklung eines Leitbildes. Baden-Baden, S. 35-78.

Wakenhut, Roland 1984: Moral und Militär, in: Vierteljahresschrift für Sicherheit und Frieden, Jg. 2, S. 31-38.

Walther, Christian 2011: Nur Figuren auf dem Schachbrett, in: loyal, Heft 6, S. 28-31.

Wiesendahl, Elmar 2002: Innere Führung außer Diensten. Zur schleichenden Ausmusterung eines unzeitgemäßen Leitbilds, in: Detlef Bald/Andreas Prüfert (Hg.): Innere Führung. Ein Plädoyer für eine zweite Militärreform. Baden-Baden, S. 101-117.

Wiesendahl, Elmar 2005: Die Innere Führung auf dem Prüfstand – Zum Anpassungsbedarf eines Leitbildes, in: Elmar Wiesendahl (Hg.): Neue Bundeswehr – neue Innere Führung? Perspektiven und Rahmenbedingungen für die Weiterentwicklung eines Leitbildes. Baden-Baden, S. 17-34.

Wiesendahl, Elmar 2010: Athen oder Sparta – Bundeswehr quo vadis? WIFIS-AKTUELL 44. Bremen.

Wiesendahl, Elmar 2011: Zurück zum Krieger? Soldatische Berufsbilder der Bundeswehr zwischen Athen und Sparta, in: Stefan Bayer/Mathias Gillner (Hg.): Soldaten im Einsatz. Sozialwissenschaftliche und ethische Reflexionen. Berlin, S. 237-256.

Aus den Augen, aus dem Sinn? Überlegungen zur gesellschaftlichen Integration der Bundeswehr nach der Aussetzung der Wehrpflicht

Heiko Biehl

Ende der Wehrpflicht = Ende der gesellschaftlichen Einbindung der Bundeswehr?

Die Wehrpflicht hat ihre sicherheitspolitische Notwendigkeit hierzulande um zwanzig Jahre überdauert. Seit dem Ende des Ost-West-Konflikts hat es eine unter Experten fortlaufende, in der Öffentlichkeit punktuell aufflammende Debatte um ihr Ende und den Übergang der Bundeswehr zur Freiwilligenarmee gegeben. Das Beharrungsvermögen der Wehrpflicht ist nur zu verstehen, wenn die verbreiteten Sorgen und Bedenken in den Blick geraten, die mit ihrer Aussetzung verbunden worden sind. An erster Stelle ist dabei die Personalgewinnung und -bindung zu nennen. Von politischer wie von militärischer Seite wurde weithin angezweifelt, ob Freiwilligenarmeen ausreichendes Personal in entsprechender Qualität gewinnen können (de Maizière 2012). Wie vergleichende Untersuchungen zeigen (Biehl u.a. 2011a; Tresch/Leuprecht 2010; Werkner 2006; Williams/Seibert 2011), ist dies keineswegs so schwierig, wie – insbesondere in der Bundeswehr – gerne kolportiert wird. Voraussetzung für eine erfolgreiche Personalpolitik ist, dass adäquate und nicht selten teure Maßnahmen ergriffen werden, um die Streitkräfte weiterhin für Bewerber attraktiv zu gestalten. Die ersten Erfahrungen in diesem Bereich sind jedenfalls positiver, als dies viele erwartet haben.[1] Die Bereitschaft zum soldatischen Dienst ist durchaus vorhanden, die Zahl der Interessenten für den Freiwilligen Wehrdienst höher als vermutet und das Profil der Bewerber nach Bildungsstand und regionaler Herkunft ausgeglichen. Offenbar sind die Jugendlichen keineswegs so abgeneigt, einen Dienst für die Allgemeinheit zu leisten, wie ihnen dies im Vorfeld allenthalben unterstellt wurde. Auch die hohe Zahl der ‚Bufdis' ist Ausdruck der Bereitschaft junger Leute, sich zu engagieren (Löwenstein 2012).

---

[1] Vgl. insbesondere die Ausführungen von Michael Wolffsohn (2011a, 2011b), der der Freiwilligenarmee Bundeswehr eine Zukunft als ‚ossifizierte Prekariatsarmee' voraussagt. Siehe auch die Entgegnung von Verteidigungsminister de Maizière (2011).

Eine zweite Sorge bei Aussetzung der Wehrpflicht richtete sich auf die gesellschaftliche Einbindung der Streitkräfte. Hier waren Befürchtungen dahingehend geäußert worden, dass nur die Wehrpflicht ein ‚lebendiges Band' zwischen dem Militär und der zivilen Gesellschaft garantieren könne. Durch den permanenten Austausch von und mit Wehrpflichtigen entstehe eine feste personelle Verbindung zwischen Streitkräften und Gesellschaft und sei die Bundeswehr stets mit neuen sozialen Entwicklungen konfrontiert. Das Ende der Wehrpflicht entfremde die Bürgerinnen und Bürger von der militärischen Welt und degradiere die Soldatinnen und Soldaten zu sicherheitspolitischen Dienstleistern, die sich in Einsätzen fernab der Heimat engagieren müssten, ohne auf gesellschaftlichen Zuspruch und soziale Anerkennung rechnen zu können. Im Ergebnis führe dies zu einem Wahrnehmungs- und Bedeutungsverlust der Streitkräfte und ihrer Angehörigen sowie zu ihrer gesellschaftlichen Marginalisierung, wie sie sich bei anderen Freiwilligenarmeen zeige (Wolffsohn 2011a). Exemplarisch hat dies der damalige Verteidigungsminister Struck (2003) in einem Spiegel-Interview geäußert: „In der Weimarer Republik war die Reichswehr ein Staat im Staat. Sie hat sich von der übrigen Gesellschaft abgekapselt. Meine Befürchtung ist, dass eine umgekehrte Entwicklung eintreten könnte. Wenn wir keine Wehrpflichtigen aus praktisch allen Schichten mehr haben, könnte sich die Gesellschaft abwenden und die Armee nach dem Motto isolieren: Die Soldaten haben diesen Beruf gewählt, sie sollen ihren Job machen, fertig."

In diesem Zusammenhang macht Jürgen Franke (2011: 444) in seiner Untersuchung zur Integration der Bundeswehr auf einen bemerkenswerten Wandel in den relevanten Dokumenten aufmerksam. Im Weißbuch (BMVg 2006: 83) wird noch ein innerer Konnex zwischen Wehrpflicht und gesellschaftlicher Integration behauptet: „Die allgemeine Wehrpflicht sichert die Verankerung der Bundeswehr in der Gesellschaft". Demgegenüber lässt die sogenannte Weise-Kommission (Strukturkommission der Bundeswehr 2010: 28) der pauschalen Behauptung: „Die Soldatinnen und Soldaten stehen mitten in der Gesellschaft" die Empfehlung folgen, dass die „Verankerung der Bundeswehr in der Gesellschaft durch verstärkte und sichtbare Teilhabe der Staatsbürger in Uniform am gesellschaftlichen und kulturellen Leben" zu garantieren sei.

Vor dem Hintergrund dieses Schwenks in der offiziellen Rhetorik stellt sich die Frage nach der gegenwärtigen und künftigen Einbindung der Bundeswehr in die Gesellschaft: Inwiefern sind die zivil-militärischen Beziehungen von der Aussetzung der Wehrpflicht betroffen? Wie kann die Freiwilligenarmee Bundeswehr auch künftig fest in die Gesellschaft eingebunden werden?

Die nachfolgenden Darlegungen widmen sich diesen Fragen und gliedern sich in zwei Abschnitte. Zunächst geht es darum, die Sorgen um die hiesigen zivil-militärischen Beziehungen auf ihre empirische Evidenz hin zu überprüfen und auszuloten, wie es um den Rückhalt der Bundeswehr in der Bevölkerung gegenwärtig bestellt und welche Entwicklung – angesichts der Erfahrungen anderer Freiwilligenarmeen – zu erwarten ist (Abs. 2). Darauf aufbauend werden praktische Vorschläge präsentiert, wie die gesellschaftliche Rückbindung der Freiwilligenarmee Bundeswehr künftig garantiert und gestärkt werden kann (Abs. 3). Der Fokus liegt dabei auf Maßnahmen der Streitkräfte, da diese ein aktives Interesse an den zivil-militärischen Beziehungen haben sollten. Im Unterschied zu vielen anderen Beobachtern verfolgt der Autor nicht die polit-pädagogische Absicht, die Bevölkerung zu einem größeren sicherheitspolitischen Interesse und einer gesteigerten Aufmerksamkeit für die Streitkräfte schlichtweg anzuhalten. Stattdessen werden im Folgenden konkrete Empfehlungen entwickelt, wie diese Ziele mittels attraktiver Angebote erreicht werden können.

Wie steht es um die Beziehungen zwischen Gesellschaft und Bundeswehr?

Die derzeit gängige Sichtwiese auf das Verhältnis von Gesellschaft und Streitkräften lautet: Es gibt eine Lücke zwischen der Bundeswehr und dem zivilen Umfeld, zwischen den Soldaten und den Bürgern, und diese Lücke wird sich durch den Wegfall der Wehrpflicht nochmals vergrößern. Als Folge der Reduzierung der Streitkräfte und der Schließung von Standorten lösten sich die Berührungspunkte zwischen der militärischen und zivilen Welt auf und bewegten sich Gesellschaft und Bundeswehr weiter auseinander. Diskutiert werden diese Befürchtungen unter dem vom damaligen Bundespräsidenten Köhler (2005) lancierten Label des ‚freundlichen Desinteresses' der Deutschen an der Sicherheitspolitik und der Bundeswehr.

Wie bereits in früheren Ausführungen aufgezeigt, trägt eine solche Interpretation empirisch jedoch nicht (Biehl/Fiebig 2011). Entsprechende Indikatoren und Kriterien zeigen vielmehr, dass es bislang keineswegs an gesellschaftlicher Einbindung und sozialem Rückhalt für die Bundeswehr und ihre Soldatinnen und Soldaten fehlt. Auch spricht wenig für die Existenz einer zivil-militärischen Lücke oder eines freundlichen Desinteresse. Stattdessen ist die Bundeswehr gut in die Zivilgesellschaft eingebunden und erfährt breiten Rückhalt.

Dies belegen vorneweg die Bevölkerungsumfragen zum Ansehen der Streitkräfte (Bulmahn u.a. 2011: 67). In diesen artikulieren seit über einem Jahrzehnt vier Fünftel und mehr der Befragten ihre positive Haltung zu den Streitkräften. Ausgesprochene Kritik oder gar Gegnerschaft zur Bundeswehr ist demgegenüber weitaus seltener. Dies gilt quer durch die gesellschaftlichen Gruppierungen: Gleich ob in der Gegenüberstellung der Geschlechter, der Regionen, der Bildungs- oder Alterskohorten – in allen Teilgruppen dominieren die positiven Haltungen zu den Streitkräften. Ein solch wohl gesonnenes Meinungsbild hat die Bundeswehr in ihrer Geschichte – entgegen anders lautenden Legenden – noch nie erfahren (Bremm 2005). Wie überragend das Ansehen der Bundeswehr in der Öffentlichkeit ist, unterstreicht der Vergleich zu anderen Institutionen. Die Streitkräfte gehören zu den öffentlichen Einrichtungen, denen mit das größte Vertrauen geschenkt wird (neben Polizei und Bundesverfassungsgericht). Dabei werden Werte erreicht, von denen andere Organisationen wie Kirchen, Gewerkschaften und Parteien nur träumen können (Bulmahn u.a. 2011: 76).

Auch im internationalen Vergleich ist das Ansehen der Bundeswehr gut. Dies bestätigen die Ergebnisse einer vergleichenden Umfrage in acht europäischen Staaten (Deutschland, Frankreich, Großbritannien, Österreich, Schweden, Spanien, Tschechische Republik und Türkei), die das Sozialwissenschaftliche Institut der Bundeswehr im Jahre 2010 durchgeführt hat (Biehl u.a. 2011b). Demnach liegt das Ansehen der Bundeswehr im Schnitt der mitteleuropäischen Partnerstaaten – nochmals positiver sind die Einstellungen der britischen und türkischen Befragten zu ihren Streitkräften (ibid.: 18). Doch es bleibt keineswegs bei bloßen Meinungsbekundungen in anonymen Umfragen. Wie in den anderen Ländern auch schlägt sich die positive Haltung der Bundesbürger zu ihrer Armee in konkreten Handlungen nieder. Um das entsprechende Maß an Unterstützung wie an Ablehnung empirisch zu erfassen, wurde in der internationalen Umfrage erhoben, ob jemand in den letzten zwölf Monaten bestimmte Handlungen mit Blick auf die Streitkräfte vollzogen hat (vgl. zu den empirischen und analytischen Details ibid.: 20ff.). Dabei wurden sowohl

Kommunikation als auch Aktionen betrachtet und spiegelbildlich als Unterstützung und Ablehnung der Streitkräfte formuliert.[2]

Im Ergebnis zeigen sich gewisse Unterschiede zwischen den betrachteten Staaten, wobei die Türkei den größten Anteil an aktiv gewordenen Bürgern aufweist und – gegenläufig zur verbreiteten Wahrnehmung – Frankreich den niedrigsten. Hierzulande wurde fast jeder zweite Befragte innerhalb eines Jahres unterstützend aktiv, womit Deutschland einen mittleren Platz einnimmt. Merklich höher ist die Unterstützung in Großbritannien. Dort sind aber auch ablehnende Aktionen am stärksten verbreitet. Jeder fünfte Brite hat sich innerhalb eines Jahres an einer Streitkräfte-kritischen Aktivität beteiligt. Den geringsten Protest gibt es in der Türkei und in Frankreich. Deutschland reiht sich mit drei anderen Staaten (Tschechien, Schweden, Spanien) in der Mitte ein.

Angesichts der breiten und länderübergreifenden Mobilisierung von einem Desinteresse oder einer Distanz der deutschen oder der europäischen Bevölkerungen dem Militär gegenüber zu sprechen, erscheint unangemessen. Die Befragten äußern ihr Vertrauen zu den Streitkräften nicht nur in Meinungsumfragen, sie kommunizieren diese Einstellung auch aktiv in ihrem sozialen Umfeld oder engagieren sich weitergehend, indem sie etwa Veranstaltungen der Streitkräfte besuchen. Der weit überwiegende Teil der Aktivitäten ist

---

[2] Dies waren im Einzelnen als unterstützende Aktivitäten:
- Jemanden, der Soldat den STREITKRÄFTEN werden wollte, in seinem Wunsch bestärkt.
- Widersprochen, wenn jemand schlecht über die STREITKRÄFTE redete.
- Durch das Tragen bzw. Anbringen von Aufklebern, Bumper Sticker, Anstecknadeln o. ä., meine Unterstützung der STREITKRÄFTE zum Ausdruck gebracht.
- An öffentlichen Veranstaltungen der STREITKRÄFTE, wie etwa einem öffentlichen Gelöbnis, Paraden, teilgenommen.

Als ablehnende Aktivitäten wurden folgende Handlungen erhoben:
- Jemanden, der Soldat bei den STREITKRÄFTEN werden wollte, von seinem Wunsch abgeraten.
- Widersprochen, wenn jemand gut über die STREITKRÄFTE redete.
- Durch das Tragen bzw. Anbringen von Aufklebern, Bumper Sticker, Anstecknadeln o. ä., meinen Protest gegen die STREITKRÄFTE zum Ausdruck gebracht.
- Gegen öffentliche Veranstaltungen der STREITKRÄFTE, wie beispielsweise ein öffentliches Gelöbnis, Paraden, protestiert.

Methodische Anmerkung: Die Formulierung STREITKRÄFTE dient als Platzhalter. In den Telefoninterviews wurde jeweils die nationale Bezeichnung der Streitkräfte verwendet (z.B. Bundeswehr bei deutschen Befragten).

dabei der Armee positiv zugewandt. Die Haltung der deutschen Öffentlichkeit liegt im europäischen Mittel, es überwiegen Zustimmung und Unterstützung. Der europäische Vergleich verdeutlicht, dass die bemängelten Beziehungen zwischen Bundeswehr und Bevölkerung besser sind, als oftmals zugestanden und insgesamt dem europäischen Standard entsprechen.

Zugleich zeigt der Blick ins internationale Umfeld, dass kein systematischer Zusammenhang zwischen der Wehrform und der gesellschaftlichen Einbindung einer Armee besteht. Die beiden Länder mit der intensivsten gesellschaftlichen Unterstützung weisen unterschiedliche Wehrformen auf: Großbritannien hat eine Freiwilligenarmee, die Türkei eine Wehrpflichtarmee. Die Vermutung, alleine die Wehrpflicht garantiere eine feste Einbindung der Streitkräfte in die Gesellschaft, findet empirisch keine Bestätigung (s. a. mit anderem konzeptionellen und empirischen Ansatz Pfaffenzeller 2010). Vielmehr können auch Freiwilligenarmeen intensive zivil-militärische Beziehungen unterhalten, vorausgesetzt sie nutzen die richtigen Integrationsmechanismen. Diese müssen jedoch anders gestaltet sein als bei Wehrpflichtarmeen. Es bedarf neuer Mittel und Wege, um die Freiwilligenarmee Bundeswehr in ihr ziviles Umfeld einzubinden. Im Weiteren werden Vorschlägen und Ideen diskutiert, wie dies geschehen könnte.

Wie ist die Einbindung der Freiwilligenarmee Bundeswehr in die Gesellschaft zu gewährleisten?

Die nachstehenden Ausführungen und Empfehlungen verstehen sich als Anregungen mit dem Ziel, die Freiwilligenarmee Bundeswehr auch künftig eng in die deutsche Gesellschaft einzubinden. Hierzu werden Erkenntnisse über die hiesigen zivil-militärischen Beziehungen, Erfahrungen anderer Staaten und Streitkräfte sowie Bundeswehr-eigene Traditionen aufgegriffen und fortentwickelt. Dabei verstehen sich alle Vorschläge als Diskussionsanstöße und weisen einen vorläufigen und experimentellen Charakter auf. Inwieweit sich die Empfehlungen tatsächlich umsetzen lassen und wie stark sie jeweils zur gesellschaftlichen Einbindung der Bundeswehr beitragen, kann nur im zeitlichen Abstand beurteilt werden.

Innere Führung: Integration als Ziel beibehalten!

Bevor die Frage nach dem *Wie* der künftigen Einbindung der Bundeswehr in die Gesellschaft beantwortet werden kann, ist zu klären, *weshalb* diese Zielsetzung überhaupt wünschenswert ist. Schließlich finden sich Stimmen, die die Aussetzung der Wehrpflicht zum Anlass nehmen, um ihre tieferliegenden Vorbehalte gegen die Innere Führung im Allgemeinen und die Integration der Streitkräfte im Besonderen vorzubringen (s. etwa Zwicknagl 2007, 2010; etwas differenzierter: Trull 2007). Demnach sei der Zeitpunkt gekommen, sich von der Chimäre einer gesellschaftlich eingebundenen Streitmacht zu verabschieden. Vielmehr täten gerade Freiwilligenarmeen gut daran, sich von den negativen, dekadenten, verweichlichenden und die Schlagkraft der Truppe zersetzenden Einflüssen der Zivilgesellschaft abzuschirmen und sich auf das eigentlich Militärische zu konzentrieren. Samuel Huntington (1981 [1957]) hat in seinem Referenzwerk ‚The Soldier and the State' vor mehr als einem halben Jahrhundert diese Position exemplarisch und programmatisch durchdekliniert.[3] Angesichts dieser Einwände stellt sich die Frage, ob die Einbindung in die Gesellschaft weiterhin Anspruch der Bundeswehr bleiben sollte. Für die Beibehaltung dieser Zielsetzung sprechen mindestens zwei Gründe:

Erstens versteht die Innere Führung die gesellschaftliche Integration weiterhin als Leitbild. So heißt es in der entsprechenden Vorschrift ZDv 10/1 unter Ziffer 401: „Ziele der Inneren Führung sind,…die Integration der Bundeswehr und des Soldaten in Staat und Gesellschaft zu fördern sowie Verständnis für die Aufgaben der Bundeswehr im Bündnis und in Systemen gegenseitiger kollektiver Sicherheit zu wecken". Unter legitimatorischer Perspektive ist angesichts des derzeitigen Bilds der Bundeswehr in der Öffentlichkeit und erst recht angesichts der historischen Erfahrungen eine Abkehr von dieser Zielstellung oder der Inneren Führung generell schwer vorstellbar. Denn weder Politik noch Bevölkerung würden es erlauben, wenn sich die Streitkräfte von den zivilen Entwicklungen abwenden und zunehmend isolieren. Die gesellschaftliche Einbindung der Streitkräfte gilt als ein Erfolgsgarant für die hohe Sozial- und Politikverträglichkeit, die die Bundeswehr seit ihrer Aufstellung

---

[3] Vgl. insbesondere seine abschließenden Ausführungen, die sich in der Bemerkung zuspitzen: „Yet today America can learn more from West Point than West Point can learn from America" (ibid.: 466).

an den Tag gelegt hat.[4] Von daher gibt es keinen erkennbaren Grund, diese Erfolge aufs Spiel zu setzen.

Zweitens hat die Militärsoziologie wiederholt nachgewiesen, dass die Einbindung in die Gesellschaft ein wesentlicher Faktor für die soldatische Motivation ist (Moskos 1968; Pietsch 2012). Dies gilt sowohl mit Blick auf die konkreten Einsätze als auch grundlegend für die Wahl des Soldatenberufes. Es ist evident, dass der Soldatenberuf umso attraktiver ist, je mehr soziales Renommee er genießt. Dieser Zusammenhang gewinnt für die Freiwilligenarmee Bundeswehr nochmals an Bedeutung. Von daher ist es ureigenes Interesse der Streitkräfte, die Freiwilligenarmee Bundeswehr in die deutsche Gesellschaft zu integrieren.

Anerkennung für die Soldaten, Kritik an den Einsätzen: Ein realistisches Bild der Öffentlichen Meinung gewinnen!

Es bestehen mithin gute Gründe, an der Einbindung der Bundeswehr in die Gesellschaft festzuhalten. In diesem Zusammenhang ist allerdings zu klären, was von dieser Einbindung realistischerweise zu erwarten ist und insbesondere was sie nicht gewährleisten kann. Es sind in letzter Zeit einige überzogene Erwartungen vorgebracht worden, die zur Fehlwahrnehmung der zivilmilitärischen Beziehungen beigetragen haben und die zu einer ernsthaften Belastung führen können.

Was in pluralistischen Demokratien nicht erwartet werden kann, ist die uneingeschränkte Unterstützung der Bürgerinnen und Bürger für jedwede militärische Mission. Dies zeigt sich bereits mit Blick auf die laufenden Einsätze und insbesondere auf den in Afghanistan, der von einem Großteil der Bürgerinnen und Bürger kritisch begleitet wird und wo insbesondere Kampfhandlungen deutscher Truppen auf Ablehnung stoßen. Ein ähnliches Meinungsbild wäre auch für künftige Missionen zu erwarten, wenn man um die generelle Stabilität sicherheitspolitischer Einstellungen weiß. Diese sind – entgegen landläufiger Auffassungen – keineswegs hoch volatil oder anfällig gegen Manipulationen. Vielmehr weisen sie eine Stabilität auf, wie sie auch in anderen Politikfeldern üblich ist (Page/Shapiro 1992; Isernia/Juhasz/Rattinger 2002).

---

[4] Auch die Bevölkerung zieht mehrheitlich eine positive Bilanz. In einer entsprechenden Umfrage bewerten mehr als drei Viertel der Befragten die Integration der Bundeswehr in die Gesellschaft positiv, während nur 15 Prozent ein negatives Urteil fällen (Bulmahn u.a. 2011: 69).

Die vorhandene Distanz zu den laufenden Auslandseinsätzen ist jedoch nicht gleichzusetzen mit einer Kritik an den Soldatinnen und Soldaten. Diese erfahren, wie bereits detailliert ausgeführt, Anerkennung – durchaus auch für ihr konkretes Wirken im Auslandseinsatz. Bulmahn u.a. (2011: 69) berichten, dass die Deutschen die Leistungen der Bundeswehr in den Auslandseinsätzen mehrheitlich positiv beurteilen.

Die Bürgerinnen und Bürger trennen folglich zwischen ihrer Haltung zu einer bestimmten militärischen Mission und den Soldaten, die diese auszuführen haben. Dies steht im bemerkenswerten Kontrast zu der Situation, die etwa US-amerikanische Soldaten in und nach dem Vietnamkrieg erfahren haben, als sie teilweise persönlich für einen Krieg verantwortlich gemacht wurden, der politisch gewollt war und dem sie sich als Wehrpflichtige nicht ohne weiteres entziehen konnten. Eine ähnlich gelagerte, aber abgemilderte Erfahrung haben Bundeswehrsoldaten im Zusammenhang mit dem NATO-Doppelbeschluss gemacht. Dabei wurden sie zum Teil persönlich für sicherheitspolitische Entscheidungen haftbar gemacht, die sie zwar umsetzen mussten, die sie aber nicht direkt zu verantworten hatten. Angesichts dieser historischen Erfahrungen kann die heute obwaltende Differenzierung zwischen Kritik an den sicherheitspolitischen Maßnahmen und gleichzeitiger Anerkennung soldatischer Leistungen aus Sicht der betroffenen Soldaten mithin als Fortschritt gewertet und sollte von ihnen auch durchaus als solcher begriffen werden. Die Wertschätzung für die Angehörigen der Bundeswehr ist derzeit bemerkenswert, eine vorbehaltlose Unterstützung für militärische Missionen wird es auf absehbare Zeit jedoch nicht geben.

Die gesellschaftliche Position des Soldatischen: Anerkennung ja – Privilegien nein!

In der Bundesrepublik ist eine jahrzehntelange Debatte geführt worden, inwiefern der Soldatenberuf eine Profession *sui generis* darstellt oder ein ‚Job wie jeder andere' ist. Dabei gerieten verschiedene Aspekte und Standpunkte in den Blick. Aus Sicht der Bevölkerung war über einen Punkt jedoch nicht ernsthaft zu diskutieren: Den Soldaten werden keine Privilegien zugestanden, die sie über andere Berufsgruppen herausheben. Sie erfahren zwar die ihnen gebührende Anerkennung, aber sie stellen eben keine berufliche oder gar gesellschaftliche Elite dar, wie dies in früheren politischen Systemen üblich gewesen ist (Naumann 2011: 69ff.).

Diese Aspekte geraten im Zusammenhang mit der von politischer Seite angestoßenen Veteranendiskussion in letzter Zeit wieder in den Blick. Dabei werden Vorschläge eingebracht, die von seriösen Überlegungen (Gedenktag etc.) bis hin zum possierlichen Haschen nach Vorteilen reichen – etwa wenn von verbilligten Kinotickets oder Rabatten bei Fast-Food-Ketten die Rede ist. Damit werden die bereits jetzt erkennbaren Versuche einiger Soldatinnen und Soldaten bestärkt, die mit dem Selbstbewusstsein ihrer Einsatz- und Gefechtserfahrungen versuchen, sich innermilitärisch als Elite zu gerieren, die zivil-militärischen Beziehungen neu zu verhandeln und eine gesellschaftliche Sonderstellung beanspruchen. Dahinter stehen zum Teil naive, zum Teil strategische Interessen. In den Streitkräften regen sich erste Widerstände – gerade im Zusammenhang mit der Neuausrichtung – gegen diese Positionierungen und Stilisierungen an (s. hierzu auch die harsche Kritik des damaligen Generalinspekteurs Schneiderhan, sueddeutsche.de 2009). So oder so ist die Gesellschaft gut beraten, sich den überzogenen Anforderungen zu widersetzen und die vorgebrachten Ansprüche auf ein politisch und sozial verträgliches Maß zurückzustutzen, statt sich ein schlechtes Gewissen einreden zu lassen (Franke 2011: 430f.).

Jammern einstellen: Die gesellschaftliche Wertschätzung wertschätzen lernen!
Es gibt eine Vielzahl von Äußerungen aus Politik, Publizistik und aus den Streitkräften selbst, die das angeblich unzureichende Maß öffentlichen Ansehens und öffentlicher Unterstützung für die Soldatinnen und Soldaten beschreiben und beklagen. Es fehlt jedoch an überzeugenden empirischen Belegen, die diese Zuschreibung stützen (s.a. Abs. 2). Dennoch gelingt es durch die Pflege dieses Diskurses und ständige Mahnungen, die Diskrepanz zwischen Diagnose und Befund zu überdecken und Teilen der Bevölkerung ein schlechtes Gewissen einzureden. Dies illustriert ein überraschender empirischer Befund: Obwohl sich die Bevölkerung einerseits mit überragender Mehrheit hinter die deutschen Streitkräfte stellt, geht sie andererseits selbst davon aus, dass die Bundeswehr ein unzureichendes Maß gesellschaftlichen Ansehens erfährt. In einer entsprechenden Umfrage äußerten zwei Drittel der Bundesbürger, die Streitkräfte erhielten eine zu geringe Anerkennung, rund ein Viertel attestierte ein ausreichendes und nur drei Prozent ein zu hohes Ansehen (Bulmahn u.a. 2011: 71). Dies verweist auf eine eklatante Diskrepanz zwischen der tatsächlichen Anerkennung für die Bundeswehr und der Wahrnehmung in den Streitkräften und in der Öffentlichkeit und wirft die Frage auf, in welche Richtung

sich dieser Widerspruch auflösen ließe: Was kaum zu erwarten ist, ist ein noch höheres Maß an Zustimmung und Unterstützung. Dies ist sowohl angesichts der historischen Erfahrungen als auch mit Blick auf die internationalen Vergleichsgrößen unrealistisch. Allerdings könnte sich in der Bevölkerung die Einsicht breit machen, dass ein ausreichendes Maß an Wertschätzung für die Soldatinnen und Soldaten bereits besteht und sie sich subtile Formen der Schuldzuweisung nicht länger gefallen lässt. Denn einige Politiker – und auch manche Soldaten – sehen offenbar einen pädagogischen Auftrag darin, den Bürgerinnen und Bürgern einen verstärkten Zuspruch und eine größere Zuneigung zu den Soldaten zu verordnen, wobei sie die einsatzbedingten Belastungen als Argument nutzen, um von der politischen Instrumentalisierung der Bundeswehr und dem politischen Dissens rund um die Einsätze abzulenken. Dabei besteht die eigentliche Krux darin, dass die Missionen der Bundeswehr – zumal die gefährlicheren Kampfeinsätze – von der Bevölkerungsmehrheit nicht mitgetragen werden. Damit erteilt die Politik – in diesem Falle der Deutsche Bundestag – den Streitkräften Mandate, die dem Mehrheitswillen der Wähler nicht entsprechen. Dieser *politische Dissens* und die daraus erwachsenden Belastungen für die Soldaten sollten folglich im Fokus der Diskussionen stehen, anstatt ständig eine Diskrepanz zwischen Bundeswehr und Gesellschaft zu konstruieren. Dies setzt jedoch ein Maß an Transparenz gerade mit Blick auf die Auslandseinsätze voraus, wie es für die Bundeswehr immer noch nicht selbstverständlich ist.

Transparenz schaffen: Die Bundeswehr und den Alltag der Soldaten erfahrbar machen!
Untersuchungen zeigen, dass persönliche Kontakte mit Soldaten und die Berichterstattung über die Bundeswehr bei den Bürgern positive Eindrücke hinterlassen (Bulmahn 2011: 81-85). Somit ist die mit Händen zu greifende Angst, (vermeintlich) kritische Meldungen aus den und über die Streitkräfte würden sich negativ auf deren Ansehen oder gar auf die Sicherheitspolitik auswirken, völlig überzogen. Empirische Analysen belegen vielmehr, dass, ganz gleich ob es sich um einen medialen Kontakt, was häufiger vorkommt, oder um eine persönliche Begegnung, was vergleichsweise seltener, aber nicht selten ist, handelt: Wer die Bundeswehr wahrnimmt, gewinnt zumeist einen guten Eindruck (ibid.: 85). Die Lehre aus diesem Befund kann für die Streitkräfte nur lauten, den Bürgern möglichst viele Informationen, Nachrichten und Kontaktmöglichkeiten zu bieten und diese nicht zuvor nach vermuteter Wirkung zu selektieren. Unter dieser Perspektive ist auch eine (scheinbar) kritische Meldung

über die Streitkräfte besser als keine. Deshalb müssen die Streitkräfte lernen, auch negative Berichte zu schätzen und deren Entstehung zu ermöglichen – frei nach dem Motto: Besser ein kritischer Beitrag als keiner!

Seit geraumer Zeit ist – entsprechend dieser Prämisse – auch festzustellen, dass verstärkt die Probleme der Auslandseinsätze kommuniziert werden. Allerdings weisen diese Berichte zumeist einen Hang zu *human interest*-Themen auf. Wenn über die Schwierigkeiten des soldatischen Alltages und erst recht des Einsatzes berichtet wird, dann menschelt es gerne: Es geht um psychischen Stress, Posttraumatische Belastungsstörungen, Veteranen oder um die Folgen der Auslandseinsätze für die Familien. Demgegenüber versteht es die Bundeswehr noch nicht im ausreichenden Maße, konstruktiv und souverän andere kritische Themen zu kommunizieren. Probleme werden zuweilen solange geleugnet, bis die Defizite eklatant sind. Mit dieser Informationspolitik bietet die Bundeswehr interessierten Kreisen Raum für ergiebige Spekulationen. Dabei ist jedem Beobachter klar, dass einiges im Binnengefüge der Bundeswehr verbesserungswürdig ist. Warum sonst sollte sich die Politik alle paar Jahre unter gleichen Zielsetzungen (Effektivität, Abbau von Doppelstrukturen, Einsatzbereitschaft erhöhen etc.) dazu genötigt sehen, die Streitkräfte grundlegend zu reformieren? Ulrike Demmer (2011) hat einige dieser Defizite in ihrem sehr lesenswerten und mit dem Deutschen Reporterpreis für die beste politische Reportage ausgezeichneten Beitrag „Die Ritter der Drachenburg" dokumentiert und analysiert.

An einer scheinbaren Pettitesse lässt sich hervorragend illustrieren, dass es nicht das vermeintlich fehlende Interesse der Öffentlichkeit und auch nicht Eingriffe von politischer Seite in genuin militärische Belange sind, die einen intensiveren Austausch zwischen der zivilen und militärischen Welt verhindern. Wie der ‚Focus' (Bauer 2012) berichtet, hat die Bundeswehr einem US-amerikanischen Vorbild folgend im August 2011 acht Helmkameras an Soldaten im ISAF-Einsatz ausgegeben. Damit sollten authentische Aufnahmen von der Einsatzwirklichkeit deutscher Soldaten bis hin zu Gefechtsszenen dokumentiert und für die Öffentlichkeitsarbeit verfügbar gemacht werden. Die ersten Aufnahmen hatten dann aber zur Folge, dass Vorgesetzte das Filmmaterial nutzten, um das Erscheinungsbild, die Anzugsordnung oder das Vorgehen der eingesetzten Truppe zu monieren und gegen Regelverstöße vorzugehen. Um sich und die Kameraden zu schützen, verzichteten die eingesetzten Soldatinnen und Soldaten anschließend auf das Tragen der Helmkameras, weshalb bislang (Stand: März 2012) keine entsprechenden Bilder vorliegen. Es sind in diesem

Fall – und davon gibt es mehr als genug – die Streitkräfte selbst, die verhindern, dass die Bürgerinnen und Bürger einen unmittelbaren und unverstellten Einblick in die Binnenperspektive der Einsatzkontingente erhalten. Wer selbst Instrumente wie die Helmkameras in erster Linie zur internen Disziplinierung nutzt, dem kann es kaum um eine stärkere Aufmerksamkeit der Öffentlichkeit für Streitkräfteangelegenheiten gehen.

Der Blick in andere Streitkräfte belegt, dass es diesen keineswegs schadet, wenn auch soldatische Probleme kommuniziert werden und über Schwierigkeiten der Streitkräfte berichtet wird. So hat, entgegen einer landläufigen Meinung, die US-Armee ganz andere Transparenzstandards als die Bundeswehr – bei ungebrochener Akzeptanz und Unterstützung. Ein Blick in die Zeitschrift des US Army War College ‚Parameters' verrät sogleich, wie breit das dort abgebildete Meinungsspektrum ist, wie kontrovers und öffentlich über sicherheits- und verteidigungspolitische sowie militärische Anliegen – gerade auch unter den Angehörigen der Streitkräfte – diskutiert wird. Eine solche Offenheit in der Austragung von Debatten ist Voraussetzung dafür, dass die Bürgerinnen und Bürger ebenso wie die Soldatinnen und Soldaten selbst die divergenten Interessenlagen in den Streitkräften verstehen und nachvollziehen können. Allein Transparenz und kontroverse Diskussionen – und nicht die Wiederholung glattgeschliffener offizieller Verlautbarungen – gewährleisten, dass sich die Bevölkerung für verteidigungspolitische Anliegen interessiert. Deshalb sind sie ein wesentliches Mittel, um dem Verlust personeller Beziehungen zwischen Bevölkerung und Streitkräften entgegenzuwirken und dem Integrationsgebot der Inneren Führung auch künftig gerecht zu werden. Zugleich erleichtern sie die politische Kontrolle und Steuerung der Bundeswehr.

Integrationsmechanismen für die Freiwilligenarmee Bundeswehr: Neue Erfahrungs- und Begegnungsmöglichkeiten schaffen!
Der Wegfall der Wehrpflicht wird zwangsläufig dazu führen, dass immer weniger Bürger über eigene Erfahrungen in den Streitkräften verfügen. Hinzu kommen die nochmaligen Reduzierungen der Streitkräfte und die beschlossenen Standortschließungen. An die Stelle von Manövern, die vielfältige Kontakte zwischen Soldaten und Bevölkerung zuließen, sind bereits seit zwei Jahrzehnten Auslandseinsätze getreten, die fernab der Heimat erfolgen und nur medial vermittelt die Bürger erreichen. Entsprechend gilt es, neue Mechanismen einzuführen, die Begegnungen zwischen ziviler und militärischer Welt

ermöglichen. Die Bundeswehr bemüht sich bereits redlich: Jugendoffiziere und Wehrdienstberater sind vielerorts aktiv – und treffen dabei auf große Resonanz und gelegentlich auf Vorbehalte. Die Bundeswehr ist auf Messen präsent, sie bedient sich den Mitteln moderner Werbung und zeitgemäßen Marketings (derzeit unter dem Claim: Wir. Dienen. Deutschland.). Es sind Praktika möglich, bei denen Jugendliche unverbindlich Einblicke in die soldatische Welt gewinnen und eigene Erfahrungen sammeln können.

In diesem Zusammenhang wird zuweilen über den Ausbau kultureller Formate, wie Romane, Filme oder TV-Serien diskutiert. Dies mag angesichts der US-amerikanischen Erfahrungen eine verlockende Aussicht sein. Es ist jedoch fraglich, ob sich die ‚Erfolge' der US-Streitkräfte in diesem Bereich einfach übertragen lassen. Zu erwarten ist wohl eher, dass solche Neuerungen auf Vorbehalte und Skepsis treffen dürften – und zwar in Gesellschaft und Bundeswehr gleichermaßen.

Zivil-militärische Beziehungen sind keine Einbahnstraße: Die zivile Welt für Soldatinnen und Soldaten erfahrbar machen!

Wenn die Rede auf die Einbindung von Freiwilligenarmeen in die Gesellschaften kommt, dann folgen rasch Vorschläge, wie Zivilisten die Welt der Streitkräfte näher gebracht werden kann. Ins Feld geführt werden dann *Tage der Offenen Tür*, *Open Ship*, Praktika etc. Genauso wichtig ist jedoch, den Soldatinnen und Soldaten Einblicke in die zivile Wirklichkeit zu gewähren. Selbstverständlich weisen sie diese bereits jetzt durch ihre Mitgliedschaften in Vereinen und Verbänden oder durch ihr soziales und politisches Engagement auf. Sie sind Teil einer Familie und alleine dadurch mit diversen schulischen und beruflichen Wirklichkeiten und Kontexten konfrontiert. Nichtsdestotrotz können zusätzliche Kontakte geschaffen werden, um Soldatinnen und Soldaten den Austausch mit der zivilen Welt zu erleichtern und nicht zuletzt den ausscheidenden Soldatinnen und Soldaten den Übergang in die zivile (Berufs-)Welt zu erleichtern. Zu diesem Zweck könnten Bereiche, die bisher innerhalb der Streitkräfte organisiert sind, ausgelagert werden. Am besten hierfür geeignet sind die vielfältigen Bildungs- und Ausbildungsmaßnahmen, die die Streitkräfte anbieten. Eine Vielzahl dieser Maßnahmen weist keinen genuin militärischen Charakter auf, sondern ist vergleichbar mit zivilen Maßnahmen. Die Spannbreite reicht vom Erwerb von Führerscheinen bis hin zu den Studiengängen, die Offiziere durchlaufen. Bislang organisiert die Bundeswehr einen bemerkenswerten Anteil dieser Maßnahmen im eigenen Bereich. Als Grund werden die militärischen Spezifika genannt, die bei der Ausbildung zu berücksichtigen und zu vermitteln seien. Aber selbst wenn dies in Rechnung gestellt wird, dürfte sich eine ganze Reihe von Bildungs- und Ausbildungsangeboten in den zivilen Bereich verlagern lassen. Warum sollten Soldaten ihren LKW-Führerschein nicht in einer zivilen Fahrschule erwerben und warum sollten nicht mehr Offiziere an zivilen Universitäten studieren, wie dies die angehenden Mediziner der Bundeswehr jetzt bereits tun? Dies wäre ein sinnvoller Beitrag, der verdeutlicht, dass die Durchlässigkeit ziviler und militärischer Erfahrungswelten keine Einbahnstraße ist.

Mit Differenzen leben lernen: Unterschiede zwischen Gesellschaft und Streitkräften anerkennen!

Jürgen Franke (2011) weist in seiner überzeugenden Analyse zur Integration der Bundeswehr darauf hin, dass die zivil-militärischen Beziehungen stets mit Differenzen und Konflikten behaftet sein werden. Diese sind strukturell und systematisch im Spannungsverhältnis zwischen ‚dem Zivilen' und ‚dem Militärischen' angelegt. Im Gegensatz zu harmonistischen Auffassungen seien die Diskrepanzen zwischen den Erfahrungswelten, Mechanismen und Gültigkeiten von Streitkräften und zivilem Umfeld gerade in der Einsatzarmee Bundeswehr so groß, dass sie sich selbst durch erhebliche Anstrengungen und besten Willen, vielfältige Kontakte und intensiven Austausch nicht mehr gänzlich auflösen ließen (ibid.: 423ff., 459). Entsprechend könne Kohärenz nicht länger Ziel der Integrationsbemühungen sein, sondern es brauche eine moderne, realistische Sicht der zivil-militärischen Beziehungen, die die Anerkennung von Unterschieden zwischen Militärwesen und ziviler Gesellschaft voraussetze.

Diese Auffassung könnte durch die internen Differenzierungs- und Pluralisierungsprozesse der Streitkräfte zusätzliche Dynamik erfahren (Tresch/Leuprecht 2010). Als Folge der Inklusion neuer sozio-kultureller Gruppierungen (Frauen, ethnische und religiöse Minderheiten, Homosexuelle etc.) ist auch die Bundeswehr in den letzten Jahren pluralistischer geworden. Das klassische Ideal militärischer Homogenität und soldatischer Uniformität ist merklich unter Druck geraten und findet immer weniger eine empirische Entsprechung in der Truppe. In der Folge ist bereits im Umgang mit den eigenen Kameradinnen und Kameraden ein gesteigertes Maß interkultureller Kompetenz gefordert – und nicht erst in den Einsatzländern oder bei der Zusammenarbeit mit Soldaten anderer Nationen. Diese Erfahrungen im Umgang mit Differenzen gilt es zu nutzen und im Austausch mit der Gesellschaft offensiv zu artikulieren und gewinnbringend einzusetzen.

Die Einbindung der Freiwilligenarmee Bundeswehr als Anspruch von Streitkräften in der Demokratie

Die vorstehenden Ausführungen verfolgen die Absicht, für die Integration der Freiwilligenarmee Bundeswehr in die Gesellschaft zu werben und Wege aufzuzeigen, wie dieses Ziel künftig erreicht werden kann. Ausgangspunkt ist die Beobachtung, dass es um die Einbindung und Unterstützung der Bundeswehr gegenwärtig besser bestellt ist, als dies im öffentlichen und innermilitärischen Diskurs gerne kolportiert wird. Die empirischen Indikatoren verdeutlichen, dass die Streitkräfte hierzulande ein hohes Ansehen genießen, das durch die breite Unterstützung der Bevölkerung unterlegt ist. Der internationale Vergleich belegt zudem, dass die hiesige Situation dem ‚europäischen Standard' entspricht und sowohl Wehrpflichtarmeen als auch Freiwilligenarmeen eng in ihre Trägergesellschaften eingebunden sein können.

Aufbauend auf dieser Einsicht wurden diverse Handlungsfelder identifiziert und konkrete Vorschläge erarbeitet, wie die künftige Einbindung der Bundeswehr garantiert werden kann. Dabei schälen sich zwei Maßnahmenbündel heraus: Zum einen muss die soziale Position von Streitkräften in der Demokratie realistisch bewertet werden. Wer an überzogenen Vorstellungen – gespeist durch einen verklärten Blick auf die Vergangenheit – festhält, wird nicht nur enttäuscht, er belastet mit seinen Ansprüchen auch die zivil-militärischen Beziehungen. Von daher ist ein nüchternes Abwägen der Möglichkeiten und Grenzen gesellschaftlicher Integration geboten. Zum anderen sind Vorschläge skizziert worden, wie Kontakte und Begegnungen zwischen ziviler und militärischer Erfahrungswelt erleichtert werden können. Durch den Wegfall der Wehrpflicht ist es notwendig, neue und innovative Kontaktmöglichkeiten zu entwickeln. Dabei ist ein schmaler Grat zu begehen: Einerseits müssen die neuen Formate über die bisherigen Konventionen hinaus gehen, anderseits sollten sie aber stets mit Rücksicht auf Seriösität und Authentizität gewählt werden. Die Bundeswehr darf nicht den Eindruck erwecken, mit allen Mitteln modischen Trends nachzulaufen. Vielmehr muss sie als selbstbewusste staatliche Institution auch in neuen Formaten ihre Standards beibehalten.

In der Gesamtschau ist zu beachten, dass auch die Entwicklungen in den anderen Zielprozessen, die die Innere Führung ausmachen, einen Einfluss auf die Einbindung der Streitkräfte ausüben. Die Frage nach der (sicherheits-)politischen Legitimation der Streitkräfte, die seit dem Ende des Ost-West-Konflikts nie gänzlich und zufriedenstellend beantwortet worden ist, könnte sich in der sich abzeichnenden post-interventionistischen Phase nochmals verschärft stellen: Was macht die Bundeswehr nach Afghanistan und wozu sind Streitkräfte noch da? Sollten sich in der Gesellschaft Zweifel an der Sinnhaftigkeit des Militärischen ausbreiten, dann wird dies Rückwirkungen auf das zivil-militärische Verhältnis insgesamt haben. Aber auch Ereignisse auf der personellen Ebene der Streitkräfte, wie sie die Innere Führung in den Zielprozessen Motivation und Innere Ordnung beschreibt, können den gesellschaftlichen Rückhalt der Bundeswehr beeinträchtigen. Bislang haben die negativen Vorkommnisse – in Erinnerung gerufen seien nur die Coesfeld-Ereignisse, die Gorch-Fock-Affäre oder die Skandalisierung militärischer Rituale – ungeachtet der medialen Aufgeregtheiten keinen langfristigen Schaden im Ansehen der Bundeswehr hinterlassen. Dies könnte sich aber ändern, wenn sich entsprechende Vorkommnisse häufen bzw. verstetigen sollten.

Es lässt sich mithin ein gemischtes Fazit ziehen, wenn es um die künftige Einbindung der Streitkräfte in die Gesellschaft geht: Die Bundeswehr muss etwas dafür tun, wenn sie als Freiwilligenarmee für Auslandseinsätze genauso fest in die Gesellschaft eingebunden sein will, wie sie dies als Wehrpflichtarmee zur Verteidigung war. Aber sie hat es in weiten Teilen auch selbst in der Hand, mit den entsprechenden Entscheidungen und Maßnahmen eine erfolgreiche Integration zu ermöglichen.

Literatur

Bauer, Markus (2012): Kameradenschwein?, Focus, Nr. 10, S. 27.

Biehl, Heiko/Rüdiger Fiebig (2011): Zum Rückhalt der Bundeswehr in der Bevölkerung. Empirische Hinweise zu einer emotional geführten Debatte. SOWI-Thema 02/2011. Strausberg.

Biehl, Heiko/Bastian Giegerich/Alexandra Jonas (2011a): Aussetzung der Wehrpflicht. Erfahrungen und Lehren westlicher Partnerstaaten. In: Aus Politik und Zeitgeschichte. Nr. 48, 61. Jg., S. 32-38.

Biehl, Heiko/Rüdiger Fiebig/Bastian Giegerich/Jörg Jacobs/Alexandra Jonas (2011b): Strategische Kulturen in Europa. Die Bürger Europas und ihre Streitkräfte. Forschungsbericht 96. Strausberg.

Bremm, Klaus-Jürgen (2005): Wehrhaft wider Willen? Die Debatte um die Bewaffnung Westdeutschlands in den fünfziger Jahren. In: ders./Martin Rink/Hans-Hubertus Mack (Hg.): Entschieden für Frieden. 50 Jahre Bundeswehr. Hgg. im Auftrag des Militärgeschichtlichen Forschungsamtes. Freiburg i.B., S. 283-297.

Bulmahn, Thomas/Rüdiger Fiebig/Carolin Hilpert (2011): Sicherheits- und verteidigungspolitisches Meinungsklima in der Bundesrepublik Deutschland. Ergebnisse der Bevölkerungsbefragung 2010 des Sozialwissenschaftlichen Instituts der Bundeswehr. Forschungsbericht 94. Strausberg.

Bundesministerium der Verteidigung (2006): Weißbuch 2006 zur Sicherheitspolitik Deutschlands und zur Zukunft der Bundeswehr. Berlin.

Demmer, Ulrike (2011): Die Ritter der Drachenburg. In: Der Spiegel, Nr. 17, S. 32-35.

Franke, Jürgen (2011): Wie integriert ist die Bundeswehr? Untersuchung zur Integrationssituation der Bundeswehr als Verteidigungs- und Einsatzarmee. Dissertation, Helmut Schmidt Universität – Universität der Bundeswehr Hamburg.

Huntington, Samuel (1981 [1957]): The Soldier and the State. The Theory and Politics of Civil-Military Relations. Cambridge, Mass./London.

Isernia, Pierangelo/Juhasz, Zoltan/Rattinger, Hans (2002): Foreign Policy and the Rational Public in Comparative Perspective. In: Journal of Conflict Resolution, Nr. 2, Vol. 46, S. 201-224.

Köhler, Horst (2005): Einsatz für Freiheit und Sicherheit. Rede von Bundespräsident Horst Köhler bei der Kommandeurtagung der Bundeswehr am 10. Oktober 2005 in Bonn. Berlin.

Löwenstein, Stephan (2012): „Ausgebucht". Zu viele Bewerber für den Bundesfreiwilligendienst. (http://www.faz.net/aktuell/politik/inland/ausgebucht-zu-viele-bewerber-fuer-den-bundesfreiwilligendienst-11620767.html, abgerufen am 13. März 2012).

de Maizière, Thomas (2011): Die Bundeswehr ist keine Unterschichtenarmee. In: Die Welt vom 12. April 2011.

de Maizière, Thomas (2012): Wir brauchen die Besten als Soldaten. In: Frankfurter Allgemeine Sonntagszeitung vom 26. Mai 2012.

Moskos, Charles C. (1968): Eigeninteresse, Primärgruppen und Ideologie. In: René König (Hg.): Beiträge zur Militärsoziologie. (Kölner Zeitschrift für Soziologie und Sozialpsychologie, Sonderheft 12). Köln/Opladen, S. 201–220.

Naumann, Klaus (2011): Ohne Strategie und Leitbild. Die neue deutsche Berufsarmee. In: Blätter für deutsche und internationale Politik, Nr. 7, 56. Jg., S. 68-76.

Page, Benjamin I./Shapiro, Robert Y. (1992): The Rational Public: Fifty Years of Trends in Americans' Policy Preferences. Chicago.

Pfaffenzeller, Stephan (2010): Conscription and Democracy. The Mythology of Civil-Military Relations. In: Armed Forces & Society, Nr. 3, Vol. 36., S. 481-504.

Pietsch, Carsten (2012): Zur Motivation deutscher Soldatinnen und Soldaten für den Afghanistaneinsatz. In: ders./Phil Langer/Anja Seiffert (Hg.): Der Einsatz der Bundeswehr in Afghanistan. Sozial- und politikwissenschaftliche Perspektiven. Wiesbaden, S. 101-121.

Struck, Peter (2003): Jedes Land entscheidet souverän. In: Der Spiegel, Nr. 49, S. 52-55.

Strukturkommission der Bundeswehr (2010): Vom Einsatz her denken. Konzentration, Flexibilität, Effizienz. Bericht der Strukturkommission der Bundeswehr Oktober 2010, Hrsg. Strukturkommission der Bundeswehr. Berlin.

sueddeutsche.de (2009): Jammern auf hohem Niveau (http://www.sueddeutsche.de/politik/bundeswehr-soldaten-jammern-auf-hohem-niveau-1.451905, abgerufen am 14. März 2012).

Tresch, Tibor Szvircsev/Christian Leuprecht (Hg.) (2010): Europe Without Soldiers? Recruitment and Retention across Armed Forces in Europe. Montreal u.a.

Trull, Christian (2007): Bildet die Bundeswehr zur Kriegstüchtigkeit aus? In: Schwarzes Barett, Heft 37, S. 7-10.

Werkner, Ines-Jacqueline (2006): Wehrpflicht oder Freiwilligenarmee? Wehrstrukturentscheidungen im europäischen Vergleich. Frankfurt a.M.

Williams, Cindy/Björn H. Seibert (2011): Von der Wehrpflichtigen- zur Freiwilligenarmee. Erkenntnisse aus verbündeten Staaten. Weatherhead Center for International Affairs. Cambridge, Mass.

Wolffsohn, Michael (2011a): Die Unterschicht übernimmt die Landesverteidigung. In: Die Welt vom 11. Januar 2011.

Wolffsohn, Michael (2011b): Das Militär verostet. In: Die Welt vom 5. April 2011.

Zwicknagl, Fritz (2007): Die Bundeswehr an der Schwelle zum Ernstfall. Innere Führung, soldatisches Selbstverständnis und Tradition. Dringender Anstoß zur Diskussion. In: Schwarzes Barett, Heft 37, S. 11-13.

Zwicknagl, Fritz (2010): Lehrmeister Krieg. In: Junge Freiheit, Nr. 43, 22. Oktober 2010.

Kampfmoral: Voraussetzung für das Bestehen im Einsatz
Rolf von Uslar / Marc-André Walther

Wie stark eine Armee auch in anderer Hinsicht sein mag, wo es an Kampfgeist fehlt, ist alles andere bloß Zeitverschwendung." (Martin van Creveld)

Einleitung

Es ist in Deutschland riskant, den Begriff der ‚Kampfmoral' zu verwenden. Kampfmoral suggeriert notwendigerweise eine gewisse Bejahung des Kampfes. Aber das doch, bitte schön, nur beim Fußball, oder? In der postheroischen, moralischen „Komfortzone" (Sloterdijk) gehört das Mantra der Gewaltfreiheit zur STAN-Ausstattung des Bundesbürgers.

Nicht gerade widerspruchsfrei hierzu sind mediale Reflexionen des ISAF-Einsatzes, die den deutschen Streitkräften attestieren, sie seien „zu feige, den Kampf gegen die Taliban aufzunehmen" (Spiegel, 25.01.2010) oder die „Bundeswehr kann alles außer Kämpfen" (Die Zeit, 04.03.2010)[2]. Hier wird also – mit einiger Sachplausibilität – die Notwendigkeit der Gewaltanwendung erklärt und entsprechende Fähigkeiten sowie Motivationen zum Kampf eingefordert. Dieses Beispiel zeigt, dass die Frage nach der Kampfmoral für Streitkräfte in der Demokratie alles andere als banal, vielmehr vielschichtig und bisweilen sogar mit moralischen Sprengfallen versehen ist. Es ist kein Zufall, dass das Thema bei bekannter Unappetitlichkeit im öffentlichen Raum auch in den Streitkräften stets wenig Konjunktur hatte. Das „Kämpfen können, um nicht kämpfen zu müssen" der Abschreckungsarmee der Bonner Republik beschwor eine suggestive Ablehnung des Kampfes, dem man sich höchstens in Form einer unangenehmen Pflicht gewahr wurde.

Dieser Grundgedanke des Konzepts der Inneren Führung ist mittlerweile von der Realität überholt worden. Dennoch ist die normative Kraft des

---

[1] Vgl van Creveld, Martin: Die Zukunft des Krieges, Gerling Akedemie Verlag, München, 2001², S. 280.
[2] Gleiche Konnotation war auch i.R. des KFOR-Einsatzes schon zu vernehmen: Szandar, Alexander, Ulrich, Andreas, Die Hasen vom Amselfeld,
http://www.spiegel.de/spiegel/print/d-30748386.html, (Zugriff am 29.05.12).

Faktischen nicht wirkungsmächtig genug; die Schwierigkeiten, die sich aus der veränderten Lage für den einzelnen Soldaten ergeben, werden häufig nicht gesehen. Dabei ist es offensichtlich: Deutsche Soldaten erleben und erfahren tagtäglich Gefahr, Ungewissheit, Kampf, Töten, Verwundung, Opfer bringen - und müssen in dieser Realität bestehen. Das verlangt von ihnen nicht nur das professionelle Beherrschen ihres Handwerks, sondern auch hinsichtlich persönlicher Einstellung, Verständnis und Überzeugung so stabil und motiviert zu sein, dass sie in Extremsituationen angemessen reagieren, überleben, sich durchsetzen und ihren Auftrag erfüllen können und letztendlich auch nicht an dem Erlebten zerbrechen. Aus Sicht verbündeter Offiziere ist die Bundeswehr nach fast 50jähriger Abstinenz wieder in der (gewalttätigen) Normalität von Streitkräften angekommen: dem Kampf. Und dieser verlangt eine entsprechende Moral.

Offizielle Dokumente wie die ZDv 10/1, aber auch vielfache Publikationen aus dem sozialwissenschaftlichen Umfeld der Bundeswehr pflegen hingegen die traditionelle Semantik der Kampf-Abstinenz.[3] Dabei wird darauf verwiesen, dass das Selbstverständnis von Soldatinnen und Soldaten „nicht von Auslandseinsätzen, sondern vom Grundgesetz her"[4] geprägt werden solle. Daher sei es ohne Bedeutung, dass die Begriffe „Kampf" und „Gefecht" nicht in den Grundsatzdokumenten vorkämen.[5] Hier werden – in geübter Manier – Ebenen vermengt: Die Fundierung des soldatischen Dienstes auf dem Grundgesetzt ist ein Aspekt der abstrakten, militär-politischen Ebene. Hingegen ist der Kampf für das Individuum konkrete taktische Realität. Somit ist es wenig hilfreich, im zentralen Konzept der Bundeswehr, welches das Selbstverständnis des Soldaten definiert, vermittelt und jenen damit motivieren will, die Auseinandersetzung mit der (zwischenzeitlichen) Normalität des Soldatenberufs zu scheuen und ausschließlich auf abstrakte Werte der FDGO[6] zu verweisen. Geben BMVg und Streitkräfteführung eine Hilfestellung, um das Maß an Kampfmoral zu entwickeln, dass der Soldat braucht, um erfolgreich bestehen zu können?

---

[3] Vgl. u.a. Dörfler-Dierken, Innere Führung als Führungskultur der Bundeswehr, in: Hartmann, Uwe, von Rosen, Claus, Walther Christian, Jahrbuch Innere Führung 2011, S. 101.
[4] Ebd., S. 104.
[5] Ebd., S. 104.
[6] FDGO = Freiheitlich demokratische Grundordnung.

Im Folgenden soll der Versuch unternommen werden, Kampfmoral zu beschreiben, für die Spezifika der deutschen Streitkräfte zu untersuchen und Empfehlungen für die Zukunft herauszuarbeiten.

Definition

Die Verwendung des Begriffes „Kampfmoral" ist in der Literatur nicht einheitlich. Die gebräuchliche Definition konzentriert den Begriff auf die Motivation zum Kampf. Aus unserer Bewertung stellt dies jedoch eine erhebliche Verkürzung dar, was Chancen tieferer Assoziationen verspielt. Wir plädieren daher für einen terminologischen Neuansatz.

Kampfmoral ist - nicht nur vom Wortsinne her - eine Form existierender Moral. Legt man als Definition das Historische Wörterbuch der Philosophie zugrunde, so deckt sich der „lateinische Grundbegriff (moralis Anm.d.Verf.) [...] in einem Kernbereich mit unserem heutigen Terminus Moral in der weiteren Bedeutung, nämlich als der Gesamtheit der akzeptierten und durch Tradierung stabilisierten Verhaltensnormen einer Gesellschaft."[7] Weiter wird dort auch auf die gleichzeitig in der Gesellschaft vorkommenden Moralen hingewiesen, zum Beispiel auf die Moral der Arbeit und des Kampfes.[8] In diesem Sinne wäre Kampfmoral die Umsetzung der Verhaltensnormen des Soldaten.

Dabei weist der Begriff jedoch zwei verschiedene Formen auf, im Sinne der englischen Bezeichnungen „morale" und „moral". Zum Einen Moral im Sinne von Motivation, den Auftrag im Gefecht zu erfüllen. Diese Form der Kampfmoral bezieht sich auf die Bereitschaft und den Willen des Einzelnen als auch der Gruppe[9] zum Kampf sowie die Gefahr für Leib und Leben auf sich zu nehmen (Arbeitsbegriff analog der Differenzierung in Rechtsbegriffen: Moralis ad bellum). Zum Anderen: Moral als die skizzierte Verhaltensnorm, als Richtschnur für das richtige Verhalten. Kampfmoral in dieser Form bezieht sich also auf das konkrete Verhalten des Einzelnen und der Gruppe im Kampf, also das Befolgen von Regeln und die Achtung des Gegners in der konkreten

---

[7] Ritter, Joachim und Gründer, Karlfried (Hg.), Historisches Wörterbuch der Philosophie, Band 6: Mo - O, Wissenschaftliche Buchgesellschaft, Darmstadt,1984, S. 149.
[8] Ebd., S. 166.
[9] Gruppe wird hier nicht im militärisch-organisatorischem Sinne verwandt, sondern für die Gesamtheit der Soldaten.

Kampfhandlung (Arbeitsbegriff: Moralis in bello). Beide Formen haben erhebliche Wechselwirkungen: „Moralis ad bellum" erhöht gleichsam die „Moralis in bello" und umgekehrt.

In der Motivationsdimension des Soldaten wird die Kampfmoral neben andere Formen soldatischer Motivation gestellt. Bisweilen werden fünf verschiedene Motivationsformen des Militärischen unterschieden: Wehrmotivation, Dienstmotivation, Einsatzmotivation, Gefechtsmotivation und Kampfmotivation.[10] Biehl verweist auf die Definition in Mittlers „1000 Stichworte zur Bundeswehr": „Motivation bezeichnet die Bereitschaft zum Erreichen eines Zieles. Dienstmotivation bezeichnet die Bereitschaft des Soldaten zur gewissenhaften Pflichterfüllung bei der Ausübung des täglichen Dienstes. Kampfmotivation bestimmt das Verhalten des Soldaten im Gefecht und schließt den Einsatz des eigenen Lebens mit ein.[11]

Im Folgenden soll von Kampfmoral i.S. der doppelten Bedeutung als Moralis ad bello und Moralis in bellum ausgegangen werden.

Bedeutung der Kampfmoral

Kampfmoral ist mitnichten nur die Bereitschaft (ad bellum) oder die Art und Weise (in bello), Gewalt anzuwenden; vielmehr impliziert es, selbst Gewalt zu erleiden oder gar zu sterben.[12] Tödliche Gewaltanwendung ohne Eigengefährdung ist kein soldatischer Kampf, sondern eine Hinrichtung. Kampfmoral schließt mithin die Bereitschaft zum Opfer ein. Diese Grunderkenntnis ist ebenso unangenehm wie sie bedeutend ist: Ohne ein gewisses Maß an Todesverachtung kann Kampfmoral nur unzureichend erzielt werden.

---

[10] Vgl. von Horn, Alphart: Kritische Analysen, in: Löser, Jochen und von Horn, Alphart: Kämpfen können, um nicht kämpfen zu müssen. Menschenführung zwischen Frust und Lust. München 1990, S. 177 f.

[11] Biehl, Heiko: Kampfmoral und Einsatzmotivation, in: Gareis, Sven Bernhard und Klein, Paul: Handbuch Militär und Sozialwissenschaften, Wiesbaden, 2004, S. 268-276 sowie Mittler, E.S., 1000 Stichworte zur Bundeswehr, 1997, S. 137.

[12] Vgl. van Creveld, Martin: Die Zukunft des Krieges, Gerling Akademie Verlag, München, 2001², S. 237. Ein weiteres, allerdings eher ironisches, praktisches Beispiel von Kampfmoral gibt eine Manöverbeobachtung aus den 50er Jahren wieder:
http://www.spiegel.de/spiegel/print/d-29192166.html, (Zugriff am 29.05.12).

Funktionale Dimension

Für Streitkräfte war die Kampfmoral ad bellum in allen Zeitaltern eine *conditio sine qua non* für Wirksamkeit im Einsatz. Seit Sun-Tzu ist klar, dass ohne Kampfmoral sich „selbst die zahlenstärkste, bestorganisierteste, bestausgebildetste und bestwaffnete Armee in ein klappriges Werkzeug verwandeln"[13] wird.

Gleichzeitig hat aber auch die Kampfmoral in bello massive Auswirkungen auf die Auftragserfüllung. Vor dem Hintergrund des CNN-Effekts und am Beispiel der jüngsten Ereignisse in Kandahar wird deutlich, dass Fehlverhalten einzelner Soldaten ganze Feldzüge (fast immer zum eigenen Nachteil) entscheiden kann. Es kommt wie im Falle des Staff Sergeant R. Bales weniger darauf an, wofür er kämpft, als wie er kämpft.[14] Allerdings – und dies wird im Folgenden noch näher zu erläutern sein – sind diese Aspekte nicht getrennt: Eine hohe Kampfmoral in bello gelingt insbesondere, wenn das „Wofür?" hinreichend beantwortet ist.

Beide Formen der Kampfmoral sorgen mithin dafür, dass Streitkräfte einsatzfähig werden und die Wahrscheinlichkeit der Auftragserfüllung erhöht wird. Durch Erhöhung des Einsatzwertes wird aber auch die Gefahr von eigenen Verwundeten und Toten verringert. Darüber hinaus ist belegt, dass eine hohe Kampfmoral das Risiko einer Posttraumatischen Belastungsstörung (PTBS) zu reduzieren hilft.[15]

Es ist davon auszugehen, dass eine auf hohe Kampfmoral ausgerichtete Truppe auch eine höhere Attraktivität besitzt. Die Geschichte ist bis heute voller überzeugender Beispiele – auch in der Bundeswehr erfreuen sich Verbände mit anerkannt hoher Kampfmoral wie die Fallschirmjägertruppe konstant höherer Nachfrage als andere Truppenteile.

---

[13] Ebenda.

[14] Die gleiche Feststellung machte Ernst Jünger ein Jahrhundert früher; vgl. ders, Der Kampf als inneres Erlebnis, Berlin, 1922.

[15] Vgl. Shay, Jonathan, Achill in Vietnam. Kampftrauma und Persönlichkeitsverlust, Hamburg, 1998, S. 264ff. Vgl. weiterhin Feller, Michael und Stade, Claudia A.: Physische und psychische Belastungen im Einsatz, in: Gareis, Sven Bernhard und Klein, Paul: Handbuch Militär und Sozialwissenschaften, Wiesbaden, 2004, S. 295-305, hier insbesondere S. 302f.

Zivilgesellschaftliche Kompatibilitäts-Dimension

Vor dem Hintergrund eines der Ziele der Inneren Führung, die Streitkräfte möglichst eng in die Gesellschaft einzubinden, entfaltet das Thema Kampfmoral Konfliktpotential. In der am stärksten postheroisch ausgerichteten Nation des Westens[16] lehnt die Mehrheitsmeinung der Gesellschaft eine Kampfmoral ad bellum in Gänze ab.

Auch eine Moralis in bello hat kaum einen besseren Leumund – obgleich hier doch auch und gerade die Aufrechterhaltung einer *humanitas* im Kampf impliziert ist.

Somit stellt die Kampfmoral einen Stolperstein dar auf dem Weg zur umfassenden Integration der Streitkräfte in die Zivilgesellschaft. Es ergibt sich eine erhebliche Schere hinsichtlich der funktionalen Dimension und derjenigen der zivilgeschaftlichen Integration: Während aus ersterer Perspektive ein hohes Maß an beiden „Kampfmoralen" hilfreich ist, schadet dies in der zweiten, zivilen Perzeption.

Der Lösungsansatz, die die Kampfmoral ablehnende postheroische Grundhaltung der Gesellschaft ändern zu wollen, war einem vormaligen Inspekteur des Heeres, Generalleutnant Schnez, nicht gut bekommen.[17] Jenseits der Frage des Umganges mit abweichenden Meinungen lehrt dieses Beispiel, dass dieser Ansatz aus Sicht der Streitkräfte als kaum realisierbar verworfen werden muss. Der bislang in der Bundeswehr verfolgte Lösungsansatz zur Schließung der Schere bedeutete, der zivilgesellschaftlichen Integration das Primat über die Förderung der Kampfmoral einzuräumen. Dies hat(te) politisch-kulturelle Gründe, die weit über den Rahmen der in Rede stehenden Frage hinaus gehen. Diese werden im übernächsten Kapitel beleuchtet.

---

[16] Vgl. Münkler, Herfried, Der asymmetrische Krieg. Das Dilemma der postheroischen Gesellschaft, in: Der Spiegel 44/2008, S. 176f. Vgl weiterhin ders, Über den Krieg. Stationen der Kriegsgeschichte im Spiegel ihrer theoretischen Reflexionen, Weilerswist, 2003² sowie ders, Moralphilosophie auf dem Kriegspfad, in: Blätter für deutsche und internationale Politik 11/2002, S. 1335-1344.

[17] Vgl die Schnez-Studie und die sie auslösende Diskussion, in: von Münch, Ingo (Hrsg.): Militär, Gehorsam, Meinung (Dokumente zur Diskussion in der Bundeswehr). Zusammengestellt von Klaus Heßler, Berlin-New York, 1971.

Die Schneide des Schwertes

Gibt es auch ein Zuviel an Kampfmoral? Grundsätzlich dämpft die Moralis in bello ihr überschießendes Pendant aus der Motivationsdimension. In einer berühmt gewordenen Ansprache an die Truppe vor dem Überschreiten der Ablauflinie im Zuge der Operation Iraqi Freedom (OIF) hat der Kommandeur des Royal Irish Regiments, Lieutenant Colonel Tim Collins, die Mäßigung im Kampf als Kern der Moralis in bello und einer zu hohen Moralis ad bellum entgegengesetzt beschrieben: „Wenn ihr wild seid im Kampf, vergesst nie, auch großherzig zu sein im Sieg. Ein anderes Menschenleben auszulöschen, ist ein großer Schritt; man tut ihn nicht leicht. Wer unser Regiment oder seine Tradition beschmutzt durch Überenthusiasmus im Töten oder durch Feigheit, soll wissen, dass es seine Familie ist, die darunter leiden wird. Ihr werdet gemieden, wenn euer Verhalten nicht den höchsten Maßstäben entspricht - Verfehlungen werden euch bis in die Nachwelt hinein verfolgen."[18]

Allerdings ist die Militärgeschichte auch reich an Beispielen, wo diese Dämpfung nicht vorgesehen war oder nicht funktioniert hat. Gerade auch deutsche Truppenteile des II. Weltkrieges haben durch eine ausschließliche Fokussierung auf die Kampfmoral ad bellum ihre Soldaten zu Kampfmaschinen erzogen – mit den bekannten Folgen.[19] Es ist also ein zweischneidiges Schwert, die Moralis ad bellum alleine zu fördern. Umso wichtiger ist es, die Bedeutung der Kampfmoral *in ihrer Gesamtheit* für den Soldaten zu erkennen, zu berücksichtigen und zu stärken.

Das deutsche politisch-strategische Dilemma

Wenn von Kampfmoral gesprochen wird, dann muss diese auch in den größeren politischen und gesellschaftlichen Zusammenhang eingeordnet werden. Der Einsatz der Bundeswehr wird vom Bundestag beschlossen, er erfährt hier seine letztendliche, nationale politische Legitimation. Der Bundestag repräsentiert das deutsche Volk, die Gesellschaft. Die öffentliche Diskussion in Deutschland offenbart allerdings, dass weder in Politik noch in Gesellschaft

---

[18] Zitiert nach Kieliniger, Thomas, Oberstleutnant Tim Collins und das Ethos des Kriegers, http://www.welt.de/print-welt/article537521/Oberstleutnant-Tim-Collins-und-das-Ethos-des-Kriegers.html, (Zugriff am 29.05.12).

[19] Vgl u.a. Snydor, Charles W., Soldiers of Destruction. The S.S. Death's Head Division 1933-1945, Princeton, 1990.

ein gemeinsames Verständnis vom Einsatz bewaffneter Macht vorhanden ist. Dies gilt insbesondere für den Aspekt der Durchsetzung nationaler Interessen.[20] Politik und Gesellschaft sind dem Soldaten und den Gesetzmäßigkeiten, denen er in einem (Kampf-)Einsatz unterliegt, entfremdet. Realitäten und Erfordernisse des militärischen Einsatzes werden im politischen Raum regelmäßig nicht als Grundlage von Entscheidungen herangezogen[21]. Das Bekenntnis, mit dem Mandat zu einem Einsatz auch die Anwendung militärischer Gewalt autorisiert zu haben, passt eben nicht zum oben erwähnten „Mantra der Gewaltfreiheit". Überspitzt formuliert kann man sagen, dass weder Politik noch Gesellschaft die Realität der gewalttätigen Normalität des Soldatenberufs begreifen beziehungsweise begreifen wollen. Daraus resultiert auch ein Unverständnis für die psychischen und moralischen Grundlagen des Soldatischen. Dieser Sachverhalt ist keine Neuigkeit. Dass Bundeswehr und Gesellschaft gegenläufige Entwicklungen durchlaufen, kann bereits spätestens seit der Mitte der 90 Jahre beobachtet werden: „Wie in einer Gesellschaft, die das Profitmotiv des Wirtschaftslebens zum allgemeinen Leitmotiv erhebt, die Idee von Gemeinwohl und Dienst an Glanz verliert, [...] die Idee von Verantwortung und Gewissen verblaßt, [...] so wirken in einer zivilistischen Gesellschaft Tugenden und Tüchtigkeiten, die ihren genuinen Ort im Militär haben, heute eher befremdlich."[22] Die notwendigen, für den Soldaten überlebenswichtigen psychischen und moralischen Grundlagen lassen sich in der Gesellschaft nicht mehr verorten. Gleichzeitig ist die Politik jedoch durch globale Entwicklungen gezwungen, sicherheitspolitisch Stellung zu beziehen und auch den Einsatz von Streitkräften zu beschließen. Die Anwendung militärischer Gewalt ist wieder zum festen Bestandteil des deutschen außen- und sicherheitspolitischen Werkzeugkastens geworden. Dabei kommt es allerdings zu einer Art Verweigerungshaltung. Zwar wird im Bundestag ein Bundeswehreinsatz meist mit deut-

---

[20] Die Reaktionen auf die Äußerungen Bundespräsident Köhlers, der auch den Schutz freier Handelswege als einen Auftrag der Bundeswehr beschrieben hatte, belegen dies. Bundespräsident Köhler trat nach der heftigen Kritik zurück, vgl. die Rücktrittserklärung unter: http://www.sueddeutsche.de/politik/ruecktritt-von-horst-koehler-die-erklaerung-im-wortlaut-1.952359 (Zugriff am 3. Mai 2012).

[21] Vgl. hierzu Diskussion und Ergebnis des Kräfteansatzes für das (neue) strategische ISAF-Konzept des „Partnering" 2009; die militärische Empfehlung musste signifkant nach unten korrigiert werden, da eine vierstellige Zahl an zusätzlichen Soldaten im Bundestag nicht mehrheitsfähig war.

[22] Messelken, Karlheinz, Tüchtigkeit und Tugenden, in: Hartmann, Uwe, Walther, Christian (Hrsg.), Der Soldat in einer Welt im Wandel, München 1995, S. 277.

licher Mehrheit verabschiedet, gleichzeitig jedoch wird versucht, die Art des Einsatzes „zivilgesellschaftlich" zu definieren. Als Schlagwörter sind hierbei geläufig: „Peace Keeping Einsatz", „friedensschaffende Maßnahmen" oder auch „Schaffung eines sicheren Umfeldes". Zwar wird zurzeit im Zuge der Bundeswehrreform eine Strategiedefinition und Auftragsableitung der Bundeswehr versucht[23] und auch in der öffentlichen Diskussion sind die Wörter „Kampf" und „Krieg" nicht mehr grundsätzlich tabu. Nichtsdestotrotz tut man sich weiterhin schwer zu akzeptieren, dass unter anderem genau diese Begriffe die Aufgaben umfassen, denen sich die Soldaten zu stellen haben, wenn sie ein sicheres Umfeld schaffen. Lieber vermeidet man die Nutzung dieser Begriffe oder verneint sie und besinnt sich auf Althergebrachtes.[24]

Aus diesem Ausblenden der Fakten ergeben sich zwei Probleme. Erstens wird dem Soldaten die Erwartung entgegen gebracht, ein Bundestagsmandat mit abstrakten Formulierungen und Zielsetzungen als Motivationsquelle reiche aus, um den Auftrag auszuführen und sich den Risiken des Soldatenberufs zu stellen. Damit einher geht die Perzeption, dass „Leute, nur indem sie Uniform anziehen, zu rechnenden Maschinen werden, die nicht in der Lage sind, Spaß, Liebe, sexuelles Begehren, Kameradschaft, Furcht, Zorn, Haß, Rachedurst und Ruhmsucht zu empfinden."[25] Daraus folgt zweitens, dass dem Soldaten eine Berufserwartung - leider auch im militärischen Raum - entgegengebracht wird, die mit den Bedingungen des Einsatzraumes nur schwer zu vereinbaren ist: „Today's warriors are struggling with what some in the military would like them to become: information processors in a cybernetic battle space [...]. Embedded in a cybernetic world, the words now invoked by the military are „efficiency", „super-empowerment" and „optimization"[26] Vom Soldaten wird also verlangt, einer zivilgesellschaftlichen, ökonomisiert-technokratischen Anschauung zu genügen, die das eigentliche Wesen seines Berufsstandes negiert. Aber in „seiner Zurichtung und Zurüstung auf die soziale Beziehung

---

[23] S. dazu z.B. de Maizière, Dr. Thomas, Regierungserklärung zur Neuausrichtung der Bundeswehr im Deutschen Bundestag, 27.05.2011, http://www.thomasdemaiziere.de/, Zugriff am 27.03.12.

[24] S. dazu u.a., Arnold, Rainer, Am Anfang war das Wort, Kommentar in Financial Times Deutschland, http://www.rainer-arnold.de/pms/FTD090709.pdf, 09.07.2009, Zugriff am 27.03.2012.

[25] van Creveld, a.a.O., S. 276.

[26] Coker, Christopher. The Warrior Ethos. Military Culture and the War on Terror, Abingdon 2012, S. 12.

Kampf, die in der militärischen Schlacht alle bloße Metaphorik hinter sich lässt, besteht ein sui generis des Soldatentums fort, dass unter den modernen Verhältnissen nicht etwa abgeschwächt ist, sondern nie so deutlich als das ganz Andere hervortrat wie heute."[27]

Beide Probleme haben unmittelbare Auswirkungen auf die Kampfmoral. Der Auftrag, den der Soldat von der Politik erhält, ist gewissermaßen Ausdruck der gesellschaftlichen Motivation für den Einsatz. Diese extrinsische Motivation bestimmt zu einem nicht unerheblichen Teil die Moralis ad bellum des Soldaten und wirkt sich damit auch unmittelbar auf die individuelle Moralis in bello aus. Für den Soldaten ist es von Bedeutung, dass seine Bereitschaft, sein Leben in der Auftragserfüllung einzusetzen, von der Gesellschaft wahrgenommen wird und eine Wertschätzung erfährt.[28] Dies motiviert ihn und befähigt ihn in der Einsatzrealität (in bello) zu bestehen. Gesellschaftliche und individuelle Motivlagen stehen hier im unmittelbaren Zusammenhang.[29] Die Einstellung von Gesellschaft und Politik sind also Einflussfaktoren auf die Moralis in bello des Soldaten, die dieser zum Bestehen in der Einsatzrealität - Krieg - benötigt. Diese ist heute durch eine besondere Komplexität gekennzeichnet und entspricht nicht mehr den Vorstellungen vom Krieg, wie sie in Deutschland in der Zeit des Kalten Krieges geprägt worden sind. Militärische Operationen führen nicht immer zwingend zum unmittelbaren Kampf mit dem Gegner, Kampf bleibt aber ein fester Bestandteil und damit auch Gefahr, Ungewissheit, Töten, Verwundung, Fallen, Opfer bringen. Dies ist die Normalität für den Soldaten.[30] Um im Einsatz erfolgreich bestehen zu können, das heißt,

---

[27] Messelken, Karlheinz, a.a.O., S. 278.

[28] Coker, Christopher. a.a.O., S. 6.

[29] Vgl. dazu Dieterich, Rainer, Motivation in und für die Streitkräfte, in: Hartmann, Uwe, Walther, Christian (Hrsg.), Der Soldat in einer Welt im Wandel, München 1995, S. 224-228.

[30] Die Diskussion über den ‚Modernen' oder ‚Neuen' Krieg würde hier zu weit führen. Eingeführt wurde der Begriff der Neuen Kriege zunächst von Mary Kaldor, Neue und alte Kriege. Frankfurt/Main 2000, populär durch Münkler, Herfried, Die neuen Kriege, Rowohlt, Reinbek bei Hamburg, 2002². Bemerkenswerterweise hatte bereits - wenngleich eher essayistisch denn wissenschaftlich - Hans Magnus Enzensberger auf die neue Qualität der entgrenzten Bürgerkriege hingewiesen: Aussichten auf den Bürgerkrieg, Frankfurt am Main, 1993. Zur inhaltlichen Kritik des Begriffs der Neuen Kriege vgl. Gantzel, K. J., Neue Krieger? Neue Kämpfer? Arbeitspapier 2/2002 der Forschungsstelle Kriege, Rüstung und Entwicklung der Universität Hamburg sowie Kahl, Martin und Teusch, Ulrich: Sind die „neuen" Kriege wirklich neu? In: Leviathan, 32. Jg, Heft 3, S. 382-401 (2004) Vergleiche weiterhin zur Diskussion: von Clausewitz, Carl, Vom Kriege, Frankfurt am Main, 2005; Gray, Colin S., War – Continuity in

den gegebenen Auftrag zu erfüllen und psychisch und physisch unversehrt heimzukehren, muss der Soldat ausgebildet werden, sich in dieser „anderen Realität" zurechtzufinden. Dies verlangt nicht nur das Beherrschen des Handwerkszeugs, sondern auch das entsprechende geistige Rüstzeug, gewissermaßen die Verinnerlichung seines Berufsbildes, das sich in der Kampfmoral ausdrückt. Ohne solche Kampfmoral würde der Soldat entweder scheitern, weil er nicht bereit ist, sich der Gefahr zu stellen, oder aber militärische Gewalt unkontrolliert zum Einsatz bringen. Kampfmoral ist das Element, welches dem Soldaten im Kampf zugleich Sinn- und Zielrichtung, aber auch Grenzen gibt.

Im November 1966 entführten Angehörige einer amerikanischen Patrouille in Vietnam ein vietnamesisches Mädchen, vergewaltigten sie und ermordeten sie anschließend. Ein Mitglied dieser Patrouille zeigte die Täter an und brachte sie vor ein Kriegsgericht. Seine Beweggründe zeigen die Bedeutung, die der Kampfmoral zugemessen werden muss: „We all figured we might be dead in the next minute, so what difference did it make what we did? But the longer I was over there, the more I became convinced that it was the other way around that counted - that because we might be not be round much longer, we had to take extra care how we behaved."[31] Es geht also darum, wie der Einzelne seinen Dienst empfindet. Es geht darum, dass jeder einzelne Soldat begreift, verinnerlicht und akzeptiert, dass sein Dienst von ihm fordern kann, sein Leben zu geben. Es verlangt vom Soldaten, sich als Bestandteil einer Entität zu sehen, als Teammitglied und als Angehöriger einer Gemeinschaft.[32] Der durch den Film „Black Hawk Down" bekannt gewordene Einsatz amerikanischer Spezialkräfte 1993 in Somalia gibt dazu ein Beispiel, wie diese Kampfmoral beim einzelnen Soldaten umgesetzt wird: „Howe was surprised to

---

Change, and Change in Continuity, Parameters, Summer 2010, Vol. 40, No. 2; Schuurman, Bart, Clausewitz and the "New War" Scholars, in: Parameters, Vol. 40, No. 1, Carlisle, 2010, Smith, Rupert. The Utility of Force. The Art of War in the Modern World, London 2006, Kane, Thomas M. and Lonsdale, David J., Understanding Contemporary Strategy, Abingdon, 2012, Gray, Colin S., War, Peace and International Relations, 2nd Edition, Abingdon 2012. Bisweilen wird auch der Begriff der "Hybriden Kriege" verwendet: Vgl. Hoffmann, Frank G., Hybrid Warfare and Challenges, in: JFQ 52, 1/2009, S. 34-39.

[31] Gray, J. Glenn, The Warriors. Reflections on Men in Battle, Lincoln and London, 1989, S. XVII.

[32] S. dazu u.a., Gray, J. Glenn, a.a.O., S. xi, Coker, Christopher, a.a.O., S. 7, Clausewitz, Carl von, Vom Kriege, Insel Verlag, Frankfurt am Main, 2005, S. 224., Messelken, Karl Heinz, a.a.O., S. 279.

still be alive. The thought of heading straight back into the fight scared him, but the fear was nothing next to the loyalty he felt to the men stranded in the city"[33] Diese Eigenschaften bedürfen der Ausbildung, Erziehung und Internalisierung. Dies hat in der Vergangenheit oft zu dem Vorwurf geführt, die Bundeswehr isoliere sich von der Gesellschaft durch Orientierung an archaischen, überflüssig gewordenen Tugenden und Werten. Wie am Beispiel der zwei Formen der Kampfmoral deutlich geworden ist, ist dieser Vorwurf falsch. Vielmehr bedingt der Rückhalt, den die Gesellschaft und die Politik dem Soldaten geben, zu einem nicht unerheblichen Teil dessen Kampfmotivation. Hier offenbart sich das politisch-strategische Dilemma, denn Gesellschaft und Politik fordern, gezwungen durch Auswirkungen internationaler Krisen und Konflikte, den Einsatz des Soldaten, ohne die moralischen Grundbedingungen dafür schaffen zu wollen.

Abgleich mit dem Konzept der Inneren Führung

„Zwei Dinge aber machen mich besorgt: zum einen, daß in den offiziellen Vorschriften immer häufiger eine Kriegsbezogenheit betont wird, das heißt, daß die Eignung davon abgeleitet wird, wie sich einer auf dem Schlachtfeld bewegen könnte. Das sehe ich mit Sorgen, denn für mich ist die Bundeswehr die erste kriegsverhütende Armee, die wir haben. Und zweitens ist das, was man die Kampfmotivation nennt, im Frieden nicht zu spielen und nicht zu erzeugen."[34] So der *spiritus rector* der Inneren Führung, Generalleutnant Graf v. Baudissin, zur Frage der Kampfmoral.

In gleicher Linie ist auch der folgende Fall einzuordnen: Als der Kommandierende General des II. Korps in der „Weisung für die Ausbildung im II. Korps 1/1984" die Forderung nach kriegsnäherer Ausbildung stellte und Wege zur einer höheren Kampfmoral beschrieb, wurde von vielen Politikern seine Demission gefordert.[35]

---

[33] Bowden, Mark, zitiert bei Coker, Christopher. a.a.O., S. 7.
[34] Graf v. Baudissin, Wolf: Interview mit der AZ vom 12.11.1985, zitiert nach Karst, Heinz: Die Bundeswehr in der Krise. München, 1997, S. 58.
[35] Vgl. Krustmann, Wolf-Heinrich: Erweiterter Auftrag der Bundeswehr. Zukünftiges Bild des deutschen Soldaten, in: Europäische Sicherheit 6/1995, S. 9-14, hier S. 13, sowie Karst, Heinz: Das Bild des Offiziers im Blick auf den Krieg, in: ders: Im Dienst am Vaterland. Beiträge aus vier Jahrzehnten, herausgegeben von Klaus Hornung, Herford, 1994, S. 76-113, hier S. 76.

Tatsächlich stand für die Abschreckungsarmee konsequenterweise nur die Wehr- und Dienstmotivation im Vordergrund. Falls es zum Äußersten eines III. Weltkrieges mit Kernwaffen gekommen wäre, hätte die Kampfmoral in der Tat nur noch eine nachrangige Rolle gespielt. Ob Baudissin mit seiner zweiten These Recht hat, darf zu Recht bezweifelt werden, konterkariert es doch alle historischen Erkenntnisse über die Vorbereitungen von Streitkräften für einen erfolgreichen Waffengang.

Trotz inzwischen fast 20jähriger grundlegender Änderung des „Kriegsbildes" wird von offizieller Seite uneingeschränkt an den Thesen Baudissins festgehalten. Dass jemand, der seine „programmatischen Schriften" unter dem Titel „Nie wieder Sieg!" herausgibt, jedoch kaum zum Stichwortgeber zur Motivation des Einsatzsoldaten taugen kann, leuchtet zumindest in den älteren Demokratien des Bündnisses ein. Baudissins Arbeit am Selbstverständnis und der „Unternehmensphilosophie" der Bundeswehr ist verdienstvoll – für das Zeitalter der Abschreckungsarmee der Bonner Republik. Baudissin selbst, stets von einer dynamischen Konzeption ausgehend, würde heute vermutlich einer Anpassung des Unternehmensleitbildes für die neuen Aufgaben auch im Sinne einer Kampfmoral das Wort reden.

Way Ahead

„Battle therefore […] is essentially a moral conflict."[36] Diese Feststellung macht deutlich, dass der Beruf des Soldaten doch *sui generis* ist, eben weil der Soldat seinen Auftrag in einem Umfeld durchsetzt, das in der Zivilgesellschaft nicht mehr zu verorten ist. Die Kampfmoral des Soldaten „ad bellum" und „in bello" ist der Schlüssel dazu, dass der Soldat im Einsatz besteht und seinen Auftrag erfüllt. Ihre Bedeutung als Richtschnur und Begrenzung des Handelns wird in der Ansprache von Lieutenant Colonel Tim Collins offensichtlich. Umso größer ist die Verantwortung des Dienstherren, dem Soldaten ein ehrliches „Unternehmensleitbild" an die Hand zu geben, das ihm erlaubt, die gefährliche Normalität seines Berufs zu akzeptieren und ihn „ad bellum" motiviert, weil es seinem Dienst Sinn und Ziel gibt. Gefährlich in die Irre führen in diesem Zusammenhang die tradierten Phrasen vom „Beruf wie jeder andere".

---

[36] Keegan, John, The Face of Battle, reprinted edition, London, 1983, 301 f.

Diese Notwendigkeiten führen regelmäßig zu dem Vorwurf, die Bundeswehr grenze sich von der Gesellschaft ab und bilde eine Söldnermentalität aus. Wie dargelegt, ist diese Annahme falsch.

Die Art und Weise, wie der Soldat seinen Dienst sieht, wie er in den Einsatz geht und wie er sich im Kampf verhält, sind zu einem erheblichen Teil davon beeinflusst, wie Gesellschaft und Politik hinter dem Soldaten stehen. Kampfmoral wird eben auch durch die Gesellschaft erzeugt, oder aber nicht. Funktionierende Streitkräfte, so der Befund unserer niederländischen Nachbarn nach Srebrenica, sind auf dem Fundament einer Spaßgesellschaft nicht zu generieren: „Eine Gesellschaft wie die unsere kann keine guten Soldaten hervorbringen. [...] Das gilt übrigens auch für Nachkriegsdeutschland. Srebrenica zeigt, dass es nur zwei Möglichkeiten gibt: Entweder wir halten uns da raus. [...] Oder wir nehmen Abschied von unserer antimilitärischen Kultur."[37] Genau dies empfiehlt der Militärhistoriker Binneveld von der Rotterdamer Erasmus-Universität: „Laßt uns ein bißchen Abschied nehmen von der Welt, laßt uns ein paar Jahre lang ein kleines, unbedeutendes Volk sein. In dieser Zeit militarisieren wir das Militär und nehmen den Gedanken an Kampf in unsere Kultur auf. Dann kommen wir wieder."[38]

Für ein gemeinsames Verständnis dieser Bedeutung wären zwei Voraussetzungen notwendig: Erstens müssten Politik und Gesellschaft ihre Verweigerungshaltung aufgeben und die Erkenntnis zulassen, dass die Einsatzrealität von Soldaten nicht mit zivilgesellschaftlichen Maßstäben zu erfassen ist. Hierin enthalten ist auch die Akzeptanz, dass der Soldatenberuf zwar für sich selber steht, aber der Einsatz des Soldaten für die Gesellschaft geschieht und somit Gesellschaft und Kampfmoral sich damit in einer Wechselwirkung befinden. Mithin besteht eine gesamtgesellschaftliche Verantwortung für die Kampfmoral ihrer Streitkräfte.

Zweitens muss die Bundeswehr selbst die Realitäten akzeptieren. Kampfmoral wird der Soldat sich nicht dadurch aneignen, dass er prozessoptimiert denkt. Kampfmoral entsteht dann, wenn der Soldat sein Handwerkszeug beherrscht, Teil einer funktionierenden Gemeinschaft ist, von seinem

---

[37] Binneveld, Hans, in: Dirk Kurbjuweit und Elisabeth Wehrmann, Beschützt bis in den Tod. Holländische Blauhelme taten nichts, um im bosnischen Srebrenica ein Massaker zu verhindern. Nun überdenkt Holland sein Selbstbild von der guten Nation. Diese Woche legte das Parlament einen Bericht vor, in: Die Zeit, 52/1998.

[38] ebd.

Dienst überzeugt ist, sowie willens ist, sich persönlich für diese Überzeugung im Einsatz im Einklang mit seinen soldatischen Verhaltensnormen einzusetzen. Das verlangt aber, mit dem Soldaten von Anfang an ehrlich umzugehen, soldatische Werte und Verhaltensnormen zu vermitteln und seine Erziehung an dem auszurichten, was seinen Dienst im Kern ausmacht: das Bestehen im Kampf.

Eine zügige Schaffung der ersten Voraussetzung ist aufgrund des bundesrepublikanischen Beharrungsvermögens in Politik und Gesellschaft eher nicht zu erwarten. Die zweite Voraussetzung lässt sich schon eher verwirklichen, wenn die Streitkräfteführung sich der Fragen stellt und sich nicht im Technokratischen der Bundeswehrreform verliert. Die ersten, kleinen Schritte sind gemacht. Mit der neuen Kampagne „Wir.Dienen.Deutschland." wird wieder der Dienstgedanke in den Vordergrund gerückt. Hierauf gilt es aufzubauen. Gleiches muss aber auch für die Ausrichtung der Bundeswehr in ihrem Inneren gelten. Wenn die Dienstaufsicht des Inspekteurs eines „OrgBereiches" die Prozessoptimierung des Verbandes zum Schwerpunkt hat, wird dem einzelnen Soldaten durch die Führung eher unzureichend vermittelt, worauf es im Soldatischen ankommt und warum sein Dienst auch den Einsatz seines Lebens fordern kann. Darüber hinaus bedarf es dringend der Überarbeitung der Konzeption der Inneren Führung. Ohne Klarheit im "Unternehmensleitbild" der Bundeswehr wird eine Vermittlung von Kampfmoral nicht möglich sein. Mit diesen Schritten kann die Bundeswehr außerdem auch wieder zurück auf das Verständnis von Politik und Gesellschaft wirken.

Der „Way Ahead" liegt also in einer proaktiveren Rolle der Bundeswehr in der Vermittlung der Besonderheiten des Soldatenberufs und des Einsatzes militärischer Macht. Darüber hinaus sollte sich die Bundeswehr offensiver in den sicherheitspolitischen Diskurs mit einbringen. Das beinhaltet die Beratung der politischen Führung anhand von Fakten und nicht anhand von antizipierten politischen Wünschen. Dazu gehört auch, dass diese Faktenanalysen öffentlich gemacht werden, ohne dass dabei jedoch politischen Entscheidungen vorweg gegriffen wird. Aber spricht etwas dagegen, die Beantwortung der kleinen Anfrage einer Fraktion des Bundestages im Anschluss zu veröffentlichen und so die Gesellschaft an Fakten und sicherheitspolitischen Realitäten teilhaben zu lassen und so ihr Verständnis zu erweitern?

Aus der Perspektive unserer Bündnispartner wäre eine solche Entwicklung ein weiterer Schritt weg vom deutschen Sonderweg und zurück zu einer gemeinsamen europäischen (Militär-)Kultur.

Literatur

Arnold, Rainer, Am Anfang war das Wort, Kommentar in Financial Times Deutschland, http://www.rainer-arnold.de/pms/FTD090709.pdf, 09.07.2009, Zugriff am 27.03.2012.

Biehl, Heiko, Kampfmoral und Einsatzmotivation, in: Gareis, Sven Bernhard und Klein, Paul: Handbuch Militär und Sozialwissenschaften, Wiesbaden, 2004.

Clausewitz, Carl von, Vom Kriege, Frankfurt am Main, Insel Verlag, 2005.

Coker, Christopher, The Warrior Ethos. Military Culture and the War on Terror, Routledge, London, 2007.

Cook, Martin L., The Moral Warrior. Ethics and Service in the U.S. Military, New York, 2004.

van Creveld, Martin, Die Zukunft des Krieges, Gerling Akedemie Verlag, München, 2001.

van Creveld, Martin, The Culture of War, Presidio Press, New York, 2008.

Dörfler-Dierken, Angelika, Innere Führung als Führungskultur der Bundeswehr, in: Hartmann, Uwe, von Rosen, Claus, Walther, Christian, Jahrbuch Inneree Führung 2011, Miles-Verlag, Berlin, 2011.

Gray, Colin S., War - Continuity in Change, and Change in Continuity, in: Parameters, Summer 2010, No. 2, Vol. 40, Carlisle, PA, U.S. Army War College.

Gray, J. Glenn, The Warriors. Reflections on men in Battle, University of Nebraska Press, Lincoln and London, 1998.

Herberg-Rothe, Andreas, Der Krieg. Geschichte und Gegenwart, Frankfurt, 2003

Karst, Heinz, Das Bild des Offiziers im Blick auf den Krieg, In: Hornung, Klaus (Hg), Im Dienst am Vaterland. Beiträge aus vier Jahrzehnten, herausgegeben von Klaus Hornung, Herford, 1994.

Keegan, John, The Face of Battle, reprinted Edition, Penguin Books, London, 1983.

Kieliniger, Thomas, Oberstleutnant Tim Collins und das Ethos des Kriegers, http://www.welt.de/print-welt/article537521/Oberstleutnant-Tim-Collins-und-das-Ethos-des-Kriegers.html, Zugriff am 29.05.12.

Maizière, Thomas de, Regierungserklärung zur Neuausrichtung der Bundeswehr, Berlin 27.05.2011, http://www.thomasdemaiziere.de/, Zugriff am 27.03.2012

Mittler, E.S., 1000 Stichworte zur Bundeswehr, 1997.

Messelken, Karlheinz, Tüchtigkeit und Tugenden, In: Hartmann, Uwe und Walther, Christian (Hrsg.): Der Soldat in einer Welt im Wandel. Ein Handbuch für Theorie und Praxis. München, Landsberg am Lech, 1995.

Olsthoorn, Peter, Military Ethics and Virtues. An interdisciplinary approach for the 21st century, Routledge, Abingdon, 2011.

Ritter, Joachim und Gründer, Karlfried (Hg.), Historisches Wörterbuch der Philosophie, Band 6: Mo - O, Wissenschaftliche Buchgesellschaft, Darmstadt,1984.

Schuurman, Bart, Clausewitz and the "New Wars" Scholars, in: Parameters, Spring 2010, No. 1, Vol. 40, Carlisle PA, U.S. Army War College.

Shay, Jonathan, Achill in Vietnam. Kampftrauma und Persönlichkeitsverlust, Hamburg, 1998.

Snydor, Charles W., Soldiers of Destruction. The S.S. Death's Head Division 1933-1945, Princeton University Press, Princeton, 1990.

Smith, Rupert, The Utility of Force, London, Penguin Books, 2006.

Walther, Christian, Aspekte soldatischer Moral, In: Hartmann, Uwe und Walther, Christian (Hrsg.): Der Soldat in einer Welt im Wandel. Ein Handbuch für Theorie und Praxis. München, Landsberg am Lech, 1995.

Soldatsein im Spannungsfeld der Freiheit
Christian Walther

Freiheit ist ein zentraler Begriff der „Inneren Führung".[1] Er bestimmt in gewisser Weise die Richtung, in welcher der Auftrag des Bürgers in Uniform, also des Soldaten, gesehen wird. In dieser Hinsicht lässt sich der Dienst des Soldaten als >Dienst an der Freiheit< begreifen.[2] Die zentrale Stellung der Freiheit weist einerseits auf die grundsätzliche Bedeutung der Freiheit für die Selbstbestimmung der Person, des Staates und seiner Institutionen, andererseits aber auch auf die Situation zurück, in der nach der Befreiung vom totalitären System des Nationalsozialismus politische Freiheit erlebbar geworden war. Sie hat ferner ihre Bedeutung im Blick auf ihre Gefährdungen während des Kalten Kriegs. Der Initiator des Konzepts der Inneren Führung, Wolf Graf von Baudissin, hat mit ihm „politisch gebildete, politisch agierende Soldaten" ansprechen wollen, „deren Ziel nicht die Erhaltung oder Förderung ihres eigenen Standes, sondern die Verteidigung der Freiheit und der freiheitlichen Lebensweise ist…"[3]

Inzwischen sind fast sechs Jahrzehnte seit der Einführung des Konzepts der „Inneren Führung" in der Bundeswehr vergangen. In diesen Jahren hat sich in Bezug auf das Verständnis der Freiheit ein eigenes Spannungsfeld aufgebaut. Ließ sich nach dem Zweiten Weltkrieg die „freiheitliche Lebensweise" noch mit Begriffen wie: freie Meinungsäußerung, Versammlungsfreiheit, freie Berufswahl und anderen individuellen Freiheitsrechten beschreiben, so treffen wir heute auf eine ungleich komplexere, den überkommenen Freiheitsbegriff auch problematisierende Einstellung. Gefragt wird nach dem, was hinter den Erscheinungsformen steht, was gewissermaßen eine substantielle Voraussetzung für ihre Erfahrbarkeit ausmacht. Damit endet allerdings die bloße, zumeist oberflächliche, Berufung auf Freiheit als eine Selbstverständlichkeit.

---

[1] Vgl. Uwe Hartmann, Innere Führung, Berlin 2007, S. 25ff. u. ö. Ferner Angelika Dörfler-Dierken, Ethische Fundamente der Inneren Führung, Veröffentlichung des Sozialwissenschaftlichen Instituts der Bundeswehr, Strausberg 2005, S. 69 – 103.

[2] Der Begriff des Soldaten wird im Folgenden einheitlich für männliche und weibliche Angehörige der Streitkräfte gebraucht. Er umschließt also beide Geschlechter, die darum auch nicht mehr einzeln benannt werden.

[3] A. Dörfler - Dierken a. a. O. S. 71f.

Nein, selbstverständlich ist es keineswegs, Meinungsfreiheit, individuellen Lebensstil, Berufswahl etc. für sich in Anspruch nehmen zu können. Vielmehr setzt die Inanspruchnahme von Freiheit, neben politischen Maßgaben, in besonderer Weise einen Lernprozess voraus. Sein Weg durchmisst dabei Stationen, die von einer Infragestellung der Freiheit überhaupt bis zu einer sie als sich verändernde Größe bejahenden Sicht reichen.

Dieser Lernprozess der Freiheit bildet jetzt auch den Hintergrund, vor dem der Dienst Soldaten zu sehen ist. Die grundgesetzlich geschützten Grundrechte, zu denen politisch und rechtlich institutionalisierte Formen gehören, in denen vor allem Freiheit ihren Ausdruck finden soll, sind nunmehr der Befragung darauf hin ausgesetzt sind, was ihren Kern ausmacht. Denn die Berufung auf Freiheit kann nicht schon für sich in Anspruch nehmen, alleine in dem grundgesetzlich verbürgten Recht auf Freiheit zu gründen. Es wäre ja durchaus möglich, in solcher Inanspruchnahme auch ein gedankenloses Mittun zu vermuten, entweder weil es alle so tun oder weil es gerade „in" ist, im Mainstream der politischen Meinungen mit zu schwimmen. Um solchen Einwänden vorzubeugen, bedarf es darum einer Vergewisserung, die Auskunft darüber geben soll, auf welchen Voraussetzungen die individuelle Inanspruchnahme der Freiheit überhaupt ruht, für deren Schutz man eintreten soll.

Damit in Zusammenhang stehend wird ebenfalls eine Reflektion gerade der individuellen Wertsetzungen zu erfolgen haben, die auf der Basis imaginierter Freiheit erfolgt sind. Ist man dabei wirklich der „erarbeiteten" Freiheit gefolgt oder hat man solche Wertsetzungen übernommen, weil sie zurzeit gerade angesagt gewesen sind? Von solcher reflektorischen Mühe kann sich auch der Soldat nicht dispensieren, wenn er Freiheit verteidigen soll. Bei alledem geht es aber keineswegs nur um Fragen seines Verständnisses von Freiheit, sondern auch um die Auseinandersetzung mit Konfrontationen, die aus einer Vielfalt von Freiheitsverständnissen hervorgehen, auf die er im Einsatz stoßen kann. Daraus kann sich dann die Frage ergeben, ob es überhaupt noch zumutbar ist, eine Freiheit verteidigen zu sollen, die sich völlig gegensätzlich zu dem eigenen Verständnis von Freiheit und den auf sie begründeten Wertvorstellungen verhält.

Freiheit als Ideal

Zu den hier angesprochenen Voraussetzungen gehört zunächst, wie es der Philosoph Peter Bieri in seinem Buch über „Das Handwerk der Freiheit" kenntlich macht, dass „ die Freiheit des Willens etwas ist, das man sich erarbeiten muss....Was man an Freiheit erreicht hat, kann wieder verloren gehen. Willensfreiheit ist ein zerbrechliches Gut, um das man sich stets von neuem Mühen muss. Vielleicht ist sie eher wie ein Ideal, an dem man sich orientiert, wenn man sich um seinen Willen kümmert."[4]

Worauf hier das Augenmerk gelenkt wird, ist, dass Freiheit nicht etwas ist, das als ein selbstverständliches Haben begriffen werden kann, über das man immer schon verfügt, sondern vielmehr als etwas gesehen werden muss, das sich erst aus einem Prozess der Aneignung heraus bildet. Die „Aneignung" selber aber „ist etwas, das <u>innerhalb</u> des fließenden Wollens und Denkens geschieht, nicht etwas, das über ihm oder außerhalb von ihm vor sich gehen könnte."[5] Freiheit ist in dieser Hinsicht Ergebnis des Denkens.

Wenn nun in der „Inneren Führung" der Soldat als denkende und handelnde Person angesprochen wird, dann ist damit gleichfalls impliziert, dass er sich Freiheit erarbeitet. Das wird aber nicht möglich sein, ohne die vorgängigen Einbindungen in gesellschaftliche Rollen anzuerkennen und die Freiheit in Anspruch zu nehmen, sie zu akzeptieren oder sich ihnen zu versagen.[6] In militärisches Denken übersetzt heißt dies: der Soldat ist nicht nur willenloser Befehlsempfänger, sondern zunächst als eine sich um Freiheit „mühende" und aus Freiheit wertende Person zu respektieren. Der in solcher Mühe sichtbar werdende Grad individueller Autonomie sollte allerdings nicht zu der Haltung führen, die erreichte Selbstbestimmung sei fortan ein für alle Zeiten unantastbarer und unveränderbarer Besitz. Vielmehr gilt auch für sie „die Tatsache, dass es Zeiten gibt, in den wir weder autonom sind noch das Gegenteil".[7]

Negation der Freiheit

Im Gegensatz zu dem zuvor skizzierten Freiheitsverständnis wird heute von einigen Hirnforschern einer >deterministischen< Beurteilung des Verhaltens der Vorzug gegeben. Bereits an der Überschrift eines neurowissenschaftlichen

---

[4] Peter Bieri, Das Handwerk der Freiheit, München/ Wien 2001, S. 383.

[5] Ebd. S. 409.

[6] Zum Verhältnis von liberal verstandener Freiheit und gesellschaftlicher Bindung s. jetzt Will Kymlicka, Politische Philosophie heute. Eine Einführung, Bd. 33 von „Theorie und Gesellschaft", hrsg. von A. Honnerth e.a., Darmstadt 2010, S. 176ff.

[7] Ebd. S. 423.

Beitrags wird das erkennbar: „Verschaltungen legen uns fest. Wir sollten aufhören von Freiheit zu sprechen."[8] Erstaunlicher Weise ist es ein tierischer Vergleich, der zu der Annahme führt, dass beim Menschen in gleicher Weise das Verhalten determiniert ist. „Da wir, was tierische Gehirne betrifft, keinen Anlass haben zu bezweifeln, das alles Verhalten auf Hirnfunktionen beruht und somit deterministischen Gesetzen physiko - chemischer Prozesse unterworfen ist, muss die Behauptung der materiellen Bedingtheiten von Verhalten auch auf den Menschen zutreffen."[9]

In die gleiche Richtung geht auch ein anderer Hirnforscher, für den es gleichfalls ausgemacht ist, dass wir determiniert sind. Diese Forschungsrichtung verfolgt die Absicht, von der Illusion, eine Freiheit des Willens menschlichem Verhalten zu unterlegen, befreien zu wollen.[10]

Wenn allerdings Entscheidungen und Handlungen alleine von neuronalen Verschaltungen abhängig gemacht werden, dann ist die Frage noch keineswegs beantwortet, wer oder was das Programm für solche Schaltungen geschrieben hat. Es bleibt darüber hinaus ungeklärt, ob es Einwirkungsmöglichkeiten auf ihre Entwicklung gibt und ob ihre Vorgaben absolut zwingend sind oder doch auch die Möglichkeit offen halten, solchem Zwang auszuweichen. Benjamin Libet, ein amerikanischer Hirnforscher, von dessen Forschungen die deterministische Betrachtung menschlichen Verhaltens wesentliche Antriebe erfahren hat, hat immerhin eine Veto – Möglichkeit nicht ausgeschlossen und damit zu erkennen gegeben, dass es allem Determinismus zum Trotz doch noch so etwas wie einen Rest von Freiheit der willentlichen Entscheidung gibt.[11] In Bezug auf Zwänge, denen wir Menschen ausgesetzt sind, kann dies dann nur heißen: Wir haben die Wahl darüber zu entscheiden, ob wir uns ihnen unterwerfen wollen oder nicht.

Es ist einsichtig, dass sich auf der Basis des Determinismus keine Ethik als Theorie sittlichen Handelns entwickeln lässt. Davon ist auch das soldatische Ethos betroffen. Denn Ethik hat Freiheit zu ihrer entscheidenden Voraussetzung. Dies ist die bleibende Erkenntnis, die uns Kant hinterlassen hat. Einen

---

[8] Wolf Singer in: Hirnforschung und Willensfreiheit, hrsg. von Christian Geyer, Frankfurt/Main 2004, S. 30-65.
[9] Ebd. S. 37.
[10] Vgl. G. Roth, a.a.O., S. 218ff.
[11] S. dazu Benjamin Libet, Haben wir einen freien Willen? In Christian Geyer (Hrsg.),Hirnforsschung und Willensfreiheit, Frankfurt/Main 2004, S. 268 ff.

Weg, neuronale Verschaltungen und Freiheit doch miteinander zu verbinden, könnte dann darin bestehen, Freiheit nicht nur dem Willen, sondern der ganzen Person zu zuordnen.[12] Wobei „Person ... hier als eine <u>dynamische, integrierte Systemganzheit mit verschiedenen Integrationsebenen</u> „verstanden werden muss.[13] Hinter diesem Personverständnis „steht die leitende Idee der zunehmenden Freiheitsgrade im Zusammenhang zunehmender Komplexität neuronaler Organisation."[14] Verbunden damit ist die Vorstellung von einer Erweiterung menschlicher Freiheit durch die Ausbildung und Vervielfachung neuronaler Verschaltungen. Allerdings wird man hinzufügen müssen, dass mit diesem Verständnis von Freiheit keineswegs eine Leugnung sozialer Einbindungen zu verbinden ist.

Das Gehirn gibt also nicht nur Handlungsanweisungen vor, es lernt auch durch Erfahrung, Auseinandersetzung mit gesellschaftlichen Zwängen und vor allem durch Bildung sich auf neue Handlungssituationen einzustellen und das Erlernte in neue Verschaltungen zu überführen. In der Hirnforschung hat das seinen Niederschlag in der Erkenntnis gefunden, dass „...alle geistigen Vorgänge wie Vorstellungen, Erinnerungen, Denken aber auch Affekte, Gefühle und Stimmungen" zu einer „Vermehrung der Masse der einzelnen Zelle und der Zellfortsätze und dadurch zu einer Verbesserung der Leistung" führen.[15] Daraus geht hervor, dass diese Verbesserung, die auf einer „neuronalen Plastizität" beruht, den Prozess des Bewusstwerdens der Freiheit und des Umgangs mit ihr ebenfalls nicht unbeeinflusst lässt.[16]

Soll ein Fazit aus diesen, von der Hirnforschung vermittelten, Einsichten gezogen werden, dann ließe sich festhalten: Eine kontinuierliche Beanspruchung des Denkens und Wollens mündet in ein Erleben von Freiheit, das sich schließlich auch in Entscheidungen und im Handeln niederschlägt. Die beständige Beanspruchung selbst ist aber auch eine ebenso ständige Herausforderung, sich der Anstrengung zu unterziehen, dem erreichten Grad von Freiheit gerecht zu werden. Im Blick auf die Anforderungen, denen sich der

---

[12] Vgl. dazu jetzt Wolfgang Achtner (Hrsg.)., Willensfreiheit in Theologie und Neurowissenschaften, Darmstadt 2010, bes. S. 236 ff.

[13] Ebd. S. 251.

[14] Ebd. S. 252

[15] Erhard Oeser, Geschichte der Hirnforschung von der Antike bis zur Gegenwart, Darmstadt 2002, S.243

[16] Vgl. dazu auch Wolfgang Achtner a. a. o. S. 254.

Soldat stellen muss, vor allem im Einsatz, bedeutet dies, dass er darauf durch ständige Übung hinreichend vorbereitet wird. Des Weiteren gehört dazu, Selbständigkeit zu entwickeln durch die Übertragung von Aufträgen, welche eigenverantwortlich zu erfüllen sind.

Infragestellung der Subjektivität

Die Betonung der Freiheit im Zusammenhang mit menschlicher Subjektivität, wie sie vor allem seit der Aufklärung das Denken bestimmt, stößt heute jedoch auf kritische Einwende. Hier treffen wir auf einen Diskurs, in dem der Versuch unternommen wird, die komplexen Zusammenhänge zu klären, in denen „Menschliches mit Nicht-Menschlichem verstrickt ist."[17] Den Hintergrund für diesen Versuch bilden Zweifel an der hervorragenden Stellung, die dem Menschen und seinem Wirken in der Welt zuerkannt wird. Denn es wird für zunehmend fraglich gehalten, dass der Mensch noch die „allgemeine Macht alles Endlichen" (Hegel) ist. Befürchtungen stehen dahinter, dass der Mensch nicht mehr seine Schöpfungen beherrschen könnte, sondern diese jetzt ihren Schöpfer. In der posthumanistischen Denkschule meint man gute Gründe dafür zu haben, dass „die Reinheit der menschlichen Natur von neuen Formen kreativer Evolution abgelöst wird, die nicht mehr auf einer strikten Trennung zwischen verschiedenen Spezies oder auch zwischen Mensch und Maschine beruht."[18] Maßgebend für diese Sicht sind ebenso neue technologische Entwicklungen wie die Erzeugung virtueller Welten und Cyborgs. Zwar erkennt man an, dass vom Humanismus wesentliche Antriebe ausgegangen sind, solche Entwicklungen überhaupt einzuleiten, indem der Mensch als Schöpfer seiner Welt vorgestellt wurde. Aber die Resultate dieser Entwicklung zeigen auch, dass diese Vorstellung nicht mehr aufrechterhalten werden kann.

„Das Defizit des Humanismus ist also sein ideologischer Glaube an eine essentielle Menschlichkeit, die außerhalb geschichtlichen Wandels und politischer und sozialer Beziehungen universell und fortwährend verfügbar existiert."[19] Es sind vor allem zeitgenössische technologische Entwicklungen, welche wesentlich dazu beitragen, „diese existenzielle Menschlichkeit infrage zu stellen, zum Beispiel durch den Zweifel an der Existenz eines ‚freien und

---

[17] Vgl. dazu Stefan Herbrechter, Posthumanismus, Darmstadt 2009, S, 39.
[18] Ebd. S. 40.
[19] A. a. O. S. 45.

autonomen Bewusstseins' in den Neurowissenschaften, an der Einzigartigkeit der menschlichen Spezies in den Bio- und Genwissenschaften, an der Einzigartigkeit des menschlichen Geistes in den Informationswissenschaften, der Robotik und der Suche nach künstlichen Formen von Intelligenz."[20]

Auf einen „vertikalen Bruch mit dem Humanismus" will man freilich nicht insistieren. Angestrebt wird lediglich „eine andauernde dekonstruktiv-psychoanalytische Durcharbeitung desselben."[21]

Vielleicht ist es aber auch gerechtfertigt, die Vermutung zu äußern, dass der posthumanistische Dekonstruktivismus, weil er überhaupt vom Ende des Menschen als der alles Wirkliche bestimmende Kraft her denkt, das Ende der Subjektivität bedeutet. Damit würde aber ein ganz wesentliches Element der Freiheit entfallen, weil es zu eben dieser Subjektivität gehört, dass an ihr die Freiheit des Menschen erkannt werden kann, „in seinem Leben bei sich selbst und er selbst zu sein", wie Joachim Ritter es mit Bezug auf den Protestantismus und im Anschluss an Hegel formuliert hat. Mit ihrer Bestreitung würde im Grunde auch die Freiheit als Selbstsein bestritten.[22]

Das kann nicht ohne Auswirkungen auf die Ethik bleiben. Sie war traditionell auf das Subjekt „Mensch" ausgerichtet. Er stand im Zentrum der Frage nach richtig oder falsch, gut oder böse. Wie schwierig es jetzt jedoch geworden ist, diese Frage zu beantworten, wird daran kenntlich, dass heute ganz neue Möglichkeiten ins Spiel gekommen sind, die vor die Frage stellen, wie mit ihnen umgegangen werden soll und welche Kooperationsmodelle daraus abgeleitet werden können. Deutlich wird diese Schwierigkeit beispielsweise, wenn gentechnische oder überhaupt technologische Entwicklungen vor die Entscheidung stellen, ob sie genutzt werden dürfen oder ungenutzt bleiben sollen. In dieser Hinsicht scheinen es dann die Möglichkeiten selber zu sein, die jene Fragen beantworten, indem sie zu erkennen geben, in welcher Weise sie dem Menschen nutzen oder schaden.

Gegenwärtig zeigt sich das beispielsweise an der praenatalen Implantations Diagnostik (PID). Sie bietet die Möglichkeit, schwere Schädigungen des Erbguts frühzeitig zu erkennen und so eine Schwangerschaft erst gar nicht entstehen zu lassen. Denkt man nun alleine von der zentralen Stellung des

---

[20] Ebd.
[21] A. a. O. s. 46
[22] Siehe dazu Joachim Ritter, Subjektivität,1. Aufl. Frankfurt/Main 1974, S. 27 ff

Menschen, seiner Würde und seinem Wert her, dann scheint es sich zu verbieten, von dieser Möglichkeit Gebrauch zu machen, weil mit ihr die mögliche Vernichtung von Leben sowie die Gefahr einer Selektion verbunden sein könnte, mit der der Mensch sich anmaßen würde, darüber zu befinden, was lebenswert wäre und was nicht. Die ist jedoch dem Menschen verboten. Denkt man hingegen von der gentechnisch eröffneten Möglichkeit her und dem, was sie an Erkrankungen oder Missbildungen zu verhindern vermag, dann scheint es durchaus geboten zu sein, von ihr Gebrauch zu machen.

Diesem Beispiel lassen sich viele andere hinzufügen. So die Frage, ob jede wehrtechnische Entwicklung angewandt werden darf, nur weil sie die eigene Kampfstärke erhöht, in ihren Wirkungen jedoch Leben nicht nur auslöschen, sondern noch auf lange Zeit schwer schädigen kann. Diese Frage entstand schon im Blick auf die Anwendung von Giftgas im Ersten Weltkrieg. Befürworter sahen allen Ernstes darin die Möglichkeit, den Krieg zu humanisieren, weil sich der Gegner schnell und wirkungsvoll ausschalten ließ. In der Perspektive einer humanistischen Ethik verbot sich seine Anwendung allerdings, weil sie nur als inhuman begriffen werden konnte, von der unmittelbaren zerstörerischen Wirkung des Giftgases und vor allem von seinen Nachwirkungen auf menschliches Leben her gesehen. Letztere Sichtweise hat sich dann auch durchgesetzt und zur Ächtung des Gebrauchs von Giftgas geführt.

Als weiteres Beispiel kann die Frage dienen, ob nukleare Waffen verwendet werden sollen oder nicht. Zwar bieten auch sie die Möglichkeit, schnell und wirkungsvoll den Gegner zu vernichten. Die Nachwirkungen ihrer Zerstörungskraft verlangen indes, auf sie zu verzichten. Wesentlich schwieriger ist eine Antwort auf die Frage zu finden, inwieweit eine friedliche Nutzung der Atomkraft zulässig ist. Die Vorteile einer CO^2 freien Produktion von Energie sind bekannt. Mögliche Gefährdungen durch Strahlung und eine strahlungssichere Lagerung von Atomabfällen lassen jedoch eher von einer Nutzung abraten.

Unter dem Blickwinkel der Ethik betrachtet, geht es jetzt gar nicht mehr darum, alleine vom menschlichen Wollen und seiner Freiheit auszugehen und nach dem Grundsatz zu verfahren, was vorhanden ist, muss auch benutzt werden dürfen. Vielmehr legt es sich jetzt nahe, nicht mehr nur in einer Richtung, nämlich die des Menschen als dem zu fragen, der alleine Handelnder ist und dabei ausschließlich aus Interessen, Weltanschauungen oder politischen Gestaltungsentwürfen abgeleiteten Zielen folgt. Jetzt wird auch danach gefragt werden müssen, welche ökonomischen, sozialen, kulturellen und technischen

Entwicklungen insoweit auf den handelnden Menschen Einfluss nehmen, als sie zeigen, was materiell möglich ist, um entworfene Ziele zu realisieren. Daraus ergibt sich eine die Subjektivität einschränkende Mitwirkung. Der sich seiner Freiheit bewusste Mensch ist es dann aber in letzter Instanz, der entscheiden muss, ob und in welcher Weise von eröffneten Möglichkeiten Gebrauch gemacht werden soll und welchen Werten dabei zu folgen ist. Das eigentliche Wollen geht also nicht nur aus dem Bestreben, individuelle oder kollektive Lebens- oder Gesellschaftsentwürfe zu realisieren, hervor, sondern es beruht auch auf einer Synthese mit gegebenen gesellschaftlichen, kulturellen oder technischen Möglichkeiten, die auf ihren Nutzen oder Schaden zuvor befragt worden sind. In der Herbeiführung dieser Synthese gründet letztlich menschliche Verantwortung. Frei ist folglich, wer über die Möglichkeiten in reflektierter Weise verantwortlich bestimmt. Eine angemessene Bestimmung des Selbstseins des Menschen wird diesem Umstand Rechnung tragen, dass seine Handlungen nicht einseitig auf bloßem Wollen beruhen. Auch lässt sich von daher erst die Frage zureichend beantworten, welche willentlichen Entscheidungen richtiger oder falscher wären. Beachtet werden muss allerdings, dass jede Antwort per se falsifizierbar ist.

Entgrenzte Freiheit

In der gegenwärtigen Diskussion über Freiheit wird jedoch die Vermutung geäußert, dass die Freiheit des Selbstseins bereits so überdehnt zu sein scheint, dass sie selber schon auf der Strecke bleibt. Es handelt sich hierbei, wie Rainer Funk es kritisch analysiert hat, um den entgrenzten Menschen.[23] Unter Entgrenzung versteht er: „Rückgängig machen einer Grenzziehung" und das Erstreben einer „Grenzenlosigkeit".

„Wer von Entgrenzung spricht, will etwas rückgängig machen und bisherige Grenzziehungen, Einschränkungen, Bindungen zugunsten von mehr Freiheit in Frage stellen, überwinden und beseitigen." [24]

Ein wesentlicher Einfluss auf die Entstehung dieses Phänomens wird entgrenzenden Wirkungen zugeschrieben, die von der „Wirtschaft und Ar-

---

[23] Der entgrenzte Mensch, Gütersloh 2011.
[24] Ebd. S. 36.

beitswelt"[25], von digitaler Technik und vernetzten Medien,[26] von Simulationen und Virtualisierungen ausgehen.

Kennzeichnend für eine Entgrenzung ist weiterhin eine implizite Tendenz, Freiheit orientierungslos werden zu lassen. In diesem Zusammenhang steht dann des Weiteren die Beseitigung solcher Grenzen, „die zur Selbst-Steuerung und zur Steuerung des Miteinanders mit Hilfe von Gesetzen, Normen, Regeln, Verhaltensanweisungen usw. gesellschaftlich vereinbart und institutionalisiert wurden."[27] Darüber hinaus stellt Freiheit für diesen neuen Menschentyp die Befreiung von Pflichtgefühl und Gewissen dar.[28] Gleichzeitig ist damit die Verabschiedung aus dem „bisher bestimmenden Wertesystem" verbunden, das „einem nämlich auch ein Wertempfinden und eine Orientierung ermöglicht" hatte. „Es gab ein Gefühl der moralischen Sicherheit, das einem sagte, wo es lang geht und was im Leben richtig und wichtig ist. Seine Beseitigung verunsichert und macht desorientiert…."[29]

Zugleich wird die Befürchtung ausgesprochen, dass analog „zu der ungeahnt erfolgreichen Ersetzung körperlicher Eigenkräfte durch Maschinen und technisches Gerät….Psycho- und Sozialtechniken auch die Entgrenzung der bescheidenen und viel zu begrenzten psychischen, sozialen und geistigen Eigenkräfte" versprechen.[30]

Der Entgrenzung liegt offensichtlich die Vorstellung zugrunde: Nichts ist unmöglich! Everything goes. Aber die psychische und soziale Natur des Menschen setzen ihm Grenzen ebenso wie die physische Natur. Funk zieht daraus den Schluss: „Dass es kein Leben ohne Grenzen gibt und dass Respektieren von Begrenzungen unabdingbar ist, hat mit der Eigenart des Lebens selbst zu tun. Leben, zumal menschliches Leben, ist immer etwas Bedingtes."[31]

Die unter dem Stichwort „Entgrenzung" erfolgte Beschreibung und Analyse bestimmter Erscheinungen, welche auf grundlegende Veränderungen der Mentalität hinweisen, wird als idealtypisch bezeichnet werden können. Man

---

[25] Vgl. a. a. O. S. 43 ff.
[26] Vgl. a. a. O.. S. 62ff.
[27] Ebd. S. 130.
[28] Vgl. a. a. O.. S.132.
[29] Ebd.
[30] Ebd. S. 143.
[31] Ebd. S. 189.

vermisst jedoch Angaben über die Häufigkeit des Auftretens von Entgrenzungserscheinungen und der sie begleitenden Symptome. Ebenfalls vermisst man Angaben, in welchen Bevölkerungsteilen sie besonders praktiziert wird. Des Weiteren stellt sich die Frage, ob tatsächlich so eindeutig zwischen Grenzüberschreitung und Entgrenzung unterschieden werden kann, wie der Autor das tut. Die von Funk aus dem Bereich der Psychologie angeführten Beispiele für Grenzüberschreitungen besagen nicht, dass nicht auch Entgrenzungen lediglich Grenzüberschreitungen sein können. Und ob Grenzüberschreitungen, so sehr sie sich auch als unaufhaltsam erweisen, weil sie die Voraussetzung für die Entwicklung das Dasein erleichternder Technologien sind, nicht ebenfalls als entgrenzende Erscheinungen angesprochen werden können. Denn auch sie machen etwas rückgängig, was vor dieser neuen Entwicklung Bedeutung besaß.

Folgerungen

Solcher Einwände aber ungeachtet wird ein Trend in das Blickfeld gerückt, in dessen Fokus Veränderungen im Wertesystem stehen. Sie machen darauf aufmerksam, dass ein Gegensteuern angezeigt ist. Denn es ist fraglich, ob eine Gesellschaft ihre Aufgaben erfüllen kann, wenn Beliebigkeit in Entscheidungen und Handlungen einzieht. Auch die unter dem Begriff der „Sekundärtugenden" zusammengefassten Eigenschaften, die bei Entgrenzten keine Rolle mehr spielen sollen, stellen ja keine willkürlich entwickelten Größen dar, sondern sind für das Zusammenleben, die Kommunikation und das Handeln in einer Gesellschaft grundlegend. Dass sie, wie ein Blick in die Geschichte zeigt, dogmatisch überhöht oder politisch instrumentalisiert und missbraucht werden können, spricht ebenso wenig gegen sie wie mögliche Veränderungen im Kanon der Tugenden.

In besonderer Weise ist von diesem Trend das Militär betroffen. Wenn, wie es jetzt scheint, die Anwerbung von Soldaten auch auf bildungsschwache Personen ausgedehnt werden soll, steht zu befürchten, dass sich darunter auch solche Aspiranten befinden können, auf die Entgrenzungsmerkmale zutreffen. Da jedoch eine Berufsarmee auf diesen Personenkreis nicht wird verzichten können, wenn sie die vom Parlament beschlossene Stärke und Einsatzfähigkeit einhalten soll, stellt das in der Folge erhebliche Ansprüche an Führung und Ausbildung.

In welchem Maße das der Fall sein kann, wird deutlich, wenn man es mit Defiziten gerade in jenen Eigenschaften zu tun bekommt, die nun einmal die Grundlage für den Dienst als Soldat bilden: Disziplin, Gewissenhaftigkeit, Verantwortungsbewusstsein, Selbstkontrolle und Kameradschaft gehören ebenso dazu wie die klassischen Tugenden des Muts und der Gerechtigkeit. Bei dem infrage stehenden Personenkreis wird man in der Regel aber davon ausgehen können, dass bei ihnen diese Eigenschaften noch entwicklungsfähig sind. Sie zu entwickeln und zu festigen stellt dann eine Notwendigkeit dar. Ohne Übungen wird das aber nicht gehen, egal ob man hier von Erziehung sprechen will oder nicht, wenn erhöhte Verantwortungsbereitschaft ebenso wie Entscheidungskompetenz erreicht werden sollen. Vor allem die Erarbeitung der eigenen Freiheit aber, wie sie von Bieri als persönliches Entwicklungsziel beschrieben worden ist, wird als entscheidende Voraussetzung für den Dienst an der Freiheit erkannt werden müssen.

Das, was die Innere Führung in Bezug auf den Bürger in Uniform und seine Verantwortung anstrebt, erlebbar werden zu lassen, verlangt nun aber auch eine innovative Fähigkeit zum Führen, die möglicherweise auch charismatische Züge tragen kann. Vor allem aber wird man es einer verantwortungsvollen Führung zurechnen müssen, dass sie sich ein Bild von der Befindlichkeit der unterstellten Soldaten macht. Eben diese Befindlichkeit wird nicht nur von den Erfordernissen des militärischen Alltags geprägt, sondern auch von der zivilen Existenz und den sie prägenden Kräften, die den Soldaten bis in seinen Dienst hinein beeinflussen können. Gerade sie zu kennen gibt dem militärischen Führer die Möglichkeit, ihre förderlichen oder hinderlichen Einflüsse im Blick auf den >Dienst an der Freiheit< einzuschätzen. Vor allem jedoch wird das Augenmerk überhaupt auf eine Entwicklung des Willens zur Freiheit ebenso gelegt werden müssen wie auf die Entwicklung eines Verantwortungsbewusstseins für eben diese Freiheit. Dabei kann es von erheblichem Belang sein, in welchem Maße der militärische Führer über den Dienstalltag hinaus eine vertraute Nähe zu dem ihm unterstellten Soldaten aufbauen kann. Diese Nähe ist die Voraussetzung dafür, mit den Soldaten in einen Diskurs über Freiheit eintreten zu können und so kommunikativ sowohl deren Bedeutung für Staat und Gesellschaft als auch die Verantwortung für ihren Schutz zu vermitteln. Die Führungskompetenz wird sich jedenfalls auch daran messen lassen müssen, in wieweit es gelingt, diesen Diskurs zu entwickeln.

Bildung in der Bundeswehr: politisch, historisch, ethisch[1]

Angelika Dörfler-Dierken

Der integrale Bildungsbegriff der Inneren Führung

Die Soldatinnen und Soldaten der Bundeswehr sollen nicht nur militärtechnisch und -handwerklich ausgebildet sein, sondern ein bestimmtes „Selbstverständnis" miteinander teilen. Die „Zentrale Dienstvorschrift 10/1 Innere Führung. Selbstverständnis und Führungskultur der Bundeswehr" (2008; im Folgenden zitiert als: ZDv 10/1, Ziff. xy) entwickelt es aus dem Grundgesetz der Bundesrepublik Deutschland. Von den Soldatinnen und Soldaten als „Staatsbürger(n) in Uniform" wird hier gefordert, dass sie

- politisch,

- historisch und

- ethisch

gebildet sein sollen. Nur dann könnten sie – so heißt es in der Leitvorschrift – ihre Aufgabe recht erfüllen, wenn sie die „Grundlagen und Grundsätze" des Soldatendienstes kennen. (ZDv 10/1, Ziff. 301–316) Als „ethische Grundlagen" werden in der Vorschrift nicht irgendwelche Sonderlehren religiöser Gemeinschaften oder Kirchen bezeichnet, sondern der Gehalt der im Grundgesetz garantierten Werteordnung, die sich auf dem Boden von Judentum, Christentum, Humanismus und Aufklärung entwickelt hat – im Einzelnen: Menschenwürde[2] an erster und zentraler Stelle, weiterhin Freiheit, Frieden, Gerechtigkeit, Gleichheit, Solidarität und Demokratie. (a.a.O., Ziff. 304)

    Besonderes Gewicht kommt im Ausbildungsgang der Soldatinnen und Soldaten der *Politischen Bildung* zu, die auf Einsicht in die Werte und Normen des Grundgesetzes sowie die sicherheitspolitischen Hintergründe der Einsätze

---

[1] Die in der vorliegenden Publikation vorgetragenen Ansichten und Meinungen sind ausschließlich diejenigen der Autorin und geben nicht notwendigerweise die Sicht oder die Auffassung des Bundesministeriums der Verteidigung wieder.

[2] Vgl. zur Bedeutung der Menschenwürde vor dem Hintergrund der abendländischen kulturellen Tradition Stein, Tine (2007): Himmlische Quellen und irdisches Recht. Religiöse Voraussetzungen des freiheitlichen Verfassungsstaates. Frankfurt a. M.: Campus Verlag.

der Bundeswehr zielt und immer auch historische Bildung umfasst. (a.a.O., Ziff. 627f.; ZDv 12/1 Politische Bildung in der Bundeswehr, letzte Fassung 2007; vgl. a. Richtlinien zum Traditionsverständnis und zur Traditionspflege in der Bundeswehr 1982)

Zur Vermittlung der „gesellschaftlichen Grundlagen" der Inneren Führung sind keine besonderen Unterrichte eigens vorgesehen, obwohl das Verhältnis von Streitkräften und Gesellschaft ein wichtiges Thema ist. (ZDv 10/1, Ziff. 312–315) Gerade unter den Bedingungen von Uniformität in einer – wie Erving Goffman definiert hat: – ‚totalen Institution' muss das Verständnis für Pluralismus und Diversität, für unterschiedliche Interessen und für daraus resultierende Konflikte gestärkt werden. In der Leitvorschrift heißt es hierzu: „In der Bundesrepublik Deutschland besteht eine freiheitliche und pluralistische Gesellschaft, die von vielfältigen Überzeugungen, Lebensentwürfen, religiösen und weltanschaulichen Bekenntnissen, Meinungen und Interessen gekennzeichnet ist. Diese unterliegen einer ständigen Entwicklung und stehen teilweise im Wettbewerb miteinander." (a.a.O., Ziff. 312) Deshalb ist es normal und folgerichtig, wenn es auch innerhalb der Streitkräfte Pluralismus, Konflikte und Diskussion gibt.

Gestärkt worden ist in den letzten Jahren die berufsethische Bildung für Soldatinnen und Soldaten, der *Lebenskundliche Unterricht*, der aktuell mit einem Stundenansatz von einer Doppelstunde pro Monat angesetzt ist. (Vgl. ZDv 10/4 – Selbstverantwortlich leben, Verantwortung für andere übernehmen können, letzte Änderung Juni 2011) Die Intensivierung des Lebenskundlichen Unterrichts ist freilich nicht gleichbedeutend mit der Delegation moralischer und ethischer Fragestellungen in diese Unterweisungen.[3] Lebenskundliche Unterrichte sollen ‚nur' folgendes leisten: berufsethische Fragestellungen, die sich mit dem Soldatenberuf in herausfordernder Weise verbinden, mit ethisch-philosophisch ausgebildeten Dozentinnen oder Dozenten zu erörtern, um auf diese Weise das Bewusstsein für die je eigene individuelle Verantwortlichkeit zu stärken und die Auskunftsfähigkeit über eigene Entscheidungen zu verbessern.

Auch die aktuelle Vorschriftenlage lässt erkennen, dass die Innere Führung noch – wie von Wolf Graf von Baudissin und seinen Mitstreitern entwor-

---

[3] Elßner, Thomas R. (2011): Praxisorientierte Ethikausbildung in den deutschen Streitkräften. In: Beck/Singer (Hrsg.), S. 84–94.

fen – eine umfassend angelegte militärethische Bildungskonzeption ist,[4] deren historischer Ausgangspunkt und zugleich Kern folgende Antithese formuliert: „Wer damals gehorsam handeln wollte, handelte verantwortungslos und wer damals verantwortlich handeln wollte, musste ungehorsam sein."[5]

Deutlich ist damit, dass die Bildungskonzeption der Inneren Führung aus einem Grund – dem Antitotalitarismus – entwickelt wurde und ein großes Ziel hat: den Soldaten als verantwortlichen Menschen zu stärken, bis gegebenenfalls hin zum Ungehorsam. Der Umgang mit Gewaltmitteln ist charakteristisch für eine militärische Organisation, denn Soldaten ist viel Macht gegeben: gegenüber ihren Gegnern, aber auch im Verhältnis von Vorgesetzten zu Untergebenen. Gerade durch die Möglichkeit der gehorsamen Anwendung von Gewaltmitteln zur Durchsetzung vorgegebener Aufträge definiert sich die militärische Organisation. Dass die Spannung zwischen Verantwortung und Gehorsam nicht zugunsten des Gehorsams, sondern entsprechend dem Menschenbild des Grundgesetzes zugunsten der Verantwortung aufgelöst wird, ist das Kernanliegen von Innerer Führung.

Deshalb gehören die politischen, historischen und ethischen Unterrichte[6] im Rahmen der Inneren Führung von der Sache her zusammen und finden neben den im engeren Sinne militärfachlichen und technischen Unterweisun-

---

[4] Das Handbuch Innere Führung (1957) nannte als „europäische Traditionswerte", auf die Soldaten sich verpflichtet wissen sollten, Friedenswillen, Menschlichkeit, Treue, Verantwortung und Gewissen, Wahrheitsliebe, Entschlussfähigkeit und persönliches Wachstum. Alle diese Begriffe sind noch heute geeignet als Leitbegriffe für ein soldatisches Leitbild. Allzu weit entfernt von den sich hinter diesen Begriffen verbergenden Vorstellungszusammenhängen argumentiert die Innere Führung bis heute nicht. Zentral ist jeweils das Menschenbild des Grundgesetzes. Vgl. aus der breiten Literatur, die vom Grundgesetz her argumentiert, u. a. Beckmann, Klaus (2012): Gelöbnis ohne Gewissensprüfung? Die Militärseelsorge und der ‚Staatsbürger in Uniform'. In: Deutsches Pfarrerblatt 112, 2012/5, S. 256–261. Dörfler-Dierken, Angelika (2005): Ethische Fundamente der Inneren Führung. Baudissins Leitgedanken: Gewissensgeleitetes Individuum – Verantwortlicher Gehorsam – Konflikt- und friedensfähige Mitmenschlichkeit. (SOWI-Berichte 77) Strausberg: Sozialwissenschaftliches Institut der Bundeswehr. Ebeling, Klaus (2002): Wie viel Wertedissens verlangt die Innere Führung? In: Gerhard, Wilfried (Hrsg.): Innere Führung: Dekonstruktion und Rekonstruktion. (Wissenschaftliches Forum für Internationale Sicherheit: WIFIS-aktuell, 28/29) Bremen: Edition Temmen, S. 60–81.

[5] Dörfler-Dierken 2005, S. 128.

[6] Die Bundeswehr vermittelt nicht nur politische, historische und ethische Bildung, sondern auch Kompetenzen in interkulturellen Fragen bzw. zum Verhalten in interkulturell herausfordernden Kontexten.

gen und Übungen statt.[7] Das *integrale Bildungsverständnis* der Inneren Führung zielt auf die Persönlichkeit des Soldaten bzw. der Soldatin, darauf, dass sie sich als „Staatsbürger in Uniform" in ihrem militärischen Dienst entwickeln können. Als ‚integral' ist der Bildungsbegriff der Bundeswehr nicht nur von seinem Grund und seiner Substanz, sondern auch von seinem Ziel her zu beschreiben.

Zum Ziel der Bildung in der Bundeswehr

Angesichts der Vielzahl der Themen und der Unübersichtlichkeit der Stundenansätze zu den „Gestaltungsfeldern" der Inneren Führung in den jeweiligen Teilstreitkräften und deren Ausbildungsgängen gerät leicht aus dem Blick, dass die unterschiedlichen Bildungsangebote und -forderungen einen gemeinsamen Fokus haben: den Soldaten oder die Soldatin zu befähigen, verantwortlich mit letalen Gewaltmitteln umgehen zu können. Das Ziel aller Bildungsanstrengungen in der Bundeswehr ist also eine *Persönlichkeit*, die – wenn es nottut – so von der Schusswaffe Gebrauch macht, dass ein Freispruch von einem deutschen Gericht ausgesprochen werden kann.

Diese Überlegung schließt eine doppelte Perspektive ein: den ‚Täter' und das ‚Opfer' von Gewalt. Dabei sind ‚Täter' und ‚Opfer' nicht leicht voneinander zu scheiden bzw. zu unterscheiden. Denn, wer Gewaltmittel gegen andere einsetzt, ist immer auch von Gewalt betroffen. Was man dem anderen zufügt, trifft einen immer auch selbst. Wer Gewaltmittel einsetzt, muss das in höchstem Maße verantwortlich tun. Deshalb zielt Bildung in den Streitkräften nicht nur auf den Erwerb von äußerlichen anwendbaren Fähigkeiten und Kompetenzen oder auf einfach umzusetzende Rezepte, sondern vor allem auf Persönlichkeitsbildung, denn „(i)hr [der Soldatinnen und Soldaten, ADD] militärischer Dienst schließt den Einsatz der eigenen Gesundheit und des eigenen Lebens mit ein und verlangt in letzter Konsequenz, im Kampf auch zu töten. Der Dienst in der Bundeswehr stellt deshalb hohe Anforderungen an die Persönlichkeit der Soldatinnen und Soldaten. Sie treffen vor allem im Einsatz Gewissensentscheidungen, die ihre ethische Bindung in den Grundwerten finden." (ZDv 10/1, Ziff. 105 u.ö.) Die im Zweifelsfall persönlich vor einem deutschen Gericht zu verantwortenden Handlungen der Uniformträger können jeweils Folgen zeitigen, die weit über dasjenige hinaus gehen, was anderen

---

[7] Vgl. für einen Überblick zu den Anstrengungen Ulrich, Uwe (2011): Interkulturelle Kompetenz in der Bundeswehr. In: Beck/Singer (Hrsg.), S. 100–109.

Menschen mit in moralischer Hinsicht weniger risikoreichen Berufen zu tragen und zu gestalten aufgegeben ist. Entsprechend soll die Auseinandersetzung mit den Herausforderungen des eigenen Berufs für Soldatinnen und Soldaten eine Daueraufgabe sein und den militärischen Vorgesetzten wird aufgetragen, „Bildung und Persönlichkeitsentwicklung" ihrer Untergebenen zu fördern. (a.a.O., Ziff. 405)

Neuausrichtung der Bundeswehr: Neujustierung des Berufsbildes von Soldaten?

Wie durch Bildung die Persönlichkeitsentwicklung von Soldatinnen und Soldaten gefördert werden kann, das ist angesichts der unübersichtlichen Weltlage und der aktuellen Schwierigkeiten, das soldatische Berufsbild im Blick auf zukünftige Krisen- und Konfliktszenarien zu definieren, kaum genau zu bestimmen.[8] Soldatinnen und Soldaten sollen unter Einsatz von Leib und Leben in den Konflikt- und Krisenregionen der Welt in nicht-internationalen bewaffneten ebenso wie gegebenenfalls in internationalen bewaffneten Konflikten und Krisen unter Androhung und Anwendung von Gewalt wirken – und sie sollen damit Sicherheit für andere Menschen herstellen und dem Frieden dienen. Da das „antizipierte Kriegsbild" (Martin Kutz) unklar ist, sind die Angebote für soldatische Selbstdefinition zahlreich und widersprüchlich. Deutlich ist bisher, dass die Erfahrungen in Afghanistan auf die soldatische Mentalität eingewirkt haben.[9] Entweder spricht man vom

---

[8] Vgl. die Verteidigungspolitischen Richtlinien (VPR) vom 18. Mai 2011 und das Grundsatzpapier „Die Neuausrichtung der Bundeswehr. Nationale Interessen wahren – Internationale Verantwortung übernehmen – Sicherheit gemeinsam gestalten", welches das Bundesministerium der Verteidigung im März 2012 veröffentlicht hat.

[9] Dass ‚Kampferfahrung' im ‚Krieg' prägend wirkt auf die Soldatinnen und Soldaten, dass die Trauer um ‚Gefallene' und die Probleme der ‚Veteranen' in einer interventionsunerfahrenen und friedlich-diplomatisch orientierten Gesellschaft wie der deutschen die öffentlichen Diskurse verändert, leuchtet ein. Die Forschung ist der Auffassung, dass Interventionen nicht nur die ‚intervenierte Gesellschaft' sondern auch die ‚intervenierende Gesellschaft' verändern. Speziell zu den Erfahrungen der Bundeswehr in Afghanistan und in Deutschland bezüglich des Einsatzes in Afghanistan vgl. die Aufsätze in Seiffert, Anja/Langer, Phil C./Pietsch, Carsten (2012): Der Einsatz der Bundeswehr in Afghanistan. Sozial- und politikwissenschaftliche Perspektiven. (Schriftenreihe des Sozialwissenschaftlichen Instituts der Bundeswehr 11) Wiesbaden: VS-Verlag. Vgl. a. die Aufsätze in Dörfler-Dierken, Angelika/Kümmel, Gerhard (Hrsg.) (2010): Identität, Selbstverständnis, Berufsbild. Implikationen der neuen Einsatzrealität für die Bun-

- „hybriden Soldaten" (Gerhard Kümmel) oder vom
- „demokratischen Kämpfer" (Andreas Herberg-Rothe). Andere unterscheiden
- „Athener" und „Spartaner" (Elmar Wiesendahl) oder entwickeln das Leitbild von den Begriffen
- „gewissensgeleitet, mitmenschlich, konflikt- und friedensfähig" (Angelika Dörfler-Dierken) her.

Die schon mehrfach erwähnte Leitvorschrift für Bundeswehrsoldaten, die ZDv 10/1 Innere Führung (2008), beschreibt das berufliche Leitbild vom Grundgesetz her. Daneben kennt sie allerdings auch traditionelles Soldatenethos:
- „tapfer, treu und gewissenhaft, kameradschaftlich und fürsorglich, diszipliniert, (…) wahrhaftig gegenüber sich und anderen" (ZDv 10/1, Ziff. 507)

sollen die Soldatinnen und Soldaten der Bundeswehr sein.

Die unterschiedlichen Vorstellungskreise zum soldatischen Leitbild weisen auf gravierende Dilemmata und Widersprüche im Berufsbild hin. Sie reflektieren die sicherheitspolitischen Herausforderungen, denen mit der Konzeption „vernetzter Sicherheit" begegnet wird, auf ihre je eigene Weise: Der „hybride Soldat" muss ständig seine „Rolle" reflektieren und sie gegebenenfalls blitzschnell wechseln. Der „demokratische Kämpfer" muss kämpfen wie ein alter Römer und gleichzeitig die Demokratie wertschätzen. Der „Athener" versteht sich dagegen als Diplomat in Uniform und der „Spartaner" züchtigt sich selbst um des Sieges willen, auch wenn er weiß, dass er den Feinden letztlich nicht standzuhalten vermag (bekanntlich war Sparta Athen unterlegen).

Der „gewissensgeleitete Soldat" ist dagegen authentisch; er wird jeden Auftrag vor seinem eigenen Gewissen prüfen und sich dadurch ungerechtfertigter politischer Instrumentalisierung entziehen. Der „mitmenschliche Soldat" versteht sich als am Schicksal anderer Anteil nehmender, empathischer Mensch, der nur um des Schutzes Anderer willen zur Waffe greift. Der „kon-

---

deswehr. (Schriftenreihe des Sozialwissenschaftlichen Instituts der Bundeswehr 10) Wiesbaden: VS-Verlag. Ob die hier nachgezeichneten Ansätze zur Veränderung des herkömmlichen soldatischen Selbstverständnisses sich verstetigen und als dauerhaft erweisen, bleibt abzuwarten.

flikt- und friedensfähige Soldat" weiß darum, dass Leben immer Leben in Konflikten ist und dass es darauf ankommt, Konflikte um des Friedens willen möglichst gewaltarm zu moderieren. Nur dieser letztgenannte Typus wird imstande sein, sich in ein *setting* einzufügen, in dem zivile und militärische Akteure unterschiedlicher Provenienz und Mentalität zusammenarbeiten. Nur für ihn bzw. sie wird Gewalt nicht zur gewissermaßen ‚normalen' Lösung von Konflikten, weil er bzw. sie kontrafaktisch daran festhalten kann, dass deren Einsatz nur im äußersten Fall notwendig ist. Gemeinsamkeiten im Leitbild von Friedensfachkräften und Sicherheitsfachkräften herauszustellen, dürfte die Probleme minimieren, die mit einer spezifisch militärischen Sozialisation verbunden sein können.

Die Forschung wird sich dieses Fragenkomplexes weiter annehmen. Selbstverständlich wird es dabei nicht ausschließlich um die Aufhellung und Beförderung der Diskussionen in der Bundesrepublik Deutschland gehen, sondern um eine europäische Perspektive, denn nicht nur Soldaten handeln in transnationalen Verbänden. Auch die nationalen Gesellschaften und Politiker entdecken zunehmend die Bedeutung Europas als Zone von Sicherheit und Stabilität sowie als Sicherheitsexporteur.

Angesichts der Diskussionen in Wissenschaft, Gesellschaft und Politik – und nicht zuletzt auch in der Bundeswehr selbst –, die auf je ihre Weise die Veränderungen in der sicherheitspolitischen Architektur seit den Sezessionskriegen in Jugoslawien und dem Afghanistaneinsatz reflektieren, ist es angesichts der skizzierten Unübersichtlichkeit nicht vergeblich, wenn die Leitvorschrift zur Inneren Führung von den Soldatinnen und Soldaten auch fordert, dass sie „fachlich befähigt und lernwillig" sowie „moralisch urteilsfähig" sein sollen. (ZDv 10/1, Ziff. 507)

Bildung in der Bundeswehr muss also bedeuten, die Soldatinnen und Soldaten darin zu fördern, sich entsprechend dem Bild vom Soldaten, das die Innere Führung vorgibt, entwickeln zu können, entsprechend diesem Leitbild zu leben und zu arbeiten. Das Leitbild ist seit der ‚Erfindung' der Inneren Führung gesetzlich vorgegeben, gegenwärtig als Leitvorschrift im Kanon der Vorschriften mit besonderer Dignität ausgestattet. Natürlich weckt ein normativ gesetztes Leitbild nicht nur Zustimmung, sondern auch kritische Nachfragen, denn niemand kann sich selbst prädizieren, entsprechend dem Leitbild zu ‚sein' und zu handeln. Dieses Leitbild setzt das Menschenbild des Grundgesetzes in der größten – traditionell: – Zwangsinstitution der Gesellschaft um. Was hier gilt, soll auch dort gelten: „Die in der Würde des Menschen begründeten Werte sind auch die Grundlage für die Grundsätze der Inneren Führung und damit für die Rechtsnormen innerhalb der Bundeswehr sowie die Gestaltung der Inneren Ordnung." (a.a.O., Ziff. 305)

Was Bildung in der Bundeswehr konkret bedeuten soll, wird nicht ausführlich dargelegt. Sicher ist, dass man den Bildungsbegriff der Leitvorschrift traditionsgeschichtlich im abendländischen Bildungskanon verankert sehen muss. Deshalb ist es auch offensichtlich, dass es sich um ein ‚weites' Bildungsverständnis handelt.

Orte der Bildung in der Bundeswehr

Damit Bildung gelingen kann, stellt die Bundeswehr ihre Soldatinnen und Soldaten in verschiedene Bildungszusammenhänge hinein: Die Offiziere erhalten die Möglichkeit eines wissenschaftlichen Studiums und alle Soldatinnen und Soldaten sind in zahlreichen Lehrgängen und Weiterbildungsveranstaltungen gehalten, nicht nur technische Fähigkeiten und Fertigkeiten sowie rechtliche Grundkenntnisse zu erwerben, sondern auch zahlreiche weitere Angebote zur Reflexion ihres Handelns und Wirkens wahrzunehmen.

Bildend wirken allerdings nicht nur Unterrichte, sondern auch die Erfahrungen, die Soldatinnen und Soldaten in der Kaserne und im Feldlager machen. Bildend wirkt auch die Vermutung, dass die Zivilgesellschaft keine besondere emotionale Anteilnahme an den Erfahrungen und Schicksalen der Veteranen habe. Aus dieser Enttäuschung heraus können kollektive Narrationen gesponnen werden, die nicht in der Linie der Vorgaben der Inneren Führung liegen dürften.

Nicht vergessen werden sollte, dass auch mehrere Zeitschriften, eine Vielzahl von Traditionsräumen und ein Museum, die Durchführung von Feierstunden, gemeinschaftlich geübte Rituale und Brauchtum, die im Dienst übliche Konfliktlösungskultur sowie die Erfahrungen mit der Bürokratie und mit dem alltäglichen Führungsprozess in politischer, historischer und ethischer Hinsicht bildend wirken. Auch sie beruhen auf im- sowie expliziten ethischen Entscheidungen und können moralische Dilemmata evozieren.

Bildend wirken zudem die Institutionen, denen die Beaufsichtigung der Umsetzung der Inneren Führung aufgegeben ist, etwa der Wehrbeauftragte, der Beirat Innere Führung, der Beauftragte für Erziehung und Ausbildung und die Gleichstellungsbeauftragte.

Es handelt sich hier um Anstöße zu ‚indirekter' Bildung (in der Bundeswehr wird gerne von ‚indirekter Erziehung' gesprochen), insofern die Soldatinnen und Soldaten Strukturen ausgesetzt werden, die ihnen deutlich vor Augen stellen und erfahrbar machen, wie innerhalb der Bundeswehr mit bestimmten Themen und Problemen umgegangen werden soll.

Bildung von Persönlichkeiten

Bildung ist also nicht nur die Summe der für die Berufsausübung notwendigen Fähigkeiten und Fertigkeiten, die im Laufe der Aus-, Fort- und Weiterbildung erworben wurden, sondern die Gesamtheit der Haltungen und Einstellungen, die eine Persönlichkeit ausmachen. Solchermaßen gebildete Soldatinnen und Soldaten sind ‚Persönlichkeiten', die nicht additiv Motive der politischen, ethischen oder historischen Bildung mit einzelnen Aspekten berufsethischer Bildung vereinen, sondern gebildete Menschen. Untrennbar gehört zur Idee der Persönlichkeit der Gedanke jeweils besonderer Individualität.

Diese wird im Bildungsprozess entwickelt durch eine besondere Integrations- und Applikationsleistung. Ein Beispiel für die Herausforderungen: Die Soldatinnen und Soldaten dürfen nicht die Gewaltmittel, die sie im Gefecht anwenden, zu Hause gegenüber Frau und Kindern oder in der Kaserne gegenüber Untergebenen oder Kameraden zum Einsatz bringen. Das bedeutet, dass sie sich innerlich von dem distanzieren müssen, was sie beruflich tun, dass sie eine scharfe Grenze zwischen sich als Privatperson, dem Menschen in seinem Inneren und primären Bezugskreis, und sich als Amtsperson, dem Menschen im Beruf, der eine bestimmte Aufgabe zu erfüllen hat, ziehen müssen.[10] Diese

---

[10] Ob eine solche Unterscheidung immer in wünschenswertem Maße gelingt, wird hier nicht untersucht. Zu Soldaten als Gewalttätern in der eigenen Familie vgl. Klein, Paul/Kümmel, Gerhard (2002): Gewalt im Militär. In: Heitmeyer, Wilhelm/Hagan, John (Hrsg.): Internationales Jahrbuch der Gewaltforschung. Opladen: Westdeutscher Verlag, S. 215–234. Zu Strenge und Autorität in Soldatenfamilien vgl. Näser-Lather, Marion (2011): Bundeswehrfamilien. Die Perzeption von Elternschaft und die Vereinbarkeit von Familie und Soldatenberuf. (Universitätsschriften Soziologie 14) Wiesbaden: Nomos Verlag.
Die Unterscheidung zwischen Amtsperson und Christ hat mit Bezug auf Soldaten erstmals Martin Luther in seiner Kriegsleuteschrift im Jahr 1526 entfaltet: Der Christ muss im Auftrag des weltlichen Herrn das Amt des Soldaten oder auch des Henkers übernehmen und das Schwert ergreifen, um Übeltäter zu bestrafen. Denn die Ämter habe Gott geschaffen, damit gute Ordnung und Friede unter den Menschen herrschen. Allerdings ist der Soldat bzw. zu Luthers Zeit der Söldnerführer vor Gott und seinem Gewissen verantwortlich für die Recht-

Leistung der inneren Selbstdistanzierung von Gewalt ist auch deshalb von ihnen zu verlangen, weil Gewalt immer ‚ein Übel' ist, das nur dann und nur in dem unbedingt notwendigen Maße eingesetzt werden darf, wenn unrechte Gewalt nicht anders zu überwinden ist. In diesem Sinne ist ‚gute' von Soldaten ausgeübte Gewalt, also Amtsgewalt (*potestas*) zu unterscheiden von ‚böser' Gewalt bzw. Gewalttätigkeit (*violentia*), die aus Soldaten Räuber macht.

Soldatinnen und Soldaten der Bundeswehr sind *Sicherheitsfachkräfte*, die in Zusammenarbeit mit zahlreichen staatlichen und nichtstaatlichen Friedensfachkräften dem Ziel, Sicherheit und Frieden zu gewährleisten, in verschiedenen transnationalen Konstellationen dienen sollen. Anders als vielfach in den Diskussionen der Soldatinnen und Soldaten untereinander, anders als in Gesellschaft und Medien kolportiert, geht es beim soldatischen Tun nicht um ‚Krieg' und ‚Sieg', sondern um Einsätze halbmilitärischer oder halbpolizeilicher Art, häufig humanitär begründet. Im jeweiligen Einsatzraum wirken neben den Soldatinnen und Soldaten der Bundeswehr nicht nur ihre ‚Kameraden' aus anderen Nationen, sondern auch Mitarbeiter anderer deutscher Ministerien wie des Entwicklungshilfeministeriums oder des Auswärtigen Amtes, Angehörige von Non Governmental Organizations, Fachkräfte aus der Wirtschaft, Polizisten und Staatsanwälte. In dieser bunt gemischten Gesellschaft – Stichwort: ‚vernetzte Sicherheit' – sind Soldatinnen und Soldaten nicht mehr und nichts anderes als ‚ein Finger an einer Hand'.

Eine gebildete Sicherheitsfachkraft muss deshalb die Kompetenz zur Zusammenarbeit mit all den anderen Kräften haben, die sich im jeweiligen Einsatzraum aufhalten. Sie muss die mentalen Prägungen und Konzepte der ‚Mitspieler' verstehen und kooperativ mit ihnen arbeiten können. Sie muss vor allem um deren Empfindlichkeit in Fragen der ‚Führung' und des Einsatzes von Gewaltmitteln wissen und damit umgehen können. Sie muss wissen, dass eigene Vorstellungen von ‚Sicherheit' sich mit deren Vorstellungen von ‚Frieden' nicht unbedingt zur Deckung bringen lassen. Andererseits muss eine Sicherheitsfachkraft sensibel dafür sein, wenn sie als „Müllmann der Sicherheits-

---

mäßigkeit des Krieges, für den ein Fürst ihn und seinen Trupp anheuern will. Sollte der Söldnerführer die Überzeugung gewinnen, dass der Fürst einen Krieg aus unlauteren Motiven (iusta causa, legitima potestas, recta intentio, ultima ratio) und zudem unbillig, d. h. aus nichtigem Anlass, oder ohne Aussicht auf Erfolg beginnen wollen, müsse der Soldat Gott mehr gehorchen als der weltlichen Obrigkeit und kein Dienstverhältnis eingehen.

politik" (Constanze Stelzenmüller) zum Objekt fremder Interessen degradiert wird.

Soldatinnen und Soldaten der Bundeswehr sollten sich mental nicht grundsätzlich von denjenigen unterscheiden, die neben ihnen in den Einsatzräumen wirken. Sie alle stehen im Ausland für deutsche Werte ein und halten sich an dieselben grundgesetzlichen Vorgaben. Deshalb sollten postmoderne militärische Heldengestalten, spezielle Ehrcodices oder Bräuche und Rituale ausgedient haben.

Das Stichwort ‚Persönlichkeitsbildung' ist unübersetzbar in andere Sprachen. Es zielt auf die lebenspraxisbezogene Verbindung von Nachdenklichkeit und Orientierung. Bildung ermöglicht Urteilskraft, die der Übersicht und Distanz bedarf, und Austausch mit anderen, um den Blick zu weiten, sowie die Fähigkeit, das Allgemeine im Besonderen wahrzunehmen. Zur Bildung gehört ‚Herzensbildung' und das Vermögen, sich immer neu auf den Umgang mit ungewohnten Herausforderungen einzustellen. Solche Bildung ist die Voraussetzung von Verantwortung – die Voraussetzung dafür, sich auf sein Handeln hin befragen lassen zu wollen. Bildung ermöglicht eigentätige Führung des Lebens und damit Freiheit. „Ohne Bildung keine Selbstbestimmung, die über den Austausch mit anderen zur Kritik und Korrektur sowie zur Kooperation in komplexen Konstellationen befähigt. (…) Geisteswissenschaftliche Bildung hat den Nutzen der Orientierung im Unwegsamen und der Stärkung des individuellen Selbst. Dieser Nutzen ist jedoch gleichsam übernützlicher Art. Denn er schließt kritische Infragestellung ein, auch die der eigenen Position. Realistische Skepsis, nicht alles zu glauben, sondern fragen, ob drin ist, was draufsteht: dies gehört zu geisteswissenschaftlicher Bildung elementar hinzu. Kein Geist ohne ‚Nein' gegenüber Zumutungen. Dieses ‚Nein' kann nun nicht im gleichen Atemzug wiederum verneint werden. Darum stiftet es Regelhaftigkeit, auch für die eigene Lebensführung."[11]

---

[11] Dierken, Jörg (2009): Einleitung: Was sind und wozu gibt es Geisteswissenschaften? – Hamburger Reflexionen. In: Ders./Stuhlmann, Andreas (Hrsg.): Geisteswissenschaften in der Offensive. Hamburger Standortbestimmungen. Hamburg: Europäische Verlagsanstalt, S. 11–32, hier S. 31f.

Bildung statt Erziehung

„Erziehung ist eine Zumutung, Bildung ist ein Angebot", so hat der Präsident der Universität Hamburg und Vizepräsident des Wissenschaftsrates, Dieter Lenzen, in Anlehnung an Niklas Luhmann sein Bildungsverständnis zusammenfassend formuliert. Bildung ist problembasiert. Sie stärkt Menschen, Probleme zu identifizieren – auch gegebenenfalls zu antizipieren –, und regt sie an, selbständig Lösungen dafür zu erarbeiten. Bildung basiert auf der Selbstlerntätigkeit des Gehirns. Statt auf Belehrung Anderer setzt Bildung auf freiwilliges und selbsttätiges Engagement in weltbürgerlicher Verantwortung.

Die Vorstellung von Menschenbildung, die Bildungskonzepte leitet, ist Ausdruck des Menschenbildes derer, die entsprechende Konzepte entwickeln. Grundlage aller Menschenbildung in der Bundesrepublik Deutschland ist das Menschenbild des Grundgesetzes, das von der Idee der freien, für seine Handlungen und sein Unterlassen verantwortlichen, sittlich gegründeten und gewissensgeleiteten Persönlichkeit ausgeht.

Bildung und Zwang passen nicht recht zueinander. Gerade erwachsene Menschen bilden sich selbst weiter, weil sie sich selbst erkennen und ihr Handeln reflektieren wollen. Sie sind nicht nur ‚Objekte' externer Ziel- und Leistungsvorgaben, sondern ‚Sinnsucher'. Sie verfolgen mit ihren Selbstbildungsanstrengungen ein selbstgestecktes Ziel. Dass Erwachsene unwillig oder widerwillig sind, etwas Neues aufzunehmen und sich aktiv damit auseinander zu setzen, ist in diesem Modell der sich selbst bildenden Persönlichkeit nicht vorgesehen – auch wenn natürlich schnell zuzugestehen ist, dass in Bildungsprozessen auch mit partiellen Widerständen gearbeitet werden muss.

Ziel von Bildungsangeboten ist das gebildete Individuum, ein Mensch, der selbst dem Bild des Menschen entspricht, wie er sein kann und sein soll. ‚Menschenbildner' sind solche Lehrerinnen und Lehrer, die wie ein Moderator oder Coach Bildungsprozesse anregen und anleiten. ‚Menschenbildung' durch ‚Menschenbildner' wollen diejenigen erfahren, die sich Bildungsprozessen aussetzen.

Die ‚Väter' dieses Bildungsbegriffs sind Wilhelm von Humboldt, der immer wieder betont hat, dass Bildung nicht ein fremdbestimmtes Gebildet werden (was im Folgenden um der Trennschärfe willen mit dem Begriff „Erziehung" bezeichnet wird), sondern ein selbsttätiges sich Bilden einer freien Person bezeichnet, und Heinrich Pestalozzi, Johann Gottfried von Herder und Johann Wolfgang von Goethe. Persönlichkeit, Freiheit und Verantwortung gehören bei diesen Denkern und Erziehern zusammen. Nur in Freiheit kann das sittlich gegründete Individuum Verantwortung für sich und seine Weltgestaltung übernehmen. Uwe Hartmann hat in seiner pädagogischen Dissertation Humboldts Verständnis zutreffend folgendermaßen zusammengefasst: „Bildung ist ein Prozeß der Selbstorganisation des Individuums in emanzipatorisch-reflexiver Auseinandersetzung mit der historisch gewordenen Umwelt, also mit den Mitmenschen, den Institutionen und Organisationen und der Natur. Das für die Bildung des Individuums relevante pädagogische Handeln anderer Menschen ist auf das Beispiel und auf den Rat begrenzt. Ob das Individuum das Beispiel annimmt und den Rat befolgt, liegt in seiner Verantwortung. Erziehung dagegen beruht letztlich auf einem Gewalt- und Herrschaftsverhältnis, in dem erwachsene Menschen berechtigt sind, lenkend in die Persönlichkeitsentwicklung des heranwachsenden Menschen einzugreifen."[12]

Einwenden gegen diesen hochgestimmten, euphemistischen Bildungsbegriff kann man leicht und schnell, dass er ‚zu gut' vom Menschen denke, dass Menschen erfahrungsgemäß eben nicht solche perfektiblen Individuen sind, sondern häufig einen ‚Schubs' in die richtige Richtung und Schranken oder Krücken benötigen, um sich zu entwickeln. Dadurch wird aber die Idee des humanistischen Bildungsprozesses nicht desavouiert, sondern ergänzt und bestätigt. Vom Ziel ‚Menschenbildung' her zu denken, befreit von der Vorstellung, dass Grenzziehungen und Gehhilfen unumgänglich sind, dass es nur darauf ankomme, die richtigen Maßnahmen zu ergreifen, damit das gewünschte Ergebnis erzielt wird.

Gegenüber gestellt werden kann diesem Bildungsbegriff der Erziehungsbegriff, der üblicherweise auf unmündige Kinder angewendet wird. Erziehung geht davon aus, dass unfertige Individuen von ihren Lehrerinnen und Lehrern geprägt werden. Natürlich dient die Schule nicht nur der Erziehung zur Beherrschung bestimmter Kulturtechniken wie Lesen und Rechnen, sondern auch der Einübung sozialer Ein- und Unterordnung. Von akademischer Erziehung an der Universität oder von der Erziehung des Lehrlings zum Friseur bzw. zum Fleischer spricht aber niemand, denn nach Schulabschluss setzt die Phase der Ausbildung und des selbsttätigen Lernens ein.

---

[12] Hartmann, Uwe (1994): Erziehung von Erwachsenen als Problem pädagogischer Theorie und Praxis. Eine historisch-systematische Analyse des pädagogischen Feldes ‚Bundeswehr' mit dem Ziel einer pädagogischen Explikation des Erziehungsbegriffs im Hinblick auf erwachsenenpädagogisches Handeln. (Streitkräfte intern 5) Frankfurt a. M.: R.G. Fischer, S. 174.

Neuerdings erfreut sich die Forderung, die Erziehung als „Herzstück der Inneren Führung wiederzuentdecken"[13], einiger Beliebtheit. Tatsächlich hat sich Baudissin selbst deutlich davon distanziert, dass erwachsene Menschen in der Bundeswehr ‚erzogen' werden müssten.[14]

Bildung durch Diskussion

Die Bundeswehr sorgt nicht nur dafür, dass die Soldatinnen und Soldaten Bildungserlebnisse erfahren können, sondern auch dafür, dass wissenschaftliche Forschung zu Bildungsinhalten betrieben wird. Wissenschaftler sprechen bekanntlich kaum jemals mit einer Stimme. Soldatinnen und Soldaten müssen also in Diskurse einsteigen, wenn sie sich bilden wollen. Die Bundeswehr weiß darum, dass unter unübersichtlichen weltpolitischen Bedingungen Orientierungswissen ebenso notwendig ist wie die Fähigkeit, Deutungsmodelle und

---

[13] Bormann, Kai Uwe (2007): Die Erziehung des Soldaten: Herzstück der Inneren Führung. In: Schlaffer, Rudolf J./Schmidt, Wolfgang (Hrsg.): Wolf Graf von Baudissin 1907 bis 1993. Modernisierer zwischen totalitärer Herrschaft und freiheitlicher Ordnung. München: Oldenbourg Wissenschaftsverlag, S. 116–126. Die Wendung von der „Erziehung als Herzstück" wurde aufgenommen von Hartmann, Uwe (2011): Die Innere Führung in der Krise? – Thesen zur Weiterentwicklung der Führungsphilosophie für die Bundeswehr. In: Jahrbuch Innere Führung 2011, S. 305–324, hier S. 319–321. Bormanns Ergebnis, dass Baudissins Erziehungsbegriff von Selbsterziehung einerseits und indirekter Erziehung andererseits geprägt sei, wurde von Hartmann in seiner jüngsten Veröffentlichung zum Thema (anders in seiner oben zitierten Dissertation) nicht aufgenommen. Im Register der ältesten Sammlungen von Texten von Wolf Graf von Baudissins kommt das Stichwort ‚Erziehung' mitsamt seinen Derivaten nur selten vor. Das unterstreicht Baudissins Selbsturteil.

Hartmanns Rezeption von Bormanns Terminologie ist nur auf den ersten Blick einleuchtend, denn er argumentiert zwar mit dem Erziehungsbegriff, allerdings nicht in der Linie Bormanns und Baudissins, sondern vom Erzieher – also dem militärischen Vorgesetzten – her, der (mehr) Verantwortung übernehmen soll. Indem Hartmann den Generalinspekteur zum „obersten Erzieher" seiner Soldatinnen und Soldaten verklärt, dehnt er den Erziehungsbegriff aus und sieht sogar andere Generale und Oberste als durch den Generalinspekteur zu Erziehende an. Das hinter diesen Vorstellungen vorscheinende Bild des Militärs als einer Erziehungsgemeinschaft wirkt antiquiert. Gerade Generale und Oberste sollten doch eher eine Beratungs- und Diskursgemeinschaft bilden, in der entscheidende Bedeutung dem besseren Argument zukommt.

[14] Diese Episode wird berichtet von Hartmann 2011, S. 319. Hartmann wirbt seit Jahren dafür, dass Vorgesetzte sich ihrer Erziehungsaufgabe gegenüber ihren Untergebenen stellen. Nach Hartmanns Auffassung soll der Erziehungsauftrag der Vorgesetzten der Persönlichkeitsbildung der Untergebenen dienen, die ihn freiwillig annehmen und in Selbsterziehung ummünzen.

Referenzrahmen gegeneinander abzuwägen. Kollektive Narrationen sind ebenso zu hinterfragen wie der vermeintlich gesunde Menschenverstand. Durch ihre Bildungsangebote lädt die Bundeswehr Soldatinnen und Soldaten zur Diskussion ein, für die es – ganz in Sinne der Inneren Führung – nur da eine Grenze gibt, „wo die freiheitliche demokratische Grundordnung selbst in Frage gestellt oder die Erfüllung der militärischen Aufgaben unzulässig eingeschränkt wird." (ZDv 10/1, Ziff. 314) Gebildete Staatsbürger in Uniform diskutieren nicht nur untereinander, sondern auch mit Staatsbürgern ohne Uniform.

Literatur

Beck, Hans-Christian/Singer, Christian (Hrsg.) (2011): Entscheiden – Führen – Verantworten. Soldat sein im 21. Jahrhundert. Berlin: Miles-Verlag.

Beckmann, Klaus (2012): Gelöbnis ohne Gewissensprüfung? Die Militärseelsorge und der ‚Staatsbürger in Uniform'. In: Deutsches Pfarrerblatt 112, 2012/5, S. 256–261.

Bormann, Kai Uwe (2007): Die Erziehung des Soldaten: Herzstück der Inneren Führung. In: Schlaffer, Rudolf J./Schmidt, Wolfgang (Hrsg.): Wolf Graf von Baudissin 1907 bis 1993. Modernisierer zwischen totalitärer Herrschaft und freiheitlicher Ordnung. München 2007: Oldenbourg Wissenschaftsverlag, S. 116–126.

Bundesministerium für Verteidigung, Führungsstab der Bundeswehr-B (Hrsg.) (1957): Handbuch Innere Führung. Hilfen zur Klärung der Begriffe. (Schriftenreihe Innere Führung) Bonn.

Dörfler-Dierken, Angelika (2005): Ethische Fundamente der Inneren Führung. Baudissins Leitgedanken: Gewissensgeleitetes Individuum – Verantwortlicher Gehorsam – Konflikt- und friedensfähige Mitmenschlichkeit. (Berichte des Sozialwissenschaftlichen Instituts der Bundeswehr 77) Strausberg: Sozialwissenschaftliches Institut der Bundeswehr.

Dörfler-Dierken, Angelika/Kümmel, Gerhard (Hrsg.) (2010): Identität, Selbstverständnis, Berufsbild. Implikationen der neuen Einsatzrealität für die Bundeswehr. (Schriftenreihe des Sozialwissenschaftlichen Instituts der Bundeswehr 10) Wiesbaden: VS-Verlag.

Dierken, Jörg (2009): Einleitung: Was sind und wozu gibt es Geisteswissenschaften? – Hamburger Reflexionen. In: Ders., Stuhlmann, Andreas (Hrsg.): Geisteswissenschaften in der Offensive. Hamburger Standortbestimmungen. Hamburg: Europäische Verlagsanstalt, S. 11–32.

Ebeling, Klaus (2002): Wie viel Wertedissens verlangt die Innere Führung? In: Gerhard, Wilfried (Hrsg.): Innere Führung: Dekonstruktion und Rekonstruktion. (Wissenschaftliches Forum für Internationale Sicherheit e.V.: WIFIS-aktuell, 28/29) Bremen: Edition Temmen, S. 60–81.

Elssner, Thomas R. (2011): Praxisorientierte Ethikausbildung in den deutschen Streitkräften. In: Beck/Singer (Hrsg.), S. 84–94.

Hartmann, Uwe (1994): Erziehung von Erwachsenen als Problem pädagogischer Theorie und Praxis. Eine historisch-systematische Analyse des pädagogischen Feldes ‚Bundeswehr' mit dem Ziel einer pädagogischen Explikation des Erziehungsbegriffs im Hinblick auf erwachsenenpädagogisches Handeln. (Streitkräfte intern 5) Frankfurt a. M.: R.G. Fischer.

Hartmann, Uwe (2011): Die Innere Führung in der Krise? – Thesen zur Weiterentwicklung der Führungsphilosophie für die Bundeswehr. In: Jahrbuch Innere Führung 2011, S. 305–324.

Klein, Paul/Kümmel, Gerhard (2002): Gewalt im Militär. In: Heitmeyer, Wilhelm/Hagan, John (Hrsg.): Internationales Jahrbuch der Gewaltforschung. Opladen: Westdeutscher Verlag, S. 215–234.

Näser-Lather, Marion (2011): Bundeswehrfamilien. Die Perzeption von Elternschaft und die Vereinbarkeit von Familie und Soldatenberuf. (Universitätsschriften Soziologie 14) Wiesbaden: Nomos Verlag.

Seiffert, Anja/Langer, Phil C./Pietsch, Carsten (2012): Der Einsatz der Bundeswehr in Afghanistan. Sozial- und politikwissenschaftliche Perspektiven. (Schriftenreihe des Sozialwissenschaftlichen Instituts der Bundeswehr 11) Wiesbaden: VS-Verlag für Sozialwissenschaften.

Stein, Tine (2007): Himmlische Quellen und irdisches Recht. Religiöse Voraussetzungen des freiheitlichen Verfassungsstaates. Frankfurt a. M.: Campus Verlag.

Ulrich, Uwe (2011): Interkulturelle Kompetenz in der Bundeswehr. In: Beck/Singer (Hrsg.), S. 100–109.

Tailored to the Vision – Ausbildung der Vorgesetzten in Innerer Führung

Peter Buchner[1]

Gefragt nach ihren Beweggründen, Offizier, genauer gesagt Marineoffizier zu werden, nennen über 80% der Offizieranwärter (OA) das Interesse an Führungsaufgaben als Vorgesetzter, viel mit anderen Menschen zu tun haben und knapp darunter Kameradschaft.[2] Damit stehen typische Vorgesetztenaspekte und -tätigkeiten gleichgewichtig neben Karrieremöglichkeiten. Weder der Wunsch Seefahrt noch das Interesse an Schiffsführung und Nautik erreichen so hohe Werte. Dies darf weitreichende Gültigkeit beanspruchen. Auch ein österreichischer Kamerad führte dies jüngst als Motiv seiner Berufswahl an: „Wie vermutlich für viele Kameraden war die spezielle Leadership-Herausforderung für mich der Grund, den Offizierberuf zu wählen."[3]

Eine Befragung von OA der Marine nach Abschluss ihrer 12-monatigen Grundlagenausbildung, das ist die Ausbildungszeit vor dem Studium, offenbart aber genau da Defizite. Zwar fühlen 74% der OA ihr Verantwortungsbewusstsein als Kernkompetenz Innerer Führung wenigstens oft gefördert. 20% monieren jedoch, dass ihr analytisches Denken selten gefordert wurde. Schlimmer noch, ein Fünftel der KameradInnen sagt sogar, dass im Laufe des Offizierlehrgangs ihre Kommunikationsfähigkeit, Menschenkenntnis oder Fähigkeit zur Motivation anderer nur selten oder nie gefördert wurde. Hinzu kommt Kritik an Seekadetten der Vorcrew, die als Gruppenführer eigentlich nur das im vorausgegangenen Offizierlehrgang Gelernte anwenden müssten. Die Offizierausbildung reicht dafür scheinbar nicht aus. Beschrieben ist ein zusätzlich erforderliches, zweiwöchiges praxisorientiertes Ausbilderseminar. Es bereitet die frisch beförderten Seekadetten auf ihre anspruchsvolle und herausfordernde Aufgabe vor.[4] Offensichtlich liegen Kernbereiche der

---

[1] Bewertungen spiegeln die Auffassung des Autors wider.
[2] Pietsch, Carsten (2010): Panelstudie zur beruflichen Entwicklung von Marineoffizieren. Forschungsbericht 91 des Sozialwissenschaftlichen Instituts der Bundeswehr, S. 42, Strausberg sowie die älteren Berichte 85 und 87 von Wolfgang Sender.
[3] Hessel, Gunther (2011): Die Fundamente der Führung. In: ÖMZ, 49, 6, 671-681, 671.
[4] Herbst, Axel u.a. (2011): Offizierausbildung an der Marineschule Mürwik. Neukonzeption der Soldatischen Basis. In: Marineforum 1/2, 45-47.

Inneren Führung in der Vorgesetztenausbildung brach. Berücksichtigt man weiter, dass die Identifikation mit der Marine stärker ausgeprägt ist als die Bindung an die freiheitliche demokratische Grundordnung, dann rechtfertigt spätestens dieser Befund zu fragen, in welche Richtung die Ausbildung der Vorgesetzten läuft. Aus dem Blickwinkel der Inneren Führung jedenfalls sind Defizite zu konstatieren.

Befunde aus der Offizierausbildung

Zwar soll im Folgenden der Fokus auf die Offiziere als Archetypus des Vorgesetzten, keinesfalls jedoch verengt auf die Teilstreitkraft (TSK) Marine gelegt werden, was sowohl der biographische Hintergrund als auch das eigene Erleben rechtfertigen könnten. Vorgenommen wird die allgemeingültige didaktische Analyse des Spannungsfeldes aus Fachlichkeit und Vorgesetztenrolle des Offiziers. Denn bei den angesprochenen Führungsdefiziten handelt es sich keineswegs um ein Marineproblem, wie ein Interview des gerade ins Amt gekommenen Inspekteurs des Sanitätsdienstes deutlich macht. Bei der Frage des gegenseitigen Umgangs erkennt er noch Verbesserungspotenzial[5] genauso wie der Bericht des Wehrbeauftragten: „Auch Kompaniefeldwebel stellten durch beleidigende Äußerungen wie ‚Pflaume', ‚hohle Frucht', ‚Mastschweine' oder ‚hasenartige Freunde' ihre Eignung in Frage und mussten disziplinar gemaßregelt werden. Im Einzelfall kamen weitere das Ansehen schädigende Fehlverhaltensweisen wie Tätlichkeiten hinzu. *Bisweilen waren derartige Verhaltensweisen auch bei überforderten jungen Offizieren in ihrer ersten Truppenverwendung zu beobachten. Ihnen fehlte es häufig an Truppenerfahrung und der erforderlichen Vorbereitungs- und Eingewöhnungszeit* [Herv. P.B.]."[6]

Dagegen deuten Pausengespräche mit Luftwaffenoffizieren an, dass sie auf dem Klavier der Politischen Bildung als Gestaltungsfeld der Inneren Führung klangvoll spielen. Sie zeigen sowohl tiefgründiges Verständnis für handlungsorientierte Unterrichtsmethoden als auch Geschick bei administrativen Details wie beispielsweise der Finanzierung von Seminaren. Um einzelne Aussagen zu belegen, liegt aber offensichtlich für die Marine das umfangreichste Material leicht zugänglich vor. Vorgesetztenausbildung wurde dort vor über 10

---

[5] Meyer, Simone (2012): Unsere jungen Leute, die haben Kriegserfahrung. Gespräch mit Generaloberstabsarzt Ingo Patschke. In: Die Welt vom 24.01., S. 6.
[6] Der Wehrbeauftragte des Deutschen Bundestages (2011): Jahresbericht. Ds. 17/8400, S. 11.

Jahren als Programm formuliert[7] und mit einer Weisung "Schlüsselqualifikationen„[8] konzeptualisiert. Vielfältige Aspekte der Inneren Führung sind nicht nur theoretisch implementiert, sondern im Modell des Handlungsfeldes dem Anspruch nach auch praktisch in der Marineoffizierausbildung adaptiert.[9] „Die Grundlagenausbildung während des Offizierlehrgangs soll die rechtlichen Voraussetzungen zur Beförderung zum Leutnant, ohne dabei bereits für einen speziellen Dienstposten optimiert ausgebildet worden zu sein, bieten, soll die Identifikation mit dem Beruf und der Aufgabe des Marineoffiziers ermöglichen und die ersten Anteile Führungskompetenz mit dem Schwerpunkt im Qualifikationsbereich Berufsverständnis vermitteln."[10]

Eine Arbeitsgruppe hat die Inspekteursvorgaben im Jahr 2000 in ein Ausbildungskonzept umgesetzt und in einem „Neustädter Papier" dokumentiert: „Auffällig ist die Betonung von historisch-politisch-ethischen Themeninhalten im Offiziergrundlehrgang zu Lasten einer tiefergehenden nautischen Ausbildung, die auf wenige Stundenanteile reduziert wurde, um diejenigen Fertigkeiten zu vermitteln, die zum Erwerb des Kraftboot- und Segelscheins erforderlich sind. Die nautische Ausbildung wurde damit aus dem Fächerkanon der Sperrfächer [im Offiziergrund-, aber keineswegs aus den Lehrgängen der nautischen Fachausbildung! P.B.] an der Marineschule entfernt; an diese Stelle tritt fortan das Fach Politische Bildung, welches sich aus der Fächerkombination Militärgeschichte, Politik und Sicherheitspolitik zusammensetzt. Im Vordergrund der Unterrichtung steht vor allem das Bemühen, die OA zur eigenständigen Urteilsbildung auf einer breiten Faktengrundlage zu befähigen und anzuhalten. Die Bedeutung des Faches Führungslehre (früher Menschenführung) wurde weiter angehoben und durch Seminare in Ethik, Berufsverständnis und interkultureller Kompetenz erweitert."

An Bord von Segelbooten erleben die OA außerdem die Elemente Wasser und Wind und vor allem, sie schulen wie auch an Bord der Gorch Fock

---

[7] Lange, Heinrich; Werner, Rolf (1999): Zwischen Kontinuität und Wandel. Die Ausbildung zum Marineoffizier in Aufbau, Wiederaufbau und Weiterentwicklung. In: Truppenpraxis/Wehrausbildung 5, 368-373, 371.

[8] Stelgens, Michael (1998): Der Nachwuchs auf der Stufenleiter. Die neu gestaltete Ausbildung zum Offizier des Truppendienstes der Marine. In: Truppenpraxis/Wehrausbildung 6, 399-404.

[9] Lange, Heinrich; Werner, Rolf (1999): Die Ausbildung zum Marineoffizier. In: Marineforum 74, 7/8, 36-39.

[10] Hillmann, Jörg; Scheiblich, Reinhard (2002): Das rote Schloß am Meer. Die Marineschule Mürwik seit ihrer Gründung. Hamburg: Convent, 118f.

die Teamfähigkeit. „Die Schule folgt[e] damit der Idee, daß noch fehlerhafte Fachkenntnisse im Laufe der Dienstzeit sicherlich langfristig ausgeglichen werden können – mangelnde Charaktereigenschaften oder grundlegende Persönlichkeitsschwächen als Menschenführer hingegen nur schwerlich."

Institutionell verankert war diese Vorstellung von Vorgesetztenausbildung in den Prüfungsbestimmungen. "Ein Novum in der neu gestalteten Grundlagenausbildung stellt die Bewertung des Offizierlehrganges dar. An erster Stelle steht das Sperrfach Innere Führung. Auf den ersten Blick ergibt sich die Note rein rechnerisch aus sechs Leistungsnachweisen der Teilfächer Führungslehre, Politische Bildung und Wehrrecht. Die didaktischen Implikationen führen jedoch weiter. In der Note wird dem OA die Verwobenheit des Dienstbetriebes mit der Lebensphilosophie der Bundeswehr deutlich: Innere Führung durchsetzt den gesamten dienstlichen Bereich, reicht in der besonderen Verantwortung des Vorgesetzten besonders für die Fürsorge weit in den privaten Bereich hinein und ergibt sich in der Ausbildung im Arrangement aus den wichtigsten Anwendungsbereichen. Damit kann der OA das Spannungsfeld aus Auftrag und individuellen eigenen wie auch Interessen zukünftiger Untergebener greifen und erhält eine Vorstellung vom Zusammenwirken der Anwendungsbereiche zunächst in einem überschaubaren Beziehungsgefüge, zukünftig jedoch für eine komplizierte Organisation. Diese Note hat ein Gewicht von 2/3 des Lehrgangserfolges."[11]

Neben dieser ausführlichen Beschreibung der Ausbildungsidee liegt mit der SOWI-Panelstudie eine wissenschaftlich abgesicherte Untersuchung vor. Schließlich erlauben Beiträge zum hundertjährigen Jubiläum der Offizierschule Einblicke in die heute gepflegten Vorstellungen über Offizierausbildung und in die derzeitige Ausbildungspraxis. Zusätzlich beflügelten die traurigen Ereignisse an Bord der Gorch Fock vielfältige Meinungsäußerungen zu Anspruch und Wirklichkeit. In der Folge des tödlichen Unfalls einer Offizieranwärterin wurde das Ausbildungskonzept ‚Segelschiff' insgesamt hinterfragt. Die Presse sprach von Segel-Lehrgang statt Vorgesetztenausbildung. Andere betonen den Unterschied zum sprichwörtlichen Mädchenpensionat: Sie fordern Verständnis für eine Welt, in der über Befehle nicht diskutiert werden kann, obwohl jeder eigenverantwortlich Straftaten in der Befolgung ausschließen muss. Aus Perspektive der Inneren Führung ist es da allemal erfrischend, wenn Einzelne hinter-

---

[11] Buchner, Peter (2004): Kurs Leutnant zur See. Neuausrichtung in der Ausbildung. In: Marineforum 1/2-2004, 32-35, genauso Hillmann.

fragen, ob Ausbildung und Denken des Offizierkorps hinlänglich auf die neuen Gegebenheiten eingestellt sind. Ein pensionierter General spricht zu recht von Soldaten (hier OA), die nicht den Mut hatten, Missstände ihren Vorgesetzten zu melden. Er identifiziert damit Defizite der Inneren Führung in der Vorgesetztenausbildung. Solche Defizite kann auch keine Unzulänglichkeit bei sozialer Kompetenz rechtfertigen, wenn der diskussionsverliebte Abiturient eben manchmal auch die Segel brassen muss, ohne dass er vorher in epischer Breite erklärt bekommt, weshalb das ausgerechnet jetzt und durch ihn zu erfolgen hat. Über den Unterschied zwischen notwendiger Härte und unsinnigem Handeln ärgert sich ein Ehemaliger, wenn alle immer reflexhaft sagen, dass man auf der Gorch Fock Kameradschaft lernt, als entstünde sie zwangsläufig schon dort, wo alle aufeinander angewiesen sind und keiner weglaufen kann. Das ist die Kritik an einer allzu dünnen didaktischen Grundlage. Da hilft es nichts, wenn die Befürworter gebetsmühlenartig betonen, dass die viel zu wehleidigen OA an ihre physischen und psychischen Grenzen herangeführt werden. Ohne Didaktik fragt sich rein organisatorisch, an welcher Stelle – unabhängig ob nach 3 oder 6 Dienstmonaten – diese Ausbildung eigentlich steht und wann erstmals Verantwortung in der Truppe folgt. Rein didaktisch betrachtet ist Ausbildung an Bord ohne supervisorische Begleitung nicht mehr wert als der beschworene Abenteuerspielplatz. Da hilft es nicht, dass der Alltag in einer Armee zwangsläufig mit besonderen Gefährdungen für Leib und Leben verbunden ist, wenn man an dieser Stelle allein die Ausbildung betrachtet. Das durchschillernde vormoderne Selbstverständnis vom Soldaten sollte Grund genug sein, die Maßstäbe neu zu justieren. Es muss wirkungslos bleiben, die Anhörung im nie stattgefundenen Disziplinarverfahren zu fordern. Genauso wenig überzeugt die Unverzichtbarkeit der Segelausbildung für die nautische oder seemännische Grundausbildung der OA über 5 Jahre vor ihrer ersten denkbaren Verwendung an Bord. Die unverzichtbare Erfahrung der Naturgewalten ohne jedes didaktische Arrangement zu beschwören und bewährte Ausbildungs- und Erziehungsziele zu behaupten reicht nicht. Und man kann Gewissensbisse als subtilere Form der Verantwortung als strafrechtliche Schuld – was gerade mit Blick auf die Auslandseinsätze von großer Bedeutung ist – nicht einfach beiseite schieben.

Insofern bietet sich die Marine zur Illustration der folgenden Überlegungen zu einer zukunftsfähigen Offizierausbildung nicht nur aufgrund ihrer Überschaubarkeit an.

Organisation der Ausbildung

Ungeachtet aller Zukunftsvisionen und sachlicher Erfordernisse determiniert der organisatorische Ablauf das didaktische Arrangement der rund fünfjährigen Offizierausbildung. Vor einer ersten Truppenverwendung stehen in allen TSK drei große Blöcke. Dreh- und Angelpunkt ist das Studium. Gilt doch heutzutage landläufig ein akademisches Studium als unverzichtbare Qualifikation für Führungskräfte. Voraus geht eine 15-, streng genommen nur 12-monatige Grundlagenausbildung, und im Anschluss an das rund vierjährige Studium nehmen die Offiziere an Verwendungslehrgängen teil. Deutlich wird: Vier fordernde Jahre an den Universitäten sind eine lange Zeit, um Vieles wieder zu vergessen.

Die gesellschaftliche Realität - Schlagwort Wissensexplosion - liefert eine Begründung für die große Investition in die jungen Leute. Neben zweifellos mitschwingenden Prestigefragen, der Attraktivität des Berufs und der nicht zu vergessenden zivilberuflichen Qualifizierung, begründet die Aufgabenvielfalt akademisch vermittelte Bewältigungsstrategien. Offiziere müssen in der Breite des Aufgabenspektrums eine Vielfalt von Informationen verarbeiten. Dazu kommt der rasche Wandel. Neues kommt hinzu. Bekanntes wird bedeutungslos. Unter solchen Bedingungen nützt es nichts, einzelne Fakten zu kennen. Gefordert ist Informationsmanagement. Erforderlich ist eine didaktische Leitlinie wie sie der Begriff Zugriffswissen erfasst. Das bedingt die Umorientierung von Faktenwissen zu Methodenbefähigung. Aussagen werden methodisch konsequent mit Maßstäben verknüpft und auf Entscheidungen fokussiert. Meinungen reifen so zu begründeten Urteilen. Arbeitsschritte sind: ein Problem formulieren, den Maßstab konstruieren und die Bewertung vornehmen. Kernkompetenzen dafür sind Abstraktion und Differenzierung. Deutlich wird die vertikale methodenverhaftete statt der althergebrachten horizontalen Orientierung zwischen Fächern und Fakten. Es geht einher mit der Umorientierung im Bildungswesen. Früher stand der Wissenskanon im Lehrplan. Fakten, die als bildungsrelevant galten, mussten inputorientiert vermittelt werden. Im Deutschen Qualifikationsrahmen hat sich das Verständnis zur Outputorientierung gewandelt. Wichtig ist nicht mehr, was der Einzelne gelernt hat, sondern wie er Fähigkeiten anwendet. Genau das erfasst der Begriff Kompetenz. Was die vor den zukünftigen Offizieren liegenden Aufgaben erfordern, ist weit weniger der Faktenfundus als die Fähigkeit, Werkzeuge des Denkens anzuwenden. Und genau dies ist das Ziel akademischer Ausbildung: „Zugleich gebe ich dieses Buch in der nach wie vor unerschütterlichen Hoffnung heraus, dass irgendwann einmal die Mehrheit verstehen möge, dass Politikwissenschaft und insbesondere die Internationale Politik etwas anderes bedeutet als systematisches Zeitungslesen und Stammtischgeplauder – aber ebenso etwas anderes als ersatzphilosophisches Gestammel [...] Ernst Fraenkel hat einmal gesagt, man müsse endlich begreifen, dass Politikwissenschaft kein Gemischtwarenladen sei, sondern über eine ureigene Methode verfüge – nämlich die multiperspektivische Analyse des Phänomens ‚Entscheidung'."[12]

Was das konkret bedeutet, beschreibt Siedschlag weiter: „Somit soll hier kein rigoroser Analyseansatz verbreitet, sondern die Vielschichtigkeit der Probleme und Alternativen der Deutung und Erklärung verständlich gemacht werden [...] Nicht durch Theorie, sondern erst durch Methodik kann ein Fach seinen wissenschaftlichen Anspruch einlösen. Allein Methodologie (d.h. Methodenlehre) bewahrt vor dem Narrativismus, jener von Acham so bezeichneten Pseudomethodik, die sozialwissenschaftliche Erklärungen durch die phänomenologische Beschreibung der in Betracht stehenden Sachverhalte ersetzt. Narrativismus hat in der Politikwissenschaft leider eine hohe Konjunktur, und viele Lehrveranstaltungen geraten rasch zu zwar interessanten Gehversuchen in der politischen Publizistik, die jedoch nichts mit fachwissenschaftlicher Ausbildung zu tun haben. Politikwissenschaft ist etwas anderes als die Chronologie des Tagesgeschehens. Deshalb beinhaltet dieses Lehrbuch neben einem Einblick in die Theorielandschaft auch eine Einweisung in die methodenbezogenen Grundfragen und Probleme von Internationaler Politik als wissenschaftlichem Fach."[13]

Dieser Anspruch an die Sicherheitspolitik lässt sich angesichts ähnlicher Bedingungen gut auf die Offizierausbildung übertragen.

Zukunft der Vorgesetztenausbildung

Stimmen der OA aus der Panelbefragung, implizite Vorstellungen über althergebrachte Offizierausbildung, organisatorische Bedingungen wie Einsatzrealität und schließlich der Stellenwert der Unternehmenskultur erwecken den Eindruck „loser Enden" im Gesamtarrangement der Vorgesetztenausbildung. Au-

---

[12] Siedschlag, Alexander (Hg.) (2006): Methoden der sicherheitspolitischen Analyse. Wiesbaden: VS-Verlag für Sozialwissenschaften, S. 5.
[13] Siedschlag, Alexander; Opitz, Anja; Troy, Jodik; Kuprian, Anita (2007): Grundelemente der internationalen Politik. Wien, Köln, Weimar: Böhlau-Verlag, S. 12.

ßerdem ist unter dem Stichwort Synergien zu fragen, wie das Studium in der militärischen Ausbildung eigentlich rezipiert wird. Daraus erwachsen Vorschläge für zukünftige Weiterentwicklungen. Sie sollen in 2 Thesen gefasst werden.

These 1: Die leitbildartig wirkende Konzeption Innere Führung ist inhaltlich wegweisend für eine Vorgesetzten-, insbesondere Offizierausbildung, weil sie genau die Tätigkeiten befördert und solche Kompetenzen anspricht, die die Offiziere heute und in Zukunft gerade in der Armee im Einsatz benötigen.

Auf den ersten Blick erscheint die These als Anachronismus. Seit Gründung der Bundeswehr als Geburtsstunde Innerer Führung haben sich nicht nur das Kriegsbild, sondern vor allem die gesellschaftlichen Verhältnisse und das Staatsverständnis tiefgreifend verändert. Die Kritik an der Inneren Führung von damals, nämlich realitätsfern, reine Utopie, ohne Einsatzerfahrung und weiche Welle bzw. Samthandschuh wäre insofern gar nicht erst zu bemühen. Aber gegen solch oberflächliche Betrachtung wendet bereits der Gründervater, Graf v. Baudissin, ein: „Es wird für mich stets ein Rätsel bleiben, wie Menschen die hohen Leistungen des deutschen Soldaten im Kriege preisen können, um ihm gleichzeitig für den Frieden jede Mündigkeit, jede Fähigkeit zu Selbstdisziplin und verantwortlicher Mitarbeit abzusprechen."[14]

Angesprochen sind Kompetenzen, die von Offizieren heutzutage landauf landab unermüdlich gefordert werden. Wenn also Innere Führung inhaltlich einigermaßen zur heutigen Zeit passt, wäre sie als leitbildartiges Konzept der geeignete didaktische Bezugrahmen für die Vorgesetztenausbildung. Sie wäre quasi eine Kulturtechnik wie Schwimmen oder Lesen. Das sind Befähigungen, die man im Laufe seines Lebens nie mehr vergisst.

Ein ‚Einsatzbild' Innerer Führung

Wie damals im Kalten Krieg ist auch heutzutage für ein Denken in Siegern und Besiegten kein Platz. Es geht im Einsatz um den Aufbau menschengerechter Ordnung. Gewalt muss unterbunden werden. Der Begriff Frieden beschreibt das nach wie vor prägnant. Verschwunden sind im Großen und Ganzen terri-

---

[14] Baudissin zitiert nach Rosen, Claus v. (2011): Die Bedeutung des kriegstüchtigen Soldaten in Baudissins Überlegungen. In: Staack, Michael (Hg.): Zur Aktualität des Denkens von Wolf Graf von Baudissin. Opladen: Budrich, S. 12.

toriale Ansprüche, die im Krieg durchgesetzt werden. Es gilt als ideologisch zu bezeichnende Spannungen zu überwinden, die in subtilen Formen wie Fundamentalismus, Radikalismus oder religiös instrumentalisiert als Islamismus die Gewaltbereitschaft gerade in unterentwickelten Gesellschaften fördern. Aufgabe der Einsatzsoldaten ist es da, Brücken zu bauen über die Gräben zwischen Kulturen, zwischen reich und arm, aber genauso rein handwerklich als Verkehrsverbindung beispielsweise über Flüsse und Schluchten. Nach wie vor bleibt das Bild des Zauberlehrlings gültig. Wie die derzeit laufenden Einsätze eindrucksvoll belegen, bleibt die eigene Entscheidung zum ersten Schuss, aber Weite, Intensität und Länge der Einsätze – ein prägnantes Beispiel ist sicherlich der ISAF-Einsatz in Afghanistan - sind nicht abzusehen. Deshalb bedarf es der geistigen Auseinandersetzung: Formale Ehre reicht nicht. Was in der totalen Auseinandersetzung des Kalten Krieges das Zusammenwachsen von Soldaten und Nichtkombattanten war, findet sich heute im kaum auszumachenden Wirrwarr der Asymmetrie im Einsatzland. Das erfordert die gründliche Analyse der Handlungsmöglichkeiten. Alles in Allem, hohe Einsatzbereitschaft wächst aus einem professionellen Handwerk und der Einsicht in die Erfordernisse.

Der Begriff „Strategic Sergeant" illustriert die Reichweite des Handelns. Wie damals steht Verantwortung an erster Stelle. Disziplin, Gehorsam und Autorität folgen ihr nach. In den Folgen muss deutlich werden, dass mit militärischer Gewalt keineswegs ein aggressiver Wille durchgesetzt wird. Insofern bildet der Zweck die Klammer, die einerseits die kollektiv vorgegebene Interessenbindung berücksichtigen muss und andererseits auf individueller Ebene das moralische Urteil erfordert. Deutlich wird an solchen Rahmenbedingungen, dass das Bild des Einsatzes analog zu Baudissins Kriegsbild gezeichnet ist. Es ist nicht die Dschungelsituation, in der der blinde Staatsbürger - anders gesagt: der Nur-Soldat – ausreicht. Erforderlich ist die Einsatztüchtigkeit aus der gegenseitig sich durchdringenden Einheit, der Rollentrias des Leitbildes, wo sowohl freie Persönlichkeit als auch verantwortungsbewusste Staatsbürgerlichkeit ihren Beitrag zum einsatzbereiten Soldaten leisten.

Abweichungen vom Kriegsbild

Drei Bedingungen, die Baudissins Überlegungen zugrunde lagen, haben sich aber heutzutage verändert. Der Einsatz ist von der Heimat weit entfernt. Einsätze basieren zweitens nicht auf einer existenziellen Bedrohung. Und damit entsteht drittens ein Bruch zwischen den Soldaten, die das Risiko tragen müssen, und der deutschen Gesellschaft daheim. Das reißt einen Graben zwischen dem Staatsbürger in Uniform und dem Staatsbürger in zivil. Praktisch spiegelt das im Einsatz zu Leistende, dass solche Gräben möglichst zugeschüttet werden müssen. Neben soldatischem Kämpfertum, das der Sicherungssoldat zweifellos leisten muss, stehen vielfältige, dem Zivilen entspringende Tätigkeiten wie Helfer, Schützer oder Diplomat und Staatenbildner. Sie werden derzeit in der soldatischen Ausbildung kaum vermitteln. Aus der Binnensicht der Inneren Führung heraus müssen diese Aufgaben als soziale Gestaltungsprozesse gegenüber der Bevölkerung in den Einsatzgebieten gedeutet werden. Innere Führung fördert also die heute so dringend erforderlichen Kompetenzen, die derzeit von der interessierten Öffentlichkeit wie z.B. Klaus Naumann noch eingefordert werden.

Leitbildfunktion der Inneren Führung

Schließlich kommt mit Blick auf die Ausbildungsblöcke ein pragmatischer Aspekt hinzu. Als leitbildbasiertes Konzept wirkt Innere Führung als Kulturtechnik. Sie ist damit fester im Kompetenzenportfolio der Offiziere verankert als Fakten, die horizontal, meistens unverbunden nebeneinander stehen. Sie werden im Lauf des Studiums einfach verdrängt, häufig vergessen. Demgegenüber bestimmt sich die Handlungsrelevanz eines Leitbildes nach einer vertikalen Funktionslogik. Aus dem Sollzustand heraus sind die OA und Offiziere immer wieder gefordert, durch Konkretisierungsleistungen die richtigen Entscheidungen zu treffen und umzusetzen.

Dieser Abstraktions- und Differenzierungsmodus ist höchst anschlussfähig. Einerseits kann er in den im Studium spotlichtartig stattfindenden militärischen Ausbildungsnachmittagen immer wieder adressiert werden. Dies macht das gut erforschte Feld moralischen Urteilens auf der Grundlage des Kohlbergschen Moralstufenmodells verknüpft mit der Lindschen Konstanzer Dilemma-Diskussion deutlich. Mit jedem weiteren Beispiel kommt ein Stück Urteilskompetenz dazu. Andererseits steht die vertikale Logik der akademischen Idee nahe, die nicht auf eine Vermittlung des Wissenskanons setzt, sondern methodengestützt zur Bewältigung von Problemen ausbildet.

Konsequent und gewinnbringend zugleich wäre es, die Ausbildungszeit vor dem Studium von der Vermittlung kanonförmiger Fakten und singulärer Fertigkeiten zu befreien und stattdessen auf eine kompetenzorientierte Leitbildvermittlung zu setzen. Dies würde nicht nur wichtige Befähigungen, darunter auch zivilmilitärische Fähigkeiten für die OA vermitteln, sondern sie als ‚Denken zum Studium hin' auf diese anspruchsvolle Lebensphase vorbereiten. Es wäre also eine Win-Situation.

Eine solche vertikale Lernlogik bedarf eines angemessenen didaktischen Arrangements.

<u>These 2</u>: Lernarrangements auf Grundlage der Inneren Führung können so konzipiert werden, dass sie zu lebenslangem Lernen befähigen. Sie eignen sich besonders für eine Vorgesetztenausbildung mit dem Ziel, trotz vielschichtiger, sich z.T. sogar widersprechender Bedingungen Entscheidungen zu treffen und sie den Untergebenen zu vermitteln.

Menschenführung, gemeint ist aber wahrscheinlich eher die praktische Umsetzung der Ansprüche der Inneren Führung, kann man nicht lernen, so ist oft zu hören. Oder man redet sich raus, dass man Menschenführung nicht in der Schule, sondern höchstens in der Truppe lernt. Dahinter steht die schlichte Vorstellung von Lernen als Mitmachen. Erinnerungen an die eigene, aber auch jüngere Einblicke in die heutige Ausbildung wecken Zweifel. Da ist auf der einen Seite das eigene Erlebnis eines unstrukturiert wirkenden Gesprächs, wie man Gutwillige bestätigt, Leistungswillige fördert, vor allem aber Gleichgültige anspornt und Unwillige wirksam an ihre Pflichten erinnert, um deren Bereitschaft zu pflichtgemäßem Verhalten, zu Leistung und Selbsterziehung zu stärken. Auf der anderen stimmt es nachdenklich, ob die damals mühsame Aufzählung einzelner Leitsätze für Vorgesetzte, später für die Praxis der Inneren Führung oder einzelner Komponenten wie z. B. der vier Botschaften einer Nachricht im Kommunikationsmodell von Schulz von Thun tatsächlich als Leistungsnachweis für die Kompetenz als Vorgesetzter herhalten können. Eher erweckt es den Eindruck didaktischer Ideenlosigkeit. Es gibt bis heute keine Hinweise darauf, wie sich solche Unterrichtsmodelle beispielsweise im MipoS[15] oder FÜTIS[16] der Marine niederschlagen. Um die Praxisrelevanz von Modellen herzustellen, muss wenigstens der Begriffsapparat „vom Hörsaal ins Gelände

---

[15] Walle, Heinrich (Hg.) (2010): Moderne Ausbildung in historischen Mauern. 100 Jahre Offizierausbildung an der Marineschule Mürwik. Bonn: Köllen, S. 73.
[16] FÜTIS:= Führungskräftetraining in See. Vgl. Klusmann, Tim; Reuter, Daniel (2004): Flensburg liegt am Amazonas. Neue Wege in der praktischen Führerausbildung in der Marine. In: Marineforum 7/8, 24-25.

getragen" werden. Die Ausbilder müssen die Begriffe immer wieder einfordern, und zwar auf dem Kasernenhof und nicht nur im Leistungsnachweis. Sinnvoll arrangiert müssten die Modelle das praktisch Erlebte erklären.

Analyse & Reflexion

Dass mit solchen Handlungsfeldern die Qualität der Ausbildung steigt, steht außer Frage. Um den Lernerfolg zu sichern, bedarf dies zusätzlich der Reflexion. Soweit der Lernende dabei ins Zentrum der Überlegungen rückt, der später als Vorgesetzter mittels systematischer Beobachtung, anschließender Erklärung und folgender Gestaltung oder Verbesserung einer Situation aus eigenem Antrieb eigenverantwortlich intervenieren muss, spricht man treffender von Supervision.

Als Ausbildungsziele findet man heutzutage immer wieder physische und psychische Belastbarkeit, abgegrenzt beispielsweise gegen Wehleidigkeit. Ziel soll der „kühle Kopf" im Gefecht sein. Didaktische Vorstellungen, wie man solche Ziele erreichen will, fehlen. Die Literatur liefert keine Antwort, wie Erlebnisse z.B. an Bord der Gorch Fock in Lernfortschritte überführt werden, wie Teamfähigkeit oder Angstüberwinden erlernt bzw. wie ein Selbstverständnis als Offizier oder verantwortungsbewusste Staatsbürgerlichkeit internalisiert werden sollen.

Methodenbasierte Ausbildungsinhalte

Ausbildungserfolg entsteht also nicht allein schon aus einem Modell, sondern erst in der schlüssigen Verknüpfung der sozialwissenschaftlichen Modellelemente wie z.B. dem Modell der sozialen Rolle, den psychologischen Grundlagen wie die 4 Botschaften in der Kommunikation und eher philosophischen Ansprüchen wie Verantwortung, Vertrauen oder Vorbild mit den Beobachtungen, d.h. deren Anwendung zur Deutung im Alltag. Das ist allerdings mehr als strukturiertes Herangehen an eine Aufgabe, gezielter Einsatz von Ressourcen oder klare Befehlsgebung. Es beantwortet mehr als die Fragen: wen stellt man ab, wie organisiert man oder teilt Kräfte sinnvoll ein. Es ginge um die Erweiterung betriebsorganisatorischer Aspekte um zwischenmenschliche Hygiene, also auch um Menschen- oder weiter gefasst um Innere Führung.

Bild des Vorgesetzten

Das Verständnis vom Vorgesetzten, ganz besonders vom Offizier, beschreiben die Rollen als militärischer Führer, Ausbilder und Erzieher. Die erste Rolle drückt die Erwartung aus, dass Offiziere Entscheidungen treffen. Dazu brauchen sie Fachkenntnisse in der Sache und wenden das Führungssystem an als Methode. Generalisten reicht es, sich anlassbezogen erforderliche Informationen zu generieren. Als Ausbilder müssen Offiziere befähigt sein, die für ihre Untergebenen erforderlichen Kenntnisse und Fertigkeiten zu identifizieren und wirkungsvoll zu vermitteln. Das Erziehungsverständnis weicht allerdings stark vom umgangssprachlichen Erziehungsbegriff als machtbasiertes Abhängigkeitsverhältnis des Zöglings vom Erzieher ab. Erziehung ist verstanden als Selbsterziehung – heutzutage eher mit Sozialisation erfasst. Sie beinhaltet die Gewährung von Freiräumen und die Einwirkung auf die Soldaten, sie verantwortungsvoll auszufüllen. Das war zur Zeit der Gründung der Bundeswehr erforderlich angesichts des damals technisch geprägten und ideologisch aufgeladenen Kriegsbildes kleiner, selbständiger Einheiten. Dafür forderte Baudissin „die Erziehung zum hochwertigen, d.h. dem von seiner Sache überzeugten, seine Waffe meisternden und geistig beweglichen Einzelkämpfer."[17] Methodisch schlägt er vor, die Soldaten dem „Wind der Freiheit als schärfsten Lehrmeister auszusetzen." Dies ist heutzutage immer noch erforderlich für den „strategic sergeant" im asymmetrischen Kriegsbild des 21. Jahrhunderts.

In der Rollentrias kommen drei Kernkompetenzen zum Ausdruck, die Vorgesetzte auszeichnen müssen: Initiative ergreifen, weil die Offiziere diejenigen sind, die die Aufgabe am Laufen halten müssen, wenn niemand mehr hinter ihnen steht. Freiräume gestalten, weil niemand mehr kommt, der ihnen die neue Richtung weist. Und sie müssen die Grenzen erkennen: einerseits organisatorisch in Bezug auf die Machbarkeit ihrer Entscheidung und vor allem beim Blick ins Gesicht ihrer Soldaten. Diese Kernkompetenzen sind hinreichend abstrakt, für ein breites Tätigkeitsspektrum. Genau das drückt der Kompetenzbegriff aus als divergierende Lernanforderungen in einem Lernarrangement. So Gelerntes hält dem rauen Wind des Wandels stand. Solche Kompetenzen lohnt es, in der knappen Zeit vor dem Studium auszubilden. Das ist allerdings mehr als nautische Kenntnisse als ein Beispiel für ein scheinbar lieb

---

[17] Baudissin zitiert nach Rosen, Claus v. (2011): Die Bedeutung des kriegstüchtigen Soldaten in Baudissins Überlegungen. In: Staack, Michael (Hg.): Zur Aktualität des Denkens von Wolf Graf von Baudissin. Opladen: Budrich, S. 15.

gewonnenes Kind in der Marine, gerade für die KameradInnen, die wahrscheinlich niemals als Wachoffiziere eingesetzt werden.

Kompetenzenbasiertes Ausbildungsprogramm

Um dies zu erreichen, muss ein zukunftsfähiges Lernarrangement Reflexion provozieren. Die OA müssen in ausgewählten Situationen zunächst die entscheidungsrelevanten Fakten sammeln. Für ein Führungsproblem ergibt sich die Denkstruktur z.B. im Modell situativer Führung aus den Parametern Person des Vorgesetzten wie des Untergebenen, der Gruppe als Ganzes und der Aufgabe sowie im Entscheidungsrahmen unveränderbarer Rahmenbedingungen. Dann müssen die OA das Problem treffend formulieren und einen Maßstab konstruieren. Das führt sie zu einer Bewertung, die anhand der Vor- und Nachteile geprüft und mit Handlungsmöglichkeiten und Grenzen verknüpft wird. Für den so gewonnenen Entschluss können die Vorgesetzten dank der vorausgegangenen Denkhygiene ihren Untergebenen nahezu problemlos die Notwendigkeit vermitteln und damit im Sinne des militäreigentümlichen Erziehungsbegriffs deren Einsicht befördern.

In dieses methodisch-reflexive Verständnis von Vorgesetztenausbildung fügt sich Politische Bildung als Übungsfeld sehr gut ein. Dort werden Urteils- und Analysefähigkeiten geschult. Sie befähigt zum begründeten Urteil. Über die Schulung strenger Denkmethodik hinaus im Erleben der eigenen Politischen Bildung wird außerdem mit der Befähigung zum Moderator die Sensibilität geweckt, die für die Vorgesetzten erforderlich ist, um später ihre Ausbilderrolle sachgerecht wahrzunehmen.

Es ist ein prägnantes Beispiel für die grenzüberschreitende Entwicklung von Kompetenzen. Faktenwissen geht dabei keineswegs verloren. Im geschickten Lernarrangement wird es über die Beispiele transportiert. Ihre Auswahl aus den interessierenden Lebenszusammenhängen entfaltet nicht nur die Motivation zum selbständigen Weiterlernen – Freiräume gestalten! Sie verfestigt darüber hinaus das als wichtig Betrachtete getreu dem Motto: Man hat es ja schon einmal gemacht.

Exemplarität & Transfer als methodisches Fundament

In didaktischer Perspektive kommen Exemplarität und Transfer als vorgesetztengerechter Anspruch an die Ausbildung zum Tragen. Genau das liegt auch dem heutzutage vieldiskutierten Europäischen bzw. Deutschen Qualifikations Rahmen zugrunde. Auch hier sind gesellschaftliche Schlüsselqualifikationen, Kulturtechniken quasi, gefordert, die den Vorteil bieten, dass sie fester im Gedächtnis verankert sind als einzelne Fakten. Dazu analysiert Oskar Negt: Wissenskumulation reicht nicht zur Bewältigung unserer modernen Lebensrealität. Und das gilt sicherlich auch für Offiziere, ganz besonders im Einsatz.

Mit diesem didaktischen Ansatz für eine zukunftsorientierte Vorgesetztenausbildung wird die schal gewordene Verliebtheit in Praxis und Erfahrung (Martin Kutz) aus ihrer mentalen Fessel befreit und mit Analyse und Reflexion durch langlebige Kulturtechniken ersetzt. Sie sind dank ihrer methodischen Orientierung zur Bewältigung unserer modernen Lebensrealität bestens geeignet. Diese Kompetenz zur Bewältigung sozialer Situationen erweitert um die Befähigung zu deren Erzeugung – die Gestaltungsaufgabe – beinhaltet dabei die feste Bindung an Vorstellungen, wie sie die Innere Führung schon immer fordert. Sie spricht gleichzeitig grenzüberschreitende Kompetenzen an. Als Bildungsinhalt übergeordneten Charakters enthält der Ansatz einen ausreichenden Abstraktionsgrad, der veraltetes Wissen verhindert. Es ist damit eine konsequente Umsetzung lebenslangen Lernens.

Das Selbstverständnis der Offiziere der Bundeswehr als Armee im Einsatz wächst z.B. bezogen auf die Marine nicht mehr aus „Stechzirkel und Kursdreieck". Erforderlich ist ein instrumentelles Bildungsverständnis auf der Grundlage von Zugriffswissen: „know how to know". Das eröffnet sogar noch Anschlussmöglichkeiten für die Fachausbildung nach dem Studium. Die ‚Liebe zum Beruf' kann den Anstoß geben, Lücken im Wissen aus eigener Initiative zu füllen und fehlende Erfahrungen selbständig auszugleichen. Ein ‚Denken vom Studium' her würde die studierten Offiziere mit in die Verantwortung nehmen. In diesem didaktischen Ansatz für eine Fachausbildung, gestützt auf die Initiative der Offiziere, ihre Freiräume – hier erkannte Defizite – aufzufüllen, bildet das Baudissinsche Erziehungsverständnis die Klammer um vielfältige Einzelaspekte. Es entsteht eine Win-Situation, zusammen mit dem Gewinn aus der Leitbildorientierung also eine Win-Win-Situation.

Resumee: Tailored to the Vision!

Was damals um die Jahrtausendwende für die Marineoffizierausbildung entwickelt wurde, hat mittlerweile eine tiefgehende und eigentlich kaum noch zu ignorierende sachliche Begründung erhalten. Die leitbildartig wirkende Innere

Führung in einem akademisch orientierten Lernarragement ist die geeignete didaktische Grundlage für die Offizierausbildung.

Angesichts der vielschichtigen Anforderungen im Einsatz ist es nicht mehr ein traditionsbehafteter Kanon des Wissens oder Könnens, sondern die entwickelte analytische Kompetenz als Vorgesetzter. Ausbildungsinhalte sind methodenorientierte Denkmodelle als Entscheidungsgrundlagen. Fakten ergeben sich aus den Beispielen, an denen die Methoden angewendet werden. Ihre Auswahl erfolgt anhand ihrer Prägnanz und ihrer Exemplarität. Dazu bildet die leitbildartig wirkende Innere Führung das überwölbende Dach. Sie formuliert die Anforderung an den Einzelnen, speziell an jeden Vorgesetzten, ganz besonders an die Offiziere. Kern der Vorgesetztenausbildung ist also das Ideal, die Vision unserer Unternehmenskultur. Zukunftsfähigkeit der Offizierausbildung bedeutet also: Tailored to the Vision!

Die Attraktivität einer Karriere als Berufssoldat aus Sicht studierender Offiziere
Jörg Felfe / Martin Scherm

Einführung: Die Bedeutung von militärischer Führung im Wandel

Die Bundeswehr befindet sich seit 20 Jahren in einem tiefgreifenden Veränderungsprozess. Zahlreiche Engagements im Rahmen internationaler Einsätze haben nicht nur das Auftragsprofil nachhaltig verändert, sondern auch die Gewichte innerhalb der Organisation verschoben und die damit verbundenen Strukturen beeinflusst. Die neuen Verpflichtungen in den Bündnissen und die geänderten geopolitischen Rahmenbedingungen haben die Verteidigungsarmee zur Einsatzarmee werden lassen – und ein Ende der Transformation ist nicht abzusehen: „Flexibilität und Anpassungsfähigkeit sind ein wesentliches Merkmal unserer Organisationskultur und unseres Auftrages" (de Maizière, 2011). In diesem Zusammenhang wird auch das unter konzeptionellen wie praktischen Gesichtspunkten so erfolgreiche Modell des „Staatsbürgers in Uniform" der Inneren Führung kritisch reflektiert und weiter entwickelt. Bei näherem Hinsehen wird allerdings deutlich, dass es weniger grundsätzliche Fragen sind, die an die Innere Führung, d.h. ihre Berechtigung und die sie flankierenden Regelwerke herangetragen werden. Vielmehr wird die Umsetzung der Führungsrichtlinien, der „Transfer zum Handeln" (von Rosen, 2009, S. 39), unter Einsatzbedingungen und in kriegsähnlichen Szenarien diskutiert. In diesem Zusammenhang erfahren Eigenschaften und Kompetenzen zunehmend Aufmerksamkeit, die in der Diskussion um eine menschengerechte Führungskultur bislang wenig beachtet wurden. Hier sind Aspekte wie der Umgang mit psychisch belastenden Erfahrungen, denen Vorgesetzte selbst und ihre Untergebenen ausgesetzt sind, die Belastungen für die Vereinbarkeit von Arbeit und Familie, die Legitimation von Einsätzen und der Umgang mit Kritik im privaten und gesellschaftlichen Umfeld oder die Fähigkeit zur Entscheidung in komplexen, kritischen Situationen zu nennen.

Unstrittig ist daher, dass für eine Armee, die stärker vom Einsatz her denkt, die Anforderungen und die Bedeutung von Führung wachsen. Der Stellenwert von Führung dürfte noch verstärkt werden, wenn man die zusätzlichen Randbedingungen von verkleinerten Streitkräften und schwierigen Haushaltslagen mit bedenkt. Zugleich stellt das Primat der Auftragstaktik hohe Anforderungen an militärische Vorgesetzte aller Ebenen. Hieraus ergibt sich zwingend, dass es eine der zentralen Aufgaben der Organisation Bundeswehr ist bzw. verstärkt sein wird, Frauen und Männer mit möglichst großem Führungspotenzial für sich zu gewinnen, entsprechend auszubilden und auch fortzuentwickeln. Der Druck auf die entsprechenden administrativen Funktionen in der Organisation ist entsprechend hoch: „Personalauswahl und Personalentwicklung müssen daher gerade unter Berücksichtigung eines derzeit rückläufigen Bewerberaufkommens und der Wahrscheinlichkeit immer wiederkehrender, weltweiter multinationaler Einsätze deutscher Streitkräfte besonders aktiv gestaltet werden" (Sauer, 2011, S. 65).

Und nicht nur der Erfolg militärischer Aufträge ist von der Einsatzbereitschaft und den Kompetenzen der Führungskräfte abhängig. Vom Führungskönnen vor allem der Offiziere und der Unteroffiziere hängt in besonderem Maße ab, inwieweit es dem Dienstherrn gelingt, im Sinne seiner ausdrücklichen Fürsorgepflicht alles dafür zu tun, dass die Soldatinnen und Soldaten aus dem Einsatz unversehrt zurückkehren. Neben dem unmittelbaren Effekt auf den Ausgang militärischen Handelns kommt den Führungskräften schließlich eine weitere Bedeutung zu. Diese ist in der Öffentlichkeit bislang weitgehend unbeachtet geblieben. Sie beeinflussen den Erfolg von Veränderungsprozessen in nicht unerheblicher Art und Weise, wie sie selbst als Vorbild mit Änderungsbedarfen umgehen, wie sie Sinn und Notwendigkeit des Wandels in ihre Umgebung hinein kommunizieren und wie sie mit den damit verbundenen Risiken umgehen (vgl. Judge, Thoresen, Pucik & Welbourne, 1999). Von ihrer Bereitschaft und ihrem tatsächlichen Verhalten als „change agents" hängt wesentlich ab, inwieweit auch die Geführten die Ziele des Veränderungsprozesses zum eigenen Anliegen machen und sich entsprechend einsetzen. Wenngleich die Bedeutung der militärischen Vorgesetzten für den Erfolg von Transformationsprozessen hierzulande noch nicht untersucht ist, liegen für die Situation der US-amerikanischen Streitkräfte erste Ergebnisse vor (Lyons, Swindler & Offner, 2009). Diese bestätigen die wichtige Rolle der Vorgesetzten für die Veränderungsbereitschaft der Organisationsangehörigen. Nicht zuletzt haben Führungskräfte einen maßgeblichen Einfluss auf die Zufriedenheit und das Commitment und damit auf das Engagement ihrer Untergebenen (Felfe, 2008, 2009).

Das geeignete Führungspersonal zu finden und langfristig an die Streitkräfte zu binden, ist demnach eine vordringliche Aufgabe. Vor dem Hintergrund der demografischen Entwicklung stellt der Wettbewerb um die besten Köpfe als „war of talents" (Axelrod, Handfield-Jones & Welsh, 2001) eine erhebliche Herausforderung dar. Eine zentrale Aufgabe besteht darin zu identifizieren, was den potenziellen Führungsnachwuchs auf die Streitkräfte aufmerksam macht, d.h. was diesen an einer militärischen Führungstätigkeit reizt. Hier sind Attraktoren wie eine abwechslungsreiche Tätigkeit, die Möglichkeit zur Menschenführung oder etwa die Aussicht auf einen sicheren Arbeitsplatz zu nennen. Mindestens ebenso wichtig ist allerdings die Klärung der Frage, welche Umstände und Entscheidungskriterien dazu führen, dass die Gruppe des geeigneten Offiziernachwuchses in der Bundeswehr verbleiben möchte, d.h. sich um eine Karriere als Berufssoldatin bzw. -soldat bewirbt. Vor dem Hintergrund des oben skizzierten Szenarios einer komplexeren Auftragslage bei zugleich reduziertem Personalkörper ist es aus Sicht der Organisation erforderlich, die Leistungsträger zu halten. Dabei geht es nicht nur darum, die getätigten Investitionen in die Ausbildung und Qualifizierung zu amortisieren, sondern auch darum, dass für eine Bestenauslese ein hinreichend großer Bewerberpool zur Verfügung steht.

Hier eröffnen sich folgende Fragen: Welche Anreize und Handlungsmöglichkeiten sollte die Bundeswehr als Organisation eröffnen, um Nachwuchskräften eine lebenslange Karriereperspektive zu bieten? Welche Signale oder Erfahrungen wirken – auch im Sinne von enttäuschten Erwartungen – einer Weiterverpflichtungsbereitschaft entgegen? Und wie verarbeiten bzw. verdichten die Nachwuchskräfte ihre bisher gemachten Erfahrungen in den Streitkräften? Erste Antworten auf diese Fragen gibt die Studie von Bulmahn, Burmeister und Thümmel (2009) für die Gruppe von Jugendlichen vor der Berufswahl. Dort wurde u.a. gezeigt, dass die Erwartung der Befragten hinsichtlich der Möglichkeiten in der Bundeswehr, herausfordernde interessante Tätigkeiten ausüben oder sich entwickeln zu können, mit dem Interesse am Soldatenberuf in deutlichem Zusammenhang stehen. Das gilt besonders für die Befragten mit höherem Bildungsniveau. Sicherheitsorientierte Merkmale wie Bezahlung, Arbeitsplatzsicherheit und Sozialleistungen spielen eher eine untergeordnete Rolle (S. 65 ff.). Von Bedeutung ist aber auch, dass die Tätigkeit mit den eigenen Wertvorstellungen übereinstimmt und dass man sich mit den Zielen der Organisation identifizieren kann. Nicht zuletzt ist auch die Vereinbarkeit von Familie und Beruf für die Attraktivität der Bundeswehr aus Sicht junger Männer und Frauen relevant (S. 76 ff.).

Wie aber wird die Attraktivität der Bundeswehr als Arbeitgeber von Personen eingeschätzt, die als Offiziernachwuchs die Bundeswehr bereits kennen gelernt und ggf. neue Einschätzungen entwickelt haben, und welche Erwartungen beeinflussen ihre zukünftigen Karriereentscheidungen? Der vorliegende Beitrag geht den genannten Fragen mit einem empirischen und organisationspsychologischen Untersuchungsansatz nach. Im Mittelpunkt steht die Frage nach der Bedeutung der Identifikation und inneren Verbundenheit mit der Bundeswehr wie auch der Berufsrolle als Offizier. Identifikation und Verbundenheit mit einer Organisation werden in der Organisationspsychologie auch als organisationales Commitment bezeichnet. Hierzu wurde eine Stichprobe von studierenden Offizieren befragt. Es wird vermutet, dass Offiziere mit hohem Commitment gegenüber der Bundeswehr und dem Beruf als Offizier eher bereit sind, eine Karriere als Berufssoldat anzustreben. Außerdem wird untersucht, welche organisationalen Merkmale der Bundeswehr (z.B. Sozialleistungen, Arbeitsinhalt, Perspektive von Auslandseinsätzen) das Commitment beeinflussen. Die berichteten Ergebnisse liefern darüber hinaus Ansatzpunkte zur Verbesserung der Ausbildung, vor allem aber auch der Praxis der Menschenführung.

Untersuchungsmodell und Fragestellung

Vor dem Hintergrund des demografischen Wandels ist es für die Sicherung des Führungskräftenachwuchses wichtig, frühzeitig abschätzen zu können, wie die Attraktivität einer Karriere als Berufssoldat von den Betroffenen selbst eingeschätzt wird und von welchen Faktoren die Entscheidung, sich längerfristig zu verpflichten, abhängig gemacht wird. Eine frühzeitige Befragung bereits zum Zeitpunkt des Studiums bietet mehrere Vorteile: Zum einen lassen sich Effekte prognostizieren, die erst in einigen Jahren eintreten. Damit besteht die Möglichkeit, rechtzeitig zu reagieren und ggf. mit entsprechenden Maßnahmen gegenzusteuern. Zum anderen besteht die Möglichkeit, durch einen Vergleich mit Jugendlichen (Bulmahn et al., 2009) oder mit Offizieren zum Ende ihrer Dienstzeit festzustellen, wie sich einzelne Bewertungen durch die Diensterfahrung verbessern oder verschlechtern.

Es kann auch davon ausgegangen werden, dass die Absicht, Berufssoldat zu werden, nicht nur für die spätere Bewerbung relevant ist. Vielmehr darf angenommen werden, dass die Leistungsbereitschaft und das Engagement bereits während der Dienstzeit höher sind, wenn mit der aktuellen Tätigkeit eine längerfristige Berufsperspektive verbunden wird. Damit ist ein besseres Verständnis des Ausmaßes der Weiterverpflichtungsabsicht und der relevanten Bedingungsfaktoren nicht nur für die längerfristige Sicherung des Personalbedarfs, sondern auch für die aktuelle Leistungsbereitschaft von Bedeutung.

Wesentliche Faktoren für oder gegen die Entscheidung, sich als Berufssoldat (BS) verpflichten zu wollen, dürften das Commitment bzw. die Verbundenheit mit der Bundeswehr und die Identifikation mit dem Offizierberuf sein (Felfe, 2008). Bulmahn et al. (2009) haben in ihrer Studie mit Jugendlichen bereits gezeigt, dass die Attraktivität der Bundeswehr als Arbeitgeber wesentlich davon abhängt, inwieweit die Erwartung besteht, sich mit den Zielen identifizieren und die Tätigkeit mit den eigenen Wertvorstellungen vereinbaren zu können.

Unter organisationalem Commitment versteht man das „psychologische Band", das einen Mitarbeiter an eine Organisation bindet (Mathieu & Zajac, 1990). Üblicherweise wird zwischen affektivem, kalkulatorischem und normativem Commitment unterschieden (Felfe, 2008; Meyer & Herscovitch, 2001). Affektives Commitment ist durch gemeinsame Werte, Befriedigung persönlicher Bedürfnisse, Identifikation mit organisationalen Zielen in Kombination mit Gefühlen des Stolzes und der Zugehörigkeit charakterisiert. Mitarbeiter mit überwiegend kalkulatorischem Commitment hingegen bleiben in ihrer Organisation, weil bisherige Investitionen oder fehlende Alternativen einen Wechsel unvernünftig oder schwierig erscheinen lassen. Die Verbindung beruht auf dem rationalen Abwägen von Kosten und Nutzen. Bei normativ gebundenen Mitarbeitern steht dagegen die moralische Verpflichtung im Vordergrund. Sie würden sich schuldig fühlen, wenn sie die Organisation verließen und bleiben daher ihrem Unternehmen treu.

Die Forschung hat gezeigt, dass vor allem affektives organisationales Commitment dafür ausschlaggebend ist, ob jemand auch in schwierigen Zeiten oder Krisensituationen seiner Organisation treu bleibt oder auch dann die Organisation nicht verlässt, wenn attraktive Alternativen zur Verfügung stehen. Darüber hinaus gibt es zahlreiche Belege, dass sich Personen mit hohem Commitment überdurchschnittlich für die Ziele der Organisation engagieren (Cohen, 2003; Felfe, 2008; Meyer, Stanley, Herscovitch & Topolnytsky, 2002). Commitment entwickelt sich nicht nur gegenüber der Organisation, sondern auch gegenüber dem Beruf bzw. der Tätigkeit (Bentein, Stinglhamber & Vandenberghe, 2002; Felfe, Schmook & Six, 2008). Commitment und Identifikation hängen wiederum von individuellen Motiven und Bedürfnissen, aber auch von Merkmalen der Bundeswehr ab, die als positiv oder negativ bewertet werden (s. Abbildung 1). Die Attraktivität der Bundeswehr als Arbeitgeber lässt sich an verschiedenen Merkmalen festmachen (Levering, 1994; Lievens & Highhouse, 2003; Lievens, Van Hoye, & Schreurs, 2005). Hierzu zählen die Attraktivität der zukünftig zu erwartenden Aufgaben und Tätigkeiten, Aufstiegs- und Entwicklungschancen sowie die Sicherheit des Arbeitsplatzes, Verdienstmöglichkeiten, das gesellschaftliche Ansehen wie auch die Vereinbarkeit von Arbeit und Familie. Die Einschätzung dieser zukünftigen Arbeits- und Rahmenbedingungen als Berufsoffizier haben einen erheblichen Einfluss auf die Absicht, BS zu werden.

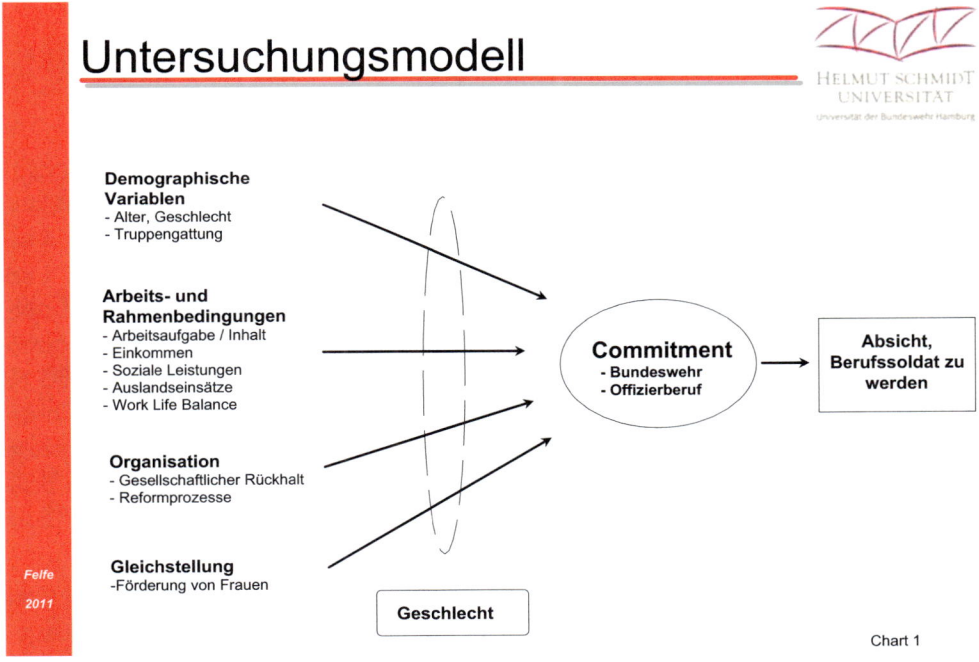

Abbildung 1

Konkret sollen mit der vorliegenden Studie erste Hinweise auf folgende Fragen gegeben werden:
- Wie verbreitet ist die Absicht, sich für eine Karriere als BS zu bewerben bzw. wie hoch ist der Anteil derjenigen Offiziere, die bereits zu einem

frühen Zeitpunkt ihrer Karriere eine Perspektive als Berufssoldat anstreben wollen?
- Wie stark ist das Commitment gegenüber der Bundeswehr und wie ausgeprägt ist die Identifikation mit dem Offizierberuf?
- Wie wird die Attraktivität der Bundeswehr als Arbeitgeber mit Blick auf eine zukünftige Karriere als BS eingeschätzt. Welche Stärken und Schwächen lassen sich identifizieren?
- Welche Merkmale der Bundeswehr als Arbeitgeber beeinflussen das Commitment und damit die Absicht, Berufsoffizier werden zu wollen?

Auf der Grundlage dieser Informationen können entsprechende Konsequenzen z.B. auch für die Führung abgeleitet werden.

Methode

An der standardisierten Befragung haben insgesamt N = 284 Offiziere teilgenommen. Die Untersuchung wurde im Sommer 2011 als Online-Studie mit Studierenden der Universitäten der Bundeswehr in Hamburg (89,1 %) und München (10,9 %) durchgeführt[1]. Der Anteil der Frauen liegt bei 26,4 %. Das Durchschnittsalter betrug M = 24,2 (SD 2,2) und die durchschnittliche Zugehörigkeit zur Bundeswehr 4,96 (SD 1,9) Jahre. 57 % der Befragten gehörten zum Heer, 17 % zur Luftwaffe, 11 % zur Marine und 15 % zur SKB. 30 % gehörten zu Kampftruppen und 26 % zur Kampfunterstützung. Den Teilnehmern wurde Anonymität und Vertraulichkeit hinsichtlich ihrer persönlichen Daten zugesichert. Da es sich um eine Zufallsstichprobe mit freiwilliger Teilnahme handelt, kann nicht von Repräsentativität ausgegangen werden. Allerdings gibt es auch keine Hinweise auf systematische Verzerrungen.

Zur Messung von Commitment wurden etablierte und validierte Skalen verwendet (Felfe & Franke, 2012). Zur Erfassung der Merkmale der Arbeitgeberattraktivität wurde auf ein erprobtes Screeningverfahren (Felfe & Liepmann, 2008) zurückgegriffen und bundeswehrspezifische Anpassungen vorgenommen. Items zur Erfassung von Genderaspekten und zur Akzeptanz in der

---

[1] Die Autoren danken Frau Mareen Neumann für die Erhebung der Daten im Rahmen ihrer Masterarbeit an der Helmut Schmidt Universität. Teile der Untersuchung wurden 2011 auf der Annual Conference der International Military Testing Association (IMTA) in Indonesien vorgestellt.

Gesellschaft wurden neu konstruiert. Die Überprüfung der Reliabilitäten der Skalen ergab befriedigende bis gute Werte. Vorgegeben wurde jeweils ein fünfstufiges Antwortformat von 1 = „trifft gar nicht zu" bis 5 = „trifft voll zu".

Ergebnisse

Perspektive als Berufssoldat

Wie hoch ist der Anteil derjenigen Offiziere, die bereits zu einem frühen Zeitpunkt ihrer Karriere die *Absicht haben, Berufssoldat* zu werden? Insgesamt haben lediglich 20,4 % die Absicht einer Karriere als Berufssoldat, wobei diese Absicht nur für 10,9 % voll „zutrifft". Für die übrigen 9,5 % trifft die Absicht immerhin „eher" zu. Auf der anderen Seite wird die Absicht von 37,3 % klar und von 20,1 % eher verneint. Bemerkenswert ist hier der Unterschied zwischen Männern und Frauen. Während 25% der Männer die Absicht bekunden, Berufssoldat zu werden, liegt der Anteil bei den Frauen lediglich bei 8 %. Es zeigen sich auch systematische Unterschiede bei der tendenziellen Zustimmung zwischen den Truppengattungen: Luftwaffe - 26,6 %, Heer - 21,7 %, SKB - 14 % und Marine - 13,3 %. Betrachtet man lediglich die Anteile mit eindeutiger Zustimmung, zeigt sich folgendes Bild: Luftwaffe - 18,4 %, Heer - 11,8 %, SKB - 4,7 % und Marine - 3,3 %. Damit zeigt sich in dieser Phase der Dienstzeit ein insgesamt eher geringes Interesse, Berufssoldat zu werden. Besonders gering ist die Absicht bei den Frauen sowie bei den Angehörigen von Marine und Streitkräftebasis.

Commitment

Wie stark ist das *Commitment* gegenüber der Bundeswehr, und wie ausgeprägt ist das Commitment bzw. die *Identifikation* mit dem Beruf als Offizier? Insgesamt berichten die Teilnehmer ein vergleichsweise hohes affektives Commitment gegenüber der Bundeswehr (M = 3,75). Zum Beispiel stimmen 69,4 % der Aussage, dass sie „stolz darauf" sind, der Bundeswehr anzugehören, eher oder voll zu. Weitere Beispielitems sind: „Die Bundeswehr hat sehr große persönliche Bedeutung für mich." oder „Ich empfinde ein starkes Gefühl der Zugehörigkeit mit der Bundeswehr." Deutlich geringer ist das kalkulatorische Commitment (M = 2,7) ausgeprägt (Beispielitems:" Zum gegenwärtigen Zeitpunkt ist es mehr eine Sache der Notwendigkeit als ein Wunsch, bei der Bundeswehr zu bleiben." und „Es wäre mit vielen Nachteilen für mich verbunden, wenn ich die Bundeswehr jetzt verlassen müsste."). Das normative Commitment liegt mit (M = 2,91) ebenfalls niedriger als das affektive Commitment („Viele Leute, die mir wichtig sind, würden es nicht verstehen oder wären enttäuscht, wenn ich die Bundeswehr verlassen würde." und „Selbst wenn es für mich vorteilhaft wäre, fände ich es nicht richtig, die Bundeswehr bei entsprechender Gelegenheit zu verlassen".) Während sich beim affektiven Commitment kein Unterschied zwischen Männern und Frauen zeigt, ist das kalkulatorische Commitment bei Frauen etwas höher und das normative Commitment etwas niedriger als bei Männern. Im Vergleich der Teilstreitkräfte ist das affektive Commitment bei den Marineangehörigen mit M = 3,54 am geringsten und bei der Luftwaffe mit 3,91 am höchsten ausgeprägt. Auch zeigt sich ein Alters- bzw. Ausbildungsunterschied: Das Commitment der älteren Offiziere bzw. der Offiziere des älteren Ausbildungsganges ist niedriger als das der Jüngeren bzw. der Offiziere mit neuer Ausbildung.

Stärker ausgeprägt als das Commitment gegenüber der Bundeswehr ist das affektive Commitment (Identifikation) zum Beruf als Offizier (M = 4,17). Immerhin 84,5 % sind „stolz darauf, Soldat zu sein". Weitere Beispielitems sind: „Soldat zu sein hat eine sehr große persönliche Bedeutung für mich." oder „Ich bin gerne Soldat." Hier weisen die Männer mit M = 4,26 höhere Werte als die Frauen auf (M = 3,92). Im Vergleich der Teilstreitkräfte ist die Identifikation bei den Marineangehörigen mit M = 3,68 am geringsten ausgeprägt. Es zeigen sich keine Alters- und Ausbildungsunterschiede. Im Vergleich zu zivilen Stichproben handelt es sich hierbei jeweils um durchschnittliche Werte (Felfe & Franke, 2012). Insgesamt kann somit von einem durchschnittlich hohen Commitment gegenüber der Bundeswehr und dem Soldatenberuf ausgegangen werden. Allerdings gibt es Hinweise, dass sich das Commitment gegenüber der Bundeswehr mit zunehmender Dienstzeit verringert. Der Rückgang könnte aber auch damit erklärt werden, dass die Offiziere mit längerer Vordienstzeit die Veränderungen in der Ausbildung und in der Bundeswehr kritisch beurteilen und daher ein etwas verringertes Commitment aufweisen.

Zukünftige Attraktivität

Wie wird die *Attraktivität der Bundeswehr als Arbeitgeber* an Hand konkreter Merkmale mit Blick auf eine zukünftige Karriere als BS eingeschätzt? Welche Stärken und Schwächen lassen sich identifizieren? Gefragt wurden die Untersuchungsteilnehmer nach ihren Erwartungen bezüglich der zukünftigen Arbeits- und Rahmenbedingungen als Berufsoffizier (s. Abbildung 2 und 3).

- Insgesamt zeigen die Antworten, dass ein *attraktives Aufgaben- und Tätigkeitsprofil* erwartet wird. So gehen 90,8 % davon aus, Führungsaufgaben übernehmen zu können („Chance, mit Untergebenen verantwortungsvoll umzugehen") und dass Sie die Gelegenheit haben, sich in kritischen Situationen zu bewähren (87,6 %). 71,4 % versprechen sich einen „spannenden und abwechslungsreichen Beruf", 68,6 % sehen die Chance „etwas Besonderes und Außergewöhnliches zu tun", und 62,7 % erwarten, „immer wieder vor neue attraktive Herausforderungen" gestellt zu werden.
- Positiv wird auch die hohe *Arbeitsplatzsicherheit* eingeschätzt (78,9 %). Immerhin 45% sehen als Berufsoffizier gute *Aufstiegs- und Entwicklungschancen* und 32,4 % erwarten attraktive *soziale Zusatzleistungen*.
- Die Reformprozesse in der Bundeswehr werden überwiegend optimistisch gesehen. 53,3 % verbinden mit den bevorstehenden Umstrukturierungen eine Chance zur Weiterentwicklung und Professionalisierung der Bundeswehr und 56 % erwarten Effizienzsteigerungen durch die Umstrukturierungen.
- Besonders kritisch wird dagegen die *Vereinbarkeit* von Beruf und Privatleben bzw. Familie gesehen (Work-Life-Balance). Nur 9,9 % glauben, dass sie als Berufsoffizier bei der Bundeswehr Freizeit und Privates gut mit dem Beruflichen vereinbaren können. Umgekehrt sehen 58,3 % Probleme bei der Vereinbarkeit. Konkret erwarten 95,4 %, dass die häufigen Umzüge das Privat- und Familienleben negativ beeinflussen und dass die Auslandseinsätze mit einem hohen Trennungsrisiko verbunden sind (88,4 %). 76,7 % befürchten, dass die Bundeswehr nicht in ausreichendem Maß für die Vereinbarkeit von Familie und Beruf sorgen wird.
- Kritisch werden auch der *gesellschaftliche Rückhalt* und die mangelnde Wertschätzung im sozialen Umfeld gesehen. Konkret sind 85,2% der Meinung, dass der Offizierberuf gesellschaftlich zu wenig gewürdigt wird, 65,5 % erwarten, sich häufig für ihren Beruf rechtfertigen zu müssen.
- Die *Verdienstmöglichkeiten* und *Arbeitszeiten* werden ebenfalls kritisch beurteilt. Lediglich 15,8 % erwarten ein Einkommen, das der Verantwortung der Aufgabe entspricht. 57 % sind gegenteiliger Meinung. Nur 16,2 % erwarten regelmäßige und geregelte Arbeitszeiten.

- 84,9 % gehen davon aus, dass sie als Berufsoffizier bei der Bundeswehr mit einer ernsten *Gefahr* für Leib und Leben rechnen müssen.
- Vor dem Hintergrund der schwierigen Vereinbarkeit, dem mangelnden Rückhalt sowie der Gefahr wird die Wahrscheinlichkeit zukünftiger *Auslandseinsätze* nur von 14,1 % als attraktiv bewertet. 58% sehen in Auslandseinsätzen keine attraktive Perspektive.

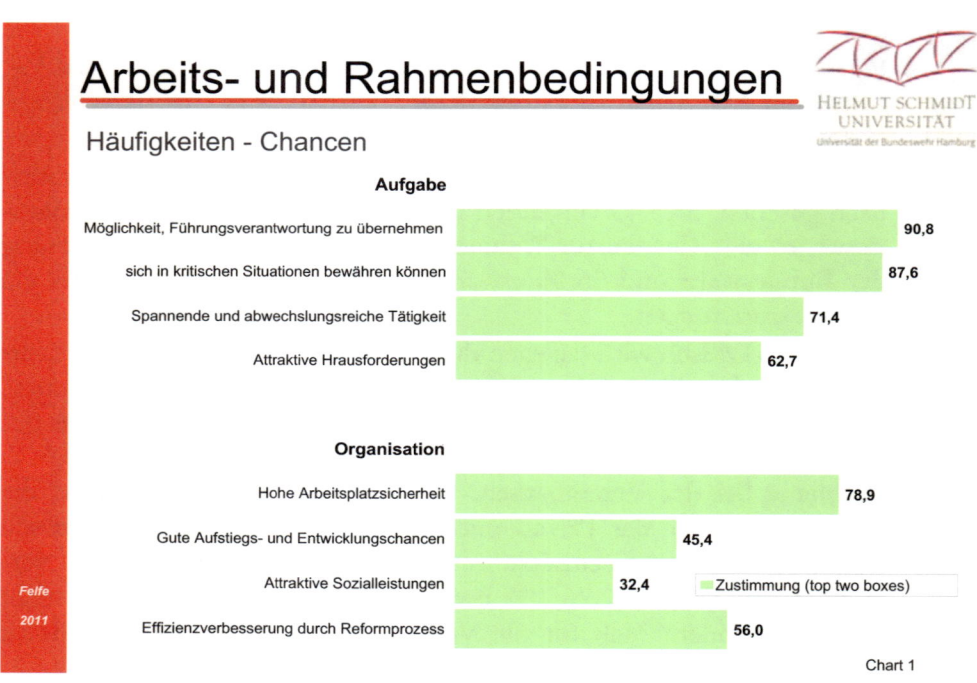

Abbildung 2

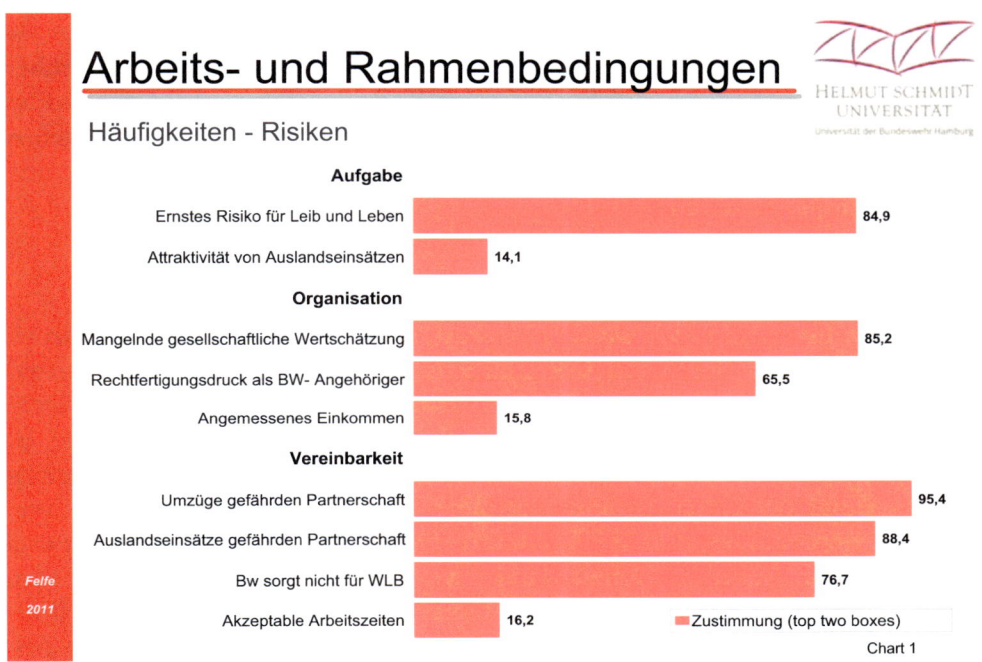

Abbildung 3

Insgesamt zeigen sich bei den Einschätzungen der künftig zu erwartenden Arbeitsbedingungen als Berufsoffizier kaum Unterschiede zwischen Männern und Frauen. Lediglich die Attraktivität zukünftiger Auslandseinsätze wird von Frauen und Männern unterschiedlich bewertet: 17,7 % der Männer sehen hier eine attraktive Perspektive. Bei den Frauen sind es nur 4 %.

Zusätzlich zu den allgemeinen Rahmenbedingungen, die Frauen und Männer gleichermaßen betreffen, wurden auch Fragen hinsichtlich der besonderen *Situation von Frauen* gestellt. Die Ergebnisse zeigen, dass die Karrierechancen von Frauen unterschiedlich beurteilt werden. 66,1 % der Männer erwarten, dass Frauen in Führungspositionen besonders gefördert werden, und 73,2 % glauben, dass Frauen schneller Karriere machen können. Bei den Frauen liegen die Anteile bei 42,7 % bzw. 37,4 %. Die Sorge, dass die Förderung von Frauen zu Akzeptanzproblemen führen kann, wird von Männern und Frauen in ähnlicher Weise geteilt: 76,5 % bei den Männern und 70,1 % bei den Frauen. Entsprechend erwarten Frauen, eher unter Beobachtung zu stehen (81,3 %), mehr leisten zu müssen als Männer (81,3 %) und sich immer wieder beweisen zu müssen (84 %). Diese Problematik wird von den Männern in deutlich geringerem Maße antizipiert (59,9 %, 40,1 % bzw. 62,6 %). Darüber hinaus werden von einem Teil der Befragten Rollenkonflikte erwartet, die dazu führen, dass Frauen ihre Weiblichkeit aufgeben (43,7 %) oder sich verstellen müssen (31,7 %). Bei dieser Einschätzung unterscheiden sich Frauen und Männer nur unwesentlich.

Bedingungsfaktoren der Absicht, Berufssoldat zu werden

In unserem Rahmenmodell wurde postuliert, dass die Absicht, Berufssoldat zu werden, wesentlich durch das Commitment gegenüber der Bundeswehr und die Identifikation mit dem Offizierberuf determiniert wird. Das Commitment wiederum wird durch die Arbeits- bzw. Rahmenbedingungen beeinflusst (s. Abbildung 1). Erwartungsgemäß zeigen die Ergebnisse hohe positive Zusammenhänge zwischen den Commitmentdimensionen und der Absicht, Berufssoldat zu werden. Das affektive Commitment gegenüber der Bundeswehr und gegenüber dem Beruf als Offizier sind jeweils mit $r = .48$ mit der Intention, sich als BS zu bewerben, korreliert. Je stärker die Verbundenheit mit der Bundeswehr und dem Offizierberuf erlebt wird, umso entschiedener ist die Absicht, Berufssoldat zu werden. Während die Bedeutung des kalkulativen Commitments (Bindung wegen mangelnder Alternativen) vergleichsweise gering ist, weist auch das normative Commitment einen bedeutsamen Zusammenhang von $r = .53$ auf. Offiziere, die sich aufgrund von Werten und sozialen Erwartungen gegenüber der Bundeswehr verpflichtet fühlen, zeigen eine stärkere Absicht, sich als Berufssoldat zu verpflichten. Diese Zusammenhänge gelten gleichermaßen für Männer und Frauen.

Welche Merkmale der Bundeswehr als Organisation beeinflussen das Commitment und damit die Absicht, Berufsoffizier werden zu wollen? Die Analyse zeigt, dass einige Merkmale einen deutlichen Einfluss auf das Commitment der Offiziere haben, während andere positive oder auch kritische Merkmale sich nur unwesentlich auf das Commitment auswirken. Ein besonders deutlicher Zusammenhang zeigt sich für die Einschätzungen, die sich auf den *Arbeitsinhalt* bzw. die Tätigkeit beziehen. Umso mehr der Arbeitsinhalt bzw. die Tätigkeit als abwechslungsreich, interessant, herausfordernd, verantwortungsvoll etc. eingeschätzt wird, umso stärker ist das affektive Commitment gegenüber der Bundeswehr ($r = .48$) und das Commitment gegenüber dem Beruf ($r = .42$). Bemerkenswert ist das Gewicht der Einschätzung der

Attraktivität der *Auslandseinsätze*. Je attraktiver die mit den Auslandseinsätzen verbundenen Herausforderungen gesehen werden, umso stärker ist das affektive Commitment gegenüber der Bundeswehr (r = .33) und das Commitment gegenüber dem Beruf (r = .40).

Auch die Beurteilung der *Aufstiegs- und Entwicklungsmöglichkeiten* ist für das Commitment gegenüber der Bundeswehr von Bedeutung (r = .35). Bei der Einschätzung *Vereinbarkeit* von Beruf und Familie handelt es sich ebenfalls um eine relevante Größe. Je positiver die Vereinbarkeit beurteilt wird, umso stärker ist das Commitment gegenüber der Bundeswehr (r = .25). Umgekehrt sinkt das Commitment, wenn die Vereinbarkeit kritischer gesehen wird.

Weniger bedeutsam für das Commitment gegenüber der Bundeswehr sind hingegen das *Einkommen, Arbeitsplatzsicherheit und soziale Zusatzleistungen* (r= .20). Für das Commitment gegenüber dem Beruf ist dieser Aspekt ohne Einfluss (r = .06). Die Bewertung der Reformbestrebungen weist ebenfalls nur einen leichten Zusammenhang zum Commitment auf (r = .17 bzw. .18). Die geringe *gesellschaftliche Anerkennung* wirkt sich offenbar nicht negativ auf das Commitment aus. Im Gegenteil besteht ein positiver Zusammenhang zwischen mangelndem gesellschaftlichen Rückhalt und Commitment. Möglicherweise bedingen sich Commitment und Rechtfertigungsdruck gegenseitig: Offiziere mit hoher Identifikation erleben eher Kritik und die Rechtfertigung wiederum stärkt das Commitment. Auch das Ausmaß des durch Umzüge und Auslandseinsätze bedingten Trennungsrisikos wirkt sich nicht systematisch auf das Commitment aus.

Insgesamt sind die zentralen Einflussgrößen für Frauen und Männer weitgehend gleich bedeutsam, wobei die Zusammenhänge bei den Frauen etwas höher ausfallen. Das gilt vor allem für die Bedeutung des Arbeitsinhalts (.43 gegenüber .64) aber auch für die Fragen nach der Vereinbarkeit von Familie und Beruf (.23 gegenüber .36) oder bei der Bedeutung der Attraktivität von Auslandseinsätzen. Hier zeigt es sich, dass das Commitment von Frauen (r = .49) stärker als bei Männern (r = .35) davon abhängt, wie positiv oder negativ die Auslandseinsätze beurteilt werden. Bei einigen Aspekten zeigen sich aber auch deutliche Unterschiede wie z.B. bei der Bewertung der Reformbemühungen, die bei den Frauen mit r = .36 eine stärkere Auswirkung auf das Commitment hat als bei den Männern (r = .08). Das gleiche gilt für das einsatz- und umzugsbedingte Trennungsrisiko (Frauen r = .24, Männer r = .01) sowie die Bedeutung von Einkommen und sozialen Zusatzleistungen (Frauen r = .44, Männer r = .13).

Diskussion

Die Ergebnisse zeigen insgesamt eine im Vergleich zu zivilen Stichproben durchschnittlich starke Bindung der Befragungsteilnehmer an die Bundeswehr. Besonders die emotionale und wertbezogene Bindung an die Organisation stehen im Zusammenhang mit der Absicht einer Berufskarriere, weniger dagegen eine Bindung, die sich aus Mangel an Alternativen ergibt. Allerdings ist die Absicht, sich langfristig als BS zu bewerben, wenig verbreitet. Das gilt vor allem für die Frauen. Wie erwartet zeigt sich insgesamt ein deutlicher Zusammenhang zwischen dem Commitment der befragten Offiziere und ihrer Absicht, eine Karriere als BS anzustreben.

Hinsichtlich der zu erwartenden Arbeits- und Rahmenbedingungen ergibt sich ein differenziertes Bild. Für die Attraktivität der Bundeswehr als Arbeitgeber sprechen vor allem die Erwartung einer interessanten und herausfordernden Tätigkeit sowie eine hohe Arbeitsplatzsicherheit. Mehr als die Hälfte der Befragten hat zudem positive Erwartungen an den Reformprozess und seine Auswirkungen auf die Effizienz der Strukturen, und knapp die Hälfte erwarten gute Aufstiegs- und Entwicklungschancen. Die Karrierechancen für Frauen werden aufgrund der Fördermaßnahmen eher positiv beurteilt. Allerdings werden hierdurch auch Akzeptanzprobleme und Erwartungsdruck aufgebaut.

Kritisch wird dagegen die Vereinbarkeit von Beruf und Privatleben bzw. Familie gesehen (Work-Life-Balance). Das gilt gleichermaßen für Männer und Frauen. Negativ werden auch der geringe gesellschaftliche Rückhalt und die mangelnde Wertschätzung im sozialen Umfeld sowie die Verdienstmöglichkeiten und Arbeitszeiten gesehen. Das gleiche gilt auch für die zu erwartenden Auslandseinsätze, die vor allem von den Frauen als wenig attraktiv eingeschätzt werden.

Für die Frage, inwieweit es der Organisation gelingt, die Potenzialträger langfristig zu binden, sind vor allem die Befunde zum Erleben der Arbeitsinhalte und zur Einstellung gegenüber den Auslandseinsätzen interessant. Wer von den Offizieren den Eindruck gewonnen hat, gleichermaßen interessante, *abwechslungsreiche wie verantwortungsvolle Tätigkeiten* ausüben zu können, der entwickelt auch eine stärkere Bindung gegenüber der Bundeswehr. Wer umgekehrt die Erfahrung einer wenig befriedigenden Tätigkeit machen musste, die die eigenen Neigungen und Fähigkeiten nur unzureichend abruft, entwickelt deutlich weniger Commitment und wird sich mit einiger Wahrscheinlichkeit gegen eine Karriere als Berufssoldat entscheiden. Das gilt besonders für die weiblichen Offiziere. Parallel dazu ist festzustellen, dass eine positive Einstellung zu *Auslandseinsätzen* mit einer stärkeren Bindung einhergeht. Auch hier ist der Zusammenhang bei den Frauen besonders stark ausgeprägt. Offenbar werden die damit verbundenen Erfahrungen und Erlebnisse von dieser Personengruppe als Teil eines Tätigkeitsprofils akzeptiert, von dem sich die befragten Nachwuchskräfte eher herausgefordert als abgeschreckt fühlen. Allerdings ist diese Gruppe vergleichsweise klein. Der Bewertung von Auslandseinsätzen kommt damit eine besondere Bedeutung zu. Auch die erwarteten Aufstiegs- und Entwicklungsmöglichkeiten sowie die Vereinbarkeit von Beruf und Familie sind für das Commitment gegenüber der Bundeswehr von Bedeutung.

Die Befunde dieser Studie zeigen einige Parallelen zu der bereits oben angesprochenen Studie, die die Motivstrukturen von Jugendlichen mit Blick auf eine mögliche Tätigkeit in der Bundeswehr untersucht hat (Bulmahn et al., 2009, S. 65ff.). Zunächst wird die Bedeutung der Möglichkeit, sich mit den Zielen der Organisation identifizieren zu können, bestätigt. Darüber hinaus zeigen die dortigen Ergebnisse ebenfalls relevante Zusammenhänge zwischen den erwarteten Möglichkeiten, eine interessante und herausfordernde Tätigkeit ausüben, sich selbst in der Bundeswehr entwickeln sowie Beruf und Familie vereinbaren zu können auf der einen und dem Interesse am Soldatenberuf auf der anderen Seite auf. Offenbar sind diese Merkmale nicht nur für den Einstieg bei der Bundeswehr, sondern auch für den weiteren Verbleib bzw. eine Perspektive als BS maßgeblich. Im Unterschied kommt allerdings aus Sicht der Offiziere der Einschätzung der Auslandseinsätze eine wesentliche Rolle zu. Zusammen mit den in der vorliegenden Untersuchung gewonnenen Befunden kann geschlussfolgert werden, dass die für die Berufs*wahl* zentralen Aspekte der Selbstentwicklung kontinuierlich aufmerksam auch an der erlebten Berufs*wirklichkeit* überprüft werden – bis schließlich aus einem möglichen Interesse am Offizierberuf ein echtes Commitment wird (oder eben nicht).

Welche praxisdienlichen Schlussfolgerungen ergeben sich aus den Ergebnissen? Offensichtlich erwartet ein erheblicher Teil des Offiziernachwuchses, dass die Organisation einen Kontext bietet, in dem sie selbstwirksam die eigenen Potenziale und Fähigkeiten einbringen können. Ein Arbeits- und Führungskontext, der das Erleben von Selbstwirksamkeit fördert, zeichnet sich u.a. durch folgende Merkmale aus:

- *Gestaltungsspielraum*: Nachwuchskräfte mit Führungspotenzial wollen sich selber beweisen und die Wirkung ihres Führungshandelns im Sinne der Auftragserfüllung erleben. Hierzu brauchen sie möglichst früh in ihrer Karriere Gelegenheiten und den nötigen Spielraum. Ein übermäßig restriktiver, von bürokratischen Regeln geprägter Dienstbetrieb steht dem entgegen.

- *Fehlertoleranz*: Fehler, die durch mangelnde Erfahrung oder mangelndes Wissen (und nicht durch fehlende Motivation oder Lernbereitschaft) gemacht werden, werden als Lernchance betrachtet. Wenn umgekehrt Fehler zu einem Karriereaus führen, fördert dies defensives Führungshandeln, das von Absicherungsdenken und Konflikterleben geprägt ist und letztlich zu beruflicher Unzufriedenheit führt. Eine Null-Fehlertoleranz erschwert die Bildung von Commitment.

- Lernen von *Rollenvorbildern*: Nachwuchskräfte suchen in den ersten Karrierephasen den Kontakt mit Führungskräften, von denen sie wegen ihrer menschlichen und führungsbezogenen Kompetenz und Erfahrung lernen können. Hieraus ergibt sich die Notwendigkeit, Führungsspannen so zu gestalten, dass ein möglichst intensiver Kontakt zu entsprechenden militärischen Vorgesetzten hergestellt werden kann. Das bedeutet auch, dass sich Vorgesetzte als „Personalentwickler" vor Ort verstehen und diese Funktion durch eigene Vorbildfunktion und systematisches Fördern und Fordern wahrnehmen. Dabei sind auch Fragen der Vereinbarkeit von Familie und Beruf zu berücksichtigen.

- Systematische *Führungskräfteentwicklung*: Die an die Führungskräfte gestellten Anforderungen sind komplex, anspruchsvoll und einem ständigen Wandel unterworfen. Die erforderlichen personalen, fachlichen methodischen und sozialen Kompetenzen müssen mit geeigneten Mitteln systematisch und kontinuierlich entwickelt werden. Individuelles Training und Coaching sowie 360Grad-Feedbacks gehören ebenso dazu wie übergreifende Untersuchungen zum Führungsverhalten durch systematische Befragungen und experimentelle Studien.

Die genannten Aspekte stellen keine Randbedingungen eines abstrakten und *anonymen* Systems von Führung dar. Vielmehr nehmen sie das Leitbild der Inneren Führung u.a. mit ihren Zielen der Sinnstiftung und Motivation (ZDV 10/1, § 401.) unmittelbar auf und übersetzen diese in konkrete Merkmale *gelebter* Führung. In diesem Zusammenhang gewinnt die Rolle der militärisch erfahrenen Vorgesetzten einmal mehr an Bedeutung. Sie sind es, die durch ihr bewusstes Abwägen im jeweiligen Auftragskontext (mit)entscheiden, welchen Gestaltungsspielraum sie dem Offiziernachwuchs einräumen wollen und welchen Umgang sie mit dessen Fehlern pflegen. Im Sinne eines verpflichtenden Führungsauftrags zur Entwicklung der Nachwuchskräfte sollten sie den sich bietenden Spielraum gemäß des Prinzips „Führen mit Auftrag" wahrnehmen und weitergeben. Eine so verstandene Führung wird ihren Beitrag dazu leisten, die Attraktivität der Bundeswehr im „Kampf um die besten Köpfe" zu steigern und damit ihre zukünftige Handlungsfähigkeit zu sichern.

Literatur

Axelrod, E. L., Handfield-Jones, H. & Welsh, T. A. (2001). The war for talent, part two. *McKinsey Quarterly, 2*, 9-12.

Bentein, K., Stinglhamber, F. & Vandenberghe, C. (2002). Organization-, supervisor-, and workgroup-directed commitments and citizenship behaviours: A comparison of models. *European Journal of Work and Organizational Psychology, 11*, 341-362.

Bulmahn, T., Burmeister, J. & Thümmel, K. (2009). *Berufswahl Jugendlicher und Interesse an einer Berufstätigkeit bei der Bundeswehr. Ergebnisse der Jugendstudie 2007 des Sozialwissenschaftlichen Instituts der Bundeswehr*. Strausberg: Sozialwissenschaftliches Institut der Bundeswehr.

Bundesminister der Verteidigung (2011). Rede zur Neuausrichtung der Bundeswehr vom 18. Mai 2011 in Berlin.

Cohen, A. (2003). Multiple Commitments in the Workplace. Mahwah, NJ: Lawrence Erlbaum Associates Publishers.

Felfe, J. (2008). *Mitarbeiterbindung*. Göttingen: Hogrefe.

Felfe, J. (2009). *Mitarbeiterführung*. Göttingen: Hogrefe.

Felfe, J. & Franke, F. (2012). *Commit Verfahren zur Erfassung von Commitment gegenüber der Organisation, dem Beruf und der Beschäftigungsform*. Göttingen: Hogrefe.

Felfe, J. & Liepmann, D. (2008). *Organisationsdiagnostik*. Göttingen: Hogrefe.

Felfe, J., Schmook, R., Schyns, B. & Six, B. (2008). Does the form of employment make a difference? - Commitment of traditional, temporary, and self-employed workers. *Journal of Vocational Behavior, 72,* 81-94.

Judge, T. A., Thoresen, C. J., Pucik, V. & Welbourne, T. M. (1999). Managerial coping with organizational change: A dispositional perspective. *Journal of Applied Psychology, 84*, 107-122.

Levering, R. (1994). *A Great Place to Work: What Makes Some Employers So Good, and Most So Bad.* New York, NY: Avon Books.

Lievens, F. & Highhouse, S. (2003). The relation of instrumental and symbolic attributes to a

company's attractiveness as an employer. *Personnel Psychology, 56*, 75-102.

Lievens, F., Van Hoye, G. & Schreurs, B. (2005). Examining the relationship betweenemployer knowledge dimensions and organizational attractiveness: An application in a military context. *Journal of Occupational and Organizational Psychology, 78*, 553-572.

Lyons, J. B., Swindler, S. D. & Offner, A. (2009). The impact of leadership on change readiness in the US military. *Journal of Change Management, 9*, 459-475.

Mathieu, J. E. & Zajac, D. M. (1990). A review and meta-analysis of the antecedents, correlates, and consequences of organizational commitment. *Psychological Bulletin, 180*, 171-194.

Meyer, J. P. & Allen, N.J. (1991). A three-component conceptualization of organizational commitment. *Human Resource Management Review, 1*, 61-89.

Meyer, J. P. & Herscovitch, L. (2001). Commitment in the workplace towards a general model. *Human Resource Management Review, 11*, 299-326.

Meyer, J. P., Stanley, D. J., Herscovitch, L. & Topolnytsky, L. (2002). Affective, continuance, and normative commitment to the organization: A meta analysis of antecedents, correlates and consequences. *Journal of Vocational Behavior, 61*, 20-52.

von Rosen, C. (2009). Die ZDV 10/1 Innere Führung von 2008. Vorschrift – Handbuch –Überbau. In U. Hartmann, C. von Rosen & C. Walther (Hrsg.), *Jahrbuch Innere Führung 2009* (S. 17-51). Eschede: Miles-Verlag.

Sauer, W. (2011). Der stille Wandel. Anforderungen an militärische Führungskräfte heute. In H.-C. Beck & C. Singer (Hrsg.), *Entscheiden – Führen – Vertrauen. Soldatsein im 21. Jahrhundert* (S. 63-71). Eschede: Miles-Verlag.

ZDv 10/1 (2008). *Innere Führung.* Bonn: Bundesminister der Verteidigung.

Personalführung und Innere Führung – Einige Anmerkungen und Fragen
Joachim Hoppe

Prof. em. Dr. Christian Walther in Dankbarkeit gewidmet

Der vorliegende Beitrag erhebt nicht den Anspruch, eine umfassende Darstellung des Zusammenhanges zwischen Innerer Führung und Personalführung zu bieten. Er zielt vielmehr darauf ab, auf der Grundlage zeitlich noch nicht allzu lange zurück liegender Erfahrungen in der Einzelpersonalführung von Stabsoffizieren des Heeres einige der Stellen zu erkunden, an denen sich Personalführung und Innere Führung in der Praxis berühren, an denen sie sich vielleicht voneinander entfernen, und auszumachen, wo sich vielleicht künftig das eine oder andere Gestaltungs- oder auch Problemfeld ergeben könnte - letzteres insbesondere mit Blick auf die begonnene sogenannte „Neuausrichtung der Bundeswehr". Dabei geht es dem Autor in allererster Linie darum, einige wenige Anmerkungen zu machen, Fragen aufzuwerfen und einen kleinen persönlichen Diskussionsbeitrag - ohne Dogmatismus oder gar Rechthaberei - zu leisten.

Als erste schlichte Ausgangsthese wird gesetzt, dass Personalführung in der Bundeswehr den Leitsätzen der Inneren Führung selbstverständlich nicht widersprechen darf. Idealerweise müsste Personalführung sogar zielgerichtet helfen, die Grundsätze der Inneren Führung bei ihrer praktischen Arbeit wie auch in ihren einschlägigen Vorschriften und Konzepten anzuwenden, zu gestalten und weiter zu entwickeln.

Als zweite Ausgangsthese sei voran gestellt, dass die Konzeption der Inneren Führung, entgegen unendlich vieler Diskussionen und Missverständnisse seit Gründung der Bundeswehr ein ganz klares übergeordnetes Ziel im Auge hatte und hat: die Einsatzfähigkeit der Streitkräfte und jedes einzelnen ihrer Soldaten. Das vom ersten Generalinspekteur der Bundeswehr herausgegebene „Handbuch Innere Führung" sagt dazu auf Seite 17: „In unserer Situation des Neuaufbaus von Streitkräften lautet die einzig legitime Frage: Wie kann die deutsche Bundeswehr in der Mitte des 20. Jahrhunderts zu einem Instrument von höchster Schlagkraft werden? So zu fragen aber heißt, nach Zielen und Wegen der Menschenführung zu fragen." Und somit auch, so ließe sich ergänzen, nach Zielen und Wegen der Personalführung. Eine Personalführung also, die einsatzbereite Streitkräfte mit den für die jeweiligen Dienststellen und Dienstposten am besten geeigneten Soldaten im Blick hat, handelt ganz im Sinne der Inneren Führung.

In der erlebten Praxis als Personalführer ist es die vorrangige Aufgabe, frei werdende militärische Dienstposten möglichst ohne Zeitverzug zu besetzen – und zwar möglichst mit dem für den jeweiligen Dienstposten optimal geeigneten Offizier. Entscheidendes Ziel ist dabei die Einsatzbereitschaft der jeweiligen Dienststelle bzw. des jeweiligen Truppenteils. Auf dieses übergeordnete Ziel sind Personalführung und Innere Führung gemeinsam und vorrangig ausgerichtet. Dies ist zugleich einer der entscheidenden Gründe dafür, dass Soldaten immer wieder versetzt werden müssen, auch wenn ihre jeweilige Verwendungsdauer auf einem bestimmten Dienstposten noch nicht erreicht ist oder weil sowohl der Soldat selbst oder seine aktuelle Dienststelle sich einer solchen Veränderung entgegen stellen. Das vorrangige Kriterium bei der Frage, ob eine Versetzung notwendig ist oder nicht, bleibt die Einsatzbereitschaft der Streitkräfte. Wenn also der zu einem bestimmten Zeitpunkt gut geeignete Soldat genau dorthin versetzt werden muss, wo er am dringendsten benötigt wird, ist dies ein wichtiger Beitrag zu Ausgestaltung der Inneren Führung.

Hieraus ergibt sich als Folgerung für eine im Sinne der Inneren Führung gute Personalführung, dass sie den Soldaten mit Blick auf sein Leistungspotential konsequent weiter entwickelt und ihn gezielt über für ihn geeignete und ihn fördernde Verwendungen aufbaut. Auch dies hat in der Praxis zur Folge, dass Soldaten regelmäßig und vergleichsweise häufig versetzt werden. Um beispielsweise einen einsatzbereiten Bataillonskommandeur zu entwickeln und zeitgerecht für eine solche Verwendung bereit zu halten, bedarf es vielfältiger Erfahrungen aus unterschiedlichen Führungs- und Stabsverwendungen auf unterschiedlichen Führungsebenen, Erfahrungen im Einsatz selbstverständlich eingeschlossen. Für den betroffenen Offizier heißt das konkret, in der Regel alle zwei bis maximal drei Jahre in eine neue Verwendung geführt zu werden, sich in einem immer wieder neuen dienstlichen und räumlichen Umfeld einzuarbeiten und dort zur Einsatzbereitschaft seiner jeweiligen Dienststelle tatkräftig beizutragen. Für ihn selbst bedeutet dies zugleich, sich auf diesem Wege konsequent weiter zu entwickeln und weiter auszubilden. Ein Soldat, der sich so in seinen Verwendungsaufbau aktiv einbringt, handelt im Sinne der Inneren Führung.

Die dreifache Kernaufgabe der Personalführung, durch eine qualifizierte Dienstpostenbesetzung den richtigen Mann zur richtigen Zeit an die richtige Stelle zu versetzen, ist klar auf die Einsatzbereitschaft der Streitkräfte ausgerichtet und zugleich im vollen Einklang mit den Grundsätzen der Inneren Führung.

Aus dem persönlichen Erleben weiß jeder Soldat, dass dies in der praktischen Umsetzung mit großen persönlichen Belastungen verbunden ist und dass dem dienstlichen Interesse oftmals die persönlichen Ziele, Bedürfnisse und Lebensumstände entgegenstehen. Das Stichwort von der Vereinbarkeit von Familie und Beruf muss zwangsläufig in diesem Zusammenhang fallen. Mit Blick auf Personalführung und Innere Führung kann es auf der Basis des bisher Dargelegten nur eine Antwort geben: In einer ausschließlich an der Einsatzbereitschaft ausgerichteten Bundeswehr gibt es – zumindest für die Soldaten – letztlich keine solche Vereinbarkeit.

Ist diese klare Aussage wirklich zutreffend? Und widerspricht sie nicht anderen Grundsätzen der Inneren Führung ebenso wie denen moderner militärischer Personalführung?

Selbstverständlich hat die Innere Führung den motivierten, überzeugten und von den Werten der freiheitlichen und demokratischen Grundordnung geleiteten Staatsbürger in Uniform als Zielvorstellung im Auge. Nur wer diese Werte innerhalb und außerhalb der Bundeswehr selbst erlebt, kann sie, so das Hauptanliegen der Väter der Inneren Führung von Beginn an, aus Überzeugung und mit Erfolg vertreten und tapfer verteidigen – zu Hause wie auch am Hindukusch. Also muss auch der Staatsbürger in Uniform, so die banale, nicht neue und daher eigentlich überflüssige Feststellung, z.B. eine Familie gründen, mit ihr Zeit verbringen und für sie einen dauerhaften Wohnort finden und gestalten können. Wozu also z.B. eine „Teilkonzeption" zur „Vereinbarkeit von Familie und Beruf"? Weil die notwendige Praxis der im Wesentlichen unveränderten Personalführung zunehmend den tatsächlichen Bedürfnissen der Menschen innerhalb – und außerhalb – der Bundeswehr widerspricht.

In der Praxis trifft der Personalführer auf eine tendenziell zunehmende Versetzungsunwilligkeit über alle Dienstgradgruppen hinweg. Zu den persönlichen Bedürfnissen, nicht schon wieder umziehen oder eine Wochenendehe führen zu müssen, kommt in der Regel hinzu, dass die allermeisten Versetzungen nicht unmittelbar mit der Aussicht auf eine Beförderung verbunden sind. Wenn überhaupt, können der betroffene Soldat und sein Personalführer mit einer gemeinsam getragenen Versetzung höchstens perspektivisch – und auch das nur selten – spätere Beförderungschancen erhöhen. Weil das so ist und weil jeder gute Personalführer, der ja selbst in diesen Versetzungskreislauf persönlich eingebunden ist, die Auswirkungen turnusmäßiger Versetzungen im 2- bis 3-Jahresrhythmus aus ganz eigenem Erleben kennt, spielen Fürsorge und Berücksichtigung der z.B. in den Planmäßigen Beurteilungen niedergelegten persönlichen Vorstellungen der Soldaten immer eine besonders wichtige Rolle bei der Entscheidungsfindung. Welche praktischen Möglichkeiten, in diesem Sinne fürsorglich zu handeln, stehen dem Personalführer zur Verfügung? Der Handlungsspielraum beschränkt sich faktisch entweder darauf, eine notwendige Veränderung auf einen dringend zu besetzenden Dienstposten z.B. nur für zwei Jahre zu verfügen, um so einerseits einen Anspruch auf Trennungsgeld zu ermöglichen und andererseits bereits nach zwei Jahren ein neue, nach Möglichkeit heimatnahe Rückversetzung zu planen. Oder aber es wird für einen begrenzten Zeitraum von einer Versetzung abgesehen und die aktuelle Verwendungsdauer zeitlich etwas verlängert, bevor dann erneut eine Veränderung ansteht. Das bedeutet jedoch zugleich für einen anderen, ähnlich gut geeigneten Soldaten, dass dieser dann den vakanten Dienstposten besetzen und versetzt werden muss. In jedem Fall ist die Besetzung des freien Dienstpostens alternativlos und lässt dem Personalführer am Ende nur wenig Spielraum und oftmals auch gar keine Wahl.

Was heißt das in der Essenz?

1. In der Praxis sind Fürsorge und Betrachtung der persönlichen Belange des geführten Soldaten ein selbstverständlicher, fester Bestandteil von militärischer Personalführung. Dabei spielt nach eigenem Erleben auch die im Soldatengesetz verankerte Pflicht zur Kameradschaft eine unausgesprochene, aber tatsächlich hoch wirksame und selbstverständliche Rolle. Militärische Personalführung, die so von Soldaten für Soldaten traditionell agiert, hat den Staatsbürger in Uniform, den ganzen Menschen im Blick und verwirklicht in ihren Arbeitsgrundsätzen und -abläufen ebenso wie im „Mindset", der nämlich u.a. geprägt ist durch die praktisch wirksame und wirkende Kameradschaftspflicht, wesentliche Grundsätze der Inneren Führung.

2. In der Praxis muss, wenn zu „Soldat A" keine personelle Alternative besteht, dieser gegen seinen Willen und unter Hintanstellen seiner persönlichen und familiären Belange versetzt werden. Oder aber „Soldat B" muss, sollte er ähnlich gut geeignet sein, zugunsten der Fürsorge für

„Soldat A" versetzt werden. In jedem Fall heißt dies: Der Personalführer hat keine Möglichkeit, die Einsatzbereitschaft einer Vereinbarkeit von Familie und Beruf generell unterzuordnen. Dienstpostenbesetzung - und damit die Einsatzbereitschaft - ist faktisch der übergeordnete Auftrag und das vorrangige Ziel. Und das heißt im Klartext: Der Personalführung sind keine echten, ehrlichen Mittel an die Hand gegeben, den steigenden Bedürfnissen nach Vereinbarkeit von Familie und Beruf grundsätzlich und vorrangig gerecht zu werden.

Widerspricht dies den Grundsätzen der Inneren Führung? Das Leitbild vom „Staatsbürger in Uniform" war und ist vom Grundverständnis getragen, dass der Soldat selbstverständlich dieselben Rechte hat wie jeder andere Staatsbürger auch. Sie werden nur dort – und ausdrücklich – eingeschränkt, wo es die Erfüllung des Auftrages und die Einsatzfähigkeit der Streitkräfte erfordern.

Die Vereinbarkeit von Familie und Dienst z.B. als Ziel vorzugeben und von der Personalführung zu fordern, ist vor diesem Hintergrund nicht nur kein Widerspruch zu, sondern vielmehr im Einklang mit den Grundsätzen der Inneren Führung. Mit einer solchen Forderung allerdings zu suggerieren, sie sei höherwertiger als die Einsatzbereitschaft der Streitkräfte, ist unehrlich und entweder nur ein zu korrigierendes Missverständnis von Innerer Führung oder aber ein bewusstes Missachten ihrer Grundsätze.

Wer konsequent an einsatzbereiten Streitkräften festhalten will und zugleich der zunehmenden – und auch aus meiner Sicht oftmals verständlichen – Versetzungsunwillig- und -müdigkeit Abhilfe schaffen will, muss sich u.a. folgenden Fragen stellen:

Was ist tatsächlich das übergeordnete dienstliche Interesse? Einsatzfähigkeit oder Vereinbarkeit von Familie und Dienst?

Bin ich als Dienstherr hinsichtlich des übergeordneten Zieles ehrlich in meiner Kommunikation mit den Angehörigen der Streitkräfte?

Bin ich mir als Dienstherr bewusst, was und wie viel ich insbesondere von den Soldaten und ihren Familien allein im Hinblick auf Verwendungsaufbau und Versetzungshäufigkeit verlange?

Welche konkreten und tatsächlichen Möglichkeiten und Mittel gebe ich der Personalführung an die Hand, um Vereinbarkeit von Familie und Dienst tatsächlich in der Praxis umsetzen zu können?

Will ich ggf. in Kauf nehmen, nicht mehr den möglichst am besten geeigneten Soldaten auf einen vakanten Dienstposten zu versetzen?

Will ich Alternativen zur bisherigen Besetzungs- und Versetzungspraxis von Soldaten prüfen? Ist ein - mit der zivilen Personalführungspraxis vergleichbarer - Weg von Dienstpostenausschreibung und Bewerbung möglich?

Bin ich bereit, bei einem solchen Weg das Risiko in Kauf zu nehmen, entweder keinen Bewerber und somit eine vakante Stelle oder einen möglicherweise ungeeigneten Bewerber in Kauf zu nehmen?

Oder kann ich vielleicht zusätzliche Anreize oder Vergünstigungen, ergänzend zu den nicht günstiger gewordenen Beförderungschancen, für diejenigen schaffen, die als gut geeignete Kandidaten dann für häufigere Versetzungen belohnt werden?

Wer sich diesen Fragen stellt, ganz gleich, ob aus der Perspektive als Dienstherr, als in der Personalführung Tätiger oder als betroffener Soldat, zielt ins Herz der Inneren Führung, befragt ihre Grundsätze und gestaltet sie – hoffentlich verantwortlich – mit. Die eingangs aus dem ersten „Handbuch Innere Führung" zitierte „einzig legitime" Frage, „wie kann die deutsche Bundeswehr in der Mitte des 20. Jahrhunderts zu einem Instrument von höchster Schlagkraft werden?", erscheint mir auch ein guter Kompass bei der Beantwortung der oben aufgeführten Fragen.

Wir befinden uns heute erneut in einer Phase der von der politischen Leitung so genannten grundlegenden „Neuausrichtung der Bundeswehr". Hat die „einzig legitime Frage" von damals noch Gültigkeit? Der seit März 2012 gültige „Dresdner Erlass" hebt u.a. auf eine stärkere bundeswehrgemeinsame Aufgabenerfüllung ab. Nicht nur die Abteilungen des Bundesministeriums der Verteidigung, sondern auch nachgeordnete Behörden und Dienststellen sollen verstärkt statusübergreifend mit militärischem und zivilem Personal besetzt werden. Vor diesem Hintergrund wird z.B. im Bereich der Personalführung bis zum nächsten Jahr ein „Bundesamt für Personalmanagement der Bundeswehr" entstehen, unter dessen Dach das gesamte militärische und zivile Personal bis einschließlich der Besoldungsstufe A16 personell verwaltet wird.

In seiner Rede am 21. März dieses Jahres zur Vorstellung des „Dresdner Erlasses" forderte der Bundesminister der Verteidigung das vermehrte Wachsen einer gemeinsamen Identität von Soldaten und zivilen Angehörigen der Bundeswehr: „Während die Qualifikation unseres militärischen Personals durch häufige Verwendungs- und Standortwechsel geprägt ist, weisen unsere zivilen Mitarbeiter in ihren Verwendungen einen hohen Grad an Erfahrung und Spezialisierung auf. Wir brauchen Beides und zwar zusammen!" Was ist damit konkret gemeint? Sollen Soldaten weniger häufig versetzt werden zugunsten eines Gewinns an Erfahrung und Spezialisierung? Und sollen zivile Angehörige häufiger versetzt werden, um breitere und überdurchschnittlichere Qualifikationen zu erlangen? Soll dadurch die Einsatzfähigkeit der Bundeswehr erhöht werden? Die Antwort des Ministers lautet: „Nur so kommen wir im Rahmen der Neuausrichtung zu effizienten Verfahren und effektiven Strukturen."

Angesichts dieser Antwort stellen sich mir folgende Fragen: Wie weit kann und muss eine gemeinsame Personalführung gehen? Und wie viel Gemeinsamkeit ist gut im Sinne der Inneren Führung?

Um mehr bundeswehrgemeinsame Personalführung, künftig: bundeswehrgemeinsames Personalmanagement, zu verwirklichen, könnten Soldaten weniger häufig versetzt und die Verwendungsdauer auf militärischen Dienstposten erhöht werden. Einem Mehr an Spezialisierung und Vertiefung einschlägiger Erfahrungen stünde dann ein Weniger an Verwendungsbreite entgegen. Dem subjektiven Bedürfnis nach und dem Angebot des Dienstherrn auf Vereinbarkeit von Familie und Dienst würde dadurch mehr Rechnung getragen. Wenn parallel dazu zivile Angehörige der Bundeswehr häufiger versetzt würden, könnte für sie ein Mehr an Verwendungsbreite und querschnittlichem Erfahrungsgewinn erreicht werden. Wenn dadurch Strukturen effektiver und Verfahren effizienter würden, bleibt die Frage, ob beides dann auch die Einsatzfähigkeit der Bundeswehr tatsächlich erhöht.

Mit Blick auf die Soldaten, so die eigenen Erfahrungen in der Einzelpersonalführung, käme eine Verlängerung der Verwendungsdauer den persönlichen Bedürfnissen einer Mehrzahl von ihnen durchaus entgegen. Ob dies, da tendenziell zu Lasten der Verwendungsbreite gehend, grundsätzlich der Einsatzbereitschaft dient, ist zumindest fraglich.

Wie steht es mit den Beurteilungsbestimmungen? Bisher werden Soldaten alle zwei, zivile Angehörige der Bundeswehr – bis zur Besoldungsstufe A14 – dagegen alle drei Jahre beurteilt. Sollen beide künftig nur alle drei Jahre beurteilt werden? Und wenn ja, auch mit Hilfe identischer Beurteilungsbestimmungen und -kriterien?

Wie steht es dem gegenüber um die Möglichkeit und Bereitschaft der zivilen Angehörigen der Bundeswehr, häufiger und gegen ihren Willen versetzt zu werden und dadurch zu effizienten Verfahren und effektiven Strukturen beizutragen? Wie steht es um die persönliche Bereitschaft, zur Einsatzfähigkeit, zur Einsatzorientierung der Streitkräfte beizutragen? Das aktuelle Beispiel des Umbaus des Bundesministeriums der Verteidigung mit der damit verbundenen Verlagerung auch ziviler Dienstposten von Bonn nach Berlin beantwortet diese Frage implizit.

Für den geistigen Begründer der Inneren Führung, Generalleutnant Wolf Graf von Baudissin, war der Begriff der Bildung, verstanden als lebenslange Selbstbildung und Ausbildung hin zur Einsatzfähigkeit, ein zentrales Element seiner Konzeption. Uwe Hartmanns 2007 erschienene Monographie „Innere Führung. Erfolge und Defizite der Führungsphilosophie der Bundeswehr" ist nicht nur die erste geschlossene Darstellung der Konzeption der Inneren Führung seit Gründung der Bundeswehr überhaupt, sondern zugleich eine überaus kreative Anregung zum Weiterdenken. In dem von ihm mit herausgegebenen „Jahrbuch Innere Führung 2011" führt er in seinem Beitrag „Innere Führung in der Krise?" aus: „Erziehung wendet sich nicht nur an Vorgesetzte, sondern auch an den Einzelnen; (…) Es geht der Inneren Führung immer auch darum, dass der Soldat sich selbst führt, d.h. in seinem Inneren die Maßstäbe für eigenverantwortliches und ethisch begründetes Handeln findet. (…) Daraus erwächst dann die Motivation, sich für die großen Herausforderungen des Soldatenberufs zu bilden und seine Fähigkeiten immer und immer wieder zu üben, gerade auch im Hinblick auf das Überleben im Gefecht."

Bedeutet „bundeswehrgemeinsame Aufgabenerfüllung", dass dies auch für den zivilen Angehörigen der Bundeswehr gilt? Oder bedeutet sie, dass dies für den Soldaten heute nicht mehr gelten soll? Aus Sicht der Inneren Führung ist die Antwort eindeutig!

Was suggeriert in diesem Kontext die Bezeichnung „Bundesamt für Personalmanagement der Bundeswehr"? Ein Manager, landläufig verstanden, zielt auf pekuniären Gewinn und auf Gewinnmaximierung seines Unternehmens. Was verbindet ihn mit „Innerer Führung"? Was bedeutet ihm „Einsatzbereitschaft"? Was bedeutet ihm „Fürsorge"? Ist der Begriff „Personalmanagement" tatsächlich zielführend auch im Sinne der Inneren Führung?

Die bisher in den Streitkräften praktizierte Personalführung zielte nach meinen persönlichen Erfahrungen auf die Einsatzbereitschaft der Streitkräfte ebenso wie auf die des einzelnen Soldaten. Sie hatte und hat damit ein klares Ziel. Sie beinhaltet qua Begriff und Selbstverständnis zudem Fürsorge, Kameradschaft und Anregung zu Selbstausbildung und Selbsterziehung beim Verwendungsaufbau. Damit stand und steht sie klar im Einklang mit den Grundsätzen der Inneren Führung. Was bewegt dem gegenüber den „Personalmanager"?

Für Graf Baudissin, einen der „Väter" der Inneren Führung, stand der einsatzbereite Soldat, der im, damals so bezeichneten, kalten Krieg wie im heißen Gefecht bestehen kann, im Zentrum seiner Überlegungen. In der frisch erschienenen Schrift des Generalinspekteurs der Bundeswehr „Soldat sein heute" lautet einer der Leitgedanken: „Militärische Vorgesetzte finden (…) ihre größte Herausforderung als Führer im Gefecht, denn dort werden alle Qualifikationen in verdichteter Form und unter besonderer physischer und psychischer Belastung gleichzeitig abgerufen. Aus diesem Grund bleibt das Bestehen im Einsatz unter Kampfbedingungen der höchste Maßstab, an dem sich Vorgesetzte zu orientieren haben." Ein Maßstab, der im Einklang mit bisheriger und künftiger militärischer Personalführung und Innerer Führung zugleich zu stehen scheint.

Innere Führung und Ausrüstung
Reiner Pommerin

Vorbemerkung

Natürlich ergibt sich aus der Entsendung von Soldaten durch Regierung und Parlament in einen Einsatz die moralische und ethische Pflicht, diese »Staatsbürger in Uniform« für einen solchen, ihr Leib und Leben gefährdenden Einsatz auch entsprechend auszurüsten. Über diese selbstverständliche Verantwortung erübrigt sich jedes weitere Wort. Im Folgenden soll vielmehr auf den besonderen Zusammenhang zwischen der Inneren Führung und der Ausrüstung verwiesen werden, wobei die Auftragstaktik als wichtiger Teil Innerer Führung eine besondere Rolle spielen wird.

Das Fundament Innere Führung

In der Zentralen Dienstvorschrift der Bundeswehr 10/1 »Innere Führung. Selbstverständnis und Führungskultur der Bundeswehr« heißt es: *"Innere Führung umfasst die geistige und sittliche Grundlage der Streitkräfte"*.[1] Diese geistige und sittliche Grundlage hat sich nach Aussetzung der Wehrpflicht ebenso wenig verändert wie die unsere Demokratie bestimmenden Werte und Normen, und die Berufssoldaten sowie die Soldaten der Bundeswehr auf Zeit bleiben auch weiterhin »Staatsbürger in Uniform«.

Die weitere Gültigkeit des angeführten Satzes der ZDv 10/1 hat deshalb Bundesminister der Verteidigung, Dr. Thomas de Maizière, in seiner Grundsatzrede zur Neuausrichtung der Bundeswehr am 18. Mai 2011 hervorgehoben: *"Die Prinzipien der Inneren Führung mit dem Leitbild des Staatsbürgers in Uniform garantieren, dass auch künftig der Dienst in den Streitkräften an die Normen und Werte des Grundgesetzes gebunden bleibt."*[2]

Diese Prinzipien haben sich in den bisherigen Auslandseinsätzen gerade auch in extremen Situationen bewährt und dienen den Soldaten als verlässlicher ethischer und moralischer Kompass. Der Befehlshaber des Einsatzfüh-

---

[1] Der Bundesminister der Verteidigung: ZDv 10/1 Innere Führung. Selbstverständnis und Führungskultur der Bundeswehr. Bonn 2008, Nr. 107, S. 7.

[2] Thomas de Maizière, Neuausrichtung der Bundeswehr. Manuskript der Rede vom 18. Mai 2011, S. 26.

rungskommandos, Generalleutnant Rainer Glatz, kommt in einem Artikel zur Menschenführung im Gefecht daher zu der Feststellung: *„Mit dem Leitbild des Staatsbürgers in Uniform stellt die Innere Führung den Menschen in den Mittelpunkt und nimmt Soldaten sowohl bei ihrem Dienst zu Hause als auch im Einsatz und damit auch im Gefecht in die Pflicht. Dadurch vermittelt die Innere Führung auch und gerade im Kampf eine verlässliche Richtschnur für das eigene Handeln".*[3]

Der Zusammenhang zwischen Auftragstaktik und Ausrüstung

Ein vom früheren Generalinspekteur Admiral Dieter Wellershoff verfasstes Buches trägt den Titel "Führen". Darin heißt es: *„Der Gegensatz zwischen der zentral organisierten Befehlstaktik und dem »Führen mit Auftrag« zeigt besonders deutlich, „daß der Führungsstil mit dem Menschenbild zu tun hat, daß er ein Ausfluss der Kultur ist".*[4] Die ZDv 10/1 unterstreicht daher besonders, dass die Auftragstaktik die Führungsform sei, die dem Bild vom »Staatsbürger in Uniform« am besten entspreche, und folgerichtig fordert sie: *„Führung muss Handlungsspielräume, Mitwirkung und Mitverantwortung ermöglichen. Vorgesetzte haben deshalb vorrangig vom Führen mit Auftrag Gebrauch zu machen. Dabei müssen sie gegebenenfalls andere, als die eigenen Lösungsansätze akzeptieren. Vorgesetzte sollen vor wichtigen Entscheidungen, wann immer möglich, ihre davon betroffenen Soldatinnen und Soldaten beteiligen. Dies trägt zu deren Motivation bei und ist ein wichtiger Faktor für die Berufszufriedenheit und Einsatzbereitschaft."*[5]

Admiral Wellershoff hat die unverzichtbaren Elemente der Auftragstaktik deutlich beschrieben. Dabei betont er besonders, eine der vornehmsten Aufgaben des einen Auftrag erteilenden Vorgesetzten sei es: *„seine Mitarbeiter mit den zur Auftragserfüllung notwendigen Ressourcen auszustatten. Alles andere ist nicht nur unfair und demotivierend für den Betroffenen, es gefährdet natürlich besonders die Zielerreichung".*[6] Der Wehrbeauftragte Hellmut Königshaus hat kürzlich diese vornehmste Aufgabe des einen Auftrag erteilenden Vorgesetzten mit dem Satz aktualisiert und präzisiert, indem er sinngemäß ausführte, den Soldaten in Af-

---

[3] Rainer Glatz, Menschenführung im Gefecht, in: if Zeitschrift für Innere Führung, Nr. 2/2011, S. 4.
[4] Dieter Wellershoff, Führen. Wollen – Können – Verantworten. Bonn 1997, S. 81.
[5] ZDv 10/1 Innere Führung (wie Anm. 1), Nr. 612, S. 25.
[6] Wellershoff, Führen (wie Anm. 4), S. 83.

ghanistan müssten die richtigen Mittel zur Verfügung gestellt werden, damit diese zielgerichtet, angemessen und verhältnismäßig reagieren könnten.

Bei aller besonderen ganz persönlichen Wertschätzung für den leider so früh verstorbenen, geistig und menschlich so herausragenden Marineoffizier Wellershoff, hat er diese vornehmste Aufgabe des einen Auftrag erteilenden Vorgesetzten noch zu zurückhaltend formuliert. Ich bin der Meinung, dass ein Vorgesetzter, der Soldaten, der «Staatsbürgern in Uniform» einen Auftrag erteilt, durch den deren Gesundheit und Leben riskiert werden, ohne ihnen die für eine Auftragserfüllung notwendigen Ressourcen zur Verfügung zu stellen, in höchster Weise verantwortungslos und unmoralisch handelt. Die Gestellung der für einen Auftrag notwendigen Ausrüstung, ist nämlich keineswegs lediglich eine Großzügigkeit des Dienstherrn, sondern sie ergibt sich vielmehr zwingend aus dem wechselseitigen Treueverhältnis.

Natürlich machen neben der Auftragstaktik noch weitere Konstanten im Führungsverständnis der Bundeswehr wie etwa Verantwortung, Fürsorge und Motivation eine optimale Ausrüstung der Soldaten erforderlich. Ausrüstung umfasst aus der Sicht der Inneren Führung allerdings nicht nur Waffen, Fahrzeuge oder Uniformen. Vielmehr reicht sie zudem etwa von der Betreuung über den Sanitätsdienst und von der Einsatznachbereitung bis hin zur Unterstützung der Familien. Das sind eigentlich so selbstverständliche Verpflichtungen des Dienstherrn, dass sie hier gar nicht weiter ausgeführt werden müssen.

Admiral Wellershoff machte allerdings schon vor vielen Jahren eine Beobachtung, die auch andere inzwischen gemacht haben dürften, Professoren jedenfalls ist sie aus dem Universitätsalltag zur Genüge vertraut: *„In den letzten Jahren"*, so Wellershoff, *„scheint auf Seiten der Chefs die Tendenz zuzunehmen, den Mitarbeitern immer mehr abzuverlangen, gleichzeitig aber die dafür benötigten Ressourcen immer weiter zu reduzieren".*[7] Welche Bedeutung die benötigten Ressourcen für einen in Kampfhandlungen verstrickten »Staatsbürger in Uniform« haben, ist evident.

Auftragstaktik und die Absicht der übergeordneten Führung

„Verantwortung über Leben und Tod fordert in der Konsequenz von der politischen Führung ein fest umrissenes, mit realistischer Zielsetzung und damit

---

[7] Ebd.

erfüllbarem Auftrag versehenes Mandat und eine entsprechende Ressourcenentscheidung."[8] Diesem Zitat von Generalleutnant Glatz ist zu entnehmen, dass zur Bereitstellung benötigter Ressourcen, also zur Bereitstellung der für die Auftragserfüllung notwendigen Ausrüstung, noch ein weiteres wesentliches Element der Auftragstaktik hinzu kommt.

General a. D. Ulrich de Maizière beschrieb dieses Element wie folgt: *„Auftragstaktik kann nur erfolgreich sein, wenn der unterstellte Führer die Absicht der übergeordneten Führung genau kennt."*[9] Admiral Wellershoff forderte deshalb: *„Die Kernaufgabe der Führung beruht in der genauen Beschreibung des Auftrags. Dabei liegt die Betonung auf der Definition des zu Erreichenden, nicht in der Festlegung der geforderten Handlung."*[10]

Hier könnten sich vielleicht, so etwa beim Afghanistaneinsatz, in der Vergangenheit Probleme ergeben haben. Sollte dort aus verständlicher Solidarität mit dem Bündnispartner USA zunächst eine Basis des Terrorismus bekämpft werden, der in New York seine schreckliche Fratze gezeigt hatte, so galt es bald, am Hindukusch auch die Bundesrepublik Deutschland zu verteidigen. Und während manche noch euphorisch als Auftragsziel nannten, in Afghanistan eine Demokratie nach deutschem und europäischem Vorbild einzuführen, erwarteten ausgewiesene Kenner der Region, wie etwa Prof. Dr. Volker Perthes von der Stiftung Wissenschaft und Politik (SWP), allenfalls, dass die Verhältnisse in Afghanistan so werden könnten wie im Nachkriegsirak.

Über welche genaue Beschreibung des zu Erreichenden aber verfügten die in Afghanistan eingesetzten »Staatsbürger in Uniform«? Reichte es wirklich aus, lediglich beim Wiederaufbau des Landes helfen zu wollen, also Straßen und Brücken zu bauen sowie Brunnen zu bohren? Sollte vor allem den Mädchen und Frauen Afghanistans die Chance zum Schulunterricht und zu einer Berufsausbildung gesichert werden? Konnte es auf dem Weg zur Erreichung solcher friedlichen Ziele vor dem Hintergrund einer sich seit Sommer 2006 erkennbar verschlechternden Sicherheitslage und eines VN-Mandats für ISAF nach Kapitel VII der VN-Charta, das damit von Anfang an (seit dem ersten Mandat aus 2001) die Anwendung militärischer Gewalt zur Durchsetzung des

---

[8] Rainer Glatz, Führen im Einsatz – Verantwortung über Leben und Tod. Unveröffentlichtes Manuskript, S. 4.
[9] Ulrich de Maizière, Führen im Frieden. 20 Jahre Dienst für Bundeswehr und Staat. München 1974, S. 270.
[10] Wellershoff, Führen (wie Anm. 4), S. 82.

Auftrages von ISAF legitimierte, nicht doch zu Kampfhandlungen und Anschlägen kommen?

Aus der Sicht der Auftragstaktik als einem zentralen Bestandteil der Inneren Führung ist also zu fragen, ob es nicht zu lange an der notwendigen realistischen und eindeutigen Beschreibung des zu Erreichenden, des erreichbaren Ziels des Einsatzes mangelte. Lag dies immer nur an der politischen Führung? Welche Rolle spielten die militärischen Berater? Vermittelte die militärische Führung der politischen Führung wirklich ein ungeschminktes realistisches Bild, als sie den Einsatz schwerer Waffen und gepanzerter Fahrzeuge lange für überflüssig hielt. Eine abschließende und faire Beurteilung bleibt den Historikern in der Zukunft überlassen.

An dieser Stelle können und sollen auch keine Vorwürfe erhoben und schon gar keine Schuldigen gesucht werden. Festgehalten werden soll lediglich: eine im Sinn der Inneren Führung ernstgenommene Auftragstaktik bedarf als wesentlicher Voraussetzung der realistischen und klaren Beschreibung des zu erreichenden Ziels. Ohne die präzise Definition des zu Erreichenden kann die Auftragstaktik nicht funktionieren. Lautet das Einsatzziel Brunnenbohren, Straßenbau oder Verkehrsregelung, so reichen in der Tat handelsübliche Kleinkraftfahrzeuge aus. Sind jedoch auch Kampfhandlungen in Rechnung zu stellen, so bieten solche Fahrzeuge natürlich keinen Rundumschutz. Das Ziel Stabilisierungseinsatz schien jedenfalls im Gegensatz zu einer Ausrüstung mit schwereren Waffen zu stehen.

„Im Fall Afghanistans", resümiert Laura-Lee Smith, *„nahmen sowohl die [deutsche R.P.] Bevölkerung als auch die Regierung an, dass die Mission keine Kampfeinsätze umfassen und sich für die Soldaten als nicht so gefährlich erweisen würde. Entgegen dieser Annahmen erforderte Afghanistan dann eine umfassende strategische Planung für den Streitkräfteeinsatz, um starke Angriffe der Taliban, Al-Kaida und des Haqqani-Netzwerks zurückzuschlagen. Eine Vorstellung, welche Ressourcen notwendig wären, um aus Afghanistan eine Demokratie zu machen, machten sich Politiker wie Bevölkerung erst spät."*[11]

Die Weisungen für die Sprachregelung des Pressestabes des Bundesministeriums der Verteidigung (BMVg) reflektierten diese Entwicklung. Sie konnten zumindest Unsicherheit über das angestrebte Auftragsziel nicht nur bei den

---

[11] Laura-Lee Smith, Afghanische Lektionen. Wie die Bundesregierung Auslandseinsätze besser kommunizieren kann, in: IP Internationale Politik 67, Januar/Februar 2012, S. 106.

Soldaten und ihren Angehörigen, sondern auch in der Öffentlichkeit hervorrufen. Ein Anschlag auf einen deutschen Soldaten wurde zunächst als "qualifizierter Dienstunfall" etikettiert. Von "militärischen Operationen" war erst sehr spät die Rede und Begriffe wie "getötete Soldaten", "Gefallene", "kriegsähnlichen Handlungen" und "Krieg" blieben lange Zeit "Unwörter". Ja, es scheint, als wenn es sogar Disziplinierungsmaßnahmen gab, falls ein solches „Unwort" benutzt wurde.

Zum kaschierenden Sprachgebrauch führte General Glatz kürzlich aus: „Es wird leider immer noch mit Begriffen wie ‚Stabilisierungseinsatz' oder ‚Aufbaustrategie' semantisch versteckt, dass dem Einsatz militärischer Kräfte immer die Wahrscheinlichkeit der Gewaltanwendung inhärent ist. Man mag es sogar noch schärfer formulieren: Bei der Diskussion der aktuellen Einsätze im politischen Raum entsteht des Öfteren der Eindruck von bewusster Selbsttäuschung, um sich möglicherweise der ethischen Dimension der eigenen Entscheidung und damit einhergehend der persönlichen Verantwortung zu entziehen."[12]

Das erste Einsatzkontingent der Bundeswehr flog jedenfalls mit 1000 Mann und leichten Waffen, nur verstärkt durch zwei WIESEL mit 20mm Kanone, nach Afghanistan. Die Führung des Heeres soll ursprünglich hingegen 3.500 Mann mit breitem Fähigkeitsprofil vorgeschlagen haben, schloss sie doch bei ihrer Lagebeurteilung Kampfhandlungen keineswegs aus. Doch fand sie offensichtlich bei der politischen und militärischen Führung kein Gehör. Zum Einsatz von geschützten Fahrzeugen existierten schließlich zwei Auffassungen: Die eine lehnte geschützte Fahrzeuge ab, um sich auf diese Weise, schon optisch als friedlich erscheinend, vertrauensvoll den Einwohnern nähern zu können. Die andere sah keinerlei Problem darin, sich ebenfalls vertrauensvoll den Einwohnern zu nähern, etwa um eine Schule zu eröffnen, wollte dies allerdings erst tun, nachdem man bis dorthin mit einem geschützten Fahrzeug gefahren war.

Die beständigen Klagen über Ausrüstungsmängel sowie die Forderung, diese abzustellen, belegen, dass die zur Erfüllung des Auftrags im Sinn einer gemäß Auftragstaktik zur Verfügung zu stellenden Ressourcen – vorsichtig formuliert – zumindest nicht immer ausreichend waren. Dass sich diese Män-

---

[12] Glatz, Führen im Einsatz (wie Anm. 8), S. 4.

gel in jüngster Zeit verringert haben, darf hier allerdings nicht verschwiegen werden.

Zu beklagen aber bleibt, dass in der sicherheitspolitischen Diskussionskultur derjenige, der sich seiner Mitverantwortung für die im Einsatz befindlichen »Staatsbürger in Uniform« bewußt auf Defizite hinweist, entweder als Unwissender und Störenfried oder schlimmer fast als ein Fehlinformationen aufgesessener armer Irrer abgestempelt wird.

Ergibt sich jedoch durch einen Hinweis auf ein Defizit selbst nur eine einzige nutzbare Verbesserungsmöglichkeit für die Auftragserfüllung der im Einsatz befindlichen »Staatsbürger in Uniform«, so müssen geduldig auch solche Hinweise hingenommen werden, die unzutreffend sind oder bereits erkannte oder sogar bereits abgestellte Defizite enthalten. Kritik, daran ist zu erinnern, stellt keineswegs gleich die Person in Frage, der gegenüber sie geäußert wird.

Das Thema Mängel bei der persönlichen Ausstattung begleitet die Einsätze der Bundeswehr seit Jahren. Umso mehr erstaunt es, dass es in Afghanistan selbst noch an Marginalien, so etwa an richtiger Funktionsunterwäsche für den Winter, mangelt. Doch es sind auch Fortschritte zu verzeichnen. So sind die vom Kontingent im Mai 2011 bestellten Sonnenschirme im Dezember 2011, also gleichsam als Weihnachtsgeschenk, eingetroffen.[13] Die Beschaffung hat lediglich sieben Monate gedauert, was ja im Vergleich zu anderen Beschaffungsmaßnahmen kein langer Zeitraum ist! Warum, so ist zu fragen, hat es bis zum Amtsantritt von Bundesverteidigungsminister de Maizière gedauert, bis endlich eine Kommission eingesetzt wurde, die sich mit einer Verkürzung der Beschaffung befasst.

Hat zuvor niemand erkannt, so ist zu fragen, dass die rechtzeitige Bereitstellung von Ausrüstung für den Erfolg der Auftragstaktik relevant ist, dass die Auftragstaktik, dieses wesentliche Element Innerer Führung, sonst gar nicht funktionieren kann. Und hat zuvor niemand erkannt, so ist weiter zu fragen, dass die Bereitstellung unzureichender Ausrüstung der angemessenen Behandlung eines »Staatsbürgers in Uniform« einer Demokratie unwürdig ist?

Der Historiker André Deinhardt hat dies im Rahmen einer Arbeit über die Panzergrenadiere im Kalten Krieg deutlich herausgearbeitet. Die Panzergrenadiere hatten nach Gründung ihrer Truppengattung lange auf ein Ge-

---

[13] Die Bundeswehr, 1/2011, Januar 2012, S. 33.

fechtsfahrzeug warten müssen. Sie erhielten schließlich ab Ende der 1950er Jahre den allerdings konstruktiv und qualitativ mangelhaften Schützenpanzer HS 30. *„Dies hatte nicht nur negative Auswirkungen auf die Kampfkraft der Panzergrenadierbataillone (SPz)"*, hebt Deinhardt hervor, *„sondern wirkte auch über einen psychologischen Multiplikator-Effekt. Jeder, der mit solch mangelhaftem Gerät ausgestattet wurde, mußte sich zwangsläufig die Frage stellen, welchen Wert seine Rolle in der bundesrepublikanischen Gesellschaft besaß"*.[14] In der Qualität der den Staatsbürgern in Uniform zur Verfügung gestellten Ausrüstung spiegelt sich also nicht zuletzt auch der Wert, der ihnen und den Streitkräften generell von der Gesellschaft zugemessen wird.

Ausrüstung und Ausbildung

Mängel an der für einen Einsatz benötigten Ausrüstung sowie Defizite bei der realistischen Zielbeschreibung gefährden das Führen mit Auftrag im Sinn der Inneren Führung. Außerdem aber ist die Bereitstellung einer adäquaten Ausrüstung zur Auftragserfüllung in ganz besonderer Weise auch mit dem Bereich der Ausbildung verknüpft. Dazu noch einmal Generalleutnant Glatz: *„Zur Bewältigung der damit verbundenen Herausforderungen hat die Menschenführung im Gefecht als Teil der Inneren Führung in enger Verbindung mit einer umfassenden, an den Bedürfnissen der Einsätze orientierten Ausbildung eine herausragende Bedeutung"*.[15]

Die ZDv 10/1 führt dazu aus: *„Ausbildung ist Teil der Dienstgestaltung und eine wesentliche Aufgabe der Streitkräfte. Sie ist einsatzorientiert und nach den Grundsätzen der Inneren Führung durchzuführen. Die Ausbildung orientiert sich an den militärischen Erfordernissen und berücksichtigt dabei die sich ändernden gesellschaftlichen, politischen, rechtlichen und militärischen Rahmenbedingungen. Ausbildung soll Handlungssicherheit und Eigenständigkeit fördern"*.[16]

Nun kann gewiss, wie schon Carl von Clausewitz erkannte, nicht für jeden Einsatz alles richtig vorausgesehen und geplant werden. Dennoch ist es wichtig, dass die zur Auftragserfüllung notwendige Ausrüstung nach Möglichkeit nicht erst im Einsatz zur Verfügung gestellt wird. Diese Ausrüstung muss

---

[14] André Deinhardt, Panzergrenadiere im Kalten Krieg. Die Geschichte einer Truppengattung zwischen »Massive Retaliation« und »Flexible Response« 1960 bis 1970. München 2012, S. 144f.

[15] Glatz, Menschenführung im Gefecht (wie Anm. 3), S. 4.

[16] ZDv 10/1 (wie Anm. 1), Nr. 645, S. 36.

vielmehr bereits bei der Vorbereitung auf den Einsatz, also in der Ausbildung, in ausreichender Zahl vorhanden sein, damit der Soldat sie später im Einsatz sicher beherrscht. Neben der gewiss notwendigen geistigen, sittlichen und ethischen Grundlage bildet die sichere Beherrschung der notwendigen Ausrüstung eine unverzichtbare Voraussetzung für "Handlungssicherheit". Die Handhabung von Waffen, das Schießen, die Konvoi- und Geländeausbildung dürfen daher nicht erst im Einsatzland durchgeführt werden.

Hatten, so ist zu fragen, alle Soldaten, die in den vergangenen Jahren in einen Einsatz gingen, diese so wichtige Vertrautheit mit ihrer Ausrüstung schon während ihrer Ausbildung gewonnen? Dabei geht es keineswegs nur um Waffen, denn bereits die fehlende Vertrautheit bei der Handhabung eines Fahrzeugs kann für die Soldaten im Einsatz gefährliche Konsequenzen nach sich ziehen. Deshalb ist nicht zu akzeptieren, dass in Afghanistan noch immer „Sanitätssoldaten ankommen, *die auf dem EAGLE IV ausgebildet sind und nun in Afghanistan den YAK vorfinden*", wie Oberstleutnant Thomas Behr, Vorsitzender Heer des Deutschen Bundeswehr-Verbands Anfang 2012 berichtet hat, und er fügte hinzu: *"Das ist ein unhaltbarer Zustand. Nur wer handlungssicher ist, kann mit seinem Gerät im Einsatz bestehen!"*[17]

Modernisierung von Ausrüstung erfordert Forschung, erfordert Dranbleiben an der technischen Entwicklung. Natürlich könnte die Bundeswehr alle Ausrüstung aus dem Ausland beziehen, sind Kooperationsmodelle über die Grenzen denkbar. Doch es ist schmerzlich erkennen zu müssen, dass das Zeitalter der Nationalstaaten leider nicht so schnell wie erhofft überwunden zu werden scheint. Überlegungen zu „Pooling und Sharing", oder auch „smart defense", sind angesichts geringer werdender Haushaltsmittel in allen Staaten des NATO-Bündnisses sowie in der EU aktuell. Ausrüstung bei einzelnen Partnern zu konzentrieren, damit nicht alle alles anschaffen müssen, leuchtet als Prinzip jedem Betrachter ein. So hat Markus Kerber, der Hauptgeschäftsführer vom Bund Deutscher Industrieller (BDI), in diesem Kontext nicht ohne Grund darauf hingewiesen, dass Rüstungsindustrie eben auch Souveränitätsindustrie sei. Nicht nur aus Gründen des Erhalts von Arbeitsplätzen fällt es Partnerstaaten offensichtlich schwer, Kompetenzen im Ausrüstungsbereich an eine überstaatliche Stelle abzutreten. Welcher Staat verzichtet freiwillig zugunsten eines anderen Staates auf gewachsenes „know how" in seiner nationalen Rüstungsindustrie? Welcher Staat soll und will die technologisch anspruchsvol-

---

[17] Die Bundeswehr (wie Anm. 11), S. 33.

leren und somit auch teureren Fähigkeiten bereit stellen, und welcher Staat lediglich die weniger aufwendigen, billigeren Fähigkeiten?

So ist das Gefecht der verbundenen Waffen aus vielen einzelnen Elementen zusammengesetzt. Sind einzelne Fähigkeiten erst einmal weg, und dies gilt natürlich auch für Luftwaffe und Marine, so sind sie nur schwer oder gar nicht mehr zurückzuholen, vom Problem der Nachhaltigkeit einmal ganz abgesehen. Hinzu tritt noch ein politisches Problem: Beschränken sich bestimmte Fähigkeiten lediglich auf einen Partner, hält nur noch ein Partner die benötigte Ausrüstung und militärische Fähigkeit vor, so kann es für die übrigen Partner höchst problematisch werden, wenn dieser Partner an einem Einsatz nicht mitwirken will, etwa weil politische Bedenken seines Landes ihn daran hindern.

Schlussbetrachtung

„Pooling und Sharing", darauf deutete Rolf Clement Anfang des Jahres 2012 hin, scheinen für die Bundesrepublik schon deshalb kein Ausweg, weil die Bundesrepublik allein schon durch die Notwendigkeit der Parlamentsbeteiligung bei Einsätzen in militärischen Kernbereichen für die Partner in der EU sowie in der NATO kein sicherer Partner sei. *„Um hier wirksame Entlastungen erzielen zu können"*, so Clement, *„bedarf es einer Reform der Parlamentsbeteiligung, für die eine politische Initiative gegenwärtig nicht erkennbar ist."*[18]

Kaum hatte Bundesverteidigungsminister de Maiziére die Schritte zur Neuausrichtung der Bundeswehr eingeleitet und dafür breites Lob erhalten, da wiesen einige Stimmen erneut auf die, ja keineswegs unbekannte, demographische Entwicklung hin und forderten, die Bundeswehr auf 150.000 Mann herunter zu fahren. Übrigens waren dies teilweise sogar die gleichen Stimmen, die kurz zuvor noch mindestens 180.000 Mann als unbedingt notwendig angesehen hatten.

Anstelle von weiteren „Tartarenmeldungen" sollte dem Bundesminister der Verteidigung jetzt erst einmal die Zeit gegeben werden, welche die Neuordnung der Bundeswehr benötigt, und ihn alle bei der gewiss schwierigen Umsetzung der Neuordnung, der sechsten seit Ende des Kalten Krieges, nach besten Kräften unterstützen.

---

[18] Rolf Clement, Die Reform der Bundeswehr, in: Der Mittler-Brief. Informationsdienst zur Sicherheitspolitik 26, Nr. 4/4 Quartal 2011, S. 8.

Festzuhalten bleibt: die Auftragstaktik als ein zentrales Element der Führungskultur, der Inneren Führung, erfordert die rechtzeitige und ausreichende Bereitstellung einer adäquaten Ausrüstung. Ansonsten kann Auftragstaktik nicht funktionieren.

Literatur

Clement, Rolf: Die Reform der Bundeswehr, in: Der Mittler-Brief. Informationsdienst zur Sicherheitspolitik 26, Nr. 4/4 Quartal 2011.

Deinhardt, André: Panzergrenadiere im Kalten Krieg. Die Geschichte einer Truppengattung zwischen »Massive Retaliation« und »Flexible Response« 1960 bis 1970. München, 2012.

Die Bundeswehr, 1/2011, Januar 2012, S. 33.

Glatz, Rainer: Menschenführung im Gefecht, in: if Zeitschrift für Innere Führung 55, Nr. 2/2011, S. 4.

Glatz, Rainer, Führen im Einsatz – Verantwortung über Leben und Tod (Ungedrucktes Manuskript).

Maizière, Thomas de: Neuausrüstung der Bundeswehr. Manuskript der Rede vom 18. Mai 2011.

Maizière, Ulrich de: Führen im Frieden. 20 Jahre für die Bundeswehr und Staat. München 1974.

Smith, Laura-Lee: Afghanische Lektionen. Wie die Bundesregierung Auslandseinsätze besser kommunizieren kann, in: IP Internationale Politik 67, Januar/Februar 2012, S. 103-107.

Wellershoff, Dieter: Führen. Wollen – Können – Verantworten. Bonn 1997.

Bundesministerium der Verteidigung: ZDv 10/1: Innere Führung. Selbstverständnis und Führungskultur der Bundeswehr. Bonn 2008.

Posttraumatische Belastungsstörung (PTBS) – Die andere Herausforderung für den militärischen Führer

Catri Tegtmeier und Michael A. Tegtmeier

Aus zahlreichen Veröffentlichungen besonders im englischsprachigen Raum geht hervor, dass die Anzahl von Soldaten, die während oder nach einem Einsatz an einer PTBS erkranken, bei ca. 20 Prozent liegt. Darüber hinaus litt jeder zweite Soldat nach dem Einsatz an einer weiteren psychischen Erkrankung, wie z. B. Depression, aber auch Alkohol- oder Medikamentenabhängigkeit. Das Auftreten von PTBS ist jedoch kein militärisches Phänomen oder nur auf Einsatzkräfte beschränkt. In der Bevölkerung erkranken etwa fünf bis neun Prozent der Männer und etwa doppelt so viele Frauen im Laufe ihres Lebens an einer PTBS infolge eines erlittenen Traumas. Polizisten, Soldaten, Feuerwehrleute, Sanitäter und Journalisten gehören zu den Berufsgruppen, die besonders gefährdet sind, eine PTBS zu erleiden.

Mit diesem Beitrag werden die Besonderheiten einer PTBS beschrieben und, abgeleitet aus dem Auftreten von PTBS bei militärischen Kräften in vergangenen bewaffneten Konflikten, Lehren gezogen sowie die Herausforderungen definiert, denen sich militärische Führer stellen müssen.

Nicht jedes belastende Ereignis wird als Trauma bezeichnet. Es müssen bestimmte Kriterien erfüllt sein. Die Betroffenen müssen das Ereignis selbst erleben oder Zeuge eines solchen Ereignisses sein. Es muss dazu eine drohende Todesgefahr oder das Erleben des Todes anderer bzw. eine ernsthafte Verletzung bzw. Gefährdung der eigenen körperlichen Unversehrtheit vorliegen. Darüber hinaus müssen während des traumatischen Ereignisses intensive Furcht, Hilflosigkeit oder Entsetzen auftreten. Auch wenn bei einem Betroffenen nach einem erlebten Trauma keine körperlichen Verletzungen zu verzeichnen sind, kann er trotzdem eine psychische Schädigung erlitten haben. Treten kurz nach dem Trauma psychische Beschwerden auf und halten diese nicht länger als vier Wochen an, spricht man von einer <u>akuten Belastungsreaktion</u>. In der Regel klingen solche Beschwerden innerhalb weniger Tage wieder ab. Eine <u>Posttraumatische Belastungsstörung</u> entsteht als eine verzögerte Reaktion auf ein belastendes Ereignis. Diese Störung folgt einem Trauma mit einer zeitlichen Verzögerung von Wochen bis Monaten und hält länger an, teilweise nimmt die Störung einen chronischen Verlauf. Untersuchungen belegen, dass eine PTBS auch erst nach einem längeren Zeitraum nach dem Ereignis auftreten kann. Von diesen PTBS-Erkrankungen wird jedoch nur ein geringer Teil diagnostiziert oder adäquat behandelt. Mit zunehmender Stärke der anfänglichen Ausprägung der Symptomatik einer PTBS steigt die Gefahr für die Entwicklung einer chronischen PTBS.

Traumata werden unterschieden in menschlich verursachte Traumata (z.B. sexuelle oder körperliche Misshandlung, Gewalt, Kriegserlebnisse, Folter, politische Haft) und zufällige Traumata (Katastrophen, Arbeits- oder Verkehrsunfälle u.a.). Darüber hinaus erfolgt eine Aufteilung in kurz- oder langfristige Traumata. Kurzfristige traumatische Erlebnisse (Naturkatastrophen, Unfälle, kriminelle Gewalt u.a.) sind durch akute Lebensgefahr, plötzliches Auftreten oder Überraschung charakterisiert. Bei längerfristigen traumatischen Erlebnissen (Kriegsgefangenschaft, KZ-Haft, wiederholte Misshandlungen u.a.) handelt es sich um mehrere verschiedene traumatische Einzelerlebnisse, die durch eine geringe Vorhersagbarkeit des weiteren traumatischen Geschehens charakterisiert sind. Die Symptome einer PTBS können durch alle Traumatisierungen hervorgerufen werden, wobei die willentlich durch Menschen verursachten Traumata einerseits sowie die längerfristigen traumatischen Erlebnisse andererseits häufiger zu einer stärkeren Beeinträchtigung und Chronifizierung führen als die anderen Formen. Eine weitere Form der Traumatisierung stellt das kumulative Trauma dar. Dies ist eine Abfolge von traumatischen Erfahrungen, wobei jedes einzelne Trauma keine starke Beeinträchtigung nach sich zieht und unterschwellig bleibt. Im zeitlichen Verlauf können viele kleine Traumata jedoch die persönlichen Ressourcen so stark schwächen, dass insgesamt häufig sogar eine schwere Traumatisierung entstehen kann.

Die Folgen jahrzehntelanger Belastungen (z.B. häufige Auslandseinsätze, Polizeidienst, Dienst in der Intensivpflege) können bis weit in den Ruhestand hineinwirken und so dauerhaft die Lebensqualität beeinträchtigen. Als besonders traumatisch wird empfunden, wenn Menschen Verletzungen aufgrund von körperlichen Gewalttaten erleiden, Suizide verübt wurden oder Kinder involviert sind. Typisch für eine PTBS ist, dass Betroffene ihre traumatische Situation immer wieder erleben - in Form von Albträumen, Erinnerungsfetzen aus der Vergangenheit bis hin zum Gefühl, sich wieder in dem Geschehen zu befinden, das das Trauma ausgelöst hat. Dies äußert sich dann in körperlicher Erregung, Konzentrationsstörungen, Schuld- und Schamgefühlen und einer negativen Sicht der Welt. Dadurch fühlen sich Betroffene in ihrer Lebensqualität deutlich eingeschränkt. Solche Empfindungen, Gedanken und körperlichen Symptome gelten jedoch als vollkommen normal, weil sie eine natürliche menschliche Reaktion auf eine extreme Belastung darstellen. Nicht die Reaktion, sondern das erlebte Ereignis ist unnormal. Eine PTBS kann jeder bekommen, der ein Trauma erlebt hat. Es ist kein Zeichen von Schwäche. Die Wahrscheinlichkeit, nach einem belastenden Ereignis eine PTBS zu entwickeln, steigt, wenn bei Betroffenen bestimmte Risikofaktoren zu finden sind. Für die Entwicklung einer posttraumatischen Belastungsstörung ist das Erleben eines Traumas zwar notwendig, aber nicht der bestimmende Faktor, ob und wie stark eine PTBS ausgeprägt wird. Die individuelle Verarbeitung, aber auch Risiko- und Schutzfaktoren spielen eine entscheidende Rolle. Risikofaktoren sind u.a.: mangelhaft erlebte Unterstützung durch die Familie, frühe Trennungserlebnisse in der Kindheit, vorbestehende Depression oder Angst, somatische und psychiatrische Vorerkrankungen, geringes Bildungsniveau, weibliches Geschlecht. Dagegen haben Schutzfaktoren einen günstigen Einfluss darauf, eine extreme Belastung ohne psychische Folgen bewältigen zu können. Diese geben den Betroffenen die Möglichkeit, das Trauma besser verarbeiten zu können. Dazu gehören u.a.: enge soziale Einbindung und Unterstützung, gute Beziehungen zu mindestens einer primären Bezugsperson, Aufwachsen in einer Großfamilie, überdurchschnittliche Intelligenz, sicheres Bindungsverhalten, robustes, aktives und kontaktfreudiges Temperament, soziale Förderung, verlässlich unterstützende Bezugspersonen im Erwachsenenalter.

In Verbindung mit einer PTBS treten bei der Mehrzahl der Betroffenen häufig weitere psychische Störungen auf. Hier sind Depression, Alkohol- oder Medikamentenmissbrauch, aber auch Angst- und Panikstörungen zu nennen. Es ist auch eine deutlich erhöhte Suizidrate im Vergleich zur Allgemeinbevölkerung festzustellen.

Lukowski (2010) beschreibt, was auf unsere Gesellschaft zukommen wird, denn Untersuchungen an ca. 300.000 USA Armeeangehörigen (2002-2008 im Irak oder in Afghanistan eingesetzt) ergaben, dass 21,8 Prozent an PTBS litten, 17,4 Prozent an Depression sowie 36,9 Prozent an einer anderen psychischen Erkrankung. Soldaten nach Kampfeinsatz und im Alter von etwa 25 Jahren wiesen die höchsten Raten an PTBS, Drogen- oder Alkoholmissbrauch auf.

Psychische Reaktionen, die im heutigen Sinne als Gefechtsstress bezeichnet werden und zu einer PTBS führen können, sind seit Jahrtausenden zu finden, werden allerdings erst seit etwa 100 Jahren genauer betrachtet. Im Ersten Weltkrieg traten bis dahin nicht bekannte Symptome bei Soldaten aller

Nationen auf, die an der Westfront die Schrecken des Krieges im pausenlosen Trommelfeuer in Schützengräben erleiden mussten. Solche Reaktionen waren auch im Zweiten Weltkrieg zu beobachten. In den nachfolgenden Kriegen traten die stressbedingten traumatischen Reaktionen ebenfalls auf, doch erst nach Ende des Vietnamkriegs erfolgte eine grundlegende wissenschaftliche Erforschung, die im Jahr 1980 dazu führte, dass PTBS in die internationalen Klassifizierungssysteme der anerkannten Krankheiten aufgenommen wurde. Auf Basis des alternativen Stressmodells von Stevan Hobfoll (Theorie der Ressourcenerhaltung - Conservation of Resources Theory, COR-Theorie) lassen sich die Besonderheiten von Einsatz und Stressbewältigung sehr anschaulich beschreiben. Hobfoll geht in seiner Theorie davon aus, dass jedes Individuum zum Erhalt des psychischen und physischen Wohlempfindens sogenannte Ressourcen benötigt. Wenn im Verlauf eines als belastend bewerteten Ereignisses der Verlust von Ressourcen möglich ist oder eintritt, entsteht als natürliche Reaktion Stress. Bestehende Ressourcen werden eingesetzt, um neue hinzuzugewinnen, den eigenen Bestand an Ressourcen zu vermehren oder sich vor Ressourcenverlusten zu schützen. Menschen mit vielen Ressourcen sind widerstandsfähiger, da sie weniger anfällig für Verluste sind und darüber hinaus ihre eigenen Ressourcen gewinnbringender einsetzen können. Menschen mit weniger Ressourcen sind dagegen anfälliger in ihrem Bewältigungsverhalten.

Traumatischer Stress beinhaltet einen rapiden Verlust von besonders wertvollen Ressourcen. Ressourcenverluste treten vor allem bei solchen Personen auf, die über wenige Ressourcen verfügen bzw. bei denen ein erstmaliger Ressourcenverlust die persönlichen Reserven derart nachteilig verändert, dass sie den anstehenden Herausforderungen nicht mehr gewachsen sind. Untersuchungen an Vietnamveteranen zeigten, dass diejenigen, die bereits vor einem Kriegseinsatz Ressourcenverluste beklagten, auch nach einem Einsatz geringere unterstützende Ressourcen (soziale Einbindung und Unterstützung) besaßen, die ihnen bei der Bewältigung ihrer traumatischen Kriegserlebnisse hätten helfen können.

Wendet man die Theorie der Ressourcenerhaltung von Hobfoll auf den Einsatz von Soldaten in einem Einsatz-/Kriegsgebiet, aber auch auf Einsatzkräfte im Allgemeinen an, ergeben sich daraus eine Reihe von Folgerungen und Konsequenzen. Die nachfolgende Aufzählung zeigt einen Ausschnitt sowohl positiver als auch negativer Faktoren, die sich auf das persönliche Wohlergehen und damit auf den Ressourcenhaushalt auswirken können.

Positive Faktoren mit Wirkung auf den Ressourcenhaushalt sind u.a.: Glaube an die eigene Stärke, fundierte Ausbildung, Überzeugt sein vom eigenen Material, Überlegenheit der eigenen Ausrüstung und Bewaffnung, Vertrauen in die Vorgesetzten, guter Gruppenzusammenhalt, Kennen der Kameraden (Gruppenkohäsion), Überzeugung von Sinn, Zweck und Notwendigkeit sowie Rechtmäßigkeit des Auftrags, Unterstützung aus der Heimat, Anerkennung von denjenigen, die einen in den Einsatz geschickt haben, angemessene Entlohnung für das Leben in ständiger Gefahr und das Ertragen von zum Teil schwierigen Einsatzbedingungen unter Zurückstellung der eigenen Bedürfnisse (u. a. eingeschränkte Privatsphäre und Leben in Gemeinschaftsunterkünften), Gewissheit, dass man selbst, aber auch die Familie im Falle von Verwundung oder Tod wirtschaftlich abgesichert ist, Einbindung der Familie zu Hause in ein soziales Netzwerk.

Dem stehen die Faktoren gegenüber, die eine negative Wirkung auf den Ressourcenhaushalt haben können: Unklare Lage und ein ständiges Gefühl der Unsicherheit, aus theoretischer und abstrakter Gefahr entsteht eine wirkliche Gefährdung für das eigene Leben und wird zum Bestandteil des täglichen Dienstes, reale Begegnung mit Verwundung und Tod, Konfrontation mit einem asymmetrisch und teilweise verdeckt kämpfenden Gegner, der sich nicht an einer christlich-westlichen Weltanschauung orientiert, Umgang mit fremden Kulturen sowie Normen und Werten, die dem eigenen Selbstverständnis nicht entsprechen, Verpflichtung zur Neutralität in Konflikten, bei denen man nach eigenem Selbstverständnis eingreifen müsste, das internationale Mandat (u. a. durch die ROE - Rules of Engagement) dies aber nicht zulässt, wodurch ein Gefühl der Hilflosigkeit entsteht, Leben und Wohnen in unbekannter Umgebung (in Zelten oder Containern) mit eingeschränkter Privatsphäre, Trennung von Familie und Freunden über einen in der Länge noch nicht gekannten Zeitraum und dabei Verlustängste, den Partner bzw. die Familie zu verlieren, Vertrauensverlust in die eigene Organisation, wenn Ausrüstung nicht oder nur eingeschränkt verfügbar ist oder im Einsatz erstmalig zur Verfügung steht, unzureichende moderne Kommunikationsmittel, um mit zu Hause regelmäßig und schnell in Verbindung treten zu können, fehlende Unterstützung aus der Heimat, wenn der Einsatz zu Hause nicht oder nur am Rande wahrgenommen wird, die Situation im Einsatz nicht dem entspricht, was vorher angekündigt wurde.

Es ist unstrittig, dass der Dienstherr für die Regulierung der Schäden eintreten muss, die ein in den Einsatz entsandter Soldat erleidet. Hierfür sind inzwischen eine Reihe von Gesetzen und Regelungen geschaffen worden, die allerdings noch weiter zugunsten der geschädigten Soldaten ausgebaut werden müssen. Im Rahmen der Befassung mit der Gesamtproblematik kristallisieren sich aktuell folgende zwei Kernbereiche heraus. Zum einen ist es notwendig, die Bedeutung von psychischen Verwundungen und die daraus resultierenden Probleme einer größeren Öffentlichkeit zur Kenntnis zu bringen. Zum anderen ist es aber auch zwingend erforderlich, mit realistischen und fundierten Zahlen von potentiell Betroffenen zu verdeutlichen, mit welcher Anzahl psychischer Verwundeter auf der Zeitachse gesehen zu rechnen ist. Nur so lassen sich die Dimensionen der Herausforderung erfassen und verständlich darstellen.

Legt man die Erkenntnisse des Vietnamkrieges zu Grunde, müsste man folglich von ca. 30 Prozent Soldaten ausgehen, die nach einem Krieg an PTBS leiden. Die weiter vorn beschriebene Untersuchung bei amerikanischen Armeeangehörigen ergab, dass 21,8 Prozent eine PTBS erlitten haben. Auf der Basis von sehr konservativen Schätzungen kann man zurzeit davon ausgehen, dass etwa neun Prozent der im Einsatz gewesenen Soldaten eine PTBS erleiden. Aktuelle Aussagen, nach denen nur zwei bis drei Prozent der im Einsatz gewesenen Soldaten der Bundeswehr eine PTBS erleiden, greifen zu kurz. Diese These lässt sich erst nach der Auswertung von Langzeitstudien verifizieren, die aber bisher für Bundeswehrsoldaten nicht vorliegen. Vor allem ist auch zu berücksichtigen, dass sich eine PTBS mitunter erst nach Jahren entwickelt. Viele der potentiell Betroffenen sind dann bereits aus den Streitkräften entlassen oder haben sich auch wegen anderer Diagnosen in Behandlung begeben und erscheinen somit nicht in den veröffentlichten PTBS-Statistiken. Ein Beispiel, aus dem man die Problematik gut ableiten kann, ist der Falklandkrieg, der vor 30 Jahren stattgefunden hat. Auf Basis der Debatten des House of Commons (Defence Committee, Medical care for the armed forces, Seventh Report of Session 2007/08, 18th February 2008) ist die Annahme zulässig, dass von den etwa 30.000 im Falklandkrieg eingesetzten Soldaten bis zu 2.700 an PTBS leiden. Auffällig ist, dass sich bisher über 300 Falklandveteranen das Leben genommen haben – eine Zahl, die die 255 gefallenen britischen Soldaten deutlich übertrifft.

Überträgt man diese Zahlen jetzt auf die deutschen Streitkräfte, ergibt sich folgendes Bild: Bei bisher über 300.000 Bundeswehrangehörigen, die im Einsatz gewesen sind, muss man sich auf eine Anzahl von ca. 30.000 Betroffenen einstellen, die an PTBS leiden oder im Laufe der Zeit an PTBS erkranken werden.

Die bisher genutzte Argumentation, dass die Anzahl betroffener Bundeswehrsoldaten aufgrund der besonderen Rahmenbedingungen außergewöhnlich gering sind, scheint die Realität nicht widerzuspiegeln. Es liegen bislang keine wissenschaftlich belastbaren Erkenntnisse darüber vor, dass die erlebte Einsatzintensität und die absolvierte einsatzvorbereitende Ausbildung entscheidenden Einfluss auf die Nichtausprägung einer PTBS haben. Wissenschaftliche Untersuchungen haben jedoch bereits gezeigt, dass durch Ausbildung die Anzahl der an PTBS erkrankten Einsatzsoldaten nicht verringert wird und es keine Gewöhnung an den Einsatz bzw. eine Abhärtung gibt, da im Gegenteil mit zunehmenden Einsätzen auch das PTBS-Risiko steigt. Darüber hinaus gibt es eine hohe Dunkelziffer derjenigen, die sich aus Angst vor dienstlichen Nachteilen oder vor Spott der Kameraden nicht trauen, trotz auftretender PTBS-Symptome professionelle Hilfe aufzusuchen. Selbst wenn die offiziell veröffentlichten Zahlen versuchen, die Problematik PTBS bei Bundeswehrsoldaten als ein eher geringes Problem darzustellen, gibt es bisher keine Langzeitstudien, die diese These stützen.

Neben den oben beschriebenen positiven und negativen Faktoren, die sich bei allen im Einsatz befindlichen Soldaten auf das persönliche Wohlergehen und damit auf den Ressourcenhaushalt auswirken können, gibt es auch besondere Herausforderungen, denen sich militärische Führer aller Ebenen stellen müssen. In den sowohl allgemeinen militärischen Ausbildungsabschnitten für Führungspersonal als auch in der speziellen einsatzvorbereitenden Ausbildung muss der Führungsnachwuchs intensiv an das Thema „Führen und Führung von Einsatzversehrten im Einsatz und zu Hause" herangeführt werden. Es ist von enormer Wichtigkeit, dass sich militärische Führer im Vorfeld eines Einsatzes mit diesem Fragenkomplex auseinandersetzen. Beim Dienst im Heimatstandort wird es zunehmend die Regel und damit Normalität werden, dass einsatzversehrte Soldaten in den Einheiten Dienst leisten. Es kommt daher darauf an, den Vorgesetzten eine Hilfe an die Hand zu geben, mit welchen Herausforderungen sie konfrontiert werden können und wie man damit umgehen kann. Hierbei muss die Problematik mehrschichtig gesehen werden. Dazu gehören zunächst alle Situationen, die sich im Einsatz abspielen. Hier muss ein militärischer Führer sein Umfeld kennen, beobachten, Veränderungen wahrnehmen und auf diese reagieren können. Dabei ist er allerdings nicht allein, sondern kann sich in aller Regel auf ein Netzwerk von Kameraden, Militärpfarrern, Truppenpsychologen, Peers und weitere abstützen. Diese können ihn bei der wichtigen Führungsaufgabe unterstützen. Auch beim Dienst im Heimatstandort nach dem Einsatz gebietet es die Fürsorge durch den Vorgesetzten, sich weiter um seine Untergebenen zu kümmern und besonders im Hinblick auf psychische Einsatzverwundungen oder auch allgemeine Auffälligkeiten angemessen zu unterstützen, Hilfe anzubieten oder den Rat von Fachleuten hinzuzuziehen.

Darüber hinaus gibt es aber auch einsatzversehrte Kameraden, die bereits aus früheren Einsätzen körperliche oder psychische Schädigungen davongetragen haben und trotzdem in der Einheit Dienst leisten können. Diesen Kameraden muss der Vorgesetzte unbefangen gegenüber treten, sie in die Einheit, sofern nicht bereits geschehen, integrieren und entsprechend ihrer Möglichkeiten einsetzten. Dazu gehört auch, bei den anderen Angehörigen der Einheit dafür Verständnis zu wecken, dass mitunter die Leistungsfähigkeit dieser Kameraden eingeschränkt ist, sie nur Teile des Dienstes absolvieren können und ggf. öfter Kur-, Reha- oder andere gesundheitswiederherstellende Maßnahmen in Anspruch nehmen müssen.

Diese Herausforderungen werden weniger schwierig umzusetzen sein, wenn der militärische Führer gemeinsam mit den nun einsatzversehrten Kameraden im Einsatz gewesen ist. In der militärischen Realität zeigt sich aber, dass die Versetzung von militärischem Führungspersonal an der Tagesordnung ist. Hier entsteht ein Spannungsverhältnis. Auf der einen Seite steht die Institution Bundeswehr, für die ein permanenter Wechsel von Vorgesetzten systemimmanent ist, damit diese Verwendungsbreite und eine dem Alter entsprechende adäquate Förderung bekommen. Auf der anderen Seite steht die Beibehaltung gefestigter Strukturen und somit der Zusammenhalt und die Kohäsion einer Einheit.

Gerade für Versehrte gehen durch solche häufigen Wechsel wichtige Verbindungen verloren und bestehende Vertrauensverhältnisse müssen stets mühsam wieder neu aufgebaut werden. Ein militärischer Führer mit Einsatzerfahrung wird sich diesen Themen aufgrund eigener Erlebnisse im Einsatz und dem Verständnis für Einsatzverwundete leichter öffnen können. Auch jüngere Vorgesetzte ohne Einsatzerfahrung können mit Führungsverantwortung betraut werden, weil sie ggf. gerade ihre Ausbildung abgeschlossen haben. Vorgesetzte müssen besonders auf diese Herausforderungen im Rahmen ihrer Ausbildung vorbereitet werden.

Auch Vorgesetzte können im Einsatz verwundet werden. Wie gehen ihre Untergebenen damit um, wenn sie erfahren oder miterleben, dass ihr militärischer Führer eine psychische Einsatzverwundung erlitten hat? Die nächsthöheren Vorgesetzten müssen hier eingebunden werden, um die Situation zu begleiten und bei Bedarf angemessene Maßnahmen zu ergreifen. Auch die Frage ist zu klären, ob ein militärischer Vorgesetzter grundsätzlich aus seiner Führungsverantwortung herausgelöst werden muss, wenn er eine Traumatisierung im Einsatz erlitten hat und dadurch eventuell das Vertrauen seiner Untergebenen verloren hat? Wie wirkt sich darüber hinaus die gesamte Problematik auf einen erneuten Einsatz der Einheit aus? Insgesamt muss diesem Themenkomplex eine höhere Bedeutung zugemessen werden. Militärische Führer aller Ebenen dürfen mit dieser Herausforderung nicht allein gelassen werden, sondern müssen bereits während der lehrgangsgebundenen Ausbildung und darüber hinaus in der Einsatzvor- und -nachbereitung mit dem Thema konfrontiert werden. Leitlinien, wie mit allen Fragen des Umgangs von einsatzversehrten Soldaten zu verfahren ist, müssen militärischen Führern an die Hand gegeben werden. Auf folgende Punkte sollten nicht nur militärische Führer ihr besonderes Augenmerk richten:

Wie kann zu den aus dem Dienstverhältnis ausgeschiedenen Einsatzsoldaten Kontakt gehalten werden und welche Maßnahmen können ergriffen werden, um diese bei Bedarf zu unterstützen?

Wie kann man diese Kameradinnen und Kameraden in Kontakt mit hilfeleistenden Stellen bringen?

Wie wird den Angehörigen von an PTBS erkrankten Kameraden geholfen?

Welche Maßnahmen sind notwendig, um neben PTBS auch die verstärkt auftretenden Begleiterkrankungen (Komorbidität) mit zu erkennen und zu behandeln?

Welche Schlüsse müssen hinsichtlich der Erkenntnis gezogen werden, dass es bestimmte Risikofaktoren an PTBS zu erkranken gibt, z.B. in Bezug auf die Personalauswahl?

Wie sind Einsatzdauer und -häufigkeit in Einklang zu bringen, da auch das Erleben vieler kleinerer Vorfälle zu einer PTBS führen kann?

Da besonders die Einflussfaktoren nach einer erlebten traumatischen Situation die Ausprägung einer PTBS maßgeblich beeinflussen, ist zu prüfen, wie sich die Bundeswehr noch weiter im Bereich der sozialen Unterstützung nach einem Einsatz einbringt.

Wie werden die Inhalte „Stress und Trauma sowie die Folgen und wie geht man damit um" so in der Ausbildung vermittelt, dass militärische Führer und Untergebene Ebenen gerecht über ausreichende Kenntnisse verfügen?

Sind die veröffentlichten Zahlen über PTBS-Erkrankungen aussagekräftig genug, um daraus den künftigen Bedarf an Behandlungseinrichtungen und Therapeuten ableiten zu können?

Die Konfrontation mit Trauma auslösenden Situationen kann jede Person, also auch jeden Soldaten treffen. Dabei sind die auftretenden Reaktionen als normal auf das Erleben einer außergewöhnlichen Situation zu begreifen.

Durch Ausbildung können die Kenntnisse über PTBS, Symptome des Auftretens und Möglichkeiten der Unterstützung vermittelt werden. Ausbildung schützt aber nicht davor, im Einsatz eine PTBS zu erleiden. Unterstützung durch den Dienstherrn, Kameraden und Angehörige sowie professionelle Hilfe können aber dazu beitragen, die Folgen von traumatischen Erlebnissen zum Wohle der Betroffenen zu reduzieren. Den militärischen Führern kommt bei all diesen Punkten eine besondere Bedeutung zu. Ihnen ist in der Ausbildung das notwendige Rüstzeug mitzugeben, damit sie in diesen Situationen bestehen können.

Literatur (Auszug)

Buchwald, P., Schwarzer, C., Hobfoll S.: Stress gemeinsam bewältigen, Hogrefe-Verlag, Göttingen 2004

House of Commons - Defence Committee, Medical care for the armed forces, Seventh Report of Session 2007 - 08, 18 February 2008

Geldmacher, A.: Vom Stress zum Trauma. Verlag Dr. Müller, Saarbrücken 2007

Lukowski, T.: DNP, Der Neurologe und Psychiater, Psychische Erkrankungen Armeeangehöriger. Was auf unsere Gesellschaft zukommen wird, 06.02.2010

Maercker, A. (Hrsg.): Therapie der posttraumatischen Belastungsstörung. Springer Verlag, Berlin, Heidelberg 2003

Maercker, A.: Posttraumatische Belastungsstörungen, Springer Verlag, Berlin, Heidelberg 2009

Teegen, F.: Posttraumatische Belastungsstörungen bei gefährdeten Berufsgruppen: Prävalenz, Prävention, Behandlung. Huber Verlag, Bern 2003

Tegtmeier, C. und Tegtmeier, M.: PTBS - das unsichtbare Leid. Handbuch für Einsatzkräfte und deren Angehörige. Walhalla Verlag, Regensburg 2011

Tegtmeier, C. Tegtmeier, M.: Nach extremen Ereignissen in den Alltag zurückfinden, Notfallvorsorge, Heft 1/2010

Tegtmeier, M.: Traumatischer Stress bei militärischen Kräften. Verlag Dr. Kovac, Hamburg 2010

Veränderungsmanagement und Innere Führung aus Sicht von Baudissin

Claus von Rosen

Vorbemerkungen

Die Bundeswehr befindet sich in einem umfangreichen Veränderungsprozess. Wie bereits bei vergleichbaren Reformen in den vergangenen zwanzig Jahren geht es dabei im wesentlichen um die Anpassung der Struktur der Streitkräfte an die veränderten politischen und strategischen sowie finanziellen Gegebenheiten. Fragen, ob dies auch für die innere Struktur, das Innere Gefüge und die Innere Führung Bedeutung haben könnte, kommen für manchen vielleicht unerwartet. Bereits Mitte der 1990er Jahre hieß es vom damaligen Verteidigungsminister Volker Rühe, dass die Innere Führung sich bewährt habe und keiner Veränderungen bedürfe. Und als vor ca. 10 Jahren unter dem Begriff „Transformation" ähnliches diskutiert wurde, war von pointierten Vertretern der Inneren Führung schnell ein Veto gegen jede Veränderung dieser Konzeption vorgebracht. Innere Führung sei die Erfolgsgeschichte der Bundeswehr, an der brauche, ja dürfe es keine Veränderung geben.

Statt dieser Frage ernsthaft nachzugehen, werden auch heute angesichts der neuen Aufgaben der Bundeswehr wie selbstverständlich hauptsächlich oder fast ausschließlich organisatorische Fragen wie die strategischen und taktischen Aufgaben bzw. Ziele der Streitkräfte, Streitkräfte- und Führungsstrukturen, Stationierung, Bewaffnungen und Ausrüstungen, Personalmodelle und STAN-Stellen bearbeitet. Fragen nach Veränderungen von Führungsprozessen, Abläufen und mentalen Veränderungen bleiben weitestgehend außen vor. Dies kennzeichnet eine Trennlinie zwischen äußerer und Innerer Führung, die bereits in den 50er Jahren des letzten Jahrhunderts unnötigerweise die Diskussion um den Aufbau der neuen Streitkräfte erschwert hatte und seit Mitte der 70er Jahre sich immer stärker verfestigt hat. Abgesehen von den angedeuteten Befürchtungen stellt sich natürlich die Frage, wieso im Rahmen von wesentlichen Veränderungen der Bundeswehr nicht auch die Innere Führung davon betroffen sei sollte.

Umgekehrt wird man jedoch auch fragen müssen, ob die Ansätze für die Innere Führung aus den ersten Tagen der Bundeswehr inzwischen Wirklichkeit geworden sind, oder ob es Versäumnisse, Fehlleitungen oder gar Rückschritte bei deren Umsetzung in den Bundeswehr-Alltag gegeben hat. Die kritischen Stimmen in diese Richtung seit der de-Maizière-Kommission Ende der 70er Jahre sind bis heute nicht verstummt.

Was ist mit Veränderungsmanagement gemeint?

Veränderungsmanagement ist ein neuer Begriff für eine alte Sache. Mehr als begriffliche Umschreibung denn im Sinne einer wissenschaftlichen Definition wird man sagen können, dass damit Handlungsweisen gemeint sind, mit denen Veränderungen aller Art zielgerichtet, systematisch, planvoll effektiv und kontrolliert vorgenommen werden (können und müssen). Dabei ist es gleich, ob dies als ganz normale Führungsaufgabe der Nachsteuerung, zur Anpassung an neue Verhältnisse oder zur Wiederherstellung von geordneten Verhältnissen geschieht, oder ob es mehr generell als Renaissance, als Reform, als vorausschauende Transformation oder gar als rollende Reform im Regelkreis eines ständigen Evaluationsprozesses bewusst organisiert wird. Innere Führung wird dabei aus dreierlei Sicht bedeutsam.

Zunächst geht es um die Gegenstände der Veränderung – hier speziell: die Innere Führung. Dies scheint eine rhetorische Frage zu sein. Bei genauerem Hinschauen zeigen sich jedoch manche Tücken:

Unter Innerer Führung werden zum einen spezielle Strukturen und Prozesse verstanden. Dies sind natürlich die Konzeption und die Grundlagen als Sollvorgaben z.B. in Form von Gesetzen, Erlassen, Vorschriften, im Leitbild vom Staatsbürger in Uniform, in Form von Leitsätzen oder von rules of engagement. In diesen Vorgaben sind auch spezielle Innere Führungs-Verhaltensweisen beschrieben. Unscheinbarer, aber vielleicht noch viel wichtiger ist jedoch, was in derartigen Vorgaben nicht geregelt, sondern für die jeweilige Führungssituation bewusst und betont offen gehalten ist. Auch diese notwendige Offenheit ist Gegenstand von Innerer Führung.

Des weiteren gibt es Führungsstrukturen speziell für Innere Führung. Dass z.B. nach Vorstellung der Schöpfer der Konzeption die Hauptaufgabe der Inneren Führung bei den unmittelbaren Vorgesetzten liegt und nicht bei den Stäben vom Bataillon bis zum Ministerium aufwärts, oder dass es klar gestufte Zuständigkeiten für Innere Führung gibt – man denke nur an die rechtliche Stellung des nächsten Disziplinarvorgesetzten und dass ein Durchgreifen in Disziplinarangelegenheiten von „oben" über andere Stufen hinweg sogar gesetzlich verboten ist.

Schließlich ist Innere Führung als Ist-Zustand des alltäglichen Führungsgeschehens aller Orten in der Bundeswehr ein eigener realer Gegenstand, gelegentlich auch als das Klima in der Truppe beschrieben. Die dabei immer wieder festzustellenden Diskrepanzen zu den Sollvorgaben, den Verhaltensweisen und den Strukturen bedürfen der Korrekturen durch unmittelbare Dienstaufsicht der Vorgesetzten oder durch ministerielle bis parlamentarische Kontrolle (Verteidigungsausschuss als Untersuchungsausschuss bzw. Wehrbeauftragter).

All die Vorgaben, Strukturen und Prozesse werden nach allgemeiner Auffassung nach Konstanten und Variablen unterschieden; nur letztere können demnach der Veränderung unterliegen. Was aber variabel und was konstant und unveränderbar ist bzw. bleiben muss, ist jedoch nicht eindeutig. Angesichts der angesprochenen „Offenheit" und des Klimas z.B. wird man möglicherweise eine klar definierte Trennlinie verneinen müssen; nicht jede gewünschte Veränderung ist zugleich eine notwendige und auch aus zeitlicher Sicht wird man vermutlich höchstens von relativen Konstanten sprechen können. Bereits daran wird deutlich, dass nicht ganz einfach festzustellen ist, was der Inneren Führung denn zu verändern sein wird.

Daraus ergibt sich die weitere Frage, warum etwas verändert werden muss oder soll. Innere Führung als Führungsphilosophie wird dabei zum Maßstab dafür, ob und wie weit Entwicklungen bewusst ge- oder ertragen werden sollen oder gar müssen bzw. wann Veränderungen notwendig sind. Veränderungen sollen oder müssen Antworten geben sowohl auf Wildwuchs oder Erosion, auf retardierende Momente aus Verwaltung, Bürokratie oder Routine sowie auf Versäumnisse, Vernachlässigung, Restauration oder Reaktion im Organisationssystem selber, aber auch auf Veränderungen und Herausforderungen schleichender oder revolutionärer Art von außerhalb. Da die Veränderungsgegenstände grundsätzlich austauschbar sind, gilt dies gleichermaßen für Veränderungen der äußeren wie der Inneren Führung.

Die landläufigen Begründen für Veränderungen aus den letzten 25 Jahren haben sich weitgehend an dem veränderten strategischen Aufgabenspektrum der Bundeswehr ausgerichtet. Die Grundsatzpapiere aus dem Ministerium von den jeweiligen Weißbüchern bis zu den Verteidigungspolitischen Richtlinien (VPR) mit ihren Folgedokumenten lassen andere Gründe, mehr aus dem Feld der Inneren Führung, kaum ins Gewicht fallen. Spezielle Bezugspunkte für die Konzeption Innere Führung aus den 50er Jahren haben aber, so darf man vermuten, gesellschaftlichen Wandel unterlegen. Oder war z.B. die heiße

Debatte um den Werteverlust oder Wertewandel in unserer Gesellschaft aus den 60er bis in die 80er Jahre nur eine Seifenblase gewesen? Und die öffentlichen Debatten z.B. um die Tradition, um im Dienst Gefallene, um die Armee der Einheit und nicht zuletzt um die Aussetzung oder Abschaffung der Wehrpflicht machen deutlich, dass es eine Vielzahl von Gründen für Veränderungen der Streitkräfte gerade aus der Sicht von Innerer Führung gibt.

Die Konzeption Innere Führung ist darüber hinaus auch die ganz spezielle Führungsphilosophie für die Streitkräfte der Bundeswehr. Sie bekommt damit im Komplex von Veränderung ein zusätzliches spezielles Gewicht. Im Sinne unserer freiheitlich-demokratischen Grundordnung gibt sie die Grundlage, den Maßstab, den Kompass mit der Richtung und die Grenzen für die anstehenden Veränderungen – und zwar nicht nur für Veränderungen bei der Inneren Führung selber, sondern bei allen Gegenständen, d.h. Mitteln, Strukturen wie Prozessen des Führungs- und Organisationssystems Bundeswehr. Auch künftig wird z.B. gelten, dass es ethische und politische Grenzen nach unserem Grundgesetz und gesellschaftlichem Konsens gibt. D.h. auch, wenn nach Ende des Kalten Krieges sich neue Aufgabenfelder für die Streitkräfte als Armee der Einheit, in der asymmetrischen Auseinandersetzung mit dem globalen Terrorismus oder im supranationalen Rahmen auftun, dann gibt die Konzeption Innere Führung den Maßstab und die Grenze für die notwendigen Veränderungen von Strukturen, Strategien oder Taktiken sowie Optionen ab.

Als drittes ist danach zu fragen, wie die Veränderung vorzunehmen sei. Diese Frage betrifft Veränderungsmanagement in einem engeren, mehr betriebs- und organisationswissenschaftlichen Sinn. Innere Führung steht dabei als Ausdruck für eine „vermenschlite Organisation"[1], eine Organisation, die mit und in ihren Strukturen und Prozessen dem Menschen dient und ihm nicht unbilliges abverlangt. Z.B. war es in den vergangenen 30 Jahren Bundeswehrgeschichte beinahe Gang und Gäbe, dass die Streitkräfte gleichzeitig in drei verschiedenen Strukturen arbeiten mussten, der früheren und noch nicht überall ausgesetzten, der offiziell eingeführten sowie der künftigen, bereits erprobten und beschlossenen. Dies war für die Streitkräfte insgesamt kaum zu bewältigen und für das Klima in der Truppe verwirrend bis schädlich. Bereits daran wird deutlich, was es heißt, Veränderungen zu managen und dass auch Veränderungsprozesse in all ihren Fassetten und Abläufen den Grundsätzen der Inneren Führung unterliegen (müssen).

---

[1] Baudissin 53,8 – BDZ.

Veränderungen sind auch keine Domäne der jeweils höheren hierarchischen Ebene. Veränderungen zu managen bedarf – taktisch gesagt – auch des Führens mit Auftrag, d.h. des Freiraumes zur Gestaltung an der Basis. Beteiligung ist aber nicht nur auf die eng begrenzt rechtlich geregelte Form zu beschränken. – In der Oktoberausgabe 2011 der Zeitschrift Die Bundeswehr wurde z.B. in einem 30-Zeiler kurz berichtet, dass der Staatssekretär den Gesamtvertrauenspersonenausschuss beim Verteidigungsminister über den „aktuellen Stand der Neuausrichtung der Bundeswehr" *informiert* und sich anschließend den Fragen des Gremiums gestellt habe. Ob diese Art von Informations-Gesprächen als minimale Form der rechtlichen Beteiligung – wie das Treffen weiter kommentiert wurde – „eine Vielzahl von Möglichkeiten noch Einfluss auf den aktuellen Prozess zu nehmen und sachkundig Entscheidungslinien zu hinterfragen" bietet, sei hier generell in Frage gestellt. – Die allgemeine Bedeutung von Beteiligung für das Führungsgeschehen und besonders auch in Form der nichtkodifizierten Möglichkeiten ist damit überhaupt noch nicht hinreichend ermessen worden.[2]

Und zum anderen gilt es im Sinne der Konzeption Innere Führung, bei Veränderungen einen Schritt weiter zu tun: Der vertrauensvolle Griff nach vorne selbst oder gerade in eine weitgehend noch offene und unbestimmte Zukunft ist eins der bestimmenden Merkmale der Konzeption Innere Führung seit den ersten Tagen im Amt Blank (gewesen). Veränderungen ohne diese Orientierung und prinzipielle Offenheit für künftige Entwicklungen verbleiben im Hier und Jetzt verhaftet und laufen damit der rasanten Weiterentwicklung immer nur hinterher.

Veränderungsmanagement und „Baudissin"

Veränderungsmanagement ist kein Baudissinscher Begriff. Er hat sich zum Thema Veränderung auch nicht speziell geäußert. Dennoch können wir diesen Begriff auf „Baudissin" anwenden. So basieren die bis hier gemachten Bemerkungen auch auf seinen Gedanken und Ausführungen. Zum besseren Ver-

---

[2] Zum Thema Beteiligung auch aus Sicht von Baudissin und besonders ihrem Zellenwert in der Inneren Führung s. Rosen 2001.

ständnis sei eine Kurz-Charakteristik von Baudissin speziell im Hinblick auf sein Verhältnis zu Veränderungen skizziert[3]:

Er hatte sich in jüngeren Jahren gelegentlich selbst als Jungkonservativer – eine Facette der sogenannten Konservativen Revolution – beziehungsweise in Zeiten des Umbruchs nach dem II. Weltkrieg als aufgeklärter Marxist bezeichnet. In beiden Fällen handelt es sich um politisch stark reformerische, wenn nicht gar revolutionäre Positionen, auf jeden Fall ein Kennzeichen für ausgeprägten Veränderungswillen. Er war aber keine Revoluzzer, sondern ein geistiger Revolutionär. Baudissin war von der Eigendynamik von Kräften jeder Art überzeugt. Er war konfliktfähig und auch konfliktbereit im Denken wie im Handeln. Konflikttheoretische Ansätze kennzeichnen seine Gedanken, Modelle und Theorien. So dachte er „in" Prozessen und nicht nur in Strukturen, in Interaktionen, in Wechselwirkungen oder gar in Paradoxa. Er bemühte sich, diese rational, wenn nicht aufzulösen, so doch fruchtbar zu machen. Es ging ihm immer um das hic-et-nunc und dabei leitete ihn ein vorausschauender Geist.

Auch wenn Baudissin die Lehren von Niklas Luhmann erst in den letzten 20 Lebensjahren zur Kenntnis bekommen, aber auch nie tiefer durchdrungen hat, so bestehen deutliche Parallelen zwischen seinem Lebenswerk und Luhmanns späteren systemtheoretischen Ansätzen. Luhmann unterscheidet drei Arten von Systemen[4] danach, wie sie die Übertragung von reduzierter, selektierter Komplexität durch Handeln und Erleben garantieren

    1.   durch Interaktion (Interaktionssystem)
    2.   durch Organisation (Organisationssystem)
    3.   durch Reflexion und Verweis auf die unbestimmte und unbestimmbare Umweltkomplexität. (Gesellschaft als System).

Diese Unterscheidung finden wir bereits in den Ausführungen über „Innere Führung" vor dem sogenannten Sonthofener Lehrgang für höhere Offiziere vom Sommer von 1956. Sie sind 1957 im sogenannten „Handbuch

---

[3] Diese Kurz-Skizze beruht auf meinen Arbeiten über Baudissin besonders 1. in: Baudissin 1982, S. 7 – 38; 2. Rosen 2004; 3. Rosen 2007.

[4] Hier ist zu beachten, dass von System-Arten und nicht von System-Ebenen gesprochen wird, auch wenn der folgende Bezug auf militärisch-hierarchische Ebenen eine Gleichsetzung der Begriffe scheinbar logisch erscheinen lässt.

Innere Führung – Hilfen zur Klärung der Begriffe"[5] veröffentlicht worden. Dort heißt es:

„Die Aufgaben der ‚Inneren Führung' müssen in erster Linie von den Offizieren angepackt und bewältigt werden, die *unmittelbar*[6] mit der Truppe leben. Für *den Kompaniechef, den Staffelkapitän, den Bootskommandanten*[7] ist die Lösung seiner „äußeren" Führungsaufgabe zugleich eine Frage der inneren Führung seiner Einheit. Je freier sich der Mann fühlt, je bereitwilliger er sich einordnet, je einsichtiger er die Strapazen der Ausbildung auf sich nimmt, je bewusster er in seiner geistigen Abwehrbereitschaft ist, um so höher wird die militärische Leistung sein. … Wenn Innere Führung auch vorwiegend eine Aufgabe der Vorgesetzten ist, so bleibt doch *jeder Soldat* daran beteiligt. Keiner kann außerhalb des inneren Gefüges der Truppe und der gesamten Bundeswehr stehen, ohne dass eine Bresche entsteht. Jeder Soldat trägt die Mitverantwortung, dass die Bundeswehr selbst in die innere Ordnung unseres Staates eingefügt bleibt." Die beiden „Hauptaufgaben der Inneren Führung", Geistige Rüstung und Menschenführung, werden von Baudissin also zunächst und vor allem als Prozess im Truppenalltag verstanden. Heute wird man vielleicht besser von Führen durch Beispiel, Interaktion, Kooperation, Coaching und Erziehen sprechen, das motivierend, interpretierend, vormachend, begleitend, anpassend oder auch steuernd sowie gegen Wildwuchs, Erosion oder auch Missachtung wirkt. Diese unmittelbare Führungsaufgabe „vor Ort" ist von Baudissin immer ganzheitlich verstanden worden. Sie entspricht Luhmanns Interaktionssystem, das durch unmittelbare Interaktion wirkt.[8]

Weiter stellte sich für Baudissin die Frage nach der Führungsleistung in der Organisation und nach der Verortung des Arbeitsgebietes in der Hierarchie: „*In den Stäben, vom Bataillon an aufwärts, haben die Kommandeure Bearbeiter für die Fragen der Inneren Führung*[9]. Ihre Aufgabe ist die Ausarbeitung von Befehlen

---

[5] Bundesministerium für Verteidigung (Hrsg.) Handbuch Innere Führung – Hilfen zur Klärung der Begriffe. Schriftenreihe Innere Führung, [Bonn] 1957 (1), S. 167 – 173, künftig Zitiert: Handbuch. Die folgenden Zitate s. S. 171f

[6] Hervorhebung durch CR.

[7] Diese drei Funktionen sowie „jeder Soldat" s.u. sind im Originaltext hervorgehoben.

[8] Nach der heutigen ZDv 10/1, ist nicht auszuschließen, dass es nach deren Schöpfer in den dort genannten 10 Gestaltungsfeldern je unterschiedliche „Menschenführung" und „Geistige Rüstung" gibt. S. Der Bundesminister der Verteidigung, Fü S I 4: ZDv 10/1 Innere Führung. Selbstverständnis und Führungskultur der Bundeswehr. Bonn 2008, Nr. 601 – 677.

[9] Hervorhebung im Original.

und Weisungen und die Beratung der unterstellten Einheiten, die Beobachtung, Auswertung und Berichterstattung über das Innere Gefüge der Truppe. Die Abgrenzung der Aufgaben ist in den Grundzügen einheitlich. In den höheren Stäben bis hinauf zum Führungsstab der Bundeswehr [heute: Streitkräfte] im Bundesministerium für Verteidigung ist entsprechend dem Umfang des unterstellten Bereichs die Aufteilung der Sachgebiete stärker gegliedert." Die „eigentliche" Innere-Führungs-Leistung per organisatorischer Mittel zu garantieren, wird hier militärischerseits im wesentlichen in die Hierarchie verlagert. Luhmanns Organisationssystem kennt diese Einschränkungen nicht, was nur heißt, dass Organisationsleistungen ebenso im bottom up-Ansatz gedacht werden muss. Dies hat Baudissin im Übrigen nicht ausgeschlossen.

Schließlich sagte Baudissin: „Innere Führung ist nur so weit Angelegenheit einer Unterabteilung [des Ministeriums], als in der arbeitsteiligen Aufgliederung der Bundeswehrspitze eine Stelle vorhanden sein muss, die Richtlinien gibt, Vorschriften entwickelt und im Erfahrungsaustausch mit der Truppe neu auftretende Fragen klärt." In den „neu auftretenden Fragen" deutet sich eine spezielle Reflexionsleistung zwischen Politik und Truppe an, die mehr als bloße Organisation im Sinne von Stabsarbeit ist. Dazu gab es in der Bundeswehrgeschichte verschiedene Versuche, entsprechende Organe einzurichten. So die Konstruktion des Militärischen Führungsrates[10] unter Heusinger oder Etablierung des Planungsstabes als speziellen think-tank im Ministerium sowie Einrichtung von Kommissionen zur Entwicklung neuer Ansätze für das Bildungswesen, die Streitkräftestruktur oder die Personalstruktur unter die Helmut Schmidt. Volker Rühe als Verteidigungsminister war demgegenüber strikter Gegner derartiger Instrumente.[11]

Baudissin hat die Innere Führung also sinnvoll und sachlich klar nach drei verschiedenen Leistungen unterschieden. Diese sind nach heutigen wissenschaftlichen Erkenntnissen system-logisch. Sie beinhalten drei verschiedene Aufgaben; keine kann oder darf vernachlässigt werden, keine kann eine andere ersetzen. Das bedeutet, dass wir für Veränderungen im Bereich von Innerer

---

[10] Hobe, erster Chef des Stabes des MFR sagte dazu: „Wir waren von früh bis spät fleißig, aber zu einem ruhigen Nachdenken und zu einer wirklich schöpferischen Arbeit waren wir von der Sache, von der Person und *von den anderen Anforderungen, die uns gestellt wurden*, einfach nicht mehr in der Lage." Zitiert in: Rosen 1981, S. 288, Hervorhebung CR.

[11] Dies deutet darauf hin, dass derartige Leistungen für die Bundeswehr bisher eher weniger Beachtung gefunden haben.

Führung generell nach drei verschiedenen Gegenständen und deren Management fragen müssen: Nach der unmittelbaren Inneren Führung jeweils vor Ort, nach deren Organisation vor allem als Stabsleistung und nach der Reflexion besonders im wissenschaftlichen, gesellschaftlichen sowie politischen Rahmen. Dass die Praxis der Inneren Führung wie deren Konzeption für Baudissin alles drei gleichzeitig und gleichermaßen umfasst, wird an einem kleinen Beispiel aus seiner Tätigkeit als Brigadekommandeur deutlich, an der Offizier-Besprechung zum Thema „Kirchgang" von 1959.[12] Die Tatsache, dass Baudissin dieses heikle Thema zum Gegenstand einer Offizier-Besprechung macht, ist Kennzeichen einer Organisationsleistung, auch wenn das Thema zumindest zur ersten Hälfte in das System Gesellschaft gehört und die Art, wie Baudissin sein Anliegen behandelt, mehr eine Anregung zur Reflexion (Gesellschaft) oder ein persönliches Ringen mit dem einzelnen (I) denn eine Befehlsausgabe (Organisation) darstellt:[13]

„Ich denke, ich stehe nicht in dem Verdacht, mir Befugnisse anzueignen, die dem Vorgesetzten vom Gesetzgeber nicht übertragen wurden oder gar im Widerspruch zu den garantierten Rechten des einzelnen stehen. (O) Dennoch halte ich es für meine Pflicht (O), Ihnen meine persönliche Ansicht (I) bzw. meine dienstlichen Erwartungen (O) zu der sicher heiklen Frage (G) des Kirchgangs zu sagen.

Es geht mich dienstlich gar nichts an (O), ob, wie oft und wo sie am Gottesdienst teilnehmen. Dies ist Ihre ganz private Angelegenheit (G). Hier schützt Sie, selbst wenn ich es anders wollte, der Artikel 4 GG mit seiner Statuierung der Glaubens- und Gewissensfreiheit. Überdies verhindert zum Glück die Fülle der Kirchen in Göttingen – von anderen Standorten ganz zu schweigen – jeden, auch unbeabsichtigten Einblick in das Verhalten der einzelnen.

Doch lassen Sie mich als Ältesten (I) unseres Kreises eine persönliche Bemerkung machen: Obwohl ich mich grundsätzlich bemühe, beim Lesen Ihrer Personalunterlagen die Spalte ‚Religion' oder ‚Konfession' zu übersehen, so dürfte doch meine Meinung kaum unbegründet sein, dass die weit überwiegende Mehrheit von Ihnen sich als Angehörige einer der großen Kirchen bezeichnen. Lassen Sie mich, bitte, davor warnen (I), durch die offenkundige Diskrepanz zwischen Eintragung und Lebenswirklichkeit vor sich und anderen

---

[12] Baudissin 59,11 s. ders. : Nie wieder Sieg! München 1982, S. 80ff. –.

[13] Die Buchstaben I, O, G hinter einzelnen Wörtern, Sätzen oder Satzteilen verweisen auf das jeweilige Luhmannsche System, das dort besonders deutlich ist.

(G) unglaubwürdig (I) zu werden. Das kann sich jeder andere eher leisten als ein Mann, der als Erzieher und Führer von anderen Männern heute mehr denn je nach seiner persönlichen Verlässlichkeit und Überzeugungstreue (I) gefragt ist und dessen Tun und Lassen kritisch beobachtet (G) wird. Gerade in unserem Beruf (O), der bei vielen Gelegenheiten – ich erinnere nur an den Volkstrauertag oder Vereidigung – zwangsläufig an das Metaphysische (G) heranführt, liegt diese Frage nach der eigenen Bindung unausgesprochen, zuweilen sogar ausgesprochen zwischen Vorgesetzten und Untergebenen in der Luft. (I) Ja, hier vor diesem Hintergrund und nicht an irgendwelchen Äußerlichkeiten bildet sich die Autorität (I).

Verstehen Sie mich recht, ich missbrauche hier nicht etwa mein Vorgesetztenverhältnis (O) zu einem Übergriff in die missionarischen Aufgaben der Militärseelsorge oder Eingriff in Ihre private Sphäre. (G) Nichts liegt mir ferner. Doch wäre ich dankbar (I), wenn Sie gelegentlich im stillen Kämmerlein über Ihre Haltung zu diesen Dingen Rechenschaft ablegen würden. Zwielichtigkeit in diesem Lebensbereich schädigt die Fundamente der Existenz.

Einfacher liegt es mit der Teilnahme an Vereidigungsgottesdiensten. Hier habe ich als verantwortlicher Vorgesetzter etwas zu sagen und zu fordern. (O) Unser Staat betont – bei aller Toleranz gegenüber Nichtchristen – durch die Institutionierung einer Militärseelsorge, aber auch durch die Abnahme von Gelöbnis und Eid sehr nachdrücklich, wie ernst er die religiöse Bindung seiner Staatsbürger und Staatsdiener nimmt. (O) Er geht über eine passive Duldung eines ganz anerkennenswerten menschlichen Bedürfnisses weit hinaus und fördert eindeutig die Intensivierung christlichen Glaubens und Gottesdienstes. Das müssen wir respektieren (O), sobald wir als Vorgesetzte, d.h. als Vertreter und Diener dieses Staates auftreten und handeln. (O) Ich halte es für selbstverständlich (I), dass sich die Rekruten zumindest an der Seite ihres Rekruten-Offiziers, Kompanie-Chefs oder des vereidigenden Kommandeurs finden, wenn sie am Vereidigungstage in der Kirche vor der letzten Instanz stehen. Sie können es schlechterdings erwarten, dass die Vorgesetzten, die ihnen Rechte und Pflichten, Inhalt und Ziel des Dienstes darzulegen hatten, die für sie Inbegriff der – wenn auch nur indirekt – über Leben und Tod mitbestimmenden Befehlsgewalt sind, in dieser ernsten Stunde mit ihnen sind (I). Dieses Beispiel (I), dies Miteinander (I) hilft mehr als der feierlichste Choral des Musikkorps und als jedes noch so gut gemeinte Wort in der Ansprache (I). Am Fernbleiben der Vorgesetzten vom Gottesdienst entzündet sich im Untergebenen leicht das

Gefühl (I), dass Kirche und metaphysische Bindung nur Führungsmittel, nur Opiate für das Volk sind.

Aus diesem Grund kann ich keine Entschuldigung mit Zeitdruck (O) oder Fehlen innerer Voraussetzungen anerkennen. (O) Sie würden – um die Sache an einem banalen Beispiel abzuhandeln – auch zu einem gemeinsamen Essen mit den Vereidigten gehen, das wir im übrigen dort zur Regel machen sollten (O), wo irgend Raum dafür vorhanden ist. Sie würden an diesem Essen teilnehmen, ob Sie selbst hungrig oder satt sind, ob Sie die Gerichte mögen oder nicht oder ob Sie Diät leben müssen; Sie würden sogar viel lohnendere Einladungen dafür ausschlagen. (I)

Genau das gleiche trifft für den Gottesdienst zu, und ich erwarte (O) deshalb, in Zukunft mindestens die vorher genannten Offiziere bei derartigen Gelegenheiten zu sehen. Auch sollten Sie mit ähnlichem Maßstab die Frage prüfen, ob Sie und evtl. die Ihren an besonderen Standortgottesdiensten zu Weihnachten, zu Neujahr, am Reformationstage oder Allerheiligen teilnehmen sollen. (G) Der Aufruf zur Teilnahme richtet sich bei solchen Gelegenheiten stets auch an Sie als Vorgesetzten, der nach Beispiel (I) und Repräsentanz (G) gefragt ist."

Innere Führung als Gegenstand der Veränderung nach Baudissin

Die Grundfrage für jeden Veränderungsprozess, was denn unveränderlich sei und daher konstant bleiben müsse und was variabel sei und somit zur Disposition stünde, stellte sich natürlich auch Baudissin. Im Ausblick der Steinpreisrede von 1965 betonte er daher, dass im kontinuierlichen, kriteriengerechten Anpassungsprozess an die fortschreitenden Veränderungen der Umwelt es nur normal sei, „dass die Diskussion über Wert und Wirklichkeitsnähe der Inneren Führung nicht verstummt: Dieses Gespräch ist nützlich, solange nicht die Grundsätze in Frage gestellt oder dialektisch aufgeweicht werden sollen. Verließen wir diese Grundlagen, dann entfernte sich die Bundeswehr von dem, was sie verteidigt. Dies schließt nicht aus, dass die Anwendungsmethoden und Regelungen – das heißt die Übersetzung der Grundsätze in die Praxis – einem steten Anpassungsprozess unterworfen bleiben müssen. Freilich, Rückgriffe auf frühere Regelungen – ob sie sich unter den damaligen andersartigen Bedingungen bewährten oder nicht – halte ich grundsätzlich für bedenklich, weil sie zwangsläufig nicht der Erziehung zur Mündigkeit dienen."[14] Mit den unveränderlichen „Grundlagensätzen" meinte er das, „was die Bundeswehr zu verteidigen hat", sprich: die freiheitlich-demokratische Grundordnung mit dem entsprechenden ethisch-begründeten Menschen- und Gesellschaftsbild. Dabei ging es ihm wesentlich um die Auseinandersetzung mit den Anforderungen an die Streitkräfte aufgrund von Friedenspolitik, von Demokratie und demokratischen Streitkräften, der Integration von Staat, Gesellschaft und Streitkräften, von industrialisierter Massengesellschaft und Individuum mit Tendenzen zur personellen Entfremdung, aus dem Kriegsbild mit „permanentem Bürgerkrieg" und technisch-dynamischem Gefecht im atomaren Krieg, sowie aus dem wechselseitigen Verhältnis von äußerer und Innerer Führung.

Entscheidend war dabei für Baudissin die inhaltliche Bezogenheit dieser Komponenten aufeinander und daher deren notwendige konzeptionelle Zusammenfassung im Sinne des ganzheitlichen Ansatzes zur Inneren Führung. Dies hatte er bereits 1955 betont gehabt. Und zehn Jahre später, in der Steinpreisrede, sagte er dazu: „Diese unauflösliche Verflechtung des Militärischen mit den Funktionsgesetzen der modernen Industriegesellschaft schien uns nicht zufällig. Dass sie im Verein mit der freiheitlichen Demokratie zur Entfaltung, statt zur Reduzierung der Menschen ruft, ist ein Zeugnis für die innere Überlegenheit unserer Lebensordnung. Der Gleichklang aller Forderungen war eine beglückende Erkenntnis, und ich meine, er ist ein überzeugender Beweis dafür, dass der Entwurf kein zeitbedingter Kompromiss mit sachfremden Forderungen ist."[15] Dieses Verständnis der Ganzheitlichkeit oder Netzartigkeit von Innerer Führung bedeutet mithin, dass alle Veränderungen nur in Zusammenhang mit allen anderen Aspekten sowie der Konzeption als ganzer gelingen können.[16] Eine Stückelei hielt Baudissin daher auch für konfliktverschärfend. Dennoch müssten Zwischenziele, Schwerpunkte, Mittel, Regelungen und Methoden der Inneren Führung den Veränderungen angepasst werden.[17] Anfänglich waren daher für die beiden „Hauptaufgaben der Inneren

---

[14] Baudissin 65,2 ders. 1969, S. 129.

[15] Baudissin 55,8. Vergl. ders. 65,2 s.a. ders. 1969 S. 122.

[16] Vergl. auch Baudissin 65,2 s.a. ders. 1969 S. 122.

[17] Die Geschichte der Weiterentwicklung der Vorschriften zur Inneren Führung vom Handbuch Innere Führung über die Leitsätze für die Erziehung bis zur ZDv 10/1 von 2008 lässt eine derartige ganzheitliche Sichtweise im Großen und Ganzen vermissen. Vergl. Rosen 2009a und ders. 2009b.

Führung", geistige Rüstung und zeitgemäße Menschenführung, nur fünf ministerielle Arbeitsgebiete zur Inneren Führung bestimmt worden: Wehrwesen, Disziplinarwesen, Erziehungs- und Bildungswesen, Truppeninformation sowie Truppenbetreuung.[18]

Richtung, Maßstab und Grenze für Veränderungen nach Baudissin

Diese Frage stellte sich Baudissin in vielfältiger Weise. Aus der historischen Aufbausituation geschah das deutlich anders, als die heute anstehenden Veränderungen uns fragen lassen. Baudissins Beweggründe damals können uns aber für unsere Aufgabe heute Hinweise liefern, damit wir mit dem Managen von Veränderungen nicht zu kurz greifen.

Baudissin war sich von Anfang an der bahnbrechenden Qualität und der Brisanz seines nach vorne gerichteten Gedankenansatzes bewusst. Bei seinem ersten öffentlichen Auftreten als Mitarbeiter des Amtes Blank bei einer Soldaten-Tagung im Dezember 1951 in Hermannsburg – genau vor 60 Jahren – sprach er sich dennoch gegen einen revolutionären Weg aus und stattdessen nur von einer „reformatorischen Aufgabe"[19]. Er sprach vom „neuen Ethos" und wurde dabei besonders deutlich bezüglich des Werteverlustes: „Alle früher

---

[18] Handbuch a.a.O. S. 172. - Nach der neuen Vorschrift wird Innere Führung nach den Gestaltungsfeldern Menschenführung, Politische Bildung, Recht und soldatische Ordnung, Dienstgestaltung und Ausbildung, Informationsarbeit, Organisation und Personalführung, Fürsorge und Betreuung, Vereinbarkeit von Familie und Dienst, Seelsorge und Religionsausübung sowie Sanitätsdienstliche Versorgung unterschieden. Man kann das Stabsgebiet Innere Führung z.B. aber auch nach dem Einheitsaktenplan, dem Organisationsprinzip für die Stabsarbeit, einteilen. Im derzeit gültigen Einheitsaktenplan wird das „Hauptgebiet" Innere Führung in elf Sachgruppen unterteilt. Dies sind: Grundsatzangelegenheiten, Ausbildungsforderungen, Menschenführung, Erziehung und Bildung, Soldatische Ordnung, Beirat für Fragen der Inneren Führung, Empirische Erhebungen, Politische Bildung, Tradition, Truppeninformation, Betreuung und Fürsorge. Die einzelnen Sachgruppen haben keine (2x) oder bis zu 26 verschiedene (Unter-)Gruppen.

[19] Baudissin 51,5 s.a. ders. 1969 S 24: „Wir stehen also an einem echten Zeitabschnitt, am Abschied von der bisherigen Geschichte, wie Alfred Weber sagt. In dieser Lage wäre es sträflich, eine Restauration zu versuchen; aber wohl auch unangebracht, einen rein revolutionären Weg zu beschreiten, welcher alles Bisherige ungeprüft über Bord wirft. Wir haben eine reformatorische Aufgabe vor uns, die in Anerkennung des historischen Gefälles dem neuen Staats- und Menschenbild gerecht wird und den speziellen Aufgaben der Streitkräfte im gegebenen Falle Rechnung trägt."

als gültig erachteten Werte vom Staat bis zum Individuum sind erschüttert; insbesondere sind fragwürdig geworden die Stellung und Bedeutung, ja die Notwendigkeit des Soldaten überhaupt. Doch sollte man nicht bei der bedauernden Feststellung dieser Auflösungserscheinungen stehen bleiben, sondern dankbar sein für die Gnade des Nullpunktes und sich bewusst zu den Chancen bekennen, die jeder echte Neubeginn bietet."[20] Bezeichnend ist auch, wie Baudissin in der Rückschau das Echo auf dieser Tagung einschätzte. In einem Brief an deren Leiter, Pastor J. Doehring, heißt es: „... mir ist manchmal fast etwas Angst, dass man so viel Zustimmung erhält; denn man muss sich hier fragen, ob man wirklich weit genug gegangen ist, um wirklich etwas für die Zukunft Gültiges ins Leben zu setzen. Während ich mich im Dritten Reich bewusst als Bremser betätigte, versuche ich jetzt, gerade als konservativer Mensch die Spitze zu sein."[21] Erst Jahre später stellte er fest, dass der Beitrag des Soldaten zum Dienst am Frieden, wie er der Konzeption Innere Führung von Anfang an zugrunde gelegen hatte, in Wirklichkeit eine geistige Revolution sei.[22]

Baudissins Blick war viel weiter nach vorne gerichtet, als seine mündlichen und schriftlichen Beiträge im Allgemeinen ahnen lassen. Seine Vorschläge für die Entwicklung der Inneren Führung stellte er unter die Maxime: „Im Zweifelsfalle führt der Griff nach vorne und das Wagnis freiheitlicher Wege zu den besseren Lösungen." Nach seinem Ausscheiden aus dem aktiven Dienst der Bundeswehr sagte er z.B.: „... das, was im Kampf im Hause [im Amt Blank und im Verteidigungsministerium] in den Ressorts und im Bundestag nachher als Gerüst dastand, war für mich im Gegensatz zu den meisten anderen ein Minimalprogramm, von dem aus für mich noch einige Veränderungen nach vorne denkbar waren, während es für die meisten anderen ein Programm war, von dem man möglichst viel, möglichst schnell wieder abschneiden musste."[23]

Dabei stellte sich auch konkret die Frage, was eigentlich das grundlegend Neue der Konzeption Innere Führung sei. Baudissin wusste, dass Menschenführung in der Truppe so alt war wie Heere und Soldaten überhaupt.

---

[20] Baudissin 51,5 s.a. ders. 1969 S 23.
[21] Brief vom 22.12.1951 – MS BDZ.
[22] Baudissin 68,8 s.a. ders. 1969 S 27 – 51, besonders S 28.
[23] Baudissin 68,14 – MS BDZ.

Dies dürfe jedoch nicht darüber hinwegtäuschen, dass die Probleme sich inzwischen in besonderer Weise stellten und nach besonderen Lösungen riefen.[24]

Das Neue ergab sich – so Baudissin – zunächst aus der „gedanklichen und organisatorischen Zusammenfassung" zu einem neuen Arbeitsgebiet von Bereichen, die bis 1945 u.a. unter dem Begriff „Heerwesen" firmiert hatten.[25]

Inhaltlich gesehen war damit zum anderen besonders das Wechselverhältnis zwischen den inneren und äußeren Aspekten von Führung angesprochen, das sich aufgrund der Spannung von Versachlichung und Individualisierung in Organisationen ergibt. Dazu sagte er später zusammen mit Will: „Der Inneren Führung ist als Komplement die ‚äußere' Führung zugeordnet; beide stehen in Wechselwirkung miteinander. Der ‚äußeren' Führung obliegt die Aufbringung und Organisation von Mitteln (Waffen, Geräte, Logistik, Versorgung) sowie die adäquate Strukturierung von Kräften (Personal) zur Bildung von Kampfelementen (Mensch-Maschine-Systeme, Einheiten, Verbände); das Führungssystem setzt also arbeitsteilig geordnete *Kollektiv-Elemente* im Gefecht ein. Je höher die Führungsebene, desto größer wird die Gefahr der ‚Versachlichung' des Personellen. Diesen Versachlichungsprozess kompensiert die Innere Führung mit ihrer Individualisierung. Das Zusammenspiel beider Führungsaspekte bewirkt optimale Effizienz."[26]

Und schließlich sei der Ansatz der Inneren Führung im Gegensatz zu allen anderen militärischen Führungsmodellen von pädagogisch-praktischer Zurückhaltung gekennzeichnet. Die Konzeption Innere Führung mit dem Leitbild Staatsbürger in Uniform ist – nur – als eine klare Leitlinie, ein beispielgebendes Bild zur Auswahl/Führung/Erziehung und Ausbildung sowie als Anregung zur Selbsterziehung formuliert worden. Sie sei nicht in Form und Wirksamkeit einer Vorschrift verfasst, sondern im „Handbuch" Innere Führung, dessen Untertitel daher auch lautet: „Hilfen zur Klärung der Begriffe". Innere Führung ist von Grund auf offen, d.h. ohne rigide eindeutige Vorgaben

---

[24] Baudissin 65,2 s.a. ders. 1969 S 123.
[25] „Inneres Gefüge" wird als Begriff in der Himmeroder Denkschrift benutzt und in 7 Abschnitten eingehend behandelt (s. Abschnitt „V. Das innere Gefüge", in: BMVg 1985, S 84 – 88). Der Begriff war schon zu Reichswehrzeiten gelegentlich vom Reform-General Reinhard benutzt worden; dazu s. Reeb u.a. S 145.
[26] Baudissin/Will 74,33 - BDZ.

und Grenze.[27] Eine Ist-Soll-Diskrepanz sei pädagogisch sogar notwendig. Gefährlich wäre diese nur, wenn sie zu groß würde; man dürfe nichts Unerreichbares fordern.

Mittel und Wege der Veränderungen nach Baudissin

Über die Art von Veränderungshandeln nachzudenken, war nicht Baudissins Hauptanliegen gewesen, weder zu Zeiten der Schöpfung der Konzeption Innere Führung, noch als Kommandeur oder in verschiedenen Generalstabsfunktionen, noch bei seinen Friedensforschungen und der Politikberatung. Dennoch verstand er etwas davon und konnte entsprechend handeln. Nicht zuletzt sprechen seine Konzeption Innere Führung, seine Arbeiten auf der militärpolitischen strategischen Ebene sowie im Bereich von Friedenspolitik eine deutliche betriebs- und organisationswissenschaftliche Sprache.[28] Zwei Ansätze für das Wie des Veränderungshandelns in Baudissin Werk seien hier herausgestellt:

Baudissin suchte zunächst bei seiner Gratwanderung zwischen Restauration und Revolution nach ‚positiven Wegen'. Dabei ginge es zunächst um eine Neubesinnung auf die Grundlagen, eine Art radikale Befragung von scheinbar unbefragbar Geltendem. Beim Neuanfang in den 50er Jahren waren dies für ihn besonders „Disziplin, Gehorsam, Verantwortung, Kameradschaft und Zusammengehörigkeitsgefühl [gewesen]. Alle diese Begriffe sind schillernd geworden, was in der Vergangenheit gesagt und getan wurde. Sie sind weitgehend entleert und unverbindlich geworden. Und doch sind sie die Lebensgrundlagen jeder soldatischen Gemeinschaft, die Elemente des ‚Betriebsklimas'."[29] Ein großer Teil der dabei von ihm neu definierten oder sogar neu geschaffenen Begriffe ist in die Gesetzgebung für die Bundeswehr und darüber ins Bewusstsein zur Inneren Führung bis heute eingegangen. Verschiedentliche Versuche der Umdefinition z.B. des Leitbildes vom „Staatsbürger in Uniform"

---

[27] Hier folgt Baudissin in seinem Grundverständnis dem Ansatz von Clausewitz, für den konstitutiv war, dass es zum Krieg-Führen für Strategie und letztlich auch für die Taktik keine mathematischen oder mechanischen Gesetze geben könne.

[28] S. Rosen 2005. Für letzteres sei nur auf die Bedeutung hingewiesen, die er z.B. dem politischen crises management als Teil der friedenspolitischen – strategischen Überlegungen beigemessen hat. S. u.a. Baudissin: Westeuropäische Sicherheitspolitik der achtziger Jahre, in: ders. 1982 S 211- 225 sowie ders.: Die Internationale Lage nach der Intervention in Afghanistan, in: dass S 226 – 255.

[29] Baudissin 53,8 s.a. ders. 1969 S 141f.

zum „Weltbürger in Uniform" oder zum „Bürger in Uniform" machen deutlich, welche schöpferische geistige Macht Baudissin „Neubesinnung" hatte und immer noch von ihr ausgeht.

Das andere hat mit Dynamik und Selbst-Dynamik zu tun. Den Begriff selber benutzte Baudissin betont erst in den Jahren als Friedensforscher. Als Grundgedanke prägte Dynamik jedoch sein Denken und Wirken bereits bei seinen Arbeiten am Inneren Gefüge. 1978 sagte er: „Das Konzept der Inneren Führung geht davon aus, dass ... Innere Führung als dynamisches Geschehen verstanden sein muß und deshalb einen permanenten Lernprozeß fordert, dem die Führer – einschließlich der politisch Verantwortlichen – wie die Geführten unterworfen sind und der in engem Zusammenhang mit den gesellschaftlichen, rüstungstechnologischen, strategischen, bündnis-, sicherheits- und entspannungspolitischen Entwicklungen steht."[30] Beispiele für das Managen von Veränderungen kann man aus Baudissins Anregungen zur Reform der Inneren Führung, besonders aus den 70er Jahren ablesen.[31] Was dies im Zusammenhang mit Veränderung und Veränderungsmanagement bedeutet, soll nun anhand der drei Systemarten „Interaktion vor Ort", „Organisation" und „politische Reflexion" verdeutlicht werden.[32]

Bei Interaktion geht es um sachlich-funktional bestimmte Führung vor Ort mit entsprechenden Methoden. Dieser Interaktions-Prozess ist in sich dynamisch, weshalb es häufig einfach etwas plakativ, gelegentlich auch undifferenziert und damit leicht missverständlich heißt: „Innere Führung ist ein dynamischer Prozess".[33]

1954 beschrieb Baudissin Innere Führung als "menschliche und funktionsbestimmte Führung". Das bedeute, die Vorgaben "so zu verwirklichen, dass sich ein Geist in der Truppe *entwickelt*, der in vollem Einklang mit den sittlichen Grundlagen und Wesensformen der freiheitlichen Lebensordnung steht."[34] Die

---

[30] Baudissin 78,4 – BDZ.

[31] S. Rosen 2007, hier besonders S 217 – 220.

[32] Dabei wird auch deutlich, dass diese Arten gelegentlich ineinander geschoben sein können.

[33] Baudissin 74,3 sagte: „Innere Führung ist eben in Praxis wie Theorie ein dynamischer Prozess. Er kann sich nur vollziehen, wenn alle Verantwortlichen – politische wie militärische – das Ziel im Auge behalten und seine Verwirklichung mit den jeweils adäquaten Methoden durchsetzen." Vergl. ders. 71,18 s.a. ders. 1982 S 166; ders. 78,4; ders. 78,16; ders. 78,22 - BDZ.

[34] Baudissin 54,22. Hervorhebung durch CR. Vergl. auch ders. 78,16 s.a. ders. 1982 S 206. S.a. ders. 71,18 s.a. ders. 1982 S 159f,

Konzeption Innere Führung ist also nach dem Verständnis ihrer Schöpfer kein abgeschlossenes Regelwerk, sondern dynamisch d.h. für die Handlungen und Entscheidungen im je individuellen Fall sowohl offen als auch auf deren Interpretation und Ausgestaltung sowie Weiterentwicklung angelegt. Dazu schrieb Baudissin bereits 1953 im Sinne von – wie wir heute sagen würden: lessons learned – einem der Diskutanten von Hermannsburg: „Gerade Ihre Erfahrungen als Kompanieführer in Holland und Stalingrad wie Ihr Hinweis auf ein neues Verhältnis vom Offizier zum Mann („kameradschaftlicher Erzieher") bestärken meine Überzeugung, dass unsere Vorgaben gar kein so wurzelloses *Experiment* sind, sondern eine logische Weiterführung und Verbreiterung dessen, was einsichtige Menschen aus der Situation heraus bereits in ihrem Bereich taten."[35] Und dazu aus dem Jahr 1978, aus pädagogischer Sicht formuliert: „Innere Führung ist also dynamisch und ein Lern- und Anpassungsprozess, an dem alle Beteiligten – Führer wie Geführte – teilhaben. Er verlangt von Zeit zu Zeit eine ganz bewußte Analyse unter der Fragestellung: Wo stehen wir? Sind die bisher gültigen Antworten und Entscheidungen noch immer lagegerecht?"[36]

(Eigen-)Dynamik im Bereich von Führung ergibt sich geradezu aus derer sachbezogenen – funktionalen Bestimmung. Dabei ist für Baudissin entscheidend, dass bis dahin übliche Vorstellungen von eindeutigen "Führungsmethoden" überholt sind aufgrund der inzwischen differenzierteren und spezialisierten Gestaltungsfelder und der damit verbundenen Spannungen in sowie Überlagerungen von Ordnungen und Strukturen: "Die Organisation ist mehrdimensional geworden. Führen heißt viel eher Ziel-Hierarchien, d.h. Prioritäten setzen, als Amtshierarchien zu konservieren. Autorität ist nicht mehr vorgegeben; sie wird als Ergebnis eines gruppendynamischen Prozesses denjenigen zugebilligt, die durch Führungsleistung die Beherrschung ihrer Funktion (Funktionsautorität) oder aber ihre Glaubwürdigkeit als Mensch (personale Autorität) erwiesen haben. Disziplin kann nicht mehr Fremd- und Formaldisziplin sein, deren Einübung eher funktionswidrig als vorbereitend wirkt; sie muss tätigkeitsbezogen sein und sich in der Einsicht des einzelnen gründen."[37] Das heißt, dass die Rationalität von Führung gebrochen ist. Erfordernissen, die sich daraus ergeben, trägt der kooperative Führungsstil Rechnung. Dabei geht

---

[35] Baudissin 53,5 s.a. ders. 1982 S 46 ff, hier S 49, Hervorhebung im Original.

[36] Baudissin 78,22; an dieser Stelle kann man gleichzeitig auch einen organisatorischen Ansatz erkennen.

[37] Baudissin 71,18 s.a. ders. 1982 S 150.

es nicht so sehr um Auf- und Verteilen von Aufgaben, sondern um sachverhaltsnahe Entscheidungsbefugnis und Verantwortung durch entsprechendes Delegieren von Tätigkeiten aus „funktionaler Notwendigkeit".[38] Und noch einmal zugespitzt: „Das Leitbild ist bewusst offen und dynamisch. Es ist weder auf militärische Untergruppen – wie den „Kämpfer" – spezialisiert, noch auf eine politische Richtung oder einen bestimmten gesellschaftlichen Zustand fixiert. Es verpflichtet zum Engagement für die freiheitliche Grundordnung mit ihren Entwicklungsmöglichkeiten, die ohne demokratische Soldaten von außen wie von innen gefährdet wären."[39] Führen im unmittelbaren Sinn von Interaktion bedeutet, die daraus sprechende Offenheit und Dynamik nutzbar zu machen. Das gilt auch für das „Managen" von Veränderungen im Bereich von Interaktion. Daraus erklären sich Baudissins Vorschläge oder Forderungen von 1978 z.B. nach klarer Selbständigkeit/Verantwortlichkeit oder Kompetenzen für die Handlungsebene, so dass diese nicht mehr Ausführungs- oder reine Umsetzungsstelle für die Organisationsebene sei. Veränderungen aus bzw. aufgrund der Erfahrungen der Praxis für die Praxis durch freies Experiment auch per try und error braucht Offenheit, sprich: Chancen zu lernen. Auf diesem Wege können situationsgerechte Verbesserung vor Ort stattfinden und sich daraus auch entsprechende realistische Vorschläge ergeben. Nicht zuletzt bietet die Beteiligung in allen ihren Formen Möglichkeiten zum Umjustieren „vor Ort".

Zur Organisationsleistung für Veränderungen der Inneren Führung – besonders durch Stäbe der militärischen Hierarchie – wird von Baudissin nur wenig gesagt. Dies scheint für ihn eine normale alltägliche militärische Führungsleistung nach dem Prinzip von Arbeitsteilung in Form von Ressorts und Stabsabteilungen sowie nach dem Muster des Führungsprozesses als Regelkreis zu sein.[40] Es findet sich jedoch einiges in seinen eigenen Tätigkeiten als Kom-

---

[38] Vergl. Baudissin/Will 74,33. Vergl. Baudissin 71,18 s.a. ders. 1982 S 158.

[39] Baudissin 71,18 s.a. ders. 1982 S 166f.

[40] Deutlich ist nur sein Misstrauen gegenüber Organisation im Kontrast zu der von ihm geforderten "Vermenschlichten Organisation". Er sprach sich gegen alle extremen Formen von Ordnung aus. Er misstraute dem "Traum des perfektionistischen Planes" Vergl. Baudissin 53,18. Vergl. ders. 56,20 s.a. ders. 1969 S 173 f, wo er, ganz von Clausewitz geprägt, sagt: „Andererseits jedoch ist das Soldatische das radikale Gegenstück zu jeder Planung. Wenn auch vielleicht die Strategie noch von Formen langfristiger Vorausberechnungen bestimmt sein mag, so ist die Taktik jedenfalls beherrscht vom Gesetz des schnellen Entschlusses und des spontanen Handelns, die Menschenführung von den Mannigfaltigkeiten der Individuen und der je-

mandeur. Güte und Erfolg der Inneren Führung hingen seiner Meinung nach von der Aus- und Weiterbildung der Inneren Führer aller Ebenen ab. Daher lag es für ihn in der Logik seiner Aufgabe als Kommandeur, die entscheidenden Teile der Führerweiterbildung selbst in die Hände zu nehmen[41] - wie bereits am Beispiel der Offiziersbesprechung zum Thema: Kirchgang dargestellt.[42]

Seine Kritik an den Entwicklungen in der Bundeswehr Mitte der 70er Jahre setzte genau bei der mangelnden organisatorischen Umsetzung von Innerer Führung an. Die rein technokratische Behandlung von Innerer Führung als sogenanntes Führungsgrundgebiet stehe ganz im Gegensatz zur Dynamik von Führung und damit auch von Organisation.[43] Möglichkeiten zur Veränderung in und durch Strukturen und Prozesse der Organisation haben hier gegenüber der Inneren Führung vor Ort eine quasi strategische Funktion. Baudissins Vorschlag für ein zwei- bis dreijähriges Moratorium zur Aus- und Weiterbildung der Offiziere als Innere Führer mag manchem damals sehr illusorisch erschienen sein. Ebenso brachte er gezielte Weiterbildung der Inneren Führer wie auch Schwerpunktsetzungen für die Aufgaben ins Gespräch. Umgesetzt auf die Bataillons- und Brigadeebene weisen diese Vorschläge jedoch in die Richtung, Dynamik in Organisation beim Managen von Veränderung per Organisation zuzulassen und zu nutzen.

Politische Reflexion

Baudissin war grundsätzlich und zutiefst davon überzeugt, dass die Konzeption Innere Führung mit dem Leitbild von Staatsbürger in Uniform in Praxis wie Theorie kein abgeschlossenes Regelwerk sei. Sie sei nicht einmalig nur als Antwort auf das moralische, politische wie gesellschaftliche Desaster der ersten

---

weiligen Umstände. Dieses Handeln ist nicht nur nicht vorauszuplanen, sondern seine Schwierigkeit besteht gerade darin, dass jede Vorausberechnung dauernd gestört wird. Hier liegt in der Tat ein Unterschied zur heutigen zivilen Arbeitswelt vor, wie er nicht tiefgreifender gedacht werden kann." Er warnte vor dem "lähmenden Klima der Bürokratie" oder der "Verapparatung": „bürokratische Streitkräfte sind ein Unding". Vergl Baudissin 54,9. Vergl. ders. 56,20 s.a. ders 1969 S 173 f; ders. 78,16; ders. 78,30.

[41] S. Richter, Frank: Baudissins Wirken als Brigadekommandeur. Lehrgangsarbeit an der Führungsakademie der Bundeswehr. Hamburg 1997 - MS im BDZ.

[42] Baudissin 59, 11 s.a. ders. 1982 S 80 – 82.

[43] Vergl. Rosen 2007, besonders S 217 – 220 und S 227f.

Hälfte des 20. Jahrhunderts zu entwickeln gewesen. Korrekturen, Nachsteuerungen, Nachjustierungen von Zwischenzielen, Schwerpunkten, Mitteln und Methoden der Inneren Führung seien ebenso notwendig, wie diese auf neue Entwicklungen von gesellschaftlichen, politischen und strategischen Vorgängen bis hin zu neuen wissenschaftlichen Erkenntnissen stets anzupassen oder gar im Vorgriff neu zu gestalten. Die Konzeption sei daher auf Weiterentwicklung angelegt.[44] So sagte er 1971: „... Der Entwurf des neuen Modells gründete sich auf unserer Überzeugung, dass der weltweite Wandlungsprozess aller Lebensbedingungen noch nicht am Ende sei, vielmehr an Radikalität und Tempo eher noch gewinnen werde. Vorgreifen erschien daher sachgerechter als ängstliches Bewahren."[45] Letztlich verstand Baudissin diese Anpassung politisch mit dem Ziel, „konzeptionsgerechte Innere Führung zur Selbstverständlichkeit und damit die Streitkräfte zu einer unangezweifelten demokratischen Bundeswehr werden zu lassen."[46]. Der Prozess könne sich nur vollziehen, wenn alle politischen wie militärischen Verantwortlichen das Ziel im Auge behielten und seine Verwirklichung mit den jeweils adäquaten Methoden durchsetzten.[47]

In diesem Sinne war von Baudissin und seinem Mitarbeiter Will seit 1953 die Einrichtung der Schule für Innere Führung mit einem Wissenschaftlichen Forschungs- und Lehrstab als think tank vorangetrieben worden. In der schriftlichen Vorlage dazu lautete die Begründung für das Projekt: „Das Wichtigste aber ist, dass auch für die künftigen deutschen Streitkräfte solche Forschung und Lehre aufgebaut wird. Klarheit und Kraft der Konzeption für das Innere Gefüge werden allein auf solcher Grundlage vermehrt, deren Mittel und Wege können auf solche Weise genauer bestimmt und in den wechselnden Lagen fortschreitend angepasst werden. Darüber hinaus dient solche For-

---

[44] Bereits 1971 hatte Baudissin für diese Veränderungen der Inneren Führung auf der politischen Reflexionsebene den Begriff Transformation eingeführt: „Doch entscheidet sich die Wirksamkeit der Inneren Führung insgesamt am kontinuierlichen Transformationsprozess, in dem alle Stufen der Hierarchie durch Befolgen, Anwenden, Auslegen und Durchsetzen der Gesetze, Richtlinien und Befehle die Menschenführung in ihren Verantwortungsbereichen steuern." Baudissin 71,18 s.a. ders. 1982 S 159f. Damit hatte er einen scheinbaren Nebengedanken in der Darstellung von Innerer Führung im Handbuch von 1957 wieder aufgenommen, dass nämlich „im Erfahrungsaustausch mit der Truppe neu auftretende Fragen" von der Unterabteilung im Ministerium aufzugreifen seien. S.a. Rosen 2007.
[45] Baudissin 71, 18 s.a. ders. 1982 S 144f.
[46] Baudissin 77, 33 - BDZ.
[47] Vergl. Baudissin 74, 3 – BDZ; s. a. ders. 78,16; s.a. Rosen 2007, besonders S 217 – 220.

schung und Lehre der Erkenntnis unserer gegenwärtigen politisch-geistigen Lage überhaupt und sie bliebe von Wert selbst im Falle, dass deutsche Streitkräfte nicht aufgestellt werden sollten."[48] Entsprechend mahnte Baudissin 1977/78 für die geforderte „Inventur" der Bundeswehr eindringlich wie konsequent die Vergabe von Untersuchungsaufträgen an die Schule für Innere Führung sowie deren Wissenschaftlichen Forschungs- und Lehrstab wie auch an ähnliche zivile Institutionen an. Weiter forderte er die eine ernsthafte Auseinandersetzung der öffentlichen gesellschaftlichen und politischen Kräfte bei der Beurteilung von Bundeswehrfragen zum Veränderungsprozess, sowie die Einrichtung eines Beauftragten für Innere Führung als Stellvertreter des Generalinspekteurs. Andere Wege der Veränderung im System Gesellschaft ergeben sich z.B. als Reform, gar als Rollende Reform, als Transformation. Sie zu installieren, zu ermöglichen und zu fördern, ist die die Aufgabe von Veränderungsmanagement im System Gesellschaft, besonders auf der politischen Ebene.

Am Beispiel: Die anstehenden Veränderungen aus Baudissins Sicht

Nehmen wir als Beispiel die derzeitige Neuausrichtung der Bundeswehr hin zur Zeit- und Berufsarmee:

---

[48] Ohne Verfasser [Will] 2. Rohentwurf v. 12.11.1954 BDZ. S. a. Rosen 1981, S 164ff, hier S 167. S.a. Will 2002 sowie Bald 1997 und 1999. Will's Arbeiten für die Konzeption Innere Führung sind auch ausgiebig in der Master-Arbeit 2011 von Christian Hauck an der HSU (Helmut-Schmidt-Universität Hamburg) behandelt worden. - Die Geschichte der Schule für Innere Führung/Zentrum Innere Führung mit dem Wissenschaftlichen Forschungs- und Lehrstab, dem heutigen Sozialwissenschaftlichen (SOWI) Forschungsamt, das Schicksal des sogenannten Dreistufenplans der Offiziersausbildung der 60er Jahre – auch ein Kind der Inneren Führung – mit ebenfalls Wissenschaftlichen Lehrstäbe an den Ausbildungsstätten auf allen drei Stufen, sowie die regelmäßig wieder aufflammenden Kämpfe, wenn es u.a. bei Organisations-Verhandlungen von Offiziersschulen und besonders der Führungsakademie um die Frage von Forschung im Zusammenhang mit Lehre geht, sind ein trauriger Beleg dafür, dass diese Form von Reflexion für Veränderungsmanagement in der Bundeswehr keine Bedeutung hat und zu tiefst abgelehnt wird. Vergl. Rosen 1981, besonders S 300 – 303. Die Aufgabe der lehrenden Forschung war in einem Erlass geregelt: BMVg Fü S I 4 (Hrsg.): Grundsätze der Bildungsarbeit für den Offizier. In: Schriftenreihe Innere Führung, Reihe Bildung, Heft 1. Bonn 1967. – In diesen Bereich gehört auch Baudissins Vorschlag aus der Anfangsphase der Bundeswehr, einen Beirats Innere Führung einzurichten

Im Interaktionssysterm des „unmittelbaren Führens vor Ort" könnte z.B. hilfreich sein, dass man es nun nur noch mit „Freiwilligen" zu tun haben wird, deren Motivation deswegen anders zu veranschlagen ist als bei Wehrpflichtigen. „Anders" kann heißen: sie sind positiver gestimmt, es kann aber auch profimäßig söldnerisch heißen. Dieses Thema kennen wir aus den Anfangsjahren der Bundeswehr. Das Leitbild vom Staatsbürger in Uniform ist in der Zwischenzeit fast zum postheroischen Uniformträger verkommen und es deutet sich bereits ein neues neoheroisches Leitbild in den öffentlichen Medien an, den offiziellen Reklamebildern der Streitkräfte und den Verlautbarungen aus dem Ministerium zum Trotz. Derartiges im Führungsalltag aufzugreifen, bedarf keiner besonderen Befehle über eine lange chain of command, sondern verlangt einfach nach dem beispielhaften Verhalten und dem erzieherischen Verständnis jedes Vorgesetzten.

Im Organisationssystem, besonders von Stäben in der Hierarchie, könnte z.B. wichtig werden, dass die Freiwilligen ihr Recht auf Probezeit rigoros nehmen werden. Das bedeutet dann, dass z.B. die Eintrittsquartalseinteilung löcheriger wird. Daraus kann sich aber auch die Chance ergeben, das Ausscheiden während und zum Ende der Probezeit bewusst für ein organisiertes Assessment zu nutzen. Das bedeutet: Die allgemeine Grundausbildung kann oder muss einen anderen Charakter und Organisation bekommen.

Schließlich im System Gesellschaft der politischen Reflexion wird zu beobachten sein, wie sich die Neuerung auf das Verhältnis zu anderen Bereichen und der Gesellschaft insgesamt auswirken wird. – Dabei wende ich hier den Blick bewusst nur nach innen (die Bedeutung einer Berufsarmee für die Gesellschaft und andere Gebiete des Staates lasse ich der Einfachheit halber weg): – Für die Bundeswehr wird es dabei um Fragen zu deren Integration in der Gesellschaft, um deren Ansehen bei der Gesellschaft und das Bewerberaufkommen gehen, aber ebenso um den geistig-sittlichen Standort und das Selbstbild der Soldaten im Vergleich und Bezug zur Gesellschaft. Derartiges von Anfang an zu beobachten, bedarf es in den nächsten Jahren einer groß angelegten Evaluation der Reform mit Hilfe von Analysen der Umstände sowie mit Untersuchungen der unvermeidlich ablaufenden Änderungen des Inneren Gefüges der Bundeswehr durch Begleitstudien bis hin zur Entwicklung von Vorschlägen für notwendige Veränderungen des Inneren Gefüges und der Inneren Führung in jeglicher Form. Dabei könnte interessant sein, die Entwicklung entsprechender Gedanken, Vorstellungen und Vorschläge aus der „Truppe" anzuregen – das Vorschlagswesen der Bundeswehr, die Jahres-

Winterarbeiten früherer Tage, Lehrgangs- oder Studienarbeiten, aber auch spezielle Tagungen wie die Vertrauenspersonentagungen unter Verteidigungsminister Schmidt könnten dafür Instrumente sein.

Kurz zusammengefasst: Baudissins Botschaft an uns ist eindeutig. Über dem Ganzen der Bundeswehr steht das große „semper reformanda". Dies hat sich jederzeit in jeder der drei Systemarten mit sehr unterschiedlichen Aufgaben zu vollziehen. Dabei leitet sich die Frage nach dem „Warum" generell aus der realen Eigen-Dynamik von Führung ab und zum anderen aus den Ergebnissen einer steten Funktionsanalyse. „Was" daraufhin zu verändern ist, bestimmt sich unterschiedlich nach den drei voneinander zu unterscheidenden Systemarten von Führung.

Die Frage nach dem „Wie", der Art und Weise, den Verfahren, um die Veränderungen managen zu können, hat Baudissin ganz im Sinne der generell offenen Konzeption Innere Führung offen gehalten. Statt Handlungsanweisungen im Detail setzte er seine Erwartungen und Vertrauen darauf, dass jeder Teilnehmer am Führungsprozess an seiner Stelle saubere Führung, saubere Organisations- und Stabsarbeit bzw. auf der politischen Ebene auch saubere Arbeit nach deren Regeln leistet. Dabei werden jedoch die Tätigkeiten der Veränderung sich auch deutlich nach den drei Systemarten voneinander unterscheiden müssen.

Literatur

<u>Zur Zitierweise aus den Quellen</u>: Baudissins Schriften sind für die Zeit bis 1981 bibliographisch erfasst in ders.: Nie wieder Sieg! Programmatische Schriften 1951 – 1981. Hersg. von Cornelia Bührle und Claus von Rosen. München 1982, S. 272 – 312. Sie werden verkürzt nach der Zählweise in dieser Bibliographie zitiert z.B.: 56,1 (für das 1. Dokument aus dem Jahr 1956), bei Veröffentlichung in einer der beiden Sammelbände von 1969 bzw. 1982 zusätzlich durch Verweis „s.a." auf die dortige Fundstelle z.B.: s.a. ders. 1969 S 69 ff. Bisher nicht erfasste Dokumente sind gesondert als Quellen erfasst und werden kurz zitiert mit dem Erscheinungsjahr, ggf. mit laufendem Buchstaben, z.B. Baudissin 1994. Unveröffentlichte Quellen werden mit BDZ versehen, wenn sie im Baudissin Dokumentation Zentrum vorliegen.

Bald Detlef: Wegbereiter der Militärreform in den fünfziger Jahren. Wolf Graf von Baudissin und Günter Will. In: Detlef Bald, Andreas Prüfert (Hrsg.): Vom Krieg zur Militärreform, S. 57 – 74. Baden-Baden 1997

Bald Detlef: Günter Will. In: Detlef Bald, Uwe Hartmann, Claus von Rosen (Hrsg.): Klassiker der Pädagogik im deutschen Militär, S. 227-239. Baden-Baden 1999

Baudissin, Wolf Graf v.: Soldat für den Frieden - Entwürfe für eine zeitgemäße Bundeswehr; Hrsg. von Peter Schubert. München 1969

ders.: Nie wieder Sieg! – Programmatische Schriften 1951-1981; Hrsg. von Cornelia Bührle und Claus v. Rosen. München 1982

ders. und Will (Günter): Innere Führung/Inneres Gefüge. In: Handwörterbuch des öffentlichen Dienstes, Sp 818 – 827. Berlin 1976

Bundesministerium der Verteidigung, Abteilung Streitkräfte I (Hrsg.): Handbuch Innere Führung - Hilfen zur Klärung der Begriffe.Bonn 1966(4)

Bundesministerium für Verteidigung (Hrsg.): Von Himmerod bis Andernach. Dokumente zur Entstehungsgeschichte der Bundeswehr. Beiheft 4/85 zur Information für die Truppe. Bonn 1985

Der Bundesminister der Verteidigung (Fü S I 4): ZDv 10/1 Innere Führung. Selbstverständnis und Führungskultur der Bundeswehr. Bonn 2008

Reeb, Hans Joachim und Peter Többicke: Lexikon Innere Führung. Regensburg, Berlin 2003 (2)

Richter, Frank: Baudissins Wirken als Brigadekommandeur. Lehrgangsarbeit an der Führungsakademie der Bundeswehr. MS, im BDZ. Hamburg 1997

Rosen, Claus Frhr. von: Bildungsreform und Innere Führung (Diss. Hamburg 1981). Weinheim und Basel 1981

Ders.: Beteiligung von Soldaten der Bundeswehr. Ein Beispiel für den Stellenwert der Konzeption Innere Führung. In: Eckhardt Opitz (Hrsg.): 50 Jahre Innere Führung. Von Himmerod (Eifel) nach Pristina (Kosovo). Geschichte, Probleme und Perspektiven einer Führungsphilosophie, S. 158-186. Bremen 2001

Ders.: Frieden und Widerstand: „Geistige und sittliche" Gründe in Baudissins Konzeption Innere Führung. In: Martin Kutz Hrsg.: Gesellschaft, Militär, Krieg und Frieden im Denken von Wolf Graf von Baudissin. In Forum Innere Führung Bd 23; S. 25-44. Baden-Baden 2004

Ders.: Organisatorische Grundlagen der Inneren Führung nach Graf von Baudissin. In: Elmar Wiesendahl Hrsg.: Neue Bundeswehr – neue Innere Führung?. Perspektiven und Rahmenbedingungen für die Weiterentwicklung eines Leitbildes. Forim Innere Führung Bd 25; S. 35-78. Baden-Baden 2005

Ders.: Erfolg und Scheitern der Inneren Führung aus Sicht von Wolf Graf von Baudissin. In: Rudolf J. Schlaffer u.a. Hrsg.: Wolf Graf von Baudissin 1907 – 2007. Modernisierer zwischen totalitärer Herrschaft und freiheitlicher Ordnung; S. 203 – 233. München 2007

Ders.: Die ZDv 10/1 Innere Führung von 2008. Vorschrift – Handbuch – Überbau. In: Uwe Hartmann u.a. Hrsg.: Jahrbuch Innere Führung 2009. Die Rückkehr des Soldatischen; S. 17 – 51. Eschede 2009 (a)

Ders.: Innere Führung und Einsatz aus der Perspektive der Pädagogik. In: Sabine Jaberg u.a. (Hrsg.): Auslandseinsätze der Bundeswehr. Sozialwissenschaftliche Analysen, Diagnosen und Perspektiven. Sozialwissenschaftliche Schriften Bd. 47; S. 163 – 192. Berlin 2009 (b)

Die Herzen und Köpfe gewinnen – Netzwerkbildung an der „Heimatfront"

Klaus Beck / Uwe Hartmann

Militärische Führungsaufgaben sind hochkomplex. Ein Ende der seit Jahren erfolgenden Komplexitätsexpansion ist nicht abzusehen. Dies liegt vor allem an den unübersichtlichen Lagen in den Einsatzgebieten, in denen das vielschichtige Beziehungsgeflecht aus Politik, Militär, Gesellschaft, Wirtschaft und Kultur eine Gemengelage darstellt, die sich permanent ändert und zudem auch noch von Einsatzgebiet zu Einsatzgebiet unterschiedlich ist.

Die bisherigen politischen und militärischen Erfahrungen in den Einsatzgebieten unterstreichen die kaum überschätzbare strategische Bedeutung der dort beheimateten Bevölkerungen. Vor allem für den Einsatz in Afghanistan ist es Konsens unter allen NATO-Mitgliedsstaaten, besondere Anstrengungen zu unternehmen, um die Herzen und Köpfe der Menschen auf die eigene Seite zu ziehen („winning hearts and minds"). Gelänge es der ISAF nicht, die Unterstützung der einheimischen Bevölkerung zu gewinnen, erhielten die Insurgenten Rückenwind. Sie fänden schließlich genügend Sympathisanten in der afghanischen Bevölkerung, um ihre asymmetrische Kriegführung flächendeckend umzusetzen.

Im strategischen Kalkül stellen aber nicht nur die Bevölkerungen in den Einsatzgebieten, sondern auch die Bürger und Bürgerinnen zuhause wesentliche Faktoren dar. Fehlte der Rückhalt in der eigenen Bevölkerung für militärische Einsätze, stünde die Regierung in der Gefahr, bei der nächsten Wahl zu scheitern oder empfindliche Verluste hinzunehmen. Für das Militär bedeutete die unzureichende Unterstützung durch die Bevölkerung, dass es politisch nur schwer legitimierbare militärische Einsätze so führen muss, dass die Motivation der Soldaten und Soldatinnen dabei nicht überfordert wird. Die Stimmungslage an der sog. „Heimatfront" und die aktive Unterstützung der Bürger und Bürgerinnen für die Soldaten und Soldatinnen sind also wichtig für deren Einsatzbereitschaft im Einsatzgebiet und damit auch für die Ziele, welche die Politik mit dem Einsatz von Streitkräften erreichen kann. Das ist nichts Neues, gewinnt aber an Aktualität und Dramatik dadurch, dass Soldaten und Soldatinnen der Bundeswehr heute weit entfernt von der Heimat im Einsatz sind, während das Leben zuhause davon weitgehend unberührt bleibt. In einer solchen Situation fällt es den Bürgern und Bürgerinnen nicht leicht, den Soldaten und Soldatinnen Rückhalt zu geben, insbesondere wenn ein Kampfeinsatz wie der in Afghanistan von einer großen Mehrheit abgelehnt wird.

Schon im Jahre 2007 hat der damalige Generalinspekteur der Bundeswehr, General Wolfgang Schneiderhan, an der Führungsakademie der Bundeswehr in Hamburg eindringlich darauf hingewiesen, dass es nicht nur darum ginge, die Herzen und Köpfe der Menschen in den Einsatzgebieten, sondern auch zuhause zu gewinnen. Es kommt also darauf an, auch die Mitbürger und Mitbürgerinnen zumindest soweit zu gewinnen, dass sie die Soldaten und Soldatinnen unterstützen, ihren Dienst wertschätzen, aktiv Solidarität bekunden, auch wenn sie politisch nicht hinter den militärischen Einsätzen stehen – nicht zuletzt dann, wenn eingesetzte Soldatinnen und Soldaten psychische und körperliche Schäden erleiden.

Nun ist die strategische Relevanz der „Heimatfront" für die Offiziere der Bundeswehr nichts Neues. Die eigene Bevölkerung war schon immer ein wesentlicher Aspekt in der „Beurteilung der Lage" und zwar auf allen Führungsebenen. Zudem wurde in der Aufbauphase der Bundeswehr die grundlegende politisch-militärische Entscheidung getroffen, die Soldaten und Soldatinnen als „Staatsbürger in Uniform" in die Mitte der Gesellschaft zu stellen. Als Mitbürger und Mitbürgerinnen sollten sie aktiv am gesellschaftlichen Leben teilnehmen. Und umgekehrt als Soldatinnen und Soldaten die bürgerlichen Grundrechte wahrnehmen können Das ist das Credo der Inneren Führung, das auch heute noch gültig ist. Auch wenn es ursprünglich mehr den Soldaten aufforderte, sich zu integrieren, ist es gleichzeitig auch ein Appell an die Bevölkerung, diese Integration nicht nur zuzulassen, sondern auch zu ermöglichen und aktiv zu unterstützen.

Wenn heute junge Soldatinnen und Soldaten mehr Anerkennung, Wertschätzung und Empathie für ihren Dienst fordern, zeigt dies zunächst einmal, dass die Innere Führung mit ihrem Integrationspostulat wirkt und damit erfolgreich ist. Die jungen Staatsbürger in Uniform ziehen sich nicht hinter die Kasernentore in eine scheinbar heile und geordnete Welt des Soldatentums zurück, sondern fordern die Mitbürger und -bürgerinnen heraus, sich mit ihnen auseinanderzusetzen. „Warum Soldaten", so heißt denn auch eine von jungen Offizieren und Offizieranwärtern der Helmut-Schmidt-Universität / Universität der Bundeswehr Hamburg erarbeitete Ausstellung, die vielfältige Antworten auf die Frage nach dem ‚Warum' dokumentiert und die seit Mitte 2010 mit großem Erfolg in deutschen Städten zu sehen ist.

Dieser Wunsch vor allem junger Soldaten und Soldatinnen nach mehr Anerkennung steht in einem gewissen Widerspruch zu der Selbsteinschätzung vieler Menschen, etwas Hilfreiches für die Soldaten und Soldatinnen der Bundeswehr getan zu haben. Tatsächlich, wer näher hinschaut, sieht viele praktische Beispiele für das engagierte Interesse von Bürgern und Bürgerinnen an den Menschen in der Bundeswehr. Die Solidaritätsbekundungen mit der „Gelben Schleife" sind dafür ein überzeugendes Beispiel.[1] Es sollte auch nicht vergessen werden, dass die Innere Führung als Führungsphilosophie Anschlussstellen bietet, damit Institutionen und Organisationen mit der Bundeswehr zusammenarbeiten können. Ein Beispiel dafür ist die Zusammenarbeit zwischen der Bundeswehr und den Kirchen, die im Militärseelsorgevertrag bereits Ende der 50er Jahre geregelt wurde. Ebenso hat der sog. Gewerkschaftserlass die gewerkschaftliche Betätigung der Soldatinnen und Soldaten geregelt und damit zur Entspannung des Verhältnisses von Militär und Gewerkschaften beigetragen.

Zweifelsohne gibt es weiterhin zahlreiche Organisationen, denen die Streitkräfte fremd geblieben sind und die Distanz wahren. Daneben gibt es auch gesellschaftliche Kräfte, die ihre Hilfe anbieten, bisher aber seitens der politischen Leitung und militärischen Führung der Bundeswehr kaum Beachtung fanden, wie beispielsweise der DGB mit seinen über sechs Millionen Mitgliedern. Wenn die eigene Bevölkerung eine hohe politische und militärstrategische Relevanz für den Einsatz der Bundeswehr in Krisen- und Kriegsgebieten hat, dann muss es künftig darum gehen, die durchaus vorhandenen Potenziale für eine engere Bindung von Gesellschaft und Streitkräften besser zu nutzen. Es geht um das Wohl der Soldaten und Soldatinnen, die Integration der Streitkräfte in die Gesellschaft, die aufgrund der Aussetzung der Wehrpflicht weiter unter Druck gerät, und letztlich um die Einsatzbereitschaft der Bundeswehr sowie die Politikfähigkeit Deutschlands.

Hinzu kommt, dass die Umstellung der Bundeswehr von einer Wehrpflichtigenarmee zu einer weitgehend professionalisierten Armee mit Zeit- und Berufssoldaten neue Probleme aufwirft – beispielsweise bei der Gewinnung von

---

[1] Die neueste, am 28. Juni 2012 eröffnete Ausstellung des Studentenbereichs der HSU/UniBwH dokumentiert Aktionen von gesellschaftlichen Gruppen und Einzelpersonen zur Unterstützung von Soldaten und Soldatinnen. Sie trägt den Titel „Bürger und Soldaten – Wir stehen hinter euch."

qualifiziertem Personal, aber auch bei der Integration Ausscheidender in den Arbeitsmarkt.

Wie können die durchaus gegebenen Potenziale besser genutzt werden? Der Aufbau von Netzwerken und die Intensivierung bereits bestehender Kooperationen sind dafür ein geeigneter Weg. Über die gegenseitige Information hinaus sollte es dabei immer darum gehen, Möglichkeiten für das Engagement und für gemeinsame Projekte aufzuzeigen. Diese Netzwerkbildung sollte auf allen Ebenen erfolgen – von der ressortübergreifenden Zusammenarbeit der Ministerien bis zu den Kooperationsprojekten vor Ort. Vernetzt denken – lokal handeln, so könnte der Slogan für diese Netzwerkbildung lauten. Dabei sollte klar sein, dass gerade die bisher weitgehend bundeswehrfernen Institutionen und Einrichtungen, Verbände und Initiativen im Focus stehen sollten.

Für den Aufbau solcher Netzwerke von unten nach oben und umgekehrt spielen die Kommandeure militärischer Verbände eine wichtige Rolle. Ohne Zweifel sind sie durch ihre anspruchsvollen Führungsaufgaben stark belastet; jede weitere Aufbürdung zusätzlicher Aufgaben mag als Zumutung erscheinen. Gleichwohl geht es bei der Netzwerkbildung um eine Aufgabe von hoher strategischer Relevanz, wie in dem oben Aufgeführten deutlich wurde. Sie liegt sozusagen im nationalen Interesse. Zudem wird der nähere Blick zeigen, dass diese Netzwerke den Kommandeuren helfen, ihrer Verantwortung als Vorgesetzte vor allem im Bereich von Betreuung und Fürsorge besser gerecht zu werden. Schauen wir uns also einmal an, was ein Kommandeur alles im Hinblick auf die Gesellschaft unternehmen sollte, um die Einsatzbereitschaft seiner Truppe zu fördern.

Der Kommandeur im Netzwerk seiner „Heimatfront"

Der sicherheitspolitische Dialog

Kommandeure sind in der jeweiligen Region, in der ihr Verband stationiert ist, *der* Repräsentant der Bundeswehr. Sie sind damit auch Sprachrohr der Bundesregierung für die jeweilige Sicherheits- und Verteidigungspolitik. Daraus resultiert auch ihre Aufgabe, einen Beitrag zur sicherheitspolitischen Debatte in unserem Land zu leisten. Da Kommandeure über besondere Erfahrungen in den Einsätzen sowie Kompetenzen in der politischen Bildungsarbeit verfügen, haben sie eine persönliche Verantwortung. Damit geht einher, dass sie – bei der gebotenen Zurückhaltung in der Kritik offizieller sicherheitspolitischer Positionen – durchaus eigene Auffassungen auch öffentlich kundtun dürfen.

Nun steht es um die sicherheitspolitische Debatte in unserem Land nicht allzu gut. Seit Jahren fordern Politiker, Militärs und andere hochrangige Repräsentanten von Staat und Gesellschaft, die Debatte zu intensivieren. Der Aufbau von regionalen Netzwerken ist dafür sicherlich ein wichtiger Beitrag. Und es gibt ja auch schon einige Fortschritte in diesem Bereich. So können „Wintervortragsreihen", die oftmals gemeinsam mit Städten, Kommunen und Bildungseinrichtungen durchgeführt werden, auf eine langjährige Tradition zurückblicken. Zu sicherheitspolitischen Vortragsveranstaltungen in Liegenschaften der Bundeswehr werden häufig Gäste eingeladen. Viele Kommandeure haben enge und vertrauensvolle Verbindungen zu Bildungsträgern der politischen Bildungsarbeit aufgebaut, die Veranstaltungen zur politischen Bildung für unterstellte Verbände und Einheiten durchführen. Hinzu kommt oftmals eine enge Zusammenarbeit mit Reservistenverbänden sowie mit der Gesellschaft für Sicherheitspolitik, die regional organisiert und daher an vielen Standorten der Bundeswehr präsent sind. Allzu oft handelt es sich hierbei allerdings um Veranstaltungen, bei denen Soldaten, Reservisten und Ehemalige unter sich sind. Künftig wird es darauf ankommen, die bereits bestehenden Netzwerke zu vertiefen und neue Partner zu gewinnen. Für das Gewinnen neuer Partner sollten diejenigen gesellschaftlichen Akteure im Vordergrund stehen, die möglichst viele Bürger und Bürgerinnen repräsentieren, von ihrem Selbstverständnis her eher kritisch an Sicherheitspolitik und Streitkräfte herangehen, aber gleichwohl ihre Verantwortung für die Intensivierung des sicherheitspolitischen Dialogs sehen: Dazu gehören neben den Kirchen u.a. auch die Gewerkschaften.

So gibt es derzeit Bestrebungen einiger evangelischer Akademien, einen koordinierten Beitrag zur Intensivierung der sicherheitspolitischen Debatte zu leisten. Hier böten sich viele Möglichkeiten an, um diese Initiative zu unterstützen und bei der konkreten Umsetzung mitzuarbeiten.

Die Gewerkschaften verfügen über eine politische Bildungsarbeit, die sich auch teilweise mit sicherheitspolitischen Fragen beschäftigt. Auch hier gäbe es vielfältige Möglichkeiten der Kooperation – sowohl zentral auf Ebene BMVg-DGB Zentrale als auch dezentral zwischen den Verbänden und den Kreis- und Stadtverbänden oder etwa den Jugendoffizieren und den Jugendverbänden der im DGB organisierten Gewerkschaften.

Nachwuchsgewinnung und Berufsförderung

Um die personelle Einsatzbereitschaft seines Verbandes sicherzustellen, muss jeder Kommandeur seinen ihm möglichen Beitrag zur Nachwuchsgewinnung leisten. Nachwuchsgewinnung ist nicht nur eine Aufgabe des Personalamtes der Bundeswehr (künftig des Amtes für Personalmanagement in der Bundeswehr); jeder Kommandeur, letztlich jeder einzelne Soldat muss dabei unterstützen, die klugen Köpfe und geschickten Hände für die Bundeswehr bzw. den eigenen Verband zu gewinnen. Auch in diesem Bereich gibt es viele gute Traditionen, auf denen aufgebaut werden kann. Die Aktivitäten reichen von den „Tagen der offenen Tür" über „Girls Days" und Auftritten bei Messen und Großveranstaltungen bis hin zu Führungen und Praktika für Schüler und Schülerinnen.

In der Vergangenheit haben sich viele Kommandeure und Chefs dadurch ausgezeichnet, dass sie sich persönlich um die Wiedereingliederung ausscheidender Soldaten und Soldatinnen gekümmert haben. Dies war besonders bei den größeren Reformen der Bundeswehr nach Ende des Kalten Krieges, die mit einer gewaltigen Reduzierung der Personalstärke sowie Auflösung von zahlreichen Standorten einherging, der Fall. Künftig wird es verstärkt darauf ankommen, integrierte Ausbildungs- und Berufswege zusammen mit Arbeitgebern, Industrie- und Handelskammern sowie den Gewerkschaften zu erarbeiten. Vor allem die Organisation von regelmäßigen Arbeitstreffen auf regionaler Ebene könnte hier gewaltige Potenziale eröffnen, um berufliche Ausbildung, Dienst bei der Bundeswehr, weiterführende Berufsausbildung sowie Wiedereingliederung in das zivile Berufsleben zu vernetzen. Dabei könnte auch die Einplanung eines noch aktiven Soldaten als Reservist sowie die Koordinierung von Wehrübungen und der dazu gehörenden Ausbildung berücksichtigt werden. Eine derartige „zivil-militärische Karriereplanung" dürfte für junge Menschen, für die berufliche Sicherheit ein wesentlicher Faktor ist, hoch attraktiv sein.

Dabei ist es auch notwendig, die Partizipationsstrukturen in Betrieben und Verwaltungen über die betriebliche Mitbestimmung und die Unternehmensmitbestimmung ebenso im Blick zu haben wie die Mitwirkung der Gewerkschaften in Kammern und in der Berufsbildung – diese Seite wird in den Kontakten der Bundeswehr weitgehend ausgeblendet.

Besondere Verantwortung trägt ein Kommandeur für versehrte und psychische belastete Soldaten und Mitarbeiter bzw. Soldatinnen und Mitarbeiterinnen, welche die Bundeswehr verlassen und den Übergang in einen zivilen Beruf finden müssen. Ein schwieriges Problem stellen hierbei die Mannschaften mit längeren Verpflichtungszeiten dar, insbesondere dann, wenn sie während ihres Dienstes kaum berufliche Fortbildungen durchführen konnten. Ankündigungen beispielsweise des Technischen Hilfswerks (THW), einsatzbelastete ehemalige Soldaten und Soldatinnen bei den Einstellungen besonders zu berücksichtigen, können dabei helfen. Hier böte sich eine enge Abstimmung zwischen den verantwortlichen Kommandeuren sowie den Leitern der jeweiligen THW-Dienststellen an. Auch Kontakte zu den Arbeitgebern und Gewerkschaften wie auch zur Arbeitsverwaltung vor Ort könnten dabei sehr hilfreich sein.

Über die Unterstützung bei der Berufsfindung hinaus kommt auch der Fortsetzung der sozialen Betreuung von Soldaten eine hohe Bedeutung zu. Die Debatte wird gegenwärtig unter dem Veteranenbegriff geführt. Es versteht sich aber von selbst, dass jeder Verband für seine Ehemaligen eine Kommunikationsplattform anbieten muss, um diesen die Möglichkeit zu geben, Gespräche zu führen und Erfahrungen zu verarbeiten, für die es in der Gesellschaft (noch) zu wenige Gesprächspartner gibt. Daneben wird es vermehrt darauf ankommen, regionale Netzwerke für diese sozialen Angelegenheiten zu bilden, die die örtlichen und regionalen Strukturen der Sozialversicherungssysteme ebenso einschließt wie die kommunalen und auf Länderebene geregelten sozialen Ämter, Behörden und Einrichtungen – auch hieran mangelt es oft.

Familienbetreuung und Fürsorge

Die Familienbetreuung kann in ihrer künftigen Relevanz für die Berufsmotivation von Soldaten und Soldatinnen kaum überschätzt werden. Viele junge Soldaten sehen in der aus ihrer Sicht nur geringen Vereinbarkeit von Familie und Beruf einen wesentlichen Hinderungsgrund für eine Bewerbung für die Übernahme zum Berufssoldaten bzw. eine Verlängerung ihrer Verpflichtungszeit. Das Konzept der Vereinbarkeit von Familie und Beruf wird vor allem verbal unterstützt; finanzielle Mittel sind nicht ausreichend vorhanden. Auch vor diesem Hintergrund sollten künftig größere Anstrengungen unternommen werden, möglichst viele Angebote der Gesellschaft für die Unterstützung von Soldatenfamilien zu nutzen bzw. anzuregen. Hier gibt es tatsächlich zahlreiche Möglichkeiten, die intensiver genutzt werden sollten. Ein bekanntes und weithin schon genutztes Beispiel sind die lokalen Bündnisse für Familien. Die Reservierung von Kindergrippen-/-garten oder -hortplätzen ist effizienter und auch flexibler nutzbar als der Bau bundeswehreigener Einrichtungen. Gleichwohl könnten eigene Einrichtungen als Leuchttürme für die Attraktivität des Dienstes in der Bundeswehr dienen und in größeren Standorten auch finanziell sinnvoll sein. Neben der Nutzung bereits vorhandener Betreuungsplätze könnten Kommandeure einen Beitrag dazu leisten, die Bedürfnisse ihrer Soldaten und Soldatinnen an die Kommunen heranzutragen und darum zu bitten, diese bei den Planungen für den Ausbau der Kinderbetreuung zu berücksichtigen.

Weitere wichtige Gesprächspartner für die Kommandeure könnten die Arbeitgeber und Gewerkschaften vor Ort sein. Hier könnte es vor allem um eine flexiblere Gestaltung von Arbeits- und Urlaubszeiten von Partnern der Soldaten und Soldatinnen im Einsatz gehen. Es sollte doch möglich sein, Urlaube so nehmen zu können, dass sie mit dem Urlaub während des Einsatzes übereinstimmen. Und es wäre sicherlich ein wichtiges Zeichen von Solidarität, wenn Arbeitgeber die besonderen Belastungen von Soldatenfamilien im Einsatz berücksichtigten, indem sie die Arbeitszeiten für die Dauer des Einsatzzeitraums reduzierten oder flexibilisierten.

Sollte in der neuen Bundeswehr die Anzahl der Versetzungen und Abwesenheiten vom Standort tatsächlich reduziert werden, dürfte die Anzahl der Pendler zurückgehen. Soldatenfamilien würden dann wieder häufiger am Standort wohnen und dort Häuser mieten oder sogar kaufen bzw. bauen. Vor diesem Hintergrund macht es viel Sinn, wenn Kommandeure sich in kommunale Planungen, vor allem in die Planungen für Neubaugebiete, einbringen könnten. Überhaupt bietet die enge Zusammenarbeit mit den Städten und Kommunen vielfältige Möglichkeiten für die Verbesserung der sozialen und materiellen Rahmenbedingungen von Soldaten und Soldatinnen und deren Familien. Neben der Verkehrsplanung mit besseren Anbindungen an die Dienststellen könnten vor allem für einsatzbelastete und versehrte Soldaten bessere Behandlungsmöglichkeiten erschlossen werden, wenn Kommandeure die Krankenhäuser und Ärztevereinigungen informierten und schon bei der Planung künftiger medizinischer Kapazitäten ihren Bedarf mit einbringen könnten.

Auch die Zusammenarbeit mit den Leitern von Schulen könnte ganz konkret helfen, besser mit einsatz- und versetzungsbedingten Belastungen für die Angehörigen von Soldaten und Soldatinnen umzugehen. Lehrer und Lehrerinnen, die über die Einsätze und deren Belastungen für die Familien informiert sind, können abweichendes Verhalten von Kindern von Soldaten und

Soldatinnen eher verstehen als Lehrer, die darüber kein Verständnis haben. Es ist eben ein Unterschied, ob ein Jugendlicher als anpassungsschwierig oder als durch die Abwesenheit des Vaters oder der Mutter belastet gilt.

Soldaten wünschen sich mehr Anerkennung – nicht nur durch Rhetorik der politischen Verantwortungsträger, sondern auch durch die Menschen vor Ort. Daher wird ein Kommandeur sich darum bemühen, das Engagement der Nachbarn für die Soldaten und die Anerkennung ihres Dienstes zu ermöglichen und wo immer möglich sogar zu steigern. Manchmal mag es sogar schon helfen, das gute Beispiel einer anderen Kommune an die Verantwortlichen heranzutragen.

Kommandeure, die sich für die Netzwerkbildung in ihrer Region engagieren, haben damit eine Vielzahl von Partnern, mit denen sie vertrauensvolle, auf konkrete Verbesserungen zielende Gespräche führen können. Dazu gehören: Politiker, Mitarbeiter der Stadt-/Gemeindeverwaltungen, GewerkschafterInnen, Betriebs- und Personalräte, Vertreter der Wirtschaftsverbände (IHK, HWK) und der Arbeitgeberverbände, die Kirchen, Medien, Sportverbände, Bildungsträger (VHS, Schulen u.ä.), Polizei, THW, DRK, die Bundesagentur für Arbeit und weitere mehr. Der Aufbau vertrauensvoller Beziehungen ist ohne Zweifel eine zeitintensive Aufgabe. Und der Versetzungsrhythmus von zwei Jahren bei Kommandeuren ist dafür alles andere als förderlich. Es stellt sich also die Frage, wie unter den gegebenen Rahmenbedingungen den Kommandeuren die Aufgabe erleichtert werden kann.

Hilfsmittel, die ein Kommandeur nutzen kann

Diese oben aufgeführten Beispiele zeigen die enorme Verantwortung, die ein Kommandeur trägt – zusätzlich zu seiner Aufgabe, die Einsatzbereitschaft seines Verbandes sicherzustellen. Aber all dies darf nicht als ein Extra verstanden werden, um das Kommandeure sich kümmern, wenn sie mal Zeit dafür haben sollten, sondern als eine unverzichtbare Begleitmaßnahme zu der militärischen Führung und Ausbildung sowie zur soldatischen Erziehung im Verband.

Das wichtigste Mittel, um die o.g. Ziele zu erreichen, ist der Kommandeur selbst. Aufgrund seiner Stellung und seiner Ausbildung ist er dafür am besten befähigt. Zur Meinungsbildung über die Bundeswehr tragen auch die Soldaten und Soldatinnen bei, bis hinunter zu den Mannschaftsdienstgraden. Auch diese sind Multiplikatoren, die für den Dienst in den Streitkräften werben und auf die sozialen Rahmenbedingungen des militärischen Dienstes hinweisen. Im Übrigen sind sie auch wichtige Mittler in der Sicherheitspolitik, vor allem gegenüber Jugendlichen und ihrer eigenen Alterskohorte.

Unterstützung findet der Kommandeur auch durch die Offiziere seines Verbands. Im Rahmen ihres Studiums erwerben sie oftmals Kenntnisse über öffentliche Verwaltung, Schulsysteme, Weiterbildung und dergleichen. Gleichwohl böte sich eine Fortbildung für Offiziere über Kommunalpolitik, regionale Arbeitsmarktpolitik und die Partizipationsstrukturen in Betrieben und Verwaltungen an, ggf. auch als Bestandteil der Laufbahnlehrgänge. Regionale Bildungsträger könnten bei der Planung, Durchführung und Nachbereitung unterstützen. Auch Reservisten, die in diesen Bereichen arbeiten, böten sich für die Durchführung solcher Weiterbildungen ebenso an wie für das Eintreten für die Belange von Soldaten und ihren Familien in ihren jeweiligen Arbeitsstätten. Unterstützend könnten hierbei auch die Militärpfarrer (und auch die nicht mehr aktiven Militärpfarrer) der evangelischen und katholischen Militärseelsorge wirken, indem sie Türen öffnen und Offiziere in geeignete Gesprächskreise einführen.

Für den Kommandeur wäre es sicherlich hilfreich, für die zivil-militärische Zusammenarbeit, ähnlich wie in einem Einsatzgebiet, eine eigene Stabsstelle an seiner Seite zu haben. Diese müsste mit anderen Elementen des Stabes wie beispielsweise die Pressestelle oder die auf Zusammenarbeit angewiesenen Abteilungen der Wehrverwaltung wie den Sozialdienst oder den Berufsförderungsdienst, vernetzt werden.

Hilfreich wären sicherlich auch Lehrgänge am Zentrum Innere Führung in Koblenz über die zivil-militärische Zusammenarbeit am Heimatstandort sowie konkrete Trainings, die auch Gesprächsführung in öffentlichen Diskussionsprozessen sowie in kommunalen Beratungsgremien mit einbeziehen sollten. Der Kommandeur wird damit zum „Lobbyisten in eigener Sache" und sollte daher auch das Einmaleins dieser Arbeit beherrschen. Kommandeure sollten sich untereinander über interaktive Plattformen austauschen können und von ihren Erfahrungen lernen. Auch die Ausbildungsgänge für Offiziere und Unteroffiziere sollten um das Element der zivil-militärischen Zusammenarbeit im eigenen Land erweitert werden. Grundlage jeder Lobbyarbeit ist nun einmal, dass man weiß, wer für was zuständig ist und wie die Ansprache gestaltet wird.

Zusammenfassung

Die zivil-militärische Zusammenarbeit zuhause an der „Heimatfront" hat enormes Potenzial. Um dieses zu nutzen, sollte innerhalb der Bundeswehr ein breiter Lernprozess organisiert werden. Wichtigste Adressaten sind die Kommandeure und sonstigen Dienststellenleiter. Im Mittelpunkt des Lernprozesses sollte – neben einer positiven Gestimmtheit zu dieser Aufgabe – das Erkennen und Anerkennen stehen, wie die soziale und materielle Lage der Soldaten und Soldatinnen der Bundeswehr durch Unterstützungsleistungen aus dem zivilen Umfeld verbessert werden können. Die Bundeswehr selbst verfügt dafür über zu wenig Resourcen. Zudem sind die Beantragungsverfahren zu langwierig, um Problemen schnell begegnen zu können. Ein Umdenken ist also erforderlich: statt Unterstützungsleistungen auf dem militärischen Dienstweg zu beantragen sollte es künftig stärker darum gehen, diese durch Kooperation mit Partnern vor Ort regional anregen. Dieser verstärkt zu nutzende Zugang ist entschieden günstiger für die Bundeswehr und führt zu deutlich schnelleren Leistungen für die Soldaten und Soldaten und deren Familien. Zudem trägt er zur stärkeren Verankerung der Streitkräfte in der Gesellschaft bei.

III. Zur Diskussion gestellt

Kernbestand unveränderbar? Die Ewigkeitsklausel der Inneren Führung im Spiegel der jüngeren politischen Philosophie

Jochen Bohn

Die Zentrale Dienstvorschrift 10/1 „Innere Führung" regelt das Selbstverständnis der Bundeswehr. Die Anweisung mit Befehlscharakter ruht auf der freiheitlichen demokratischen Grundordnung, der unantastbaren Mitte des Grundgesetzes für die Bundesrepublik Deutschland. Die FdGO ist bindende Vorgabe nicht nur für die innere Verfassung der Streitkräfte, sondern auch für Haltung und Handeln des deutschen Soldaten. Ihre Wertungen und Normierungen gelten als geistiges und sittliches Fundament der Bundeswehr, dem sich Soldaten sogar „in besonderer Weise" (Nr. 105), also über das allgemein-bürgerliche Maß hinaus verpflichtet wissen müssen. Als uniformierte Staatsbürger sollen sie „aus innerer Überzeugung" (Nr. 106) für die Werte des deutschen Staates eintreten. Sie sollen für diese Werte zu kämpfen, zu töten und auch zu sterben bereit sein. Übertragen werden die Setzungen der FdGO durch die Innere Führung. „Sie bildet die Prinzipien von Freiheit, Demokratie und Rechtstaatlichkeit in den Streitkräften ab" (Nr. 301). Diese Prinzipien sind das Herzstück der Inneren Führung. Sie werden als so kostbar und sicherungsbedürftig begriffen, dass ihnen ungeachtet aller notwendigen Anpassungen an politische, wirtschaftliche oder gesellschaftliche Veränderungen eine Ewigkeitsgarantie beigegeben ist: „Der Kernbestand der Inneren Führung ist unveränderbar" (Nr. 108).

Die FdGO ist eine mögliche Äußerung des modernen, neuzeitlich-aufgeklärten Staatsbegriffs. Auch der moderne Staat setzt auf Souveränität und Repräsentation. Auf diese traditionellen Ideen wird nach dem Machtverfall religiöser und metaphysischer Weltdeutungen als Fundament der Legitimation von Herrschaft und Herrschaftsordnung nicht verzichtet. Sie werden allerdings säkularisiert und nun im rationalen Subjekt verankert. Repräsentiert wird im Staat nicht mehr eine souveräne Transzendenz. Vielmehr wird jetzt der Mensch als sich selbst rational bestimmendes, autonomes und insofern souveränes Rechtssubjekt begriffen, das seine raum-zeitliche Gemeinschaft mit anderen Rechtssubjekten rational-rechtlich ordnet. In dieser Ordnung, in den rechtlichen Systematisierungen der Wirklichkeit repräsentiert sich das autonome Subjekt selbst und begründet damit zugleich die Bedingung der Möglichkeit äußerer Freiheit. Als nun noch legitimierbare Herrschaftsform bleibt der demokratische Rechtsstaat. Er allein sichert eine rationale Lebensform der Freiheit unter säkularen Bedingungen. Nur in ihm kann sich der allgemeine, vernunftgemäße Wille einer vereinigten Menge von Rechtssubjekten äußern und realisieren.

Der modernen Staatsidee geht die Annahme voraus, die Vernunft sei das einzige und auch geeignete Instrument zur äußeren Ordnung einer gemeinschaftlichen Wirklichkeit von Subjekten. Die Vernunft wird für zureichend tragfähig und für zureichend mächtig erachtet. Sie soll die Einheit der Subjekte in der Vielfalt der Erscheinungen sichern können. Mit der modernen Vernunft ist eine Idee vollkommener Wirklichkeit gegeben, ein Ideal der Realität als motivierende Utopie. In einem fortschreitenden Prozess der Annäherung soll die Vernunft die Wirklichkeit auf ihr ideales Ziel hin systematisieren und stabilisieren. Rationalisierung wirkt damit Evolution und Fortschritt, wirkt Besserung der Wirklichkeit. Auf diese Annahmen und Verheißungen stützen sich die Verfassungen moderner Rechtsstaaten. Auf sie stützt sich auch die FdGO, jene Prinzipien also, die das Selbstverständnis deutscher Soldaten ausrichten und die als unveränderbar begriffen werden sollen.

Jedoch: Insbesondere in den vergangenen zwei Jahrzehnten haben die Prinzipien moderner Staatlichkeit ihren Haltepunkt verloren. Schon ein kurzer Blick über die Denkbewegungen der jüngeren politischen Philosophie wirkt beunruhigend. Hier werden in verschiedenen Kontexten und Traditionen die erkenntnistheoretischen Voraussetzungen moderner Gemeinwesen noch einmal kritisch überprüft. Hoch sensibel wird die soziale und politische Wirklichkeit beobachtet. Zusehends schwindet dabei der Glaube an die moderne Vernunftidee. Die Vernunft wird nun als vieldeutig und widersprüchlich wahrgenommen. Selbst die Stimmigkeit des rationalen Subjekts löst sich auf. Die einigende und stabilisierende Kraft der Vernunft lässt nach. Rationalität und Rationalisierbarkeit der Wirklichkeit werden zweifelhaft. Sichere Wahrheiten geraten ins Wanken. Letzte Gründungen scheinen unmöglich geworden, Allgemeinheit und Einheit werden verdrängt durch Differenz und Fragmentierung. Utopien der Vernunft verlieren ihre mobilisierende Macht. Der Mensch wird zunehmend gefordert, sich mit der unbeständigen Wirklichkeit zu arrangieren, haltlos, offen und wandelbar zu werden.

Mit der jüngeren politischen Philosophie lässt sich eine irritierende Untergrabung beobachten. Die modernen Begriffe von Souveränität und Repräsentation werden ausgehöhlt. Rechtsstaatliche Werte, Normen und Institutionen werden entgründet. Diese Untergrabung ist kein offensichtlicher, schon gar kein geplanter revolutionärer Akt. Sie geschieht einfach. Sie ereignet sich, weil sich das Fundament und die Zusagen der Moderne auflösen, weil die Vernunft nicht einmal das zu leisten vermag, was die Aufklärung ihr noch zugestanden hat und weil die Wirklichkeit nicht den Verlauf nimmt, den ihr Vernunftgründe verheißen haben. Die gegenwärtige Lage des demokratischen Rechtsstaats ist paradox: Einerseits erlebt er seinen realen Höhepunkt. Er wird universalisiert und globalisiert. Andererseits zeigt er alarmierende Symptome einer tiefen Krise. Der moderne Staat ist entwurzelt und inzwischen ohne verlässliche Zuversicht. Im philosophischen Diskurs wird daher schon jetzt nach veränderten Vergemeinschaftungsformen gesucht. Gesucht wird ein verändertes Verständnis des Sozialen und Politischen, das die Wirklichkeit nach der Entzauberung aufgeklärter Ideale neu zu begreifen und zu gestalten hilft, das die raum-zeitliche Gemeinschaft von Menschen nach dem Ende des modernen Staates anders möglich machen kann.

Die deutsche politische Philosophie ist in den internationalen Debatten vor allem durch Jürgen Habermas vertreten. Kaum ein anderer wird dort so deutlich wahrgenommen, kaum ein anderer stellt sich so aufmerksam den dort formulierten Anfragen. Habermas steht für eine Art Schwellenphilosophie, eine wohl ausgesprochen deutsche reflexive Beharrlichkeit, die sich erst dann von Ideen zu lösen bereit zeigt, wenn diese sich endgültig als unhaltbar erwiesen haben. Habermas entwirft seine politische Philosophie in der Tradition des neuzeitlichen Vernunftrechts, der rational-rechtlichen Wirklichkeitskonstruktion. Er hält daran fest, dass allein die Vernunft geeignete Gründungen anbietet, dass allein die Vernunft Gültigkeiten bereitstellt, die von Geschichte und Kontext abstrahieren und damit die Möglichkeit von Allgemeinheit und Einheit eröffnen. Allerdings nimmt Habermas die Zersplitterung der Vernunft am Ausgang der Moderne kritisch zur Kenntnis. Allgemeine und einigende Wahrheiten sind nicht mehr vorgegeben und nicht mehr verfügbar. Die Vernunft kann sich nicht mehr befestigen – weder an einem Ort der Herkunft noch an einem Nicht-Ort der Zukunft. Auch alle rechtlichen Gefüge werden daher beweglich. Verfassungen verlieren ihre Verlässlichkeit, und „sogar die Grundnormen, die die Verfassung selbst als unabänderlich deklariert, teilen mit dem positiven Recht das Schicksal, […] außer Kraft gesetzt werden zu können. Solange man auf religiös oder metaphysisch begründetes Naturrecht zurückgreifen konnte, ließ sich der Strudel der Temporalität, in den das positive Recht hineingezogen wird, durch Moral eindämmen." Dieser Damm ist allerdings längst gebrochen, weil „in pluralistischen Gesellschaften solche integrativen Weltbilder und kollektiv verbindlichen Ethiken ohnehin zerfallen sind"[1]. Das moderne Subjekt und die Rechtsgemeinschaft von Subjekten sind heute dezentriert. Es drohen Relativismus und Kontingenz.

Habermas hält dem „Entmutigungseffekt"[2] dieser Drohung eine methodische Fiktion entgegen. Er setzt auf das „Medium der Sprache", in dem sich eine „schwache, transitorische Einheit der Vernunft"[3] behaupten lässt. Allgemeine und einigende Geltungsansprüche können allein noch diskursiv herausgebildet werden. Die gültigen Wahrheiten der Vernunft lassen sich nicht mehr als absolut begreifen, sondern als unendlicher intersubjektiv-kommunikativer Prozess. Kommunikative Vernunft setzt auf die Fiktion einer Unbedingtheit, die sich permanent als fehlbar und vorläufig erweist. Sie behauptet also nicht mehr ein Absolutes im modernen Sinne, sondern bloß noch „ein zum kritischen Verfahren verflüssigtes Absolutes."[4] Habermas ist sich bewusst, dass sein verdünnter Begriff der Vernunft kaum mehr ist als „eine schwankende Schale". Aber immerhin „ertrinkt" diese Vernunft „nicht im Meer der Kontingenzen, auch wenn das Erzittern auf hoher See der einzige Modus ist, in der sie Kontingenzen ‚bewältigt'."[5] Kommunikative Vernunft ‚bemächtigt' sich der sozialen Wirklichkeit, indem sie am fiktiven Bezugspunkt „der projektierten Einheit eines intersubjektiv gebildeten gemeinsamen Willens"[6] festhält. Die Idee dieser Einheit kann nun aber nicht mehr „zur Totalität einer versöhnten Lebensform ausgemalt und als Utopie in die Zukunft geworfen werden; sie enthält nicht mehr, aber auch nicht weniger, als die formale Charakterisierung notwendiger Bedingungen für nicht antizipierbare Formen eines nicht-verfehlten Lebens."[7]

---

[1] Habermas, Jürgen: Über den internen Zusammenhang von Rechtsstaat und Demokratie, in: Habermas, Jürgen: Politische Theorie (= Philosophische Texte, Bd. 4), Frankfurt a. M. 2009, S. 142–143.

[2] Habermas, Jürgen: Die Einheit der Vernunft in der Vielfalt ihrer Stimmen, in: Habermas, Jürgen: Nachmetaphysisches Denken. Philosophische Aufsätze (= suhrkamp taschenbuch wissenschaft, Bd. 1004), Frankfurt a. M. 1992, S. 181.

[3] Habermas: Die Einheit der Vernunft, S. 155.

[4] Habermas: Die Einheit der Vernunft, S. 184.

[5] Habermas: Die Einheit der Vernunft, S. 185.

[6] Habermas: Die Einheit der Vernunft, S. 181.

[7] Habermas: Die Einheit der Vernunft, S. 186.

Unter diesen Voraussetzungen wird der „Verfahrensbegriff" bei Habermas zum „normativ gehaltvollen Kernstück der Demokratietheorie"[8]. Souveränität und Repräsentation verlieren ihre moderne Bedeutung und Relevanz. Der demokratische Rechtsstaat repräsentiert keine absoluten Geltungsansprüche mehr. Er stellt allein noch jene Bedingungen bereit, unter denen Meinungen so zwanglos wie möglich zirkulieren und ein stets vorläufiger allgemeiner Wille sich bilden können. Praktische Vernunft und politische Philosophie müssen nun auf inhaltliche Wertungen und Normierungen verzichten. Sie ziehen sich „in jene Diskursregeln und Argumentationsformen zurück, die ihren normativen Gehalt der Geltungsbasis verständigungsorientierten Handelns, letztlich der Struktur sprachlicher Kommunikation entlehnen."[9] Die kommunikative Vernunft kann damit Demokratie und Rechtsstaatlichkeit allein noch als Verfahren legitimieren. Der demokratische Rechtsstaat wird zur inhaltsleeren und immer wieder inhaltsoffenen Fahrrinne. Allein noch jene Rechtsinstitute, allein noch jene demokratischen Abläufe sind rational zu rechtfertigen, die den diskursiven Verhandlungs- und Selbstverständigungsprozess der stets transitorischen allgemeinen Vernunft ermöglichen und absichern. Habermas verharrt also mit gutem Grund vor der Schwelle der Rationalität. Sein Vernunftbegriff ist jedoch sichtlich reduziert und intersubjektiv-prozedural geöffnet. Damit schwindet zugleich die rationale Wirklichkeitsmacht von Rechtsstaat und demokratischer Politik. Die ursprünglich an sie geknüpften Erwartungen werden spürbar gedämpft.

Die anglo-amerikanische Annäherung an ein ‚non-foundationalist thinking about democracy' ist in den vergangenen Jahrzehnten vor allem von Richard Rorty forciert worden. Im Unterschied zu Habermas überschreitet Rorty die Schwelle der modernen Vernunft und lässt sie endgültig hinter sich. Das essentialistische Denken der Aufklärung, das eine rational erschließbare, unbedingte und repräsentationsfähige Wahrheit jenseits der Erscheinungen behauptet, wird einer vernichtenden Kritik unterzogen.[10] Menschliches Leben und menschliche Gemeinschaft werden jetzt nicht mehr an rationale Absolutheiten

---

[8] Habermas, Jürgen: Drei normative Modelle der Demokratie, in: Habermas: Politische Theorie, S. 79.

[9] Habermas: Drei normative Modelle der Demokratie, S. 79–80.

[10] Siehe Rorty, Richard: Der Spiegel der Natur. Eine Kritik der Philosophie (= suhrkamp taschenbuch wissenschaft, Bd. 686), übers. v. Michael Gebauer, Sonderausg., Frankfurt a. M. 2003.

gebunden, die auf diese oder jene Weise zu objektivieren und dann zu realisieren wären. Rorty will endlich so irrelevante „Themen wie: das Wesen des Ich, die ahistorische Natur des Menschen, die Motivierung moralischen Verhaltens und der Sinn des menschlichen Daseins beiseite legen."[11] Sein Denken zielt auf die schlichte pragmatische Handhabung der einzig zugänglichen, der wahrnehmbaren Wirklichkeit. Für den nicht mehr absolut begründeten, sondern bloß noch historisch und kontextuell motivierten Umgang mit dieser Wirklichkeit will er geeignete Mittel bereitstellen.

Rorty destruiert die positive Verbindung zwischen Rationalismus und Demokratie. Bei ihm ist es gerade die Abkehr vom Rationalismus, es ist gerade der notwendige Verzicht auf illusionäre philosophische Gründe und Verheißungen, der das Projekt der liberalen Demokratie provoziert. Rortys Wunsch nach Vertiefung und Radikalisierung dieses Projektes richtet sich demnach immer auch gegen die traditionelle politische Philosophie selbst. Die Philosophie kann und darf der Demokratie kein Fundament mehr geben wollen. Vielmehr ist die Demokratie das Ende der überkommenen Philosophie. Philosophie hat sich nach Rorty dem demokratischen Projekt unterzuordnen, muss sich von der Demokratie in Dienst nehmen lassen. Philosophie kann bloß noch „*Artikulation*" des Demokratischen sein. Demokratie setzt mit ihrer Weise der Wirklichkeitsbewältigung „bei politischen Erfordernissen an und schneidert sich ihre Philosophie nach Maß."[12]

Im demokratischen Prozess geht es Rorty auch um Verständigung und Konsens. Er hält sogar am Gedanken des Fortschritts fest. Allerdings will er Fortschritt als radikale Entideologisierung begriffen wissen.[13] Eine in Rortys Sinne restlos demokratisierte „Gesellschaft wird ‚das Ende der Ideologie' als Losung annehmen"[14]. Menschliche Gemeinschaft wird nicht mehr von einem zentrierten rationalen Subjekt her gedacht und auf eine rationale Ideologie hin konstruiert. Menschen werden vielmehr als dauerhaft „mittelpunktlose Vernetzungen von Meinungen und Wünschen"[15] vorgestellt, die in raum-zeitlicher

---

[11] Rorty, Richard: Der Vorrang der Demokratie vor der Philosophie, in: Zeitschrift für philosophische Forschung 42 (1988) S. 9.

[12] Rorty: Der Vorrang der Demokratie, S. 7.

[13] Siehe Rorty, Richard: Wahrheit und Fortschritt (= suhrkamp taschenbuch wissenschaft, Bd. 1620), übers. v. Joachim Schulte, Frankfurt a. M. 2003.

[14] Rorty: Der Vorrang der Demokratie, S. 12.

[15] Rorty: Der Vorrang der Demokratie, S. 14.

Gemeinschaft herausgefordert sind, sich wechselseitig als solche wahrzunehmen, Mitgefühl füreinander zu entwickeln und sich zu solidarisieren. Rortys konsensuale Demokratie betreibt nicht das Projekt der kommunikativen Vernunft, sondern vielmehr das Projekt der kommunikativen Empathie in zunehmend entrationalisierten und entideologisierten Gemeinschaften.

Rorty lässt sich damit nicht mehr in das moderne Legitimations- und Repräsentationsmuster einfügen. Auf Geltungsansprüche, die universalisiert und globalisiert werden könnten, wird verzichtet. Rorty steht für eine radikale Kontextualisierung des Politischen. Die pragmatisch-politische Praxis einer gegebenen Gemeinschaft, in die Menschen zufällig hineingeworfen sind, wird jeder theoretischen Reflexion vorgeordnet. Rorty ersetzt „die Kantsche Selbstidentifizierung eines zentralen, ahistorischen, transkulturellen Ichs durch eine quasi-Hegelsche Identifizierung seines Ichs mit seiner eigenen Gemeinschaft – einer Gemeinschaft, die er als historisch bedingtes Ergebnis betrachtet."[16] Geltungsansprüche ergeben sich immer nur aus dem Kontext historisch gewachsener Gemeinschaften und Traditionen. Kontexte nötigen zu Entscheidungen und Gültigkeitssetzungen. Diese Setzungen werden nun nicht mehr erkenntnistheoretisch, sondern politisch begründet. Sie dürfen nur noch als Züge in lokalen Spielen begriffen werden, die über diese Spiele hinaus keinen Anspruch auf Allgemeinheit erheben können. Rortys Begriff des Politischen zieht gewissermaßen den Stöpsel aus dem Popanz, zu dem der demokratische Rechtsstaat in modernen Argumentationen gerne aufgeblasen wird. Vermeintliche Universalien werden auf lokale Bedingungen zurückgestutzt. Dabei wird nicht mehr nach ihrer theoretischen Begründbarkeit gefragt, sondern bloß noch nach ihrer praktischen Tauglichkeit für das lokale demokratische Projekt.

Grundloser noch als bei Rorty erscheint der Rechtsstaat im französischen Denken Jacques Derridas. Derrida betreibt politische Philosophie als Sprachphilosophie. Er beobachtet eine Entgründung des modernen Rationalismus durch „die Bewegung der Dekonstruktion: sie ist im Recht oder in der Geschichte des Rechts am Werk, in der politischen Geschichte und in der Geschichte überhaupt"[17]. Dekonstruktion meint keine Methode, sondern den Vollzug, die Praxis einer unendlichen Verschiebung zwischen Begriffen und ihren Verheißungen. In der dekonstruktiven Bewegung entschlüsselt sich das

---

[16] Rorty: Der Vorrang der Demokratie, S. 5.
[17] Derrida, Jacques: Gesetzeskraft. Der „mystische Grund der Autorität" (= edition suhrkamp, N. F. Bd. 645), a. d. Französischen v. Alexander G. Düttmann, Frankfurt a. M. 1991, S. 52.

im Begriff Versprochene, es zerrinnt und verfestigt sich in der Verzögerung. Derridas Dekonstruktion will nicht zu einem Ursprünglichen, zum Eigentlichen eines Begriffs vordringen. Es geht nicht darum, das vermeintliche Wesen eines Begriffs freizulegen, mit dem die Wirklichkeit dann zu identifizieren wäre. Dekonstruktion ist vielmehr der Prozess einer endlosen Entsicherung. Sie will unaufhörlich offenhalten, verschieben und verweisen, will jede Identität und Orientierung stiftende Schließung von Begriffen dauernd vertagen. Dekonstruktion offenbart die tragische Unlösbarkeit der Wirklichkeit. „Aporien sind die bevorzugte Gegend, der bevorzugte Ort der Dekonstruktion"[18]. Hinter dem Schein der mit Begriffen gegebenen Sicherheit werden Ratlosigkeit und Zweifel, hinter dem Schein der durch Begriffe gespiegelten Entscheidbarkeit wird die Unentscheidbarkeit im Wirklichen aufgedeckt. „Jeder Entscheidung, jeder sich ereignenden Entscheidung, jedem Entscheidungs-Ereignis wohnt das Unentscheidbare wie ein Gespenst inne, wie ein wesentliches Gespenst."[19]

Derrida verweist mit seiner dekonstruktiven Geste auf die enge Bindung zwischen Sprache und Gewalt. Begriffe, die Identität verheißen, sind notwendig Begriffe der Gewalt, münden notwendig in Gewalt. Daher müssen die Begriffe entmachtet werden, wenn die Gewalt ein Ende nehmen soll. Derrida will das Gefängnis der geltungsbedürftigen und damit gewalthaltigen Begriffe aufbrechen und offenhalten. Wenn sich die Präsenz verheißener Substanzen, wenn sich Idealität als gefährliche Illusion erweisen lässt, dann wird auch die Gewalt aller Präsenzansprüche hinfällig. Derridas Dekonstruktion richtet sich vor allem gegen das moderne Subjekt und gegen den mit ihm gegebenen Souveränitätsbegriff. Auch und gerade dieser Begriff provoziert Gewalt. Die mit ihm gegebenen Repräsentationen, seine leitenden Utopien und universalistischen Überheblichkeiten treiben unvermeidlich hinein in eine Eskalation der Gewalt. Also müht sich Derrida darum, nicht allein das moderne Subjekt selbst, sondern zugleich auch den subjektzentrierten Entwurf einer rechtsstaatlichen Wirklichkeit zu dekonstruieren. Im Verlauf dieses Unternehmens „erweist sich ein unbedingter Verzicht auf die Souveränität als *a priori* erforderlich."[20]

---

[18] Derrida: Gesetzeskraft, S. 44.
[19] Derrida: Gesetzeskraft, S. 50–51.
[20] Derrida, Jacques: Schurken. Zwei Essays über die Vernunft, a. d. Französischen v. Horst Brühmann, Frankfurt a. M. 2003, S. 12.

Auch der Begriff der Demokratie nimmt nun bei Derrida eine neue Wendung. Demokratie und Dekonstruktion bedingen einander. Sie sind Erscheinungen einer unaufhaltsamen Entgründung: „keine Dekonstruktion ohne Demokratie, keine Demokratie ohne Dekonstruktion"[21]. Selbst Rortys Pragmatismus hinter sich lassend, sucht Derrida nicht einmal mehr einen letzten Anhalt im Kontext. Seine Demokratie öffnet und verschiebt sogar jede kontextuelle Identität und jede daran sich entzündende Gewalt. Demokratie ist nun der Ruf nach der „*kommenden* Demokratie"[22]. Damit formuliert Derrida weder ein neues Ideal noch einen neuen Fortschrittsgedanken. Die Forderung der kommenden Demokratie ist „jeder Teleologie, jeder Hoffnung und jedem *Erlösungsheil* fremd."[23] Nichts ist im Werden und nichts geht seinem Ende entgegen. Derridas kommende Demokratie ist vielmehr die Erinnerung daran, dass Demokratie nie wirklich ist. „Denn die Demokratie bleibt künftig, bleibt im Kommen, bleibt, indem sie kommt, das ist ihr Wesen, sofern sie bleibt: Sie wird nicht allein unbegrenzt vervollkommnungsfähig, also stets unzulänglich und zukünftig sein; der Zeit des Versprechens angehörend, wird sie vielmehr stets, in jeder ihrer künftigen Zeiten, künftig und im Kommen bleiben: Selbst wenn es die Demokratie gibt – sie existiert nicht, sie ist nie gegenwärtig, sie bleibt das Thema eines nicht darstellbaren und nicht zur Anwesenheit zu bringenden Begriffs."[24] Derridas Demokratie ist also nicht bloß „unendlich in ihrer Unfertigkeit"[25]. Selbst wenn sie wirklich zu sein scheint, so ist sie doch stets entzogen. Es kann von „Demokratie immer nur Spuren geben"[26].

Kommende Demokratie ist eine politische Aussage. Sie ist Derridas kategorische Absage an alle gewalthaltigen Gründe der Moderne. Kommende Demokratie fordert auf zur fortwährenden Intervention, zur beständigen Kritik. Dabei fällt sie „weder in den Bereich des *Konstitutiven* (des Urbildhaften, wie Platon sagen würde) noch in den des *Regulativen* (in dem Sinne, in dem Kant von regulativer Idee spricht)"[27]. Sie verweist nicht auf ein Wesen als Grund

---

[21] Derrida, Jacques: Politik der Freundschaft, übers. v. Stefan Lorenzer, Frankfurt a. M. 2000, S. 156.

[22] Derrida: Schurken, S. 13.

[23] Derrida: Schurken, S. 13–14.

[24] Derrida: Politik der Freundschaft, S. 409.

[25] Derrida, Jacques: Das Recht des Stärkeren (Gibt es Schurkenstaaten?), in: Derrida: Schurken, S. 62.

[26] Derrida: Das Recht des Stärkeren, S. 63.

[27] Derrida: Das Recht des Stärkeren, S. 69.

oder Utopie. Ihr kritisches Potenzial entfaltet die kommende Demokratie dadurch, dass sie zum einen „auf der absoluten und unbedingten Dringlichkeit des *Hier und Jetzt*" besteht, dass sie zum anderen aber auch unablässig an die „Struktur des Versprechens"[28] erinnert, die mit dem Begriff der Demokratie gegeben ist. Kommende Demokratie ist nicht konkret, aus ihr lässt sich „keine Politik, keine Ethik und kein Recht *ableiten*"[29]. Was politisch zu tun ist, muss im Bewusstsein der Unentscheidbarkeit entschieden werden. Aber die kommende Demokratie hinterlässt deutliche Spuren in dem, was zu tun ist. Sie prägt eine Haltung der hyperkritischen Differenzierung und Distanzierung. Sie motiviert und beruhigt zugleich, sie treibt zur Gestaltung, mahnt aber auch zur Geduld, weil das, was versprochen ist, der Wirklichkeit immer versagt bleibt. Derridas kommende Demokratie ist eine kontraintuitive und trostlose Bewegung. Doch in dieser Bewegung vollzieht sich eine geradezu messianische Hoffnung der radikaldemokratischen Tradition: der „Glaubensakt"[30] nämlich, dass sich unter der Dekonstruktion das gewalthaltige Recht wendet, dass endlich ein Recht aufschimmern kann, dem Macht und Anspruch der Souveränität entweichen und das sich von aller Gewalt zu lösen beginnt.

Gerade hier setzt das politische Denken des italienischen Philosophen Giorgio Agamben ein. Niemand scheint derzeit die moderne Rechtswirklichkeit so fundamental in Frage zu stellen wie er. Agamben kritisiert vor allem die folgenschwere Symbiose zwischen modernem Recht und totalitärer Gewalt. Diese Symbiose nimmt ihren Ausgang von der Idee des Menschenrechts. Agamben entkleidet dieses Recht zunächst seiner vermeintlichen Überzeitlichkeit und geht dann seinem tatsächlichen Mechanismus, seiner „realen Funktion im modernen Staat"[31] auf den Grund. Hier entdeckt er im Menschenrecht „die Ursprungsfigur der Einschreibung des bloßen natürlichen Lebens in die rechtlich-politische Ordnung des Nationalstaats."[32] Die „Geburt", das „bloße natürliche Leben" wird der „unmittelbare Träger der Souveränität"[33]. Es ereignet sich eine tragische Transformation: Menschsein und Bürgersein verschmelzen,

---

[28] Derrida: Das Recht des Stärkeren, S. 122.

[29] Derrida: Schurken, S. 13.

[30] Derrida: Schurken, S. 12.

[31] Agamben, Giorgio: Mittel ohne Zweck. Noten zur Politik, a. d. Italienischen v. Sabine Schulz, Zürich/Berlin ²2006, S. 25.

[32] Agamben: Mittel ohne Zweck, S. 25.

[33] Agamben: Mittel ohne Zweck, S. 26.

das Menschsein verdunstet im Bürgersein. Der Mensch ist nun nur noch als Bürger vorstellbar. Recht kommt dem Menschen allein noch „in dem Maße zu, in dem er die unmittelbar sich verflüchtigende Voraussetzung für den *Bürger* ist"[34]. Das bloße menschliche Leben geht auf im bürgerlichen Leben. Das Leben als Träger der Souveränität wird damit abhängig vom modernen Repräsentanten der Souveränität, es wird zur Funktion des modernen nationalen Rechtsstaates. Gerade dieser Rechtsstaat erweist sich jedoch als versklavende Maschine, als Virtualität, die das Leben zu ermöglichen vorgibt und doch vom Leben trennt. Das Recht des Bürgers entwickelt sich im Rechtsstaat zur totalitären Gewalt, die vom bloßen Leben abschneidet, indem sie das Leben unterwirft.

Agamben demonstriert diese subtile Bewegung in seiner Theorie des Ausnahmezustandes. Hier erkundet er das „Niemandsland zwischen Öffentlichem Recht und politischer Faktizität, zwischen Rechtsordnung und Leben"[35]. Dabei beobachtet er eine innere Verschränkung und Verwiesenheit von Recht und Ausnahme. Offenbar ist die Rechtsordnung auf ihre Außerkraftsetzung insofern angewiesen, als dass dadurch ihr Bestand überhaupt erst gesichert werden kann. Ausnahmezustand meint bei Agamben „die Eröffnung einer Scheinlücke in der Ordnung mit dem Ziel, die Existenz der Norm und ihre Anwendbarkeit in Normalsituationen zu retten. […] Es sieht ganz danach aus, als enthielte das Recht einen wesensmäßigen Bruch, der zwischen Norm und Anwendung verläuft und der im Extremfall nur per Ausnahmezustand gekittet werden kann, also durch die Schaffung einer Zone, in der die *Anwendung* des Rechts suspendiert wird, aber das Gesetz *als solches* in Kraft bleibt."[36] Der Ausnahmezustand steht außerhalb des Rechtszustandes, gehört aber doch notwendig zu ihm. Agamben versteht daher das Verhältnis des Ausnahmezustandes zur Rechtsordnung als „*Ekstase-Zugehörigkeit*"[37].

Wenn sich nun der nationale Rechtsstaat in seiner Gründung oder in seiner politischen Realität als gefährdet erweist, dann verfällt er unvermeidlich in Ekstase. Das ist die Geschichte dieses Staates vor allem im 20. Jahrhundert. Agamben sieht den Rechtsstaat unaufhaltsam in den permanenten Ausnahme-

---

[34] Agamben: Mittel ohne Zweck, S. 26.
[35] Agamben, Giorgio: Ausnahmezustand. Homo sacer II.1 (= edition suhrkamp, Bd. 2366), a. d. Italienischen v. Ulrich Müller-Schöll, Frankfurt a. M. 2004, S. 8.
[36] Agamben: Ausnahmezustand, S. 41.
[37] Agamben: Ausnahmezustand, S. 45.

zustand hineintreiben, in dem er totalitär über das Leben, über den Träger der Souveränität zu verfügen beginnt – und dies mit der Rechtfertigung, eben diese Souveränität schützen zu wollen. Im unvermeidlichen Ausnahmezustand entpuppt sich die moderne Idee der Autonomie, die Idee der freien Selbstverfügung des Subjekts als Illusion. Die Idee des Menschenrechts auf äußere Freiheit mit ihrer Verwirklichung im nationalen Rechtsstaat markiert gerade nicht den Bruch mit der totalitären Epoche. Sie ist vielmehr deren zunächst geschönte, dann aber eskalierende Verlängerung. Ihr Symbol findet die Katastrophe des modernen Rechtssystems in Auschwitz, im Lager, im Vernichtungslager. Agamben sieht im Lager „das Zeichen, dass das System unmöglich funktionieren kann, ohne sich in eine tödliche Maschinerie zu verwandeln." Jener „Ausnahmezustand, der wesentlich eine zeitweilige Aufhebung der Ordnung war, wird nun eine neue und stabile Raumordnung, in der jenes bloße Leben wohnt, das sich immer weniger in die Ordnung einschreiben lässt."[38]

Der nationale Rechtsstaat im Ausnahmezustand ist eine Ordnung expansiver Zerstückung. Diese Zerstückung betreiben derzeit die Staaten des Okzidents. Aus ihr ist eine Umkehr unmöglich, Rückwege sind verschlossen. „Vom tatsächlichen Ausnahmezustand, in dem wir leben, ist es nicht möglich, in den Rechtszustand zurückzukehren"[39]. Indem der Staat im Ausnahmezustand über das bloße Leben totalitär verfügt, entzieht er sich selbst die moderne Idee des Rechts als Grund. Agamben sieht das „Zeitalter des Spektakels" und den „Staat des vollendeten Nihilismus" heraufziehen. Dessen „auf die Annahme eines Fundaments gegründete Macht wankt" und „die Reiche der Welt bewegen sich eines nach dem anderen auf die demokratisch-spektakuläre Herrschaft zu". Die rechtsstaatliche Politik der Gegenwart wird zu einem verheerenden globalen Experiment, „das auf dem ganzen Planeten Traditionen und Bekenntnisse, Ideologien und Religionen, Identitäten und Gemeinschaften zerstückt und entleert."[40] Auf diese Weise werden aus dem Schoß der modernen Idee des Rechts, aus dem Schoß des daraus entwachsenen Staates unzählige Singularitäten geboren, die „weder durch eine gesellschaftliche Identität noch durch eine reale Bedingung von Zugehörigkeit mehr charakterisiert sind: wirklich *irgend welche, beliebige* Singularitäten"[41]. Es wächst das „Unrepräsentier-

---

[38] Agamben: Mittel ohne Zweck, S. 42.
[39] Agamben: Ausnahmezustand, S. 102.
[40] Agamben: Mittel ohne Zweck, S. 75.
[41] Agamben: Mittel ohne Zweck, S. 77.

bare" heran, eine „Gemeinschaft ohne Voraussetzungen und ohne Bedingungen der Zugehörigkeit". Gegen diese Gemeinschaft werden eines Tages „die Panzer auffahren"[42].

Agamben hat erst damit begonnen, über den Ausnahmezustand des Rechtsstaates hinaus zu denken. Er sucht nach Möglichkeiten, „das Funktionieren der Maschine zu unterbrechen, die den Okzident derzeit in den weltweiten Bürgerkrieg führt."[43] Noch geht das System des Rechts im Ausnahmezustand seinen totalitären Gang. Diesen Mechanismus will Agamben auf- und anhalten. Er strebt zunächst nach „Deaktivierung und Untätigkeit des Rechts", um dann „einen anderen Gebrauch vom Recht"[44] ermöglichen zu können: einen Gebrauch, bei dem der Gebrauchende nicht mehr unter die gewaltigen Räder seines Vehikels gerät. Das Recht soll nicht mehr über das Leben verfügen dürfen. Es soll sich vielmehr unter dem Leben fügen. Damit dieser neue Zustand des Lebens Wirklichkeit werden kann, bedarf es schon jetzt einer neuen Politik: einer Politik, die nicht mehr „am Recht infiziert" und nicht mehr Sklave des Rechts ist. Die neue Politik muss „den Bezug zwischen Gewalt und Recht rückgängig"[45] und das Recht dem Leben dienstbar zu machen versuchen. Dann kann vielleicht einst der Tag kommen, an dem „die Menschheit mit dem Recht spielen" wird „wie Kinder mit ausgedienten Gegenständen, nicht um sie wieder ihrem angestammten Gebrauch zuzuführen, sondern um sie endgültig von ihm zu befreien."[46]

Habermas, Rorty, Derrida und Agamben stehen für unterschiedliche Traditionen der politischen Philosophie, und unverkennbar gehen sie in ihrem Denken weitgehend getrennte Wege. Dessen ungeachtet lassen sich einige verbindende Merkmale identifizieren: Alle stimmen darin überein, dass sich die ersten Voraussetzungen der modernen Souveränitäts- und Repräsentationsidee, die ersten Voraussetzungen also auch des demokratischen Rechtsstaates verflüchtigt haben. Weder die erste Gründung noch die ersten Verheißungen dieses Staates lassen sich heute noch behaupten. Die politische Philosophie ist derzeit eine durchaus besorgte Suchbewegung mitten im Scheitern neuzeitlich-aufgeklärter Bemühungen um eine säkulare Fundierung von Recht und Staat.

---

[42] Agamben: Mittel ohne Zweck, S. 78–79.
[43] Agamben: Ausnahmezustand, S. 103.
[44] Agamben: Ausnahmezustand, S. 77.
[45] Agamben: Ausnahmezustand, S. 104.
[46] Agamben: Ausnahmezustand, S. 77.

Einmütig werden dabei die erkenntnistheoretischen Ansprüche gesenkt. Begründung und Argumentation werden durchaus noch gewagt, aber ein sicherer Grund für die Gründe wird nicht mehr angegeben – kann nicht mehr angegeben werden. Auf positive epistemologische Rechtfertigungen wird endgültig verzichtet.

Die politische Philosophie ist heute aber auch eine erneute Suchbewegung mitten im Scheitern jener Versprechungen, die dem demokratischen Rechtsstaat zunächst zum Aufstieg verholfen haben. Durchweg werden die Zusagen ausgedünnt. Die einst frohen Erwartungen werden gedämpft. Kaum einer wagt noch den Versuch sozialer und politischer Mobilisierung durch Utopien. Es liegt eine gewisse Ironie darin, dass sich die politische Philosophie mittlerweile gerade jener heiklen Herausforderung gegenüber sieht, der sich auch die christliche Religion im Okzident neu stellen muss: der Herausforderung der Mission. In nachmetaphysischer Zeit können weder sichere Gründe noch überzeugende Ideale angegeben werden, warum der jeweils gewiesene Weg tatsächlich beschritten, warum die Prämissen und Diagnosen akzeptiert, warum die Zumutungen und Folgen getragen werden sollen. Sicher ist inzwischen, dass niemand dem Menschen die Aufgabe abnimmt, seine raumzeitliche Gemeinschaft mit anderen Menschen zu denken und zu leben. Unsicherer denn je ist allerdings, was eine genügend große Zahl von Menschen guten Willens dazu bewegen sollte, sich hinter einer jeweils für gut befundenen Idee zu versammeln. Begründete Hoffnungen können es jedenfalls nicht mehr sein.

Nicht nur bei Habermas, Rorty, Derrida und Agamben lässt sich in dieser Lage die Neigung beobachten, gerade die Entgründungen und Desillusionierungen am Ausgang der Moderne als negative Rechtfertigung einer verstärkten Demokratisierung zu begreifen. Alle Interpretationen der jüngeren politischen Philosophie deuten auf je unterschiedliche Weise in eine radikaldemokratische Richtung. Die herkömmlichen repräsentativen Institutionen des demokratischen Rechtsstaates werden entleert, verflacht und weitgehend entmachtet. Der Staat repräsentiert nichts mehr. Er wird ein zunehmend ungeschütztes und ergebnisoffenes Unternehmen. Die Radikaldemokratisierung nötigt ihn dazu, seine einst als gesichert geltenden Kernbestände zu entrümpeln und erheblich beweglicher zu werden. So entwickelt er sich für seine Bewohner zu einem Ort der unsteten Wanderschaft ohne verlässlichen Aufenthalt. Unverkennbar führt das radikaldemokratische Projekt die einst dem Staat zugeschriebene Wirklichkeitsmacht immer näher an den Menschen heran. Dabei stützt es sich auf eine ambitionierte, oftmals unausgesprochene Mündigkeitsannahme: Alles wird auf den mündigen Menschen gesetzt, der mit sich selbst und der Welt alleine fertig werden kann – und muss.

Vielleicht erweist sich dieses Projekt schon bald als allzu gewagt. Vielleicht wird sich herausstellen, dass mit den Idealen der Moderne auch ihre Mündigkeitsidee weichen muss, dass der Mensch ohne Grund und ohne Hoffnung der Eigenmacht der Wirklichkeit ungeschützt verfällt und daher dringend einer möglicherweise ganz undemokratischen Entlastung und Stabilisierung bedarf. Aber wie dem auch sei: Vieles spricht dafür, dass sich im gegenwärtigen Projekt der politischen Philosophie eine tiefgreifende Umdeutung der Wirklichkeit ankündigt. Nicht, dass bereits in Sicht wäre, was Thomas Kuhn unter den Begriff des ‚Paradigmas' zu fassen versucht hat: ein neues Bild der Welt.[47] Doch unaufhaltsam tendiert das jüngere Denken des Politischen – gerade in der hier skizzierten Dramaturgie – „zur Krise und zur außerordentlichen Wissenschaft"[48]. Damit könnten Habermas, Rorty, Derrida und Agamben durchaus als Vorboten eines Paradigmenwechsels begriffen werden. Vielleicht werden wir nach diesem Wechsel das Gesetz der Wirklichkeit besser durchschauen, vielleicht werden wir die sozialen und politischen Phänomene besser interpretieren und neu gestalten lernen. Und auch wenn zweifellos „die Welt mit dem Wechsel eines Paradigmas nicht wechselt", so werden wir dann doch in gewissem Sinne „in einer anderen Welt"[49] leben müssen. Hinter diese andere Welt wird es dann kein Zurück geben – kein Zurück in die rationale Moderne, kein Zurück aber auch in die religiöse und metaphysische Vormoderne.

Im Spiegel dieser Diagnosen und Perspektiven will es wenig zuträglich erscheinen, den Kernbestand des demokratischen Rechtsstaates weiterhin als unveränderbar zu behaupten. Sicher: Wie alle Paradigmenwechsel, so provoziert auch der im politischen Denken sich abzeichnende Umbruch massive Ängste. Und es ist nur allzu verständlich, dass die Gläubigen der modernen Souveränitäts- und Repräsentationsidee derzeit zu eigensinniger Beharrung, zu emphatischen Beschwörungen und zum imposanten Spektakel neigen. Schließlich wird ihrem altehrwürdigen Bekenntnis, das Universum drehe sich um das

---

[47] Siehe Kuhn, Thomas S.: Die Struktur wissenschaftlicher Revolutionen (= suhrkamp taschenbuch wissenschaft, Bd. 25), 2. rev. u. u. d. Postskriptum von 1969 erg. Aufl., Frankfurt a. M. 1976.

[48] Kuhn: Die Struktur wissenschaftlicher Revolutionen, S. 96.

[49] Kuhn: Die Struktur wissenschaftlicher Revolutionen, S. 133.

moderne Subjekt, durch respektlose Uminterpretationen das Rotationszentrum genommen. Allerdings wird sich die Überwindung von Demokratie und Rechtsstaatlichkeit in ihrer modernen Form wohl nicht mehr verhindern lassen. Die einst für zuverlässig befundenen Gründungen und Ideale sind inzwischen allzu brüchig geworden. Der moderne Rechtsstaat hat seine Ewigkeit hinter sich.

Auch die Bundeswehr wird früher oder später kaum umhin können, sich auf einen geeigneten Umgang mit diesem Verlauf der Wirklichkeit einzulassen. Die bislang als unveränderbar geltenden Prinzipien der FdGO, der ideologische Kernbestand der Inneren Führung verliert erkenntnistheoretisch wie lebenspraktisch seinen Anhalt. In dieser Lage wäre es geradezu leichtsinnig, das herkömmliche Selbstverständnis der deutschen Streitkräfte konservieren oder gar überhöhen zu wollen. Wer heute unter dem Begriff der Inneren Führung die Soldaten der Bundeswehr weiterhin auf die modernen Werte und Normen der FdGO einschwören will, der läuft Gefahr, gerade das zu stiften, was durch die Idee der Inneren Führung eigentlich verhindert werden soll: eine ideologische Sonderwelt mit einem Sonderethos, das sich abzukoppeln beginnt von der Wirklichkeit. Kaum etwas ist in der gegenwärtigen Lage so schädlich wie Ignoranz – gerade angesichts der Gefahr, dass die Streitkräfte zunehmend als Instrument eines rechtsstaatlichen Spektakels missbraucht werden. Mehr denn je ist die Bundeswehr heute, mitten im Umbruch eines Weltbildes, auf Menschen angewiesen, die bereit und fähig sind, auch weltanschauliche „Krisen zu tolerieren"[50]. Der Blick in den Spiegel der jüngeren politischen Philosophie verlangt zunächst nach ideologischer Öffnung und ergebnisoffenem Diskurs. Und vielleicht kann es sich nun doch noch als hilfreich erweisen, dass der Begriff der Inneren Führung schon immer als zu weit und zu unbestimmt wahrgenommen wurde. Vielleicht eignet sich die Innere Führung besser als jedes andere Selbstverständnis, mit veränderten oder gar neuen Kernbeständen gefüllt zu werden.

Literatur

Agamben, Giorgio: Ausnahmezustand. Homo sacer II.1 (= edition suhrkamp, Bd. 2366), a. d. Italienischen v. Ulrich Müller-Schöll, Frankfurt a. M. 2004.

---

[50] Kuhn: Die Struktur wissenschaftlicher Revolutionen, S. 92.

Agamben, Giorgio: Mittel ohne Zweck. Noten zur Politik, a. d. Italienischen v. Sabine Schulz, Zürich/Berlin ²2006.

Derrida, Jacques: Gesetzeskraft. Der „mystische Grund der Autorität" (= edition suhrkamp, N. F. Bd. 645), a. d. Französischen v. Alexander G. Düttmann, Frankfurt a. M. 1991.

Derrida, Jacques: Politik der Freundschaft, übers. v. Stefan Lorenzer, Frankfurt a. M. 2000.

Derrida, Jacques: Schurken. Zwei Essays über die Vernunft, a. d. Französischen v. Horst Brühmann, Frankfurt a. M. 2003.

Habermas, Jürgen: Nachmetaphysisches Denken. Philosophische Aufsätze (= suhrkamp taschenbuch wissenschaft, Bd. 1004), Frankfurt a. M. 1992.

Habermas, Jürgen: Politische Theorie (= Philosophische Texte, Bd. 4), Frankfurt a. M. 2009.

Kuhn, Thomas S.: Die Struktur wissenschaftlicher Revolutionen (= suhrkamp taschenbuch wissenschaft, Bd. 25), 2. rev. u. u. d. Postskriptum von 1969 erg. Aufl., Frankfurt a. M. 1976.

Rorty, Richard: Der Vorrang der Demokratie vor der Philosophie, in: Zeitschrift für philosophische Forschung 42 (1988) 3–17.

Rorty, Richard: Wahrheit und Fortschritt (= suhrkamp taschenbuch wissenschaft, Bd. 1620), übers. v. Joachim Schulte, Frankfurt a. M. 2003.

Rorty, Richard: Der Spiegel der Natur. Eine Kritik der Philosophie (= suhrkamp taschenbuch wissenschaft, Bd. 686), übers. v. Michael Gebauer, Sonderausg., Frankfurt a. M. 2003.

IV. Rezensionen

Einsatzerfahrungen 2009 bis 2011 - Aus der Sicht von Frauen

Claus Freiherr von Rosen

In den drei letzten Jahren ist eine Anzahl von Büchern über persönliche Erfahrungen aus den Einsätzen der Bundeswehr auf dem Markt erschienen. Besonders der Miles-Verlag hat sich dieses Themas angenommen. Man wird dennoch nicht den Eindruck los, dass das Thema – auch nach 20 Jahren Einsatz von Soldaten der Bundeswehr im Ausland – immer noch nicht wirklich in der Gesellschaft angekommen ist. So gab es auch kaum eine Reaktion auf die bebilderte Sammlung von Interviews von zehn Soldaten der Bundeswehr durch Herlinde Kölbl, die am Ende des letzten Jahres in der ZEIT veröffentlicht worden ist. Die Gegenüberstellungen von Fragen und Antworten der Fallschirmjäger vom Scharfschützen-Obergefreiten bis zum Zugführer-Oberleutnant vor und nach dem Einsatz in Afghanistan, ganz ungeschminkt und nicht reißerisch, lassen jedoch aufhorchen und sehr nachdenklich werden: Was ist los an der Front? heißt diese Interviewrecherche denn auch zu Recht. Sie klingt fast wie die „Geschichte von einem, der auszog, das Fürchten zu lernen": Da war ja nichts los! Der Begriff „Gammeln" fällt zwar nicht, steht aber wie ein Menetekel über dem Bericht. Ein anderer Begriff schillert im Alltags-Dunst von Afghanistan: Gewissenhafter Gehorsam. Und zum dritten: Was mal als Friedenseinsatz geplant war und angefangen hatte und nun als kriegsähnlicher Einsatz bezeichnet wird, erscheint in den Interviews in einem äußerst gefährlichen Zwielicht. Die Veränderungen zu diesen Erscheinungsformen im Denken und Verhalten der Soldaten haben nicht erst in Afghanistan stattgefunden, sondern waren schon vor den Einsätzen angelegt.

Es gibt Untersuchungsreihen seitens der Forschungsinstitute der Bundeswehr zu Fragen der Entwicklungen und Erfahrungen durch Einsätze, die bisher öffentlich nicht zugänglich sind. Sind darin derartige Fragen überhaupt erhoben worden? Was mit den Soldaten der Bundeswehr aufgrund der Auslandseinsätze geschehen ist, kann man daher bisher nur aus ihren Selbstzeugnissen erfahren. Es hat den Anschein, dass sie aber nicht nur bereit und beredt genug sein müssen, ihre Erlebnisse und Erfahrungen in Artikeln oder Büchern niederzuschreiben und zu veröffentlichen, sie müssen auch noch das Glück haben, Herausgeber und Verleger zu finden, die ihnen bei ihrem Vorhaben behilflich sind: „Das Thema interessiert den Markt nicht."

Das Thema „Einsatz" hat eine Vielfalt sehr unterschiedlicher Facetten und bietet entsprechend unterschiedliche, wenn nicht gar kaum vergleichbare Ansätze für die Behandlung des Themas. Dabei fällt auf, dass Einsätze beileibe keine Männer-Domäne mehr sind. Die Zahl der Autorinnen nimmt zu: Einsätze sind inzwischen ein Frauenthema geworden! Als eine Art geistige Herausforderung besonders für die männlichen Leser sollen daher nun eine Auswahl der Veröffentlichungen von Frauen zur Sprache kommen.

Heike Barsch (Marschbefehl Afghanistan. Das Ende einer Beziehung. Berlin (Miles) 2011) legt ihr Tagebuch vom 1.3.2010 bis zum 12.11.2010 über die Veränderung ihrer Beziehung zu einem jungen Sanitätssoldaten der Bundeswehr vor, seit er sich auf den Einsatz in Afghanistan vorbereitet. Manche handelnden Personen und Details mögen fiktiv sein. Dennoch, so die Autorin „ist dies eine ‚höchst reale Zeitspanne' ihres Lebens, die über 24 ordentliche Beziehungskräche mit schlussendlicher Trennung mit allen hässlichen Details, inklusive [s]einem Standort und Ablästern über [s]eine höher besoldeten Einsichten!?" geht.

Die Autorin schreibt sich ihre Gefühle und Befindlichkeit durch die Bedrohung ihrer Lebensplanung aufgrund des Damoklesschwerts „Marschbefehl Afghanistan" von der Seele. Die Psycho-Achterbahn lässt sich ebenso gut am Wechsel der Namen für ihren „Helden" ablesen: Liebster, Partner S. 32, Freund S. 37, Schatz S. 60, Lieber S. 62, Partner S. 62, Freund S. 64, Liebster S. 71, Freund S. 73, Liebster S. 82, Partner S. 91, Freund S. 92, Heimchen S. 96, Liebster S. 106, er S. 116, wie an der Anzahl der Nadeln, die sie zur Verarbeitung ihrer Aggression und ihres Hasses in die Bundeswehr-Vodoopuppe rammt. Dabei entwickelt sie scharfzüngig bis drastisch voller Sarkasmus und Zynismus eine Gedankenfülle über Sicherheitspolitik und Einsätze und deren Diskussion in den Medien, über die Bundeswehr, über Einsatzvermeidungstaktiken sowie über ihre persönliche tiefe Betroffenheit bis psychische Verletzung durch den Marschbefehl in ihrer Lage als liebende Frau. Hart treffen aufeinander ER als nur mehr oder weniger handelndes Objekt mit dem Anspruch auf vollkommene Handlungsautonomie in dieser Beziehung und SIE mit einem ebenso starken Anspruch des Wir in ihrem Ich, ihr „Traumhaus" einer „stabilen, verbindlichen Beziehung mit Aussicht auf Kinder". So unausweichlich die Trennung des Paares für den Leser wird – Sie: „Dann verhänge ich eine Beziehungspause mit Rückstufung der Beziehung auf gute-Freunde-Status." – es bleibt ihre Frage unbeantwortet: „Wie wäre es unserer Beziehung wohl ohne den Afghanistan-Druck ergangen?" (S. 121) Damit wird der „Marschbefehl Afghanistan" zu mehr als einem zufällig individuellen Problem einer „Hysterikerin", wie die Autorin sich selbst sieht, für die es wohl nur den Weg zum Psychiater gibt. Es geht von Anfang an um ihre Angst davor, „nicht denjenigen zurückzubekommen, der mich verlassen hatte!!" (S. 7) Das ist nicht nur eine Frage der „Familie" des Soldaten; bereits mit dem „Marschbefehl" wird es zum generellen Thema für alle, die mit Einsätzen befasst sind. Sich dem zu stellen, springt jeden aus diesem Buch an, wie aus Munchs Bild „Der Schrei".

Heike Groos (Ein schöner Tag zum Sterben. Als Bundeswehrärztin in Afghanistan. Frankfurt/M. (Krüger) 2009) hatte als Notfallärztin umfangreiche Erfahrungen aus über 15.000 Einsätzen gesammelt, bevor sie 2002–2007 viermal für mehr als 20 Monate als Oberstabsärztin nach Afghanistan in den Einsatz entsandt worden war: „Ich dachte, ich hätte schon alles erlebt, mich könnte nichts mehr erschüttern." Eine moderne, starke, selbständige Frau, die sich in der Männerwelt durchsetzt – so ihre Selbsteinschätzung. Also ging sie: Afghanistan war „mein Job", „mein Beruf", sie war doch „Soldat". Zu keiner Zeit während der Einsätze habe sie sich krank gefühlt. Nach dem letzten Einsatz verließ sie zum festgesetzten Dienstzeitende als Zeitsoldatin die Bundeswehr, wanderte mit ihren Kindern nach Neuseeland aus, wo sie als Ärztin wieder arbeitete. Erst 2008 kam es zum inneren Zusammenbruch: „Schmerz und Traurigkeit, weit jenseits von Tränen." Vorher hatte sie dafür nie „Zeit gehabt": „Nicht in den sechs Monaten dieses ‚Einsatzes, nicht in den Monaten danach zurück am Arbeitsplatz in der Heimat, nicht im nächsten Einsatz und im übernächsten. Es war keine Zeit, es musste immer weitergehen … Die Ereignisse dieses Tages gerieten in den Hintergrund, andere Dinge, andere Menschen, Menschen die noch lebten, waren wichtiger."

Das Buch, aus den Tagebuchaufzeichnungen entstanden, führt den Leser mit detaillierten sachlichen Schilderungen des alltäglichen dienstlichen Was, verbunden mit Gedanken, Gefühlen und Befindlichkeiten der Schreiberin, durch die Einsätze, den Dienst wieder in der Heimat und das Leben mit ihrer Familie. Sei es das Fehlen von Tampons im Angebot der Marketenderware; sei es der jeder Beschreibung spottende fehlende Dunst der Politiker-Touristen von militärischem Einsatz; sei es das Gespräch mit dem Spieß über dessen Einstellung zum Tod, die zum Titel für das Buch geworden ist; sei es das Fehlen einer Hand, die die Ihre beim Abschied der gefallenen Kameraden nimmt: „Je mehr es schmerzte, desto mehr starrte ich auf ihn, auf die Flagge, meine

Augen wurden feucht, ich kniff sie zusammen, blinzelte, sah in den Himmel, unterdrückte mit aller Macht die Tränen, wusste, wenn ich jetzt nachgab, würde ich hier an Ort und Stelle zusammenbrechen. Das konnte ich mir nicht leisten. Ich musste stark sein, ein Vorbild sein, was würden die Wachsoldaten [Ehrenwache] denken, der Hauptmann. Ich war Notärztin, Kompaniechefin, sie verließen sich auf mich, brauchten mich, waren sicher, dass ich jederzeit kompetent und professionell agieren würde. Dass jemand meine Hand ergreifen, sie halten und drücken würde – mein einziger Wunsch in diesem Moment –, war ausgeschlossen. Ich riss mich zusammen, verschob meinen persönlichen Schmerz auf später."

Oder sei es das Zuhause? Der Empfang beim Heimaturlaub: nur der Hund freute sich – die Familie war selbständig geworden: „Das war nicht das Zuhause, das ich verlassen hatte und auf das ich mich gefreut hatte"; sei es gegen Ende des Heimaturlaubs das Heimweh zurück zur „Ersatz-Familie"; oder sei es die nicht bloß witzig gemeinte, eher zynische Begrüßung bei der Rückkehr aus dem Einsatz an den dienstlichen Schreibtisch: „Willkommen Urlauber", „Wie war der Urlaub?". Erst allmählich erkennt sie: „Eigentlich hatte ich bis dahin gedacht, ich sei in der schwierigeren Situation. Nun dämmerte es mir zum ersten Mal, dass vielleicht die Daheimgebliebenen schlimmer dran waren."

Oder war es das Gefühl der Einsatz-Familie? Als nach dem Anschlag Psychologen und Seelsorger kamen, um zu helfen, formuliert sie: „Aber das alles konnten wir ihnen nicht erklären, denen, die uns helfen wollten. Sie waren nicht dabei gewesen, sie gehörten nicht zu uns. Es gab uns Kraft, dieses Wir-Gefühl. Es war das Einzige, das wir hatten." Oder: „Bei all den Debriefings, therapeutischen Sitzungen und, wie wir fanden, vergeblichen Versuchen, den anderen, die nicht dabei gewesen waren, zu erklären, wie es gewesen war, fühlten wir uns nie verstanden, fühlten uns in eine Schublade gesteckt, begutachtet, abgeschätzt, beurteilt, abgehandelt, abserviert."

Darüber spannt sich kaum merklich ein großer Bogen von medizinischer Selbstreflexion und therapeutischem „Gespräch", bei dem der Leser sich immer wieder unvermutet in der Position des zuhörenden Freundes Petrus entdeckt, bis hin zu mystischem Therapie-Erleben außerhalb der Schulmedizin auf dem langen Weg der Regeneration. Dies deutet sich bereits im Prolog an und hat sein Gegenlager im Nachwort, in einem eruptiven, ausführlichen, zum Teil die medizinische Zunft anklagenden Diskussionsbeitrag über Krankheit und natürliches Agieren und Reagieren von Körper und Psyche. Sie stört die

Stigmatisierung im Bereich der seelischen Verwundungen: „Wäre es nicht schrecklich, wenn ich nicht darauf reagiert hätte?" Sie hatte zwei Berufe voll Sterben, Tod, Blut, Gewalt: „Aber darf ich dabei kein Mensch bleiben? Bedeutet die Professionalität hier Gefühlskälte, Abgebrühtheit?" Und dieser Mensch ist weiblich, der in das Militärische ungewohntes Verstehen und Verhalten als Chancen einbringt und doch nicht akzeptiert wird. Was vorschnell als Posttraumatisches Stress Syndrom bei einer Freundin diagnostiziert wurde, war für die Schreiberin eine "ganz normale und gesunde reaktive Frustration". „Krank geworden, zugegebenermaßen, als normale Reaktion auf eine unnormale Situation." Warum müsse man etwas als Krankheit mit allen Konsequenzen des Abschiebens und Ablegens behandeln, wenn es doch nur Zeit zum Erholen bedürfe? „Manchmal muss man Wunden in Ruhe lassen, damit sie heilen können." Was war denn überhaupt das Belastende? War es wirklich dieses eine Ereignis, das das Leben zerstört, wie behauptet wird? Oder war es die anschließende Reaktion der Vorgesetzten? Oder war es ihre Persönlichkeitsstruktur? Die Selbsterkenntnis der Schreiberin: „All diese Gefühle, die ich jemals hatte, wenn ich mich vernachlässigt, missbraucht, misshandelt gefühlt hatte, sie alle waren jetzt da. ... sie verschmolzen miteinander zu einer einzigen großen Masse von Schmerz, und ich erkannte, dass nichts je geheilt war. Alles war nur abgelegt worden, verstaut in einer Schublade." Und die anderen psychisch kranken Kameraden, denen sie begegnet war: „Sie fühlten sich nicht nur krank, sie fühlten sich unverstanden und ausgestoßen aus ihrer Welt. Aus der Welt des Militärs, das sie für ihre Familie gehalten hatten und das sie nun, da sie krank waren, nicht mehr brauchen konnte, nicht mehr haben wollte. So sahen sie das."

Wenn es nicht so lang wäre, hätte das Buch auch die Überlebensstrategie der Schreiberin in Form von zwei Symbolen zum Titel haben können: Überleben wie das gefesselte Krokodil und Selbstbefreiung zum Leben wie der Schmetterling.

Die Veröffentlichungen von **Daniela Matijevic** (Mit der Hölle hätte ich leben können. Als deutsche Soldatin im Auslandseinsatz. München (HEYNE) 2010) über ihren 3-Monate-Einsatz als Rettungssanitäterin 1999 im Kosovo haben ein sehr gespaltenes Echo hervorgerufen. Vom höchst lobenden: „Noch nie hat eine Soldatin so offen über ihren Kriegseinsatz gesprochen", „Ein Nachhilfekurs für die Gesellschaft" bis zu „Matijevic's Märchenstunde", „Blanker Unsinn", „Lüge". Ihre Erfahrungen stammen aus der Zeit, als die Bundeswehr noch in den ‚Einsatz-Kinderschuhen' steckte, als man an der

Bundeswehrspitze ganz konsterniert feststellen musste: „Krieg" und „Neue Veteranen hat das Land" – beides Begriffe, mit denen offen umzugehen Matijevic sich schon früh einsetzte, als man in den höheren Etagen noch versuchte, diese Worte quasi aus dem militärischen Sprachgebrauch fernzuhalten. Inzwischen hat sich sicher einiges im Umfeld von Einsätzen geändert: Afghanistan ist nicht Kosovo. Und doch:

Daniela Matijevic ist zweisprachig aufgewachsen: Serbo-Kroatisch und Deutsch, ist Deutsche mit Migrationshintergrund – ihr Vater stammt aus Bosnien-Herzegowina und dessen Familie lebt noch heute dort. Sie wurde Soldat, um „Hilfe an vorderster Front" zu leisten. Als man sie aufforderte, in den Kosovo zu gehen, fühlte sie ihre Aufgabe gekommen, den Landsleuten ihrer Verwandten zu helfen.

Sie war stark und galt in ihrem Umfeld als der „Engel". Sie war ein guter Soldat gewesen und ist dafür auch ausgezeichnet worden. Was sie als Rettungssanitäterin und besonders als Dolmetscherin erlebte, war wohl recht hart gewesen. Dennoch kommt sie ohne Anzeichen irgendwelcher physischen und psychischen Verletzungen nach Hause. Dort erst, wieder konfrontiert mit dem anderen Leben, bricht sie innerlich zusammen. Die schriftlichen Schilderungen ihres Einsatzes gehören zum therapeutischen Weg aus ihrem Trauma. Sie sind Tag- und Albträume, die den Leser bereits im Prolog gefangen nehmen, bis er selber aus diesem Traum gerissen wird. In den Träumen vermischen und verweben sich Kosovorealitäten mit Erzählungen aus anderen Zeiten oder Welten sowie Geschichten und Befürchtungen auch aus anderen Erlebnisphasen der Schreiberin. Der Leser, der nach dokumentarischer Wahrheit über den Einsatz im Kosovo lechzt, mag dadurch verwirrt werden, weil er an Berichte aus Stalingrad, aus russischer Kriegsgefangenschaft oder auch an jüngere Bilder aus dem Afghanistan-Einsatz erinnert wird: der Kosovo-Einsatz war doch anders!

Aber: Was ist Wahrheit? Diese innige Verwobenheit von Traum und Wirklichkeit und des Ungleichzeitigen hat individuellen Wahrheitscharakter. Wie man aus den Biographien von Veteranen aus dem 2. Weltkrieg weiß, entstehen so unbewusst und ungewollt neue eigene Realitäten. Sie ergreifen Besitz von ihm, verändern sogar das Selbst und stiften ein anderes Ich. Dies gehört zum Krankheitsbild. Und dies wird durch die Auseinandersetzungen mit den Widrigkeiten im friedlichen Leben danach noch aufgeheizt. Matijevic kam zurück und wurde wie ein „Schmarotzer" behandelt: Beim Versorgungsamt wird ihr Antrag auf Unterstützung abgeschmettert: „Herzchen, niemand hat Sie gezwungen zum Bund zu gehen." Das alles ist therapeutisch nicht förderlich:

„Zurückkommen und behandelt zu werden wie ein Penner, das hat mich wütend gemacht." Dem widersetzt sie sich: „Hätte ich aufgegeben, dann hätte der Krieg endgültig gesiegt." Sie schreibt über die Wut der Veteranen, die im Auftrag der Gesellschaft durch den Bundestag ihr Leben riskieren und von der Bevölkerung keinen Respekt bekommen. Als Antwort darauf und zur Hilfe für die aus dem Einsatz zurückgekommenen Kameraden gründete sie, bevor man sich offiziellerseits dieser neuen Realität stellte, den ersten Deutschen Veteranenverband.

Eine ganz andere Art authentischer Berichte aus Afghanistan sind die Auszüge aus Feldpostbriefen, die eine Autorengruppe der Süddeutschen Zeitung in Buchform vorgelegt hat (**Baumann, Marc** u.a. (Hrsg.): Feldpost. Briefe deutscher Soldaten aus Afghanistan. Reinbek (Rowohlt) 2011). So interessant und gut nach Themen in Abschnitte geordnet die Auswahl ist, so ansprechend ist auch die Aufmachung. Für den hier gewählten Fokus auf Frauenstimmen bringt das Buch aber fast nichts: Nur zwei Soldatinnen kommen mit je zwei sehr kurzen Zitaten in den eher nicht zentralen Abschnitten zu Worte. Spezielle Genderfragen werden nur am Rande gestreift und von Männern behandelt, u. z. bei der ärztlichen Hilfe für afghanische Frauen und beim Thema „Ablenkung im Lager". Wer vom Maulkorb durch das Pressezentrum der Bundeswehr gegenüber persönlichen Erfahrungsberichten von SoldatInnen in den öffentlichen Medien weiß, ahnt, unter welch schwierigen Bedingungen diese Sammlung nur zusammengetragen werden konnte. Dennoch ist es erstaunlich, wenn nicht gar peinlich, wie machohaft das Thema „Frauen im Einsatz" hier abgehandelt wird.

In dem Sammelband über die Einsätze eines Fallschirmjägerbataillons (Sascha Brinkmann und Joachim Hoppe (Hrsg.): Generation Einsatz. Fallschirmjäger berichten ihre Erfahrungen aus Afghanistan. Berlin (Miles) 2010) ist der Bericht einer Frau Oberfeldwebel unter der Überschrift „Sensor Gender" veröffentlicht (S. 208 ff). Neben ihrem Auftrag als Rettungsassistentin eines Leichtbeweglichen Arzttrupps hat **Roswitha Wehrmeister** „die Genderfähigkeit der Truppe" durch die Einbindung von weiblichen Soldaten in eine Patrouille sicher zu stellen. Ein großes Wort!

Neben der persönlichen Unsicherheit über die Arbeitsbedingungen und Hygieneumstände vor allem auf mehrtägiger Patrouille, die nur Stück für Stück zu überwinden war, musste sie sich Verhaltensstrategien als Frau gegenüber der afghanischen Bevölkerung entwickeln. Das galt besonders gegenüber Kindern, aber nicht nur ihnen gegenüber: einen „gesunden" physischen und psychischen Abstand zu halten. Soll sie sich als Frau auf Patrouille „vermummen" oder im Hintergrund halten, wie bei der Vorbereitungsausbildung empfohlen? Dies war nach ihrer Erfahrung gar nicht notwendig, sie erlebte eher Bewunderung der Afghanen gegenüber westlichen Frauen in Uniform und Respekt gegenüber dem Stand der Frau in der westlichen Kultur. Fast verwirrt erlebte sie afghanische Frauen, die äußerst ängstlich zur medizinischen Behandlung gekommen waren, selbst ihr, der Frau gegenüber; die Scheu wich erst, als die Frauen erlebten, wie vorsichtig man mit ihnen umging. Und „ungemein schwer" fiel es ihr, als westlich erzogene Frau die Zustände zu akzeptieren, unter denen die afghanischen Frauen leben. Ihr „Rezept" lautet: „Mit harter Arbeit und der richtigen Herangehensweise". Respekt erfuhr sie, wenn sie, die Frau in Uniform, mit freundlichem Interesse „selbstbewusst und streng mit mahnend erhobener Hand und einer starken Stimme" auftrat.

Uetz, Simone und Uwe D.: (Randnotizen – Als Berufssoldat in Afghanistan, als Mensch in der Heimat – Ein Tagebuch zweier Welten ... (Dipl. Arbeit) Isny im Allgäu 2006/2008). Ursprünglich sollte der Titel wohl lauten: „Hundert Mann und ein Befehl – Die Feldjäger der Bundeswehr im militärpolizeilichen Einsatz in Afghanistan". Auf den ersten Blick ein großes buntes Bilderbuch, entstanden aus Tagebuch- und sonstigen Notizen eines Feldjäger-Hauptfeldwebels, verknüpft mit Stimmen aus der Presse und anderen Dokumenten.

Der Mensch, das Individuum Uwe D. als Tagebuchschreiber ist für den normalen Leser anonymisiert, auch wenn er uns in einer ganzen Anzahl von Photos begegnet. Damit tritt die Frau, die Designerin des Kunstwerkes, in den Vordergrund: Was bewog sie, dieses „stille Buch" so zu gestalten und zu verlegen?

Waren es Sätze aus dem Tagebuch wie: „„... warum schämen sich männer für ihre gefühle ?????" – „ich habe gefühle bin aber auch hart wie stein mein job verlang mir dies ab ich trage eine sonnenbrille dahinter verberg ich mein gesicht". Oder ist es das fast hilflose Gespräch mit dem 10-jährigen Sohn, die Begründung für seine „vorgefasste meinung", dass er in den Einsatz gehen wird, und die rührende Antwort: „... na papa, , dann geh du mal arbeiten ..."? Sind es die Reflektionen über Angst oder über das Team? Oder der Gedanke: „und dann kommt es, dass du einfach nur wieder zu deinen jungs in den einsatz willst." Oder die Einsicht: „wenn einer keine gefühle mehr hat, dann beantrage ich, ihn ganz heim zu schicken ... wenn er ... keine regung, kein gefühl mehr empfindet, dann ist er total *fehl am platz*." Oder ist es das unbeschribliche Gefühl, „wenn gefühle zu tönen werden" wie beim Lied „Ich bete an die Macht der Liebe". Oder die Einsicht nach der Rückkehr über das Danach: „der körper verspürt normalität ... sicheres umfeld ... der körper fordert sein soll zurück, er fordert es nicht nur ein ... er nimmt es sich einfach."

Oder war es der Wunsch, das Thema Afghanistan-Einsätze multimedial zu komponieren und zu gestalten? Die verfremdende Klein-Schreibweise. Die quer gesetzten Kastentexte. Die wie auf einem Lichtlaufband wirkenden Texte am Rand. Das farblich Getrennte von schwarzen Tagebuch-Aufzeichnungen und roten Nach-Gedanken steht nebeneinander und wird immer wieder auch ineinander verwoben. All das und mehr ist gemeint, wenn es im fachlichen Gutachten über dieses Werk heißt: „Das Buch spiegelt dabei die innere Zerrissenheit der handelnden Personen, die Zwiespältigkeit der Politik, die Situation der Bevölkerung zwischen Zerstörung und Neubeginn ..., ohne selbst Chaos zu werden oder zu erzeugen. Im Gegenteil, es offeriert seinen Lesern eine komplexe Ordnung des nicht mehr zu Ordnenden und Einzuordnenden."

Ute Susanne Werner („Ich krieg mich nicht mehr unter Kontrolle". Kriegsheimkehrer der Bundeswehr. Köln (Fackelträger) 2009) beschäftigte seit Jahren der Gedanke, wie es deutschen Soldaten nach Auslandseinsätzen ergehe. Trotz Widerständen aus der Bundeswehr begann sie, Kriegsheimkehrer ausfindig zu machen und für diesen Sammelband zu interviewen. Sie interessierten die individuellen Erfahrungen aus dem Alltag der Einsätze, die persönlichen und emotionalen Erlebnisse der SoldatInnen. Es bestand ein erhebliches Interesse der SoldatInnen, „ihre persönlichen Erfahrungen aus den Krisengebieten, aus ‚kriegsähnlichen Zuständen', mit der Öffentlichkeit zu teilen." Dennoch ist eine öffentliche Diskussion bis 2010 zumindest offensichtlich unerwünscht gewesen.

Hier werden die drei Beiträge vorgestellt, in denen Frauen zu Wort kommen. Die Vielfalt und Verschiedenheit der dabei thematisierten Aspekte sowie die subjektive Sichtweise auf die Dinge, die von der Herausgeberin einleitend fast entschuldigend erwähnt werden, kennzeichnen die Beiträge. Genauso deutlich wird, dass es sich dabei nicht um bloß individuelle Einzelfälle handelt. Die Auswirkungen von Einsatz haben in erheblichem Maße auch Organisations- und gesellschaftliche Komponenten. Die Frauen fordern zu Recht ein, dass diese auch von Gesellschaft, Politik und Bundeswehr aufgenommen werden:

1. **Claudia**, Zivilangestellte der Bundeswehr, ist mit einem Berufssoldaten verheiratet. Beide gehen gemeinsam in den Einsatz nach Sarajevo. Bereits in der Vorausbildung erstaunt sie der enge Zusammenhalt und die gegenseitige Unterstützung der „Mädels" untereinander. Sie tut als SU der Reserve Dienst als „Schreiber" in der technischen Einsatzführung bei der Instandsetzung. Dort fühlte sie sich jedoch nicht so richtig aufgenommen: „eine komische Atmosphäre". Sie verlagert daher ihr Engagement mehr aufs Karitative und engagiert sich in ihrer Freizeit in dem von den Soldaten gegründeten Verein „Lachen helfen".

Andererseits: „In Uniform fühlte ich mich nie richtig als Frau." Sie und ihr Mann haben sich „echt zurückgehalten. Händchenhalten ging eh nicht, das macht man einfach nicht." „Wenn ich die Uniform anziehe, macht es klick. Es kommt mir dann so vor, als wäre ich jemand anders." Sie beobachtet an sich: „In mir ist eine Willensstärke entstanden, die ich früher nicht hatte." Auf Einkaufsbummel in Sarajevo geht sie dann aber in ein Schuhgeschäft: Uniform mit High Heels: „Herrlich! Die Leute starrten mich an, aber ich war glücklich." Zum anderen war ihr doch manches einfach fremd, so dass sie sich zurück hielt. Ihr Fazit: „Ich würde wieder in einen Einsatz gehen, allerdings ohne ihn."

2. **Andrea Wagner** ist die Mutter eines Soldaten, der als Rettungssanitäter und -assistent in Bosnien und Mazedonien, im Kosovo, mehrmals in Afghanistan und auch im Kongo eingesetzt gewesen war. Sie muss „alles" wissen, dann geht es ihr besser, auch wenn sie weiß, dass sie nicht alles erfährt, was der Sohn erlebt hat. „Wichtig ist die Unterstützung von zuhause." „Ich leide immer mit." „In diesen Momenten rückt die Familie dann auch enger zusammen. „Ich bin anders in der Zeit, wenn er nicht da ist." Gespräche mit Freunden darüber sind ihr wichtig, aber nur mit denen, die auch betroffen sind, nur sie wissen, wovon man redet. Dabei entstehen neue Freundschaften in ganz Deutschland durch den regelmäßigen Austausch über das Internetforum: „Die Freundschaften halten jetzt schon einige Jahre." Wie eine große Selbsthilfegruppe. „Ich finde die ständige Betreuung wichtig."

Mit ihrem Sohn hat sie **das** Ritual der Abschieds-SMS: „Melde mich aus Deutschland ab." Jede dieser SMS hat sie wie einen Fetisch in ihrem Handy abgespeichert: „Niemals lösche ich eine davon. Das ist so eine Art magisches Denken. Dieses Ritual ist für mich von großer Bedeutung."

3. Dorothea Siegle berichtet über **Ina Schlotterhose,** die mit 24 Jahren Witwe wurde. Als am Abend die Nachricht von einer Explosion durchs Radio

kam, sandte sie ihrem Mann besorgt eine SMS. Am nächsten Morgen beim Frühstück: "Und da kommen die um die Ecke", ein Soldat und ein Militärpfarrer. Die Schwiegermutter schreit. Die junge Frau will einfach nur weg, allein sein, bekommt eine Beruhigungsspritze. Nachbarn und Verwandte kommen, „reden Unsinn, lachen": „Es dauert lange bis das wirklich ankommt." Bei der Trauerfeier im Hangar auf dem Militärflughafen geht ihr der Satz durch den Kopf: „Nichts ist so leer wie eine Welt ohne Dich." Sie empfindet das Drumherum unmenschlich und muss darum kämpfen, dass den mitgekommenen Kameraden ihres Mannes und ihr eine Gelegenheit zum gegenseitigen Trost eingeräumt wird: „Die sind ja auch ein Stück von Christian."

Sie war vor dem Einsatz dagegen gewesen, über Testament und Tod zu sprechen – nun wirft sie sich vor, dass sie so hart gewesen war, versucht hatte, den Tod aus dem Leben zu verdrängen. In der Zeit danach wartet auf sie eine Flut von Formalitäten. Ein Mitarbeiter eines Betreuungszentrums soll ihr dabei zur Seite stehen. Sie aber fühlt sich von der Bundeswehr als Organisation allein gelassen. Manche Freunde und Bekannte ziehen sich zurück. Gerade dieses Nichtmelden, die Angst vor der Trauer, sei für sie der größte Fehler im Umgang mit Hinterbliebenen. Und es fehlen ihr auch Selbsthilfegruppen für trauernde Angehörige von gefallenen Soldaten. Informationen dazu verweigert ihr die Bundeswehr „aus Datenschutzgründen". So gründet sie mit einer anderen Soldaten-Witwe das Netzwerk www.Du-bist-nicht-allein.net.

In dem Buch von **Tino und Antje Käßner**: (Wofür wir kämpfen. Wie der Krieg in Afghanistan unser Leben veränderte. Unter Mitarbeit von Stefan Linde. München (IRISIANA) 2011) geht es um ihn, Tino, der schwer verletzt aus dem Afghanistan-Einsatz zurückkehrte und in beispiellosem Selbstvertrauen aus diesem Schicksalsschlag das Beste gemacht hat. Der Anschlag, bei dem er seinen rechten Unterschenkel verlor, verletzte auch seinen Vorgesetzten und Freund Stefan sehr schwer und tötete einen weiteren Soldaten, den sie als Feldjäger und Personenschützer am 14. November 2005 als VIP durch Kabul zu fahren hatten. Antje, die energiegeladene Freundin und spätere Ehefrau, schreibt dieses Buch, sammelt und stellt viele Berichte von verschiedenen Beteiligten zusammen zu einem schnörkellosen Bericht über den Anschlag in Kabul sowie dessen Aus- und Nachwirkungen. Das Buch hat drei Abschnitte.

Die ersten 100 Seiten befassen sich mit dem unmittelbaren Geschehen um den Anschlag, der ersten Hilfe und den polizeilichen Ermittlungen. Dem folgt ein bis ins Detail reichender schonungsloser anatomischer Bericht von der Diagnose der beiden Verwundungen, sozusagen frisch vom OP-Tisch, von der Rettungskette Kabul – Koblenz mit der fliegenden Intensivstation im MedEvac Airbus 310 und vom Wettlauf von Dutzenden Medizinern, Pflegern und Krankenschwestern von Kabul bis ins Bundeswehrkrankenhaus in Koblenz gegen den Tod der beiden Schwerstverletzten. Und parallel dazu das Geschehen zuhause bei den Angehörigen und bei den Kameraden, von der ersten Nachricht bis zum Wiedersehen mit den Verletzten in der Koblenzer Intensivstation.

Dem folgen weitere knapp 100 Seiten mit dem kurz gefassten Lebenslauf und der familiären Vorgeschichte von Tino und Antje. Beide stammen aus den neuen Ländern, sind gerne und sehr bewusste Soldaten geworden. Sie waren beide vorher bereits in Einsätzen gewesen und sehen – auch nach dem verhängnisvollen Anschlag – Sinn darin „wofür wir kämpfen". Seinen zweiten Einsatz erlebte sie zuhause „unverheiratet das einsame Leben einer Soldatenfrau". Und er beschreibt das Danach nach den Einsätzen: „Die Gefahr des Todes schwebt über den Familien. So versuchen die Heimkehrer auch zu Hause möglichst alles zu verdrängen." Nach der Rückkehr aus dem Einsatz beginnt eine Art „Einsatz-Jetlag". „Nach dem Adrenalin im Einsatzgebiet kommt der totale Entzug. Man ist wieder Teil der Masse, bedeutungslos, und fühlt sich einsam. … Ich hatte richtig Heimweh nach den Kameraden in Bosnien. … Man geht mit diesen Problemen nur in den seltensten Fällen zum Vorgesetzten. Schließlich will man nicht als Weichei dastehen oder gar eine Beschränkung der Verwendungsfähigkeit in seine Personalakte bekommen. Psychische Probleme? Das macht der Soldat schon mit sich alleine aus."

Die letzten 100 Seiten behandeln – medizinisch gesehen – die knapp fünf Jahre von der Amputation und dem Aufwachen der beiden Soldaten aus ihrem Koma, zur Genesung und bis zur Rehabilitation der Verwundeten nach ihrem freiwilligen Ausscheiden als Berufssoldaten aus der Bundeswehr:

Tino schaute von Anfang an immer „nach vorne". Er wollte „das Leben gestalten". Dabei galt dem Paar das Lied „Dieser Weg wird kein leichter sein …" von Xavier Naidoo als Pusher, Mutmacher, Ziel und Weg gleichermaßen, „dass wir es packen". Er machte unglaubliche Fortschritte und bringt sportliche Höchstleistungen. Die Strecke von Murnau zum Gardasee mit dem Fahrrad in 11 ½ Stunden war sein Triumph über die Verwundung. Er hat "das Beste daraus herausgezogen und in Stärke umgewandelt". Er wird u.a. Botschafter der Kriegsopferfürsorge.

In diesen fünf Jahren er- und verarbeitet sie neben ihren Leistungen als Ehefrau und Mutter die lange Geschichte von verwundeten und gefallenen Soldaten der Bundeswehr in den Einsätzen seit 1993. Sie geht dem Gedenken für das dritte Opfer des Anschlages, „Soldat Armin Franz", in einer Art Abrechnung mit dem Umgang von Politik und Gesellschaft mit den Einsatz-Opfern nach: „Der Soldat Armin Franz hat kaum Spuren hinterlassen, in seinem Leben nicht und auch nicht in der Erinnerung seiner Mitbürger. Er war der ideale Soldat. Kaum einer hat etwas bemerkt von seinem Sterben für Deutschland. Und kaum einer wird sich daran erinnern." Das Fehlen von Anerkennung für das, was die Soldaten geleistet haben, schmerzt sie am meisten. In den Tagen im Frühjahr 2011, als der Eisbär Knut gestorben war und die Medien davon überquollen, stellt sie fest, dass kein Wort über einen Anschlag in Nordafghanistan in den Medien fällt, bei dem ein deutscher Soldat schwer verwundet worden war. Und dazu heißt es bitter: „Vielleicht weil ein toter Eisbär den Menschen näher am Herzen liegt als ein schwer verletzter Soldat der Bundeswehr." Sie nimmt auch die Auswirkungen des Anschlags auf die Kameraden ihres Mannes in der Feldjägerkompanie auf: „In dieser Phase haben viele Soldaten unserer Einheit nach intensiven Gesprächen bis an die Grenze der Erschöpfung und der Hilflosigkeit miteinander erfahren, was es heißt und wie gut es tut, einfach mal zu weinen oder den Kameraden in den Arm zu nehmen, was unter Männern in Uniform ja eigentlich ein Tabu ist. Ja, wir haben geweint …Das war sehr wichtig für uns alle und auch eine menschlich sehr wertvolle Erfahrung: Die Fähigkeit, zu trauern und Mitgefühl zeigen zu können." Und ganz besonders nimmt sie sich auch Stefans Erwachen aus dem Trauma an, das so ganz anders als bei Tino verläuft. „Weiterleben in diesem Zustand? Das wollte ich nicht."

Antjes Kommentare, ihre Gedanken und Gefühlsäußerungen begleiten all die Recherchen, die zusammengetragenen Berichte der leidenden und handelnden Personen und die eigenen Erlebnisse und Erfahrungen. Der Leser erlebt eine starke Frau im Auf und Ab ihrer Gefühle und ihres Willens, sich nicht unterkriegen zu lassen: „Haltung bewahren, Antje!" sagte sie sich – und später meint sie: „Damals wollte ich stark sein, und ich musste stark sein, um Tino zu helfen. … Trauer und Weinen schienen mir in der Situation damals völlig unangebracht." Der einstige Mutmacher verkehrte sich jedoch unmerklich, wurde zum belastenden Schlüsselreiz: „Heute tut mir der Song weh, weil er die Gefühle von damals wieder aufreißt und mich in die Zeit zurückwirft, als sich das Leben für uns alle so tiefgreifend verändert hat." Und so ist man zwar überrascht und dennoch nicht verwundert, wenn sie schließlich – fast nebenbei – sagt: „Das Schweigen und Sich-nicht-fallenlassen-Können war ein Fehler." Zusammenbruch: Nach fünf Jahren waren ihre Akkus auf einen Schlag leer und sie musste für sich selbst herausfinden, „wo ich bleibe und wohin ich will."

Die von den Autorirınnen aufgeworfenen Fragen sowie hingeworfenen Bilder und Antworten durch Einsätze sind immens. Sie bieten der deutschen Gesellschaft einen bemerkenswerten Einblick. Generell gesagt, geht es darum, militärische Einsätze und zivilgesellschaftliche Grundstrukturen und Befindlichkeiten weitgehend kompatibel zu halten. Anders auch ausgedrückt: Es geht darum, präventiv und einsatzbegleitend physische und besonders psychische Kollateralschäden durch Einsätze bei den SoldatInnen und ihren Familien so weit wie irgend möglich einzudämmen. Das ist der Kern von Innerer Führung, der in diesen Beiträgen aus der Praxis für die Praxis für das notwendige lessons learned in zwei Richtungen thematisiert wird.

Zunächst für Unten, das ist „die Schlammzone" des Soldaten und seiner Kameraden wie auch seiner Angehörigen und engsten Freunde: Hier werden für alle Betroffenen besondere Anforderungen an die Unfall- und Rettungs-Medizin sowie entsprechende Psychiatrie und Psychotherapie gestellt. Daneben wird aber auch die Bedeutung von Betreuung und Fürsorge im Bereich von Menschen-Führung unter erschwerten Bedingungen deutlich. Und dazu bedarf es auch spezieller Psychischer Erste Hilfe durch Kameraden, Vorgesetzte wie Untergebene.

Und zum anderen richten die Ausführungen sich an das Oben, an die Verantwortlichen in den Stäben der Streitkräfte, im Ministerium, im politischen Raum und in der davon sich abgehobenen Gesellschaft: Unüberhörbar ist hier die Forderung nach glaubhaften Antworten auf die Sinnfrage. Diese Antworten bedeuten nicht nur für die entsandten SoldatInnen eine essentielle Hilfe, sondern auch für deren Familien zuhause. Genauso mangelt es an sozialpädagogischen „Handreichungen", um Verhaltenssicherheit im Notfall zu bieten. Darüber steht bisher nichts in den einschlägigen Vorschriften der Bundeswehr. Ebenso bedarf es dazu Gesetze mit entsprechenden Ausführungsbestimmungen für Einsatzfolgenregelungen. Diese sind nun nach zwanzig Jahren Einsätzen endlich erlassen. Ob mit ihnen künftig menschenwürdiger, menschlich angemessener verfahren wird, ist eine Frage an die Praxis von militärischer wie auch ziviler Verwaltung bei der Abwicklung von Nachwirkungen aus den Einsätzen. Ob die Regelungen den Opfern angemessen sind, wird sich ebenso erweisen müssen. Die Berichte verbindet ein Netz von gemeinsamen Daten, Orten, Namen – und vor allem individuellen Aktionen zur Selbsthilfe. Diese Dichte ist eine Herausforderung an Oben. Sie zumindest staatlicherseits zu unterstützen, statt sie auf ganzer Breite zu blockieren, deutet an, wo lessons learned nach Oben gefragt sind. Und ebenso richten die Berichte sich an die Militär-Medizin: Nicht alles was unnormal ist, ist auch einfach „Krankheit". Gesunde Reaktionen von Körper und Geist auf ungewöhnliche Herausforderungen bedürfen vermutlich anderer Methoden der Behandlung durch Begleitung, als die herkömmliche Psychiatrie bisher anbietet.

Bleibt zu fragen, was das Feminine an diesen Darstellungen ist, unabhängig davon, dass die Frauen sich des Themas annehmen und welcher literarischen Formen sie sich dabei bedienen.

Zunächst kommen andere Ränder des Systems „Armee im Einsatz" in das Blickfeld: Mutter, Frau/Freundin, mit in den Einsatz gehende Frau, Familie, Witwe oder Tochter. Der eher scherzhaft gemeinte Titel eines Buches aus früheren Jahren: „Kein Mann war je Soldatenfrau" kann vielleicht andeuten, welche bedeutsamen Kräfte aus diesen Randbereichen den Streitkräften im Einsatz zuwachsen oder sie auch absorbieren.

Zum anderen sind und bleiben Soldatinnen immer Soldat, Ehe-/Frau und Mutter in eins. Damit bringen sie aus diesem Geflecht andere Gedanken, Gefühle und Verhaltensweisen in das scheinbar Nur-Militärisch-Mögliche mit ein. Dies wird vielfältig deutlich im Umgang mit Gefühlen im militärischen Alltag und besonders unter erschwerten Bedingungen. Sei es, dass Gefühle geäußert oder z.B. als Tränen zugelassen werden, sei es, dass über sie gesprochen wird, oder sei es, dass sie auch Mitmenschliche Hilfe erregen: Würde ein Soldat seinem männlichen Vorgesetzten schweigend ein Taschentuch reichen, damit er sich die Tränen abwischen kann? Würde er ihm die Hand oder den Arm um die Schulter legen, wenn er zerbrochen vom Unglück auf dem Boden hockt? Hier wird deutlich, dass Professionalität nicht kaltes nur-Reagieren ist und das Verhältnis von Distanz und Nähe im Einsatz neu definiert wird.

Zum dritten erhält das Wir durch Einsatz ein neues Gesicht. In der Familie äußert es sich im gemeinsamen Begründungszusammenhang für das weitere gemeinsame Leben für den Einsatz und über den Einsatz hinaus. Und in den Streitkräften geht es über das Kameradschaftliche hinaus: Das Gemeinsame, Seelenverwandtschaft der Gleichbetroffenen oder Gleich im Schmerz, dies führt auch zum gemeinsamen Handeln füreinander. Die Gründung von

Veteranen- und Familien-Netzwerken geht von den Frauen aus. Hier sind Frauen beinahe kompromisslos und stark.

Autorinnen:

Barsch, Heike: Marschbefehl Afghanistan. Das Ende einer Beziehung. Berlin (Miles) 2011

Groos, Heike: Ein schöner Tag zum Sterben. Als Bundeswehrärztin in Afghanistan. Frankfurt/M. (Krüger) 2009

Hadjer, Tahmina: Die Bundeswehr in Afghanistan. Zivil-militärische Zusammenarbeit. Bonn (Bouvier) 2011

Käßner, Tino und Antje: Wofür wir kämpfen. Wie der Krieg in Afghanistan unser Leben veränderte. Unter Mitarbeit von Stefan Linde. München (IRISIANA) 2011

Koelbl, Herlinde: Was ist los an der Front. Zehn junge Männer erzählen, wie es ist, in den Krieg zu ziehen. In: ZEIT Magazin Nr. 49 v. 1.12.2011 S. 12 – 46

Matijevic, Daniela: Mit der Hölle hätte ich leben können. Als deutsche Soldatin im Auslandseinsatz. München (Heyne) 2010

Uetz, Simone und Uwe D.: Randnotizen – Als Berufssoldat in Afghanistan, als Mensch in der Heimat. (Dipl Arbeit) Isny im Allgäu 2006/2008

Werner, Ute Susanne (Hrsg.): „Ich krieg mich nicht mehr unter Kontrolle". Kriegsheimkehrer der Bundeswehr. Köln (Fackelträger) 2009

Autoren:

Baumann, Marc u.a. (Hrsg.): Feldpost. Briefe deutscher Soldaten aus Afghanistan. Reinbek (Rowohlt) 2011

Brinkmann, Sascha und Joachim Hoppe (Hrsg.): Generation Einsatz. Fallschirmjäger berichten ihre Erfahrungen aus Afghanistan. Berlin (Miles) 2010

Dieter E. Kilian: Adenauers vergessener Retter – Major Fritz Schliebusch. (Miles Verlag) 2011

Claus Freiherr von Rosen

Ein schlichtes, fast unscheinbares Buch über einen fast in Vergessenheit Geratenen, der in Deutschlands dunkelster Zeit einfach selbständig handelte, nicht Held sein wollte, aber seinem Gewissen folgte. Es erinnert an die vielen „unbe- und unerkannten stillen Helfer" in Zeiten größter Lebensgefahr der NAZI-Diktatur. Der Klappentext spricht von einer „biographischen Skizze" über Fritz Schliebusch, der neben manchen anderen Helfern mit seinem Sohn Klaus im Spätsommer 1944 Konrad Adenauer zur Flucht aus Gestapo-Haft verhalf.

Die selbstlose Tat der Befreiung von Adenauer – vom Plan über die Befreiung bis zur weiteren Flucht Adenauers – steht dramaturgisch geschickt auf den ersten hundert Seiten des Buches. Wer das Buch danach zur Seite legen würde, verpasst eine weitere, mindest so tiefgreifende Dimension des Falls Schliebusch. Denn auf den nächsten 100 Seiten entwickelt Kilian nun, wie in einer Rückblende, die familiären und damit auch persönlich motivierten Hintergründe für Schliebuschs Handeln. Anhand der Geschichte seiner Familie im linksrheinischen Lannesdorf, südlich von Bad Godesberg, gewinnt man einen sehr interessanten Blick in die deutsche Geschichte in der ersten Hälfte des 20. Jahrhunderts. Die gut-katholische kleinbürgerliche Grundhaltung und Bodenständigkeit der Familie, die deutsch-nationale Grundstimmung aus der Zeit um den ersten Weltkrieg, der mühsame berufliche Aufstieg nach den Trümmern der Jahre 1914–1918, der Einblick in den innenpolitischen NAZI-Terror nicht erst von den ersten Tagen der sogenannten Machtergreifung an, die Bedeutung von Bekannten und Freunde in den schweren Zeiten und der schweigsame Widerstand gegen Hitler und das NAZI-Regime in seinen verschiedenen Facetten. All dies wird an Schliebusch fast exemplarisch deutlich. Darin räumt Kilian mit so manchem historischen Allgemein-Urteil und -Platz auf oder deutet auf Verdrängungsmechanismen wie „anmaßende und stabbrechende Haltung vieler Zeitgenossen" hin und hält damit uns heute den Spiegel der Geschichte zur Selbstprüfung und -vergewisserung vor.

Die letzten 40 Seiten gelten Schliebuschs eigenem Schicksal, die Verhaftung durch die Gestapo, das Gerichtsverfahren gegen ihn, das Warten auf die seit Monaten so sehr herbeigesehnten „Befreier" und die Flucht aus der

Gestapo-Haft. Mit den Westalliierten kam schicksalhaft auch der Tod von Vater und Sohn Schliebusch. Er war, so könnte man fast sagen, nur ein Kollateralschaden des NAZI-Regimes. Die persönliche Dimension dieses Todes nach der „Befreiung" liegt aber darin, dass Vater und Sohn Schliebusch bewusst in der Gefahr dem Regime ins Auge gesehen hatten, bereit zum Opfer im Widerstand gegen dieses Regime gewesen waren. Dennoch: Die Befreiung und den Neuanfang hatten sie sich anders vorgestellt.

Kilian hat sich intensiv mit dem nur einen Monat dauernden Kapitel aus Adenauers Biographie beschäftigt. Die Quellenlage ist minimal – kein Feld, auf dem man als Historiker Ruhm erlangen kann. Gerade das scheint Kilian zu seiner akribischen Suche und Untersuchung getrieben zu haben. Nuancen- und detail-verliebt geht er jeder Spur nach, diskutiert die oft gegensätzlichen Quellenaussagen und kommt damit zu einem weitestgehend schlüssigen Gesamtbild. Dies komplettiert Adenauers Biographie, historisch mit Blick auf Adenauers Nachkriegskarriere betrachtet, um ein nicht unwesentliches Detail und steht häufig im Gegensatz zur offiziellen Geschichtsschreibung. Ja, es muss der Historikerzunft vermutlich ein Dorn im Auge sein.

Beides, die Korrektur in Adenauers Biographie wie der uns heute vorgehaltene Spiegel der Geschichte erhebt Kilians Arbeit deutlich über den schlichten Status einer „biographischen Skizze" hinaus. Bedauerlich ist dabei nur, dass dieses flüssig und gut lesbare Buch im Satz einige Fehler hat und die für den Überblick wichtigen Zeittafeln vom Druck her schwer lesbar sind.

Marco Seliger: Sterben für Kabul. Aufzeichnungen über einen verdrängten Krieg, Hamburg (Mittler) 2011

Uwe Hartmann

Dieses Buch ist vieles in Einem: Es ist eine ausführliche Geschichte über den Einsatz der Bundeswehr in Afghanistan seit 2001. Dem Journalisten Marco Seliger ist es gelungen, seine chronologische Reportage sehr spannend zu schreiben und den Lesern das Gefühl zu vermitteln, mitten drin zu sein. Er hat sich wohl ein Beispiel an Erich-Maria Remarque genommen, der, wie Seliger feststellt, die Grabenschlachten des Ersten Weltkriegs so „bestürzend konkret beschreibt" (S. 211). Die Kapitel, die sich mit den Gefechten in den Jahren 2009 bis 2010 beschäftigen, erinnern sehr an Sebstian Jungers Buch „War. Ein Jahr im Krieg" (München 2010), in dem dieser den Einsatz eines Zuges der US-amerikanischen Streitkräfte im Korenga-Tal im Osten Afghanistans beschreibt. Damit wird deutlich, worum es Seliger im Kern geht. Er will die Brutalität des Krieges in Afghanistan, der in den Erlebnisschilderungen der beteiligten Soldaten seine hässliche Fratze zeigt, in eine Spannung setzen mit der Verdrängung, dem Wunschdenken, der Ablehnung und dem Desinteresse von Politik und Gesellschaft. Seliger verfolgt eine Mission mit seinem Buch, die hochpolitisch ist. Er zeigt dabei erstaunlichen Mut. Schnell wird deutlich, wer die Hauptverantwortung für diese Situation trägt: Die Kanzlerin, die sich wegducke und das schmutzige Geschäft anderen überlasse; Politiker, die wüssten, dass man mit dem Einsatz in Afghanistan keine Stimmen gewinnen könne und sich lieber raushielten; Generale und Admirale, die kaum Zivilcourage zeigten; Bürokraten und Rechtsberater innerhalb der Bundeswehr, die sich allmächtig vorkämen; Bürger, die einfach nur wegschauten und den Soldaten die Anerkennung verweigerten.

Vor diesem Hintergrund ist Seligers Buch in gewisser Weise das „Schwarzbuch" des Afghanistaneinsatzes Deutschlands. Es ist eine scharfe Kritik an der Art und Weise, wie in unserem Land militärpolitische Entscheidungen getroffen, Strategien erarbeitet, Rüstungsprojekte begleitet und die Soldaten im und nach dem Einsatz behandelt werden.

Seliger selbst bleibt dabei eher in der Rolle des Beobachters. Dies gelingt ihm u.a. dadurch, dass er vor allem die Soldaten, dabei insbesondere die Mannschafts-, Unteroffizier- und unteren Offizierdienstgrade, zu Worte kommen lässt. In dieser Hinsicht ist „Sterben für Kabul" auch eine Geschichte des Einsatzes in Afghanistan „von unten" - geschrieben aus der Perspektive derjenigen, die den Krieg in seiner Brutalität und Hinterhältigkeit sowie in seinen politischen und strategischen Brüchen und Widersprüchen ganz konkret am eigenen Leibe erleben.

Gerade wegen dieser Perspektive wird Seligers Buch für die Innere Führung so interessant. Keine Frage: die von Seliger beschriebenen Probleme der politischen Führung und militärischen Elite sind wichtig und bestätigen die Analysen über die Strategieunfähigkeit Deutschlands, wie sie etwa in den scharfsinnigen Veröffentlichungen des Historikers Klaus Naumann nachzulesen sind. Seliger schafft es jedoch, den einfachen Soldaten sprechen zu lassen. Und dieser einfache Soldat sagt Dinge, die unterstreichen, wie wichtig Innere Führung gerade für Einsätze unter Kriegsbedingungen ist. Wenn er beispielsweise darauf hinweist, dass einsatzversehrte Soldaten während der entbehrungsreichen Zeit ihrer medizinischen Behandlungen keinen Kontakt zu ihren Vorgesetzten aus dem Einsatz hatten, dann unterstreicht dies, dass neben den Defiziten in der Umsetzung der Inneren Führung in Politik, Gesellschaft und militärischer Führung auch im Truppenalltag einiges dringend verbesserungsbedürftig ist.

Empört Euch! Auch diese Aufforderung wäre ein geeigneter Titel für dieses Buch. Seliger beschreibt klar und deutlich, was nicht stimmt mit der Führung des Einsatzes in Afghanistan. Und zwischen den Zeilen könnte sich beim Leser der Eindruck aufdrängen: Ja, das dürfen wir so nicht hinnehmen. Recht eigentlich steckt diese Empörung bereits hinter dem Titel „Sterben für Kabul". Denn dieser Titel beinhaltet kein Fragezeichen. Sterben für Kabul sei das einzige, was als Legitimation für den Einsatz und damit als Rechtfertigung für den Tod von Soldaten übrig bleibe. Das ist eindeutig zu wenig.

Seliger kommt insgesamt zu einem eher negativen Urteil über den Afghanistan-Einsatz. Das Buch wäre ausgewogener, wenn er etwas mehr über die erzielten Erfolge geschrieben hätte. Auch muss man seine pessimistische Beurteilung der Zukunft Afghanistans nicht teilen. Gleichwohl wünsche ich Seligers Buch, dass viele Bürger und Bürgerinnen es lesen. Auch für Soldaten sollte es Pflichtlektüre sein, die sie anspornen sollte, sich gegen die bestehenden Defizite und damit auch für eine bessere Umsetzung der Prinzipien und Grundsätze der Inneren Führung einzusetzen.

Autoren

Beck, Hans-Christian, Generalmajor a. D.; zuletzt Kommandeur der Führungsakademie der Bundeswehr, Hamburg; 1.Vorsitzender Freundeskreis Zentrum Innere Führung e.V., Koblenz; Mitglied im Kuratorium der Karl-Theodor-Molinari-Stiftung, Bildungswerk des Deutschen BundeswehrVerbandes, Berlin.

Beck, Klaus, Dipl. Päd., Bundesvorstandssekretär des DGB, Vertreter des DGB im Beirat Innere Führung seit 1998, Hauptmann d.R.

Biehl, Heiko, Dr., Leiter des Forschungsschwerpunktes Multinationalität / Europäische Streitkräfte am Sozialwissenschaftlichen Institut der Bundeswehr in Strausberg und Lehrbeauftragter an der Universität Potsdam.

Bohn, Jochen, Dr., Oberstleutnant d.R., Staats- und Sozialwissenschaftler am Institut für Theologie und Ethik der Universität der Bundeswehr München.

Buchner, Peter, Fregattenkapitän, Dozent Politische Bildung am Zentrum Innere Führung, Koblenz.

Dörfler-Dierken, Angelika, Dr., Sozialwissenschaftliches Institut der Bundeswehr in Strausberg, apl. Prof. für Evangelische Theologie an der Universität Heidelberg und Lehrbeauftragte an der Helmut-Schmidt-Universität / Universität der Bundeswehr Hamburg.

Felfe, Jörg, Universitätsprofessor, Dr. habil., Professur für Organisationspsychologie an der HSU/UniBwH; Schwerpunkte Mitarbeiterführung, Commitment und Personalauswahl; Visiting Prof. an der University of Durham, UK.

Hartmann, Uwe, Dr., Oberst, Leiter des Studentenbereichs der HSU/UniBwH.

Hellmann, Kai-Uwe, Dr. habil., Privatdozent am Institut für Soziologie der TU Berlin, Fachvertretung der Professur für Soziologie an der HSU/UniBwH.

Hoppe, Joachim, Oberstleutnant, Dipl.-Päd., war in den letzten Jahren u.a. Kommandeur eines Fallschirmjägerbataillons, Personaldezernent im Personalamt der Bundeswehr und ist derzeit Personalreferent im BMVg.

Pommerin, Reiner, Prof. (em.), Dr., Dipl.-Päd, Oberst d. R., Sprecher 13. Beirat für Fragen der Inneren Führung.

Rosen, Claus von, Prof. Dr., Oberstleutnant a.D., Leiter des Baudissin Dokumentation Zentrum bei der Führungsakademie der Bundeswehr, Lehrbeauftragter für Wehr-Pädagogik am Estonian National Defence College in Tartu.

Scherm, Martin, Dr. phil. habil., Priv.-Doz., Wissenschaftlicher Mitarbeiter des Zentrum Innere Führung der Bundeswehr an der HSU/UniBwH; Arbeitsschwerpunkte u.a.: wissenschaftliches Qualitätsmanagement von Coaching, Diagnostik von Führungskompetenzen.

Singer, Christian, Dipl.-sc.pol.Univ. / Dipl. Betriebswirt (FH); Geschäftsführer Karl-Theodor-Molinari-Stiftung, Bildungswerk des Deutschen Bundeswehr Verbandes, Bonn / Berlin; Oberstleutnant d. R..

Tegtmeier, Catri, Dr., Fachärztin für Psychosomatische Medizin und Psychotherapie, ist Chefärztin in der Asklepios Fachklinik Fürstenhof in Bad Wildungen.

Tegtmeier, Michael A., Oberst i. G., Dr. Referatsleiter im BMVg (Strategie und Einsatz - SE III 5), hat sich im Rahmen seiner wissenschaftlichen Forschungsarbeiten auf das Thema PTBS spezialisiert.

Uslar, Rolf von, Dr. med., Oberfeldarzt, Kommandeur des Sanitätslehrregiments in Feldkirchen.

Walther, Christian, Prof. Dr., Universitätsprofessor i. R., erster Inhaber des Lehrstuhls für evangelische Theologie an der Helmut-Schmidt-Universität/Universität der Bundeswehr Hamburg.

Walther, Marc-André, Oberstleutnant i.G., Dipl. Päd., M.A. NSA, Referent im BMVg.

Personenregister

Adenauer, Konrad — 256-257
Agamben, Giorgio — 231-236

Baudissin, Wolf Graf v. — 15-16, 18, 41, 84-85, 90, 103, 115, 125-126, 130, 132, 160-161, 184, 188-192, 194-205, 207
Bateson, G. — 44
Bieri, P. — 91, 101
Budde, H.O. — 46

Clausewitz, Carl v. — 178
Collins, T. — 80, 86, 89
Creveld, M. van — 74

Demmer, U. — 65
Derrida, Jacques — 229-232, 235-237
Doehring, Johannes — 198

Franke, J. — 42, 55, 63, 68, 141, 143, 253
Franz, Arnim

Goffman, E. — 104

Habermas, Jürgen — 225-227, 235-237
Hartmann, U. — 9, 11, 19, 114, 160, 210, 258
Herberg-Rothe, A. — 47, 108
Heusinger, Adolf — 192
Hobfoll, S. — 177
Humboldt, W. von — 16, 114-115

Huntington, S. — 60

Jaspers, K. — 31

Köhler, H. — 56
Kümmel, G. — 108
Kuhn, Thomas S. — 237
Kutz, M. — 107, 133

Lenzen, D. — 114
Luhmann, Niklas — 43-44, 114, 190-192

Lukowski, T. — 176

Richter, Frank — 209
Ritter, J. — 97
Rorty, Richard — 227-229, 231, 235-237, 239
Rühe, Volker — 185, 192

Schmidt, Helmut — 32, 192, 208
Struck, P. — 55

Weber, Max — 45, 197
Wiesendahl, Elmar — 42, 46, 49, 53, 108, 210
Will, Günter — 199, 205, 209
Wolffsohn, M. — 54, 72

Sachregister

Afghanistan	30, 36, 46, 48-49, 51, 60, 69, 71, 106, 108, 117, 126, 165, 167, 170, 175, 211, 240, 242, 245-250, 252, 258-259
Attraktivität	16, 29, 77, 123, 134, 136-140, 142, 145, 147-148, 151, 216
Ausbildung	15-16, 18, 22, 25, 66-67, 84, 94, 100, 102, 105, 109, 114, 117-125, 127-133, 136-137, 142, 160-161, 165, 169-170, 177, 179-182, 190, 198, 206, 215, 218-219, 249
Ausnahmezustand	232-234
Autonomie	42-44, 92, 233, 241
Berufsbild	29, 83, 106-107, 215
Beurteilungs-bestimmungen	159
Bildung	
- ethische B.	8, 103-104
- historische B.	103
- politische B.	26-27, 103, 120-121, 131, 214
Commitment	16, 135, 137, 140-142, 146-150, 152
Dekonstruktion	228-231
Diskurs	15, 62, 68, 87, 95, 101, 115, 224-226
Disziplin	27, 65, 101, 125-126, 196, 199, 201
Dresdner Erlass	158
Einsatz	
Einsatzbereitschaft	17, 126, 154-155, 157, 159-160, 212-214, 218
Entzauberung	224
Ethik	8, 27, 29, 93, 96-97, 120, 225, 231
Ethos	20, 93, 107, 196, 237
Freiwilligenarmee	14, 16, 29, 31, 53-55, 58-60, 65-55, 68-69
Führungskultur	22, 24-25, 27, 31, 102, 134, 162, 172
Führungsnachwuchs	136, 179
Fürsorge	121, 135, 156, 160, 164, 180, 213, 216, 251, 253
Gefecht	23, 25-27, 46, 62, 64, 74-76, 110, 129, 160-161, 163, 169, 171, 175, 195, 198, 258

Gerechtigkeit	27, 101	- interkulturelle K.	39, 117
Gewerkschaften	56, 212, 214-217	Kontingenz	225
		Leistungsbereitschaft	137-138
Identifikation	16, 29, 119, 120, 137-138, 140-142, 146-147	Leitbild	15-16, 22-23, 33-34, 59, 85, 87, 107-108, 125-127, 132-133, 150, 157, 162-163, 185, 198-199, 202-203, 206
Identität	24, 29, 158, 229-230, 233		
Ideologie	227, 233		
Integration	11-19, 21, 32-35, 40-41, 47, 53-54, 58-59, 65, 67-69, 78, 94, 195, 206, 211-212		
		Menschenbild	104, 108, 113-114, 163
		Menschenrecht	27, 231, 233
		Menschenwürde	102
		Mut	12, 29, 101, 122, 251-252, 258
Kameradschaft	27, 82, 102, 108, 119, 123, 157, 162, 200, 202, 255		
		Nationalstaat	170, 231
Kampf	11, 14, 18, 60, 73-87, 105, 151, 163-164, 166-167, 197	**P**aradigma	236
		Persönlichkeitsbildung	105, 112
		Persönlichkeits-entwicklung	106, 114
Kampfmoral	14, 73-79, 82-87	Politische Philosophie	224, 226-228, 234-235
Kernbestand	19-20, 222, 236-237	Posttraumatische Belastungsstörung (PTBS)	18, 25, 64, 77, 173, 175
Kirchen	56, 102, 192, 212, 214, 218		
Kommunikation	27, 57, 100, 118, 128-129, 157, 177, 216, 226	Primat der Politik	23, 32-33, 36-38, 40-41, 46-48
Kompetenz	16, 45, 67, 101, 105, 111, 118, 120, 122-123, 125, 127-128, 130-135, 150, 170, 202, 213	**R**ationalismus	227-228
		Rechtsordnung	36, 43, 46, 232
		Rechtsstaat	223-224, 226, 228-229, 232-237

Relativismus	225	Wehrpflicht	11, 13-14, 53-55, 58-59, 61, 65, 68-69, 162, 187, 206, 212
Selbstverständnis	9, 11, 20, 25, 29, 33, 74, 85, 102, 122. 129, 132, 160, 162, 177, 214, 222-223, 237	Widerspruch	29, 39, 63, 73, 157, 192, 212
		Widerstand	31, 176, 256-257
Sonderethos	20, 237		
Souveränität	170, 222-223, 226, 229, 231-234, 236	**Z**ivilgesellschaft	9, 14, 56, 59, 78, 81, 85-86, 109, 253
Systemtheorie	43	Zivil-militärische Beziehungen	58, 66
Stress	64, 175-176, 182, 244		
Tapferkeit	27		
Tradition	11-12, 16, 58, 74, 79, 96, 103, 107-109, 133, 156, 187, 214-215, 222-224, 227-228, 231, 233-234		
Trauma	18, 25, 42, 64, 77, 89, 173-176, 181-182, 244-245, 252		
Tugend	29, 80, 84, 100-101		
Utopie	125, 223, 225, 229, 231, 235		
Vereinbarkeit von Familie und Dienst	35, 157, 159		
Vernunft	223-226, 228		
Vernunftrecht	224		
Wehrbeauftragter	186		

265

Carola Hartmann Miles-Verlag

Politik, Gesellschaft, Militär

Dietrich Ungerer, *Der militärische Einsatz. Bedrohung – Führung – Ausbildung,* Potsdam 2003.

Jens Bargmann, *Ethik in der Offizierausbildung,* Münster 2004.

Silvio Gödickmeier, Martin Schlossmacher, *Soldatenfamilien im Einsatz,* Berlin 2006.

Hans-Günter Fröhling, *Innere Führung und Multinationalität,* Berlin 2006.

Christian Walther, *Im Auftrag für Freiheit und Frieden. Versuch einer Ethik für Soldaten der Bundeswehr,* Berlin 2006.

Rüdiger Schönrade, *General Joachim von Stülpnagel und die Politik,* Berlin 2007.

Uwe Hartmann, *Innere Führung. Erfolge und Defizite der Führungsphilosophie für die Bundeswehr,* Berlin 2007.

Dietrich Ungerer, *Militärische Lagen. Analysen – Bedrohungen – Herausforderungen,* Berlin 2007.

Klaus M. Brust, *Söldner – Ausverkauf der Exekutive,* Berlin 2007.

Uwe Hartmann (ed.), *Connecting NATO. NCSA under the leadership of Lieutenant General Ulrich H. Wolf,* Berlin 2009.

Ingo Werners, *Fahren, Funken, Feuern. Hinweise für die Einsatzvorbereitung,* Berlin 2010.

Peter Heinze, *Bundeswehr „erobert" Deutschlands Osten,* Berlin 2010.

Reinhard Schneider, *Neuste Nachrichten aus unseren Kolonien. Pressemeldungen von den Aufständen in Deutsch-Ostafrika und Deutsch-Südwestafrika 1905-1906,* Berlin 2010.

Dieter E. Kilian, *Politik und Militär in Deutschland. Die Bundespräsidenten und Bundeskanzler und ihre Beziehung zu Soldatentum und Bundeswehr,* Berlin 2011.

Hans Joachim Reeb, *Sicherheitskultur als kommunikative und pädagogische Herausforderung – Der Umgang in Politik, Medien und Gesellschaft,* Berlin 2011.

Reiner Pommerin (ed.), *Clausewitz goes global. Carl von Clausewitz in the 21st Century,* Berlin 2011.

Hans-Christian Beck, Christian Singer (Hrsg.), *Entscheiden – Führen – Verantworten. Soldatsein im 21. Jahrhundert,* Berlin 2011.

Dieter E. Kilian, *Adenauers vergessener Retter – Major Fritz Schliebusch,* Berlin 2011.

Ingo Pfeiffer, *Gegner wider Willen. Konfrontation von Volksmarine und Bundesmarine auf See,* Berlin 2012.

Jahrbuch Innere Führung

Uwe Hartmann, Claus von Rosen, Christian Walther (Hrsg.), *Jahrbuch Innere Führung 2009. Die Rückkehr des Soldatischen,* Eschede 2009.

Helmut R. Hammerich, Uwe Hartmann, Claus von Rosen (Hrsg.), *Jahrbuch Innere Führung 2010. Die Grenzen des Militärischen,* Berlin 2010.

Uwe Hartmann, Claus von Rosen, Christian Walther (Hrsg.), *Jahrbuch Innere Führung 2011. Ethik als geistige Rüstung für Soldaten,* Berlin 2011.

Eberhard Birk, Winfried Heinemann, Sven Lange (Hrsg.), *Tradition für die Bundeswehr. Neue Aspekte einer alten Debatte,* Berlin 2012.

Eberhard Birk, Heiner Möllers, Wolfgang Schmidt (Hrsg.), *Die Luftwaffe zwischen Politik und Technik. Schriften zur Geschichte der Deutschen Luftwaffe, Bd. 2,,* Berlin 2012.

Einsatzerfahrungen

Kay Kuhlen, *Um des lieben Friedens willen. Als Peacekeeper im Kosovo,* Eschede 2009.

Sascha Brinkmann, Joachim Hoppe (Hrsg.), *Generation Einsatz, Fallschirmjäger berichten ihre Erfahrungen aus Afghanistan,* Berlin 2010.

Schwitalla, Artur, *Afghanistan, jetzt weiß ich erst… Gedanken aus meiner Zeit als Kommandeur des Provincial Reconstruction Team FEYZABAD,* Berlin 2010.

Romane

Christoph Karich, *Bewährung im Grünen Meer,* Berlin 2009.

Robert B. Thiele, *Die Treuhänderin,* Berlin 2012.

Erinnerungen

Blue Braun, *Erinnerungen an die Marine 1956-1996,* Berlin 2012.

Harald Volkmar Schlieder, *Kommando zurück!,* Berlin 2012.

Harald Volkmar Schlieder, *Opa Willy. 1891 Dresden – 1958 Miltenberg. Von einem, der aufsteigen wollte. Eine sächsisch-deutsche Lebensgeschichte in Frieden und Krieg,* Berlin 2012.

Reinhart Lunderstädt, *Aus dem Leben eines Hochschullehrers. Persönlicher Bericht,* Berlin 2012.

Monterey Studies

Uwe Hartmann, *Carl von Clausewitz and the Making of Modern Strategy,* Potsdam 2002.

Zeljko Cepanec, *Croatia and NATO. The Stony Road to Membership,* Potsdam 2002.

Ekkehard Stemmer, *Demography and European Armed Forces,* Berlin 2006.

Sven Lange, *Revolt against the West. A Comparison of the Current War on Terror with the Boxer Rebellion in 1900-01,* Berlin 2007.

Klaus M. Brust, *Culture and the Transformation of the Bundeswehr,* Berlin 2007.

Donald Abenheim, *Soldier and Politics Transformed,* Berlin 2007.

Michael Stolzke, *The Conflict Aftermath. A Chance for Democracy: Norm Diffusion in Post-Conflict Peace Building,* Berlin 2007.

Frank Reimers, *Security Culture in Times of War. How did the Balkan War affect the Security Cultures in Germany and the United States?,* Berlin 2007.

Michael G. Lux, *Innere Führung – A Superior Concept of Leadership?,* Berlin 2009.

Marc A. Walther, *HAMAS between Violence and Pragmatism,* Berlin 2010.

Frank Hagemann, *Strategy Making in the European Union,* Berlin 2010.

Ralf Hammerstein, *Deliberalization in Jordan: the Roles of Islamists and U.S.-EU Assistance in stalled Democratization,* Berlin 2011.

Ingo Wittmann, *Auftragstaktik,* Berlin 2012.

www.miles-verlag.jimdo.com